중국문화의 이해

이인택 지음

UUP.

중국문화의 이해

■

2013년 03월 06일 **초판 인쇄** ▪ 2013년 03월 12일 **초판 발행** ▪ **지은이** 이인택 ▪ **펴낸이** 이철
▪ **펴낸곳** **UUP.**(울산대학교출판부) 680-749 울산광역시 남구 대학로 93(무거동) 울산대학교 출판부
▪ 전화 (052)259-2488 팩스 (052)277-3011 ▪ **홈페이지** http://uup.ulsan.ac.kr
▪ **출판등록** 제370-1996-000001호(1996.3.13)
▪ ₩ 15,000

ISBN 978.89.7868.297.8 (03300)

글을 열며...

우리나라와 중국은 역사적으로나 지리적으로 밀접한 관계를 맺으며 상호 영향을 끼쳐왔다. 그리고 21세기를 사는 지금, 중국은 동북아시아의 한 주축이자 G2강국으로서 우리나라뿐만 아니라 전 세계에 정치, 경제, 외교, 문화 등 각 방면에서 막강한 영향력을 펼치고 있다. 이웃인 우리로서는 중국과 좀 더 깊이 있게 소통하고 교류하기 위해 그들을 이해하는 일이 필요하게 되었다.

이러한 시대 상황을 반영하여 그동안 국내에서는 중국 관련 서적들이 꾸준히 출판되었다. 중국에서의 생활체험을 전하거나, 중국의 현 상황과 이슈들을 논의하거나, 또는 중국의 정치경제 등 영역별로 분석한 서적들이 봇물 넘치듯 쏟아지고 있다.

하지만 기본적으로 중국의 역사와 문화를 폭넓게 이해하는 일이 수반되어야만 양국 간 갈등을 해소하고 교류협력과 상생 발전을 꾀할 수 있다. 문화란 한 나라의 역사, 사상, 문학 등 전 영역에 걸쳐 각 민족들이 다듬어온 축적물이기에 문화에 대한 고찰과 이해는 바로 상호 소통의 지름길이 된다. 또한 문화는 민족 간 유대의 연결 고리로서 서로를 넘나드는 교차점이 되기 때문에 서로의 문화에 대한 직간접적인 체험을 통해 양국의 민중 사이에 탄탄하고도 미래지향적인 연대를 만들어갈 수도 있다고 본다.

이에 본서에서는 중국문화를 총괄적으로 파악하기 위해, 우선 문화개황 부분에 대해 서술하고, 이어서 중국문화에 대한 균형감 있는 이해를 위해 필수적인 중국지역문화를 소개한다. 전자에서는 중국문화의 특징과 인문지리, 역사문화, 문자와 언어, 종교와 사상, 중국문학, 대중문화예술, 민속과 의식주문화, 기타 생활문화를 다루었고, 후자에서는 실크로드와 서역문화, 내몽고자치구와 몽골유목문화, 운남 귀주 소수민족 문화, 서장자치구와 티베트문화, 강남문화, 북방문화 등을 범위에 넣어 다루었다. 마지막 부분에서는 중국문화 현상의 과거와 현재, 그리고 향후 역할과 전망이라는 주제를 놓고 중국문화의 전통과 근대화, 중국의 현대화와 현재문화, 그리고 중국문화의 미래와 향후 역할을 다루어봄으로써 중국문화의 흐름을 좀 더 객관적으로 이해하는 데 도움을 주고자 시도하였다.

본서는 그동안 틈틈이 작업해온 중국문화 관련 글들을 중심으로 하면서, 기타 중요하다고 여겨지는 주제들을 첨가하여 보완 기술하는 편찬 과정을 거쳤지만 중국문화 관련 내용을 모두 담을 수 없다는 아쉬움이 마음 한구석에 남는다. 다만 본서를 통해 독자들이 중국 그리고 중국문화에 대한 이해의 폭을 조금이나마 넓혔으면 하는 기대를 가져보며, 여러모로 미진한 부분에 대해 독자 여러분의 질정(叱正)을 바라는 바이다.

이인택

2013년 3월 1일

목차

글을 열며 / 3

제1장. 중국문화 개황

1. 중국문화 ······ 7
   중국문화의 특징, 동이문화 그 판도와 특색
2. 중국, 인문지리 ······ 14
   국명과 국가형성, 인구와 민족, 지리환경, 국기와 국가, 헌법, 행정구역, 중국의 국화, 중국의 성씨
3. 역사문화 ······ 25
   선사시대, 은상, 주, 진, 한, 위진남북조, 수와 당, 송, 원, 명, 청
4. 문자와 언어 ······ 40
   한자의 서체 변천, 육서, 한자의 비밀, 품사와 어순, 중국어 발음과 특징, 방언
5. 종교와 사상 ······ 57
   중국인의 종교와 사상, 근대화 이후 집체심리, 중국인의 의식구조와 가치관, 지역별 기질 차이
6. 문학 ······ 99
   중국 시가, 중국 소설, 현대문학과 노신, 신화와 민간고사
7. 대중문화예술 ······ 137
   중국 오페라 경극, 화극, 민속음악과 대중가요, 서예와 왕희지, 대중운동, 방송언론문화, 회화와 도자기, 한류문화
8. 민속과 의식주문화 ······ 162
   새해맞이, 춘절 이야기, 기타 명절, 결혼풍속, 금기문화, 건축과 주거문화, 음식문화, 젓가락문화, 음주문화, 차 문화, 의복문화

9. 기타 생활문화 ······ 221
아침문화, 폭죽문화, 입시와 대학문화, 교통문화, 한의, 붉은 색 문화, 중국의 4대 발명품, 기타

제2장. 중국지역문화

1. 실크로드와 문화교류 ······ 243
실크로드, 섬서성 서안, 감숙성 란주와 돈황, 신강위구르자치구 투루판과 우루무치
2. 내몽고자치구와 몽골유목문화 ······ 268
3. 운남(雲南), 귀주(貴州) 소수민족 문화 ······ 276
곤명과 대리 소수민족 문화, 여강 납서족과 동파 문화, 귀주성 개리 묘족문화
4. 서장자치구와 티베트문화 ······ 289
5. 북방문화 ······ 292
산동과 제로문화, 산동과 동이문화, 하남성과 중원문화, 기타 북방문화
6. 강남문화 ······ 312
소주, 항주와 강남문화, 대만 민남문화, 홍콩과 광동문화

제3장. 중국문화의 현재와 미래

1. 중국문화의 전통과 현재 ······ 333
중국문화의 전통, 근대화, 중국의 현대화와 현재문화
2. 중국문화의 미래와 역할 ······ 346
중국문화의 미래, 향후 역할

참고자료 / 352

제 1 장 중국문화개황

1. 중국문화

1) 중국문화의 특징

"문화는 서로를 아는 힘이자, 인간과 인간을 잇는 힘이다. 문화는 인간 마음의 증명이다. 따라서 문화란 시대를 초월하고 사상을 초월하며 계승되어 가는 강인한 생명력을 가지고 있다." 이케다 다이사쿠(池田大作)의 문화에 대한 정의다. 중국문화 역시 고대로부터 지금까지 여러 형태로 축적되어 이어져오면서 그 나름의 독자적인 생명력을 형성해왔다.

중국문화를 한마디로 정의내리면 다민족에 의한 다문화 구조를 특징으로 한다. 중국이 현재 한족(漢族)을 포함한 56개 민족 구성체가 공존하면서 다양한 문화를 꽃피우고 있듯이, 고대 중국문화 역시 일원적 단일문명이 아니라 다민족, 다문화의 다원구조 형태였다. 그리고 주 이전의 상고시대에는 중국문화의 원류로서 동이문화가 큰 몫으로 자리하고 있다. 중국학자 진몽가는 조선이 상(商)나라의 발상지라고 언급한 바 있고, 하버드대학

장광직 교수도 상 왕조를 건립한 씨족들이 동쪽에서 왔다고 주장하고 있다.

서양의 중국학자인 에버하르트(Wolfram Everhard)는 중국 상고시대에는 단일문명이라는 것은 존재하지 않았고 다양한 지방문화(local culture)들 간의 상호 교류만이 존재했었다고 가정하고 있으며, 주나라 이후에야 자기 동질성을 추구하기 시작했다고 보고 있다. 중국학자 소병기, 능순성도 다원적 기원론을 지지하고 있으며, 국립대만대학총장을 지낸 부사년은 이하동서설, 즉 고대 중국의 판도를 크게 서쪽 황하 유역 황제 중심의 화하계와 동쪽 예를 중심으로 하는 동이계로 이분하고 있다.

중국의 문명권에는 우선 앙소문화(Yangshao Culture, 기원전 5000~2500)와 앙소문화가 변화된 중원과 섬서의 용산문화(Longshan Culture, 기원전 2500 전후) 및 감숙과 청해 지역의 마가굴문화로 대표되는 황하 문명이 있다. 그리고 황하 하류의 신석기문화인 용산문화 이전에 서하유형고문화(기원전 6500), 북신문화와 대문구문화(기원전 4300-2500)가 존재했다.

다음으로 내몽골과 요녕성의 홍산문화를 포함하는 요하문명이 있다. 특히 홍산문화는 지금으로부터 7000년 전의 흥륭와유적지가 중심이고 여기에서 제단과 여신의 묘, 적석총, 그리고 용의 원형인 옥저룡 등이 발견됨으로써 중국대륙 문화의 시초로서 평가되고 있다. 그리고 굴가령문화와 함께 하모도문화(기원전 5000-3300), 마가빈문화, 숭택(崧澤)문화. 양저문화(기원전 3300-2250)로 이어지는 양자강 문명이 존재했다. 이처럼 여러 지역에서 다양한 문명과 문화가 출현하여 각기 독특한 문화를 형성하였고 시간이 흐르면서 서로 융합하며 발전해왔던 것이다.

그러나 중국 고대의 다원적 문화(pluralistic culture) 상황은 황제

중심의 주 민족이 은(殷)을 멸하고 중원을 차지한 이후에는 한족(漢族) 중심의 중화문명으로 인위적으로 재편된다. 그리고 한대 이후 역대 경학자와 주석가들이 한족 중심주의 논리를 강화하면서 중화 중심 문명은 더욱 확고해진다. 이러한 영향으로 인해 현재도 모든 민족과 문화를 한족 중심의 대가정에 편입하려는 경향이 나타나고 있다. 중화(中華)와 대동(大同)사상의 영향이 그만큼 크다는 사실을 알 수 있다.

이러한 인위적 재편과 겉으로 보이는 중화 중심의 문화에도 불구하고, 실제로는 다양성의 특질이 중국문화 속에 존재해왔다. 신화를 예로 들면 중국에는 그리스나 로마처럼 완전한 체계의 신화가 없다. 서로 다른 계통의 신화들이 공존하고 있다. 이것은 상고시대 중국의 다원적 사회구조와 문화구조를 반영하는 대목이다.

한편 중국은 수렵문화나 유목문화를 거쳐 농경문화로 정착하면서 사람들이 자연을 지력으로 조절할 수 없기 때문에 자연에 대해 대립하지 않고 순응과 인내로 맞추어 사는 생활패턴을 이어왔다. 즉 물아일체와 천인상응 등 자연과 인간이 일체가 되는 경지를 이상적으로 생각하는 문화를 형성해온 것이다.

현재의 중국문화 역시 변화와 불변의 공존, 개방 이전 60년대와 21세기의 공존, 사회주의와 자본주의의 결합, 집단주의와 개인주의의 혼존, 한족문화와 소수민족문화의 공존 등 중국의 특색인 문화 다양성 구조를 지속적으로 견지해가고 있다. TV를 보더라도 전통 화극과 경극, 상성과 민요가 최신 대중가요와 함께 공연되고 있고, 드라마 역시 3-40년대 혁명극에서부터 중국 현대사회 속의 부조리를 그대로 파헤치는 경찰드라마까지 다양하게 방영되고 있다. 이는 중국문화가 사공을 초월하여 수평적으로나 수직적으로 다양성의 포용이라는 전통을 계승하고 있음을 반영한다.

2) 동이문화, 그 판도와 특색

(1) 동이문화의 존재

고대 중국에는 동이족의 동이문화가 존재하였고, 그 역할과 영향력이 컸음을 다음과 같은 사실로 알 수 있다.

a. 고대 중국문명은 단순히 한족 중심의 황하문명이라고만 할 수 없으며, 동이족 중심의 황하의 대문구(大汶口)문화와 용산(龍山)문화, 양자강의 양저문화, 발해만 요하문명의 홍산문화가 함께 꽃 피운 다문화 성격이 짙으며, 민족적으로는 크게 동쪽의 동이, 서쪽의 화하, 남쪽의 묘만계 민족이 거주하면서 각각의 문화를 만들어왔다.

b. 용산문화 발상지인 산동 용산진(龍山鎭) 성자애(城子崖)유적지 박물관에 동이민족이 찬란히 꽃피웠던 곳이라고 명기하고 있다. "성자애의 두 차례에 걸친 고고학적 발굴은 성자애가 중국 문명시대 초기의 중요 도읍지이며, 동이족이 건립한 상당히 강성한 고국(古國) 중심이었다." 또한 대문구문화의 도자기에 태양과 새가 나오는데, 이는 고구려벽화에 나오는 삼족오(三足烏)와 같다.

c. 언어학적으로도 알타이어계인 동이계 언어의 어순(word order)인 'S+O+V'형태, '명사+수사+양사', '전치사목적어+전치사'의 문장이 갑골문(甲骨文)을 위시해 여러 고대 문헌

에 나온다. 즉 동이계열의 문화가 상당한 영향력을 행사했음을 알 수 있다.

d. 신화적으로도 중국신화의 65% 이상이 동이계열의 신화이다. 동이계열인 만주족이나 몽고족 신화처럼 태양숭배나 난생, 태양조 모티프가 상당히 많다. 예를 들면 만주족 불고류 신화와 은대 시조 어머니 간적 신화, 그리고 고구려 주몽 신화에는 태양과 난생 구조를 공통적으로 가지고 있다.

e. 민족 이동사적으로 볼 때 한민족의 한반도 이동은 세 부류, 즉 고아시아족(시베리아), 퉁구스족(몽고 알타이족), 예맥족이 시간을 달리하며 이어왔다. 그 이동 경로를 보면 시베리아 → 중국북쪽 → 만주 → 한반도로 이주하여 한민족이 되었고, 한편으로는 시베리아 → 중국북부 → 산동으로 이동하면서 은민족의 선조가 되었다. 한반도에 인접한 중국 산동반도에서 발견된 2000년 전 사람의 치아와 체구가 한반도 서쪽지역의 당시 사람들의 치아와 흡사하며 비파형동검이나 적석총 분포지역을 살펴보아도 고대 한민족과 은민족이 동이민족으로서 서로 연계가 있음이 확인된다. 그 이동 경로 중에 중국북부 발해만 요녕성 요하문명의 홍산문화가 존재했었다는 것은 이동 경로의 신빙성을 더해주는 결정적 단서다.

f. 일부 재야사학자는 한자가 우리글이라는 주장을 제기하기도 한다.

(2) '동이(東夷)'의 정의와 판도

'동이'라는 어휘는 은대 회수(淮水) 근처의 박(亳), 구(舊), 고(扈)

등지에서 세력을 넓히던 종족으로서, 한대 이후에는 포괄적 개념으로 변모한다. 동이라는 말은 『설문해자』의 기록에 의하면 큰 활을 사용하는 동방민족으로 해석해 왔고, 이(夷)는 어질 인(仁)과 같은 뜻이었다고 한다. 『예기』 기록에 따르면 이(夷)는 융(戎), 만(蠻), 적(狄)에 비해 월등한 문화를 가졌다고 한다.

중요한 것은 기원전 1384년에서 1325년 사이의 것으로 추정되는 은대 갑골문에 이미 동이라는 어휘가 등장하고 있다는 점이다. 갑골문에 보이는 '동이(東夷)'의 원형은 '동시(東尸)'이며 무릎을 꿇고 앉아 있는 'ㄹ' 모양이 첨가된 형태이다. 이 문자의 존재는 동이족이 은 민족과 밀접한 관계를 맺고 있음을 말해준다. 그리고 갑골문 중 박, 구, 고라는 동이족 활동무대는 황하 동남쪽, 특히 산동 임치 부근과 산동 남부 및 강소성과 안휘성의 일부 지역이다.

포괄적으로 보면 동이족은 알타이어 계열로서 난생(卵生) 신화와 신조(神鳥) 토템, 그리고 태양숭배사상을 가진 은민족, 고조선, 부여, 고구려, 그리고 현재 조선족이 거주하고 있는 동북 발해 민족을 포함한다. 동이가 바로 배달겨레는 아니지만 최소한 동이문화의 주체는 배달겨레였다고 가정할 수 있다.

그리고 동이문화의 범위는 양자강 하류의 하모도문화(기원전 5000-기원전 3300)와 양저문화(기원전 3300-기원전 2250), 산동 지역의 북신문화, 대문구문화(B.C. 4300-B.C. 2500)와 용산문화, 동북 지역의 홍산문화(B.C. 3400년)로 규정지을 수 있다. 결국 동이족의 기본적인 활동 영역은 발해만 일대에서 일어나, 산동을 기준으로 동남부 해안, 강소성, 안휘성 중부, 하남, 북부 발해만 연안 일대를 포괄하며 서쪽으로 산서, 섬서, 남으로 양자강, 북으로는 주의 근거지인 위수(渭水)까지 진출하면서 기원전 5000년부터 수천 년 간 주도적인 위치에서 활동하였다. 동이문화는 산동을 중심으로 한 용산문화를 계승하고 이후 서쪽과 남북으로 자리를 넓혀 간 것이다.

(3) 동이문화의 특징

동이문화의 특징은 다음과 같이 정리할 수 있다.

a. 샤먼문화 즉 무속문화가 특징이다.
b. 조류숭배, 태양숭배 문화가 특징이다. 고구려 주몽 신화, 서언왕 신화, 은의 간적 신화 등이 난생 모티프를 공통으로 갖고 있다.
c. 농사, 의학, 야금술, 불의 문화가 특징이다. 『산해경』에 '불여(不與)' 즉 부여(夫餘)와 신농, 후예, 열씨와 치우(蚩尤)가 나오고, 고구려 벽화에 인신우수(人神牛首)의 신농과 야장신 치우가 나오며, 신농 자신 또한 의학에 공헌한 기록이 있다. 신화상의 축융(祝融)은 고신씨(高辛氏) 즉 제곡, 순의 화정으로 화신 역할을 한다.
d. 백색 숭배가 특징으로 나타난다. 정재서는 은인(殷人)과 부여족이 모두 백색을 중시했다는 문헌 기록을 근거로 하여 『산해경』에 나오는 백민(白民) 고사를 동이족이 백색을 숭상했던 습속과 연결시켜 해석하고 있다.
e. 기타, 신화 속에 담긴 고유사상을 살펴보면 자연조화사상, 태양하늘 숭배의 자연관, 공존사상, 여권존중사상, 재생과 영생의 적극적인 생명관 등이 나타난다.

2. 중국, 인문지리

1) 국명과 국가 형성

'중국(中國)'이라는 국명은 중화인민공화국(中華人民共和國)의 약칭이다. 이 명칭은 원래는 국가(nation)라는 개념으로 사용된 것이 아니라, 지리 문화적 개념으로서 지역의 중심 또는 문화의 중심권이라는 의미로 쓰였다. 춘추『시경.대아편』이나 전국『맹자.맹순열전』등에 중국이라는 단어가 등장하지만 중앙에 위치한 성이나 지역을 의미했다.『사기』에 "중국명왈적현신주(中國名曰赤縣神州)"라는 문구가 나오는데, 여기서도 '중국(中國)'은 '나라 가운데'라는 의미이다.

중국이라는 명칭이 국가를 의미하는 용어로 쓰이기 시작한 것은 청나라가 러시아와 네르친스크조약(1689)을 체결할 때와 영국과 아편전쟁 후 남경조약(1942)을 체결하면서부터다. 이후 1912년 중화민국(Republic of China)을 건국하면서 약칭하여 중국이라고 하였고, 1949년 중화인민공화국(People's Republic of China) 즉 신중국을 건국한 후에도 중국을 국호의 약칭으로 사용하고 있다.

중국은 은(殷) 왕조부터 역사시대가 시작된다. 그 이전은 선사시대로서 황하문명과 양자강문명, 요하문명 등이 동이계, 화하계, 묘만계 등 다양한 민족에 의해 형성되었으며 수천 년간 신석기시대 문화를 꽃피워왔다. 은에 이어 서방 황제를 수반으로 하는 화하족이 중원으로 진출하면서 봉건국가 주나라가 건립된다. 주 왕조 기간 중에 동이를 물리치고 서쪽 섬서성, 북쪽 하북성과 산서성, 남쪽 양자강으로 진출하지만 춘추와 전국시대로 나뉘다가 멸망하였고, 이어서 진시황이 천하를 통일하고 강남으로 진출하면서 영토가 크게 확장된 진(秦)이라는 강력한 중앙 집권체제 국가가 들어선다.

이후 유방의 한(漢)대에는 서남 변경을 개척하였고, 이어서 삼국시대, 위진 남북조, 수, 당 왕조로 이어진다. 비단길로 개방적인 정책을 펼쳤던 당에 이어 송이 등장하였지만 이민족인 거란족과 여진족 및 몽고족에 의해 각각 요, 금, 원 나라 지배체제로 들어간다. 명나라 때 다시 한족이 지배권을 획득하지만 다시 만주족인 청의 지배를 받는다. 공간적으로는 당대와 명청 시기에 면적이 극대화되면서 현재에 이른다.

서구의 침탈로 세력이 급격히 약화된 청 왕조는 1911년 쑨원이 신해혁명을 일으키면서 붕괴되고, 1912년 민주정부인 중화민국이 들어선다. 이후 군벌통치와 일본 침략, 장제스의 국민당과 마오쩌둥의 공산당이 내전을 거치다가, 중국대륙은 결국 1949년 공산당의 손에 들어간다. 그리고 공산당에 패한 장제스의 국민당정부는 대만으로 옮겨갔다. 대륙은 이후 현재까지 중화인민공화국 체제를 유지하고 있고, 대만은 중화민국 체제를 유지해오고 있다. 중국은 1997년과 1999년에 홍콩과 마카오를 각각 되찾고 현재는 대만과의 통일을 시도하고 있다.

중국은 문명고국으로 명승고적과 유물이 많다. 주요도시로는 북경(北京), 서안(西安), 낙양(洛陽), 개봉(開封), 안양(安陽), 남경(南京), 항주(杭州) 등 7대고도(七大古都) 외에 경제도시 상해(上海), 공업도시 천진(天津), 내륙의 전진기지 중경(重慶) 등 지역별로 거점도시들이 산재해있다.

2) 인구와 민족

중국은 약 13억 명의 인구를 보유하고 있다. 강력한 산아제한 정책 실시로 인해 한때 1.8-2.2%까지 치솟았던 증가율이 현재는 평균 1.4% 정도의 증가율을 보이며 안정세를 유지하고 있다. 중국 인구문제의 특징은 인구가 지역에 따라 불균형으로 분포되어 있다는 점이다. 국토의 57%를 차지하고 있는 서북지역에는 6%만이 거주하고 있고, 국토의 43%를 차지하고 있는 동남쪽은 94%의 인구가 살고 있다. 이러한 인구밀도의 차이로 인해 서북지역 인구가 동남지역으로 일을 찾아 무작정 몰려드는 맹류(盲流)라는 부정적 현상이 일어나고 있으며, 국가 인구자원의 비효율적 이용과 인구밀집으로 인해 각종 사회문제가 일어나기도 한다.

중국은 다민족 국가로서 민족 구성은 92%를 차지하는 한족(漢族)과 8%를 차지하는 55개 소수민족으로 이루어져 있다. 한족은 황하와 양자강을 중심으로 한 동남부에 집중되어 있지만, 소수민족 거주지에도 적지 않은 인구가 거주하고 있다. 전 국토의 64%를 차지하는 지역에 흩어져 사는 55개 소수민족중에서는 장족(壯族)의 인구가 1,500만 명으로 가장 많고, 980만 명의 만주족(滿洲族), 860만 명의 회족(回族), 740만 명의 묘족(苗族), 720만 명의 위구르족(維吾爾族), 650만 명의 이족(彝族) 순으로 많다. 백만 명이 넘는 민족은 총 17개 민족이며, 연변의 조선족자치주 및 동북 3성에 거주하고 있는 조선족은 약 200만 명으로서 11위를 차지하고 있다.

<중국 민족의 언어별 구분>

언어구분	세부 구분	민족(주요 분포지역, 인구(천))
알타이어계		朝鮮族(동북, 1900)
	滿-퉁구스어족 滿어지	滿族(동북, 9800), 赫哲族(동북, 4), 錫伯族(동북, 170)
	滿-퉁구스어족 퉁구스어지	鄂倫春族(동북, 7), 鄂溫克族(동북, 30)
	蒙古어족	蒙古族(내몽고, 4810), 裕固族(서북, 10), 保安族(서북, 10), 土族(서북, 190), 達斡爾族(동북, 120), 東鄕族(서북, 370)
	突厥어족 西匈어지	維吾爾族(서북, 7200), 哈薩克族(서북, 1100), 塔塔爾族(서북, 5), 烏孜別克族(서북, 10), 撒拉族(서북, 90)
	突厥어족 東匈어지	柯爾克孜族(서북, 140)
漢藏어계		京族(중、동남, 20), 仡佬族(서남, 440)
	漢어족	回族(서남, 8600)
	藏緬어족	土家族(중、동남, 5700), 基諾族(서남, 20), 珞巴族(서남, 2), 獨龍族(서남, 6), 怒族(서남, 30), 普米族(서남, 30)
	藏緬어족 藏어지	藏族(서남, 4600), 門巴族(서남, 7), 羌族(서남, 200)
	藏緬어족 緬어지	阿昌族(서남, 30)
	藏緬어족 景頗어지	景頗族(서남, 120)
	藏緬어족 黎족지	黎族(중、동남, 1100)
	藏緬어족 彝어지	彝族(서남, 6600), 傈僳族(서남, 570)
	藏緬어족 彝족지	白族(서남, 1600), 哈尼族(서남, 1300), 納西族(서남, 280), 拉祜族(서남, 410)
	苗瑤어족 苗어지	苗族(서남, 7400), 畬族(중、동남, 630)
	苗瑤어족 瑤어지	瑤族(중、동남, 2100)
	壯侗어족 壯傣어지	壯族(중、동남, 1,5500), 傣族(서남, 1000), 布依族(서남, 2500)
	壯侗어족 侗水어지	侗族(서남, 2500), 水族(서남, 350), 毛南族(중、동남, 70), 仫佬族(중、동남, 160)
南亞어계		德昻族(서남, 20), 布朗族(서남, 80), 佤族(서남, 350)
印歐어계	슬라브어족 동슬라브어족	俄羅斯族(서북, 10)
	이란어족	塔吉克族(서북, 30)
말레이폴리네시아어계 인도네시아어족		高山族(중、동남, 3)

기타 화인(華人), 당인(唐人) 등으로 불리는 해외 거주 중국인들이 있다. 이들 화교의 수는 3천만 명이 넘는 것으로 추산되는데, 동남아시아에 2천 8백만 명이 거주하고 있고, 기타 미국, 유럽, 호주, 중남미 등지에 살고 있다. 우리나라에는 현재 산동성 출신 화교 2만여 명이 거주하고 있다. 화교 중에서도 동남아 화교의 경제력이 막강하며, 이들은 주로 복건성과 광동성 출신이다. 개혁개방 후 화교 자본이 중국에 대거 투자되면서 중국 경제발전의 견인차 역할을 하고 있다. 화교들은 매년 세계화상대회(世界華商大會)를 개최하면서 그들의 경제력과 영향력을 과시하고 있다.

3) 지리환경

중국은 우리나라 서쪽에 위치한다. 영토 면적은 9,632,922킬로미터로서 세계 대륙 면적의 1/15 즉 약 6.7%를 차지하며, 러시아와 캐나다 다음으로 넓고 한반도의 44배에 해당한다. 중국인들은 일생에 세 가지 한(恨)이 있다고 하는데, 그것은 한자를 다 알지 못하고 죽는 것, 중국요리를 다 먹어보지 못하고 죽는 것, 그리고 중국의 지역을 다 돌아보지 못하고 죽는 것이라고 한다. 그만큼 중국은 지역이 광대하여 주요 지역만을 돌아보는 것도 결코 쉬운 일이 아니다.

중국 대륙은 북쪽 흑룡강성 막하(漠河)에서 남쪽의 남해 증모암사(曾母暗沙), 서쪽 신강 위구르자치구 파미르 고원에서 동쪽 흑룡강성까지의 지역으로서 남북 5,500킬로미터, 동서 5,200킬로미터의 길이다. 실제로는 동쪽 끝과 서쪽 끝이 4시간 차이가 나지만 편의상 북경 시간으로 통일하고 있다. 동으로 북한, 북으로 러시아, 몽골, 서북으로 카자흐스탄, 키르기스스탄, 서로 타지키스탄,

아프가니스탄, 파키스탄, 서남으로 인도, 네팔, 부탄, 시킴, 남으로 미얀마, 라오스, 베트남 등 국가들과 국경을 마주하고 있다.

중국 지형은 서고동저의 형태다. 서부는 해발 4,000미터가 넘는 청장고원(青藏高原)을 위시하여 산악 지형이 많고, 동부는 평원과 구릉이 많은 편이다. 산지와 고원 및 구릉이 2/3 이상을 차지하고, 평원과 분지는 1/3이 채 못 된다. 그래서 넓은 영토에도 불구하고 현재 활용 중인 경지면적은 국토의 1/10인 95,722 평방킬로미터 밖에 되지 않는다.

중국에는 세 개의 큰 강이 있다. 그중 설산(雪山)에서 발원하여 황토고원을 지나 발해만으로 흘러들어가는 5,464킬로미터의 황하는 북방 중원문화를 형성하였고, 청장고원에서 발원하여 동해로 흘러드는 6,300킬로미터의 양자강은 농업을 발달시키고 풍부한 물자를 이동시키면서 강남문화를 형성하였다. 그리고 2,197킬로미터의 주강(珠江)은 광주와 홍콩을 중심으로 한 남방의 상업문화를 형성하였다.

기후는 광활한 영토로 인해 대륙성 냉대, 온대, 아열대와 열대기후 등 모든 기후가 골고루 갖추어져 있다. 남쪽 해남도(海南島)가 겨울 평균 영상 18도인데 비해 북쪽 국경지역은 영하 30도까지 내려가는 등 기온 차가 심하다. 그리고 서북 내륙은 강수량이 적고 건조한 기후가 특징이다.

4) 국기(國旗)와 국가(國歌)

중국의 국기는 오성홍기(五星紅旗)라고 부른다. 붉은 바탕에 노란색 별 다섯 개가 그려져 있는데, 큰 별 주위로 네 개의 작은 별이 감싸고 있는 모습이다. 붉은 국기는 혁명과 길상을 상징하고, 노란 별은 황색인종과 황하문명을 상징한다. 큰 별은 중국 공산당을 상징하며, 그 밖의 네 개의 별은 노동자, 농민, 도시 소자산계급 및 민족자산계급이 연안 해안을 따라 모여 있는 형상을 나타낸다. 큰 별은 한족이고 네 개의 작은 별은 소수민족을 의미하기도 한다. 중국 국장(國章)은 중앙에 오성이 있는 천안문을 곡식과 톱니가 둘러쳐있는 형상으로 노동자와 농민이 주인이라는 점을 강조하고 있다.

한편 중국 국가는 원래 톈한(田漢)이 작사하고, 니에얼(聶耳)이 작곡한 의용군행진곡(義勇軍行進曲)으로서, 신중국 건립 후에 국가로 잠정 지정되었다가 1982년 전국인민대표대회 제5차 회의에서 정식 국가로 지정되었다. 가사 내용은 대략적으로 다음과 같다. "일어나[起來]! 노예 되길 원치 않는 사람들! 우리의 피땀으로 새 장성을 건설하자! 중화민족은 가장 위험한 시기에 모두 최후의 사자후를 한다. 일어나! 일어나! 일어나! 우리는 한마음, 적의 포화를 뚫고 전진! 적의 포화를 뚫고 전진! 전진! 전진(前進)!"

한편 대만은 청천백일기(靑天白日旗)를 국기로 정하고 있고, "삼민주의(三民主義), 오당소종(吾黨所宗)…"으로 시작하는 국민당가를 일부 개사하여 대만 국가로 삼고 있다.

5) 헌법

중국 헌법은 "마르크스레닌주의는 국가와 당의 이념이고, 마오이즘은 사상이며, 덩샤오핑의 개혁개방노선은 이론이다"라고 서언에 밝힘으로써 중국식 사회주의 3단계 이데올로기 체계를 정립하고 있다.

중국은 중화인민공화국이 수립된 1949년 9월에 중화인민정치

협상회의 강령을 채택하여 임시헌법으로 사용하다가 1954년 9월 중국 최초의 사회주의 헌법(4장 106조)을 제정하였다. 1975년에 1차 헌법 개정을 통해 전 인민 소유제를 추가하고, 1979년에는 2차 개정을 통해 주석제를 폐지하였다.

1982년 12월에 제5기 전국인민대표대회에서 경제개발 중심의 신헌법(4장 30조)을 제정하고 주석제를 부활하였으며, 당과 국가의 기능분리, 중앙군사위원회 신설, 대만과 홍콩특별행정구역 규정 등을 삽입하였다. 1988년과 1993년에도 각각 헌법을 개정하여 토지사용권의 양도허가, 사영경제 인정과 합법적 권익 보호, 사회주의 시장경제실행 등을 규정하였다.

1999년 3월에는 전국인민대표대회에서 상당히 큰 폭의 3차 헌법개정을 단행하였다. 여기서 개체경제와 사영경제 등 비공유경제가 사회주의 시장경제의 중요한 구성 부분으로 격상되었다.

하지만 중국의 헌법은 공산당의 하위에 위치한다는 점이 우리와 다른 부분이다. 2012년 공산당 전국대표대회에서는 제3세대 리더 장쩌민(江澤民)의 삼개대표론에 이어 제4세대 리더 후진타오(胡錦濤)의 과학적발전관이 국가 통치 이념의 대열에 합류함으로써, 향후 시진핑(習近平) 통치시대의 중요한 지도이론이 되었다.

6) 행정구역

중국의 행정구역은 신중국 건립 후 여러 차례 변화를 거듭해왔다. 1988년 해남도를 성으로 독립시키고 1997년 중경시를 사천성에서 분리하여 직할시로 승격시키면서, 현재는 중앙정부 아래 22개 성(省)과 5개 자치구(自治區), 4개 직할시, 그리고 홍콩과 마카오 특별행정구로 이루어져 있다. 성 아래 행정단위는 시, 현, 자치주, 진, 향이다.

<중국의 행정구역>

명칭	약칭	소재지	면적(만㎢)	인구(만명)
北京	京	北京	1.68	1,370
天津市	津	天津	1.10	900
上海市	滬	上海	0.58	1,300
重慶市	渝	重慶	8.20	3,000
黑龍江省	黑	哈爾濱	46.00	3,500
吉林省	吉	長春	18.00	2,600
遼寧省	遼	瀋陽	15.00	4,000
河北省	冀	石家莊	19.00	6,100
河南省	豫	鄭州	16.00	8,700
山東省	魯	濟南	15.00	8,400
山西省	晋	太原	15.00	2,900
陝西省	陝	西安	19.00	3,300
甘肅省	甘	蘭州	39.00	2,300
青海省	青	西寧	72.00	450
安徽省	晥	合肥	13.00	5,700
江蘇省	蘇	南京	10.00	6,900
湖北省	鄂	武漢	18.00	5,500
湖南省	湘	長沙	21.00	6,110
浙江省	浙	杭州	10.00	4,000
江西省	贛	南昌	16.00	3,900
福建省	閩	福州	12.00	3,000
四川省	川	成都	47.80	8,000
貴州省	貴	貴陽	17.00	3,300
雲南省	雲	昆明	38.00	3,700
廣東省	粤	廣州	22.00	6,400
海南省	瓊	海口	3.22	650
廣西壯族自治區	桂	南寧	23.00	4,300
內蒙古自治區	內蒙古	呼和浩特	110.00	2,200
寧夏回族自治區	寧	銀川	6.60	470
新疆維吾爾自治區 (위구르)	新	烏魯木齊 (우루무치)	160.00	1,600
西藏自治區 (티베트)	藏	拉薩(라싸)	120.00	2,300
香港特別行政區 (홍콩)	港	香港(홍콩)	0.10	630
澳門特別行政區 (마카오)	澳	澳門(마카오)	0.002	44

자치구는 소수민족 거주 지역 중 500만 명 이상이 거주하는 성(省)급 자치지역을 말한다. 길림성 연변의 조선족은 인구가 192만 명으로서 이러한 조건에 맞지 않아 한 단계 낮은 자치주로 지정되어 있다. 자치주는 30개가 있고, 자치현은 121개가 있다. 현재 중국의 수도는 북경이며 인구 1,370만 명이 거주하고 있다. 800여년의 역사를 지닌 역사도시이자 정치 중심도시다.

습관적으로는 전 지역을 6개의 큰 구역 즉 동북, 화북, 화중, 화남, 서북, 서남으로 나눈다. 동북은 요녕성, 길림성, 흑룡강성, 화북은 북경, 천진, 내몽골, 산동, 산서, 하북, 하남, 화중은 상해, 강소, 안휘, 호북, 절강, 화남은 복건, 강서, 호남, 광동, 광서, 해남, 홍콩, 마카오, 서북은 섬서, 감숙, 청해, 신강, 영하, 서남은 운남, 귀주, 중경, 사천, 서장이다.

7) 중국의 국화(国花)

중국은 매화를 백화(百花)의 왕이라 하여 청대 말기에 국화(國花)로 지정하였다고 전해지기도 하고, 전통적으로 모란(牧丹)을 꽃의 왕이라 하여 국화로 삼고 있다고 하기도 하지만, 정확히 말하면 아직까지 중국에는 공식적인 국화가 없는 실정이다.

국화 선정에 대한 요구는 1980년대부터 자주 제기되어 왔다. 당시 두 차례에 걸친 민간차원의 화훼평가대회가 열린 적이 있었는데, 모란과 매화가 1, 2위를 다투었다고 한다. 1994년 봄, 전국인민대표대회 8기 2차 회의에서 농업부장 허캉(何康)이 <국화 선정에 대한 건의>를 제출하면서 국화 선정 활동이 전국적으로 전개되었다. 당시 국화 선정 기준은 순수한 중국 꽃, 역사 문화적으로 중국을 대표할 수 있는 꽃, 그리고 재배지역이 광범위한 꽃으로 정하였다. 당시 여론조사에서도 모란과 매화는 우열을 가리기 힘들 정도로 치열하였다고 한다. 이후 1995년 개최된 전국인민대표대회 회의에서 국화 선정 결과를 유보하면서 아직까지 공식 지정 국화가 없다.

최근 여론조사에서 모란을 국화로 삼자는 의견이 전체 국민의 65%가 넘는 가운데, 향후 중국의 국화로 선정될 가능성이 가장 큰 모란에 대하여 소개해보자.

모란의 재배 역사는 위진남북조시대부터 시작되며, 당송시대에 그 재배 기술이 크게 발전한다. 당대에 모란은 향기가 뛰어나 꽃의 왕[花王]이라 일컬어졌고, 명대에는 북경으로 천도한 후 극락사(極樂寺) 안에 모란을 여러 군데 심어 두었다. 청대에는 한 왕자가 극락사에서 모란을 감상하고 국화사(國花寺)라는 편액을 걸어두기도 하였으니, 이미 청대부터 모란은 국화의 칭호를 받고 있었다.

모란은 중국문화와 불가분의 관계에 있다. 당대에 측천무후는 모든 꽃들에게 꽃을 피우기를 명령했는데, 오직 모란만이 명령을 거역하고 꽃을 피우지 않아 낙양(洛陽)으로 좌천시켰다는 이야기가 전해지고 있다. 이로써 낙양 모란은 천하제일이라는 영예를 얻게 되었다. 모란이 어떠한 위협과 권세도 두려워하지 않고 절개를 굽히지 않는 품성을 가졌음을 알 수 있다. 대부분의 중국인들은 이것이 바로 그들 중화민족의 민족성과도 부합된다고 생각한다. 모란을 국화로 삼기를 주장하는 사람들은 모란이 온화하면서도 우아하며 중국의 유구한 역사와 풍부한 문화유산, 중국의 번영을 상징한다고 믿고 있다. 산동성 하택(河澤)에도 매년 5월의 모란축제를 거행하는데, 이곳에 가면 모란의 멋을 느낄 수 있고 중국인의 모란에 대한 각별한 애정도 느낄 수 있다. 참고로 대만에서는 매화를 국화로 지정하고 있다.

8) 중국의 성씨(姓氏)

중국의 성씨는 원래 성(姓)과 씨(氏)로 나뉜다. 전자는 모계사회, 후자는 부계사회에서 기원하였다. 요(姚), 강(姜), 희(姬) 등과 같이 '여(女)'가 들어있는 성은 바로 모계사회의 흔적을 보여준다. 귀한 사람들은 성이나 씨가 있었지만 천민들은 이름[名]만 있었다. 서주(西周) 시기만 해도 성씨가 그다지 많지 않았지만 한(漢)나라 초기에 성씨가 통합되어 평민들이 공유하면서 점차 증가하여 명나라 때는 성씨가 3,700여 가지나 되었다.

하지만 이후 점차 줄어들면서 현재 사용되고 있는 성씨는 『성씨전고(姓氏典故)』라는 책에 수집된 자료에 따르면 약 1,436개가 존재하고 있다. 그 중 왕(王)씨 성이 가장 많이 차지하고 있는데, 빈도수가 1%가 넘는 성씨로는 순위별로 王(약 7.6%), 李(약 7.3%), 張(약 6.5%), 劉(약 5.5%), 陳(약 4.9%), 楊(약 2.9%), 周(약 2.3%), 黃(약 2.2%), 趙(약 2.1%), 吳(약 2%), 孫(약 1.5%), 徐(약 1.4%), 林(약 1.3%), 胡(약 1.3%), 朱(약 1.3%), 郭(약 1.1%), 梁(약 1.1%), 馬(약 1.1%), 高(약 1.1%), 何(약 1.1%) 순이다. 이상 20개의 성씨는 전체 성씨 가운데 55% 이상의 비율을 차지하고 있다.

3. 역사문화

중국의 역사는 그 기간이 장구하다. 역사시대의 첫 왕조인 은(殷)나라의 건국 시기는 약 3,600년 이상 거슬러 올라간다. 이렇게 볼 때 장구한 중국의 역사를 축약하여 논하는 것이 쉽지는 않지만 시대별, 왕조별로 나누어 각 시대별 주요 내용을 간략히 소개하면 다음과 같다.

1) 선사시대

중국 대륙에서 처음 발견된 구 인류는 운남성에서 발견된 170만 년 전의 원모인이고, 다음으로는 스웨덴 지질학자 엔더슨에 의해 발굴된 50만 년 전의 북경원인이다. 하지만 당시의 역사문화는 중국의 역사문화라고 부르기 어려우며 실질적인 중국문명의 원천은 황하 중상류인 현재의 하남성 승지현 앙소촌을 중심으로 기원전 5000년 전부터 기원전 2500년 전까지 신석기 채도문화를 대표했던 앙소문화(Yangshao Culture)와 이 문화를 이어 황하 중하류 섬서성과 중원지역 및 산동성 용산현을 중심으로 기원전 2300년 전부터 기원전 1800년까지 흑도문화를 주도했던 용산문화(Longshan Culture)라고 말한다. 용산문화 시기에는 농경이 확대되고 남성의 권력이 점차 강화되었으며 사유재산의 개념이 출현하였고 일부일처제의 혼인제도가 성립하게 된다.

이후에는 역사시대로 넘어가기 전 전설상의 왕조였던 하(夏)나라가 있었다. 사마천의 『사기(史記)』에 의하면 하나라는 17대 472년간 존속했다고 하는 기록이 있고, 전설상으로는 순(舜) 임금의 뒤를 이어 홍수를 다스린 우왕(禹王)이 개국했다고 하는 이야기도 있다. 하지만 하나라의 실체는 아직까지 베일에 싸인 전설상의 왕조로 남아 있다.

한편 중원의 황하문명 외에 양자강문명의 양저문화와 요령성과 내몽골 요하문명의 홍산문화가 꽃피웠음이 최근 학계에서 밝혀지면서, 중국문화가 다양한 민족에 의한 다문화 구조였음이 증명되고 있다.

2) 은상(殷商) (기원전 17세기-1066년)

은나라는 중국 최초의 역사시대 왕조로서, 원래는 상이라는 이름의 동이계 또는 동방의 알타이어계 민족의 성읍국가로서 발해만 일대에서 일어나 주변의 성읍국가들과 연합해 가면서 중원의 낙양을 중심으로 동으로는 황해로 넓혀갔고, 그리고 반경 때에 도읍을 은허로 옮긴 후 서로 섬서성, 하북성, 산서성, 남으로 양자강, 북으로 주(周)의 근거지인 위수(渭水)까지 그 세력을 확장하게 된다. 은 왕조가 처음 확인된 것은 1928년 은 후기의 도읍지인 하남성 안양현 소둔촌 마을에서 발견된 은허(殷墟) 갑골문[1]에 의해서다. 은 왕조는 조상숭배와 제사를 게을리 하지 않았고 청동기문화를 꽃피웠으며 대규모순장의 풍습이 있었다. 흥미로운 부분은 은 민족이 술을 좋아하여 많은 술잔들이 유물로서 남아 있고, 우리 배달민족처럼 백색을 숭상하였다.

3) 주(周) (기원전 1066년-256년)

주 민족은 섬서성 서안 부근의 비옥한 평원을 중심으로 성장하면서 은의 마지막 왕인 주(紂)를 물리치고 중원의 새로운 지배자가 된다.[2] 개국 후 무왕의 동생 주공 단은 이3년간의 동방원

---

1) 갑골은 점복에 사용되던 거북이등과 동물의 뼈를 줄인 말이다. 은 왕실은 국가의 중대사를 결정할 때 갑골로서 점을 치는데, 우선 갑골의 뒷면에 구멍을 뚫고 제사를 지낸 뒤 불로 지진 후 나타난 균열과 색깔로 신의 뜻을 판단하였다. 갑골에는 자연현상, 전쟁, 수렵, 질병, 농사 등에 관한 기록이 있는데, 이는 당시의 생활상과 역사를 파악할 수 있는 귀중한 자료이다. 아울러 1,800자의 갑골문자는 한자의 원형연구에도 중요한 자료가 된다.

2) 은의 마지막 왕 주(紂)가 달기와의 사랑에 빠져 국정을 소홀히 하였고, 이에 주의 무왕이 아버지 문왕의 계획을 실천하여 은을 멸했다는 역사는 잘 알려진 고사로서, 후에 이를 소재로 하여 『무왕벌주평화(武王伐紂平話)』, 『봉신연의(封神演義)』 등

정을 통해 주를 명실상부한 중원의 지배자로 부상시켰지만, 광활한 중국 전체를 다스리기에는 역부족임을 느끼고 중국역사상 최초의 통치제도인 봉건제도를 통해 전국의 영토를 간접 통치하게 된다.

주대 800년의 기간 중에 천도를 한 차례 하고 또 중기 이후에는 새로운 양상으로 정국이 바뀐다. 처음에 서안지역인 호경(鎬京)에 도읍할 때를 서주(기원전 1066년-770년)라고 부르고, 기원전 770년경 유왕이 여산에서 유목민 견융에 의해 피살되면서 동쪽 낙양(洛陽)으로 도읍을 옮긴 후의 시기를 동주라고 부른다. 이를 주의 동천이라고 한다. 동주는 다시 전기의 춘추(春秋)(기원전 770년-476년)와 후기의 전국(戰國)시대(기원전 475년-221년)로 나뉜다.[3)]

춘추시대는 각국의 치열한 생존경쟁의 역사라고 말할 수 있다. 초기에 100여개 정도의 도시국가가 형성되었는데 말기에는 10여 개국으로 줄었으며 그 시기 동안 발생한 전쟁만도 1,200회가 넘는다고 기록되어 있다. 그 중 5개의 큰 나라가 있었는데, 바로 제(齊), 진(晉), 초(楚), 오(吳), 월(越)이다. 이들을 합쳐 춘추오패(春秋五覇)라고 부른다. 한때는 신흥강국 오와 월의 싸움이 잦았는데, 이와 관련된 고사는 지금까지도 인구에 회자되고 있다.[4)]

이 시기에는 각 군주들이 평민 출신의 인재를 등용하여 중앙집권을 꾀하고 부국강병에 힘써 과학기술이 발달하는 계기가

소설이 출현하였다.

3) 춘추(春秋)는 공자의 저서 『춘추경(春秋經)』에서, 전국(戰國)은 서한의 역사서 『전국책(戰國策)』에서 따온 말이다.

4) 오왕 합려와 그의 아들 부차, 그리고 월의 구천이 서로 원수를 갚기 위해 땔나무 위에서 잠자고 쓸개를 맛보며 굴욕을 상기시켰다는 와신상담(臥薪嘗膽) 고사가 있다. 한편 관중과 포숙의 아름다운 우정을 묘사한 관포지교(管鮑之交)라는 고사성어가 보여주듯이 각 패자들의 뒤에는 훌륭한 재상들이 있었다.

되었으며, 제자백가(諸子百家)시대라고 부를 만큼 훌륭한 사상가들이 많이 출현하면서 사상의 황금시대를 맞이한다.[5] 전국시대에 들어서는 진(晉)이 한(韓), 위(魏), 조(趙)로 분열되면서 진초제연한위조라는 전국칠웅으로 재편되는데, 철기가 보급되면서 각국 간 경쟁은 더욱 치열해졌고 이에 따라 병법이 발전하면서 유명한 손자병법(孫子兵法)이 출현하기도 한다.

4) 진(秦) (기원전 221년-207년)

중국 최초의 통일이라는 역사적 사건은 바로 진(秦)나라에 의해 이루어진다. 진시황은 한(韓) 나라의 정복을 시작으로 조(趙), 위(魏), 초(楚), 연(燕), 그리고 제(齊)를 멸함으로써 기원전 221년 서안 근처인 함양(咸陽) 에 도읍을 정하고 드디어 통일의 대업을 완수한다. 그는 또한 북방 흉노족의 침입을 막기 위해 만리장성을 축조하였고, 봉건제 대신 중앙집권제의 일종인 군현제(郡縣制)를 실시하였다. 문자, 도량형, 화폐 등을 통일하여 사회발전에도 기여하였고, 죽어서도 병마용갱(兵馬俑坑)과 자신의 무덤인 거대한 규모의 시황릉을 남기도 떠난다. 하지만 분서갱유(焚書坑儒)라는 세계최초의 언론탄압 사건으로 인해 폭군 이미지는 항상 그를 따라다니고 있다.

5) 한(漢) (기원전 206년-서기 220년)

진승 오광의 농민봉기를 계기로 진(秦) 타도의 물결이 일면서

5) 유가의 시조 공자(孔子), 도가의 노자(老子)와 장자(莊子), 반전론을 주장한 묵가(墨子), 법가의 한비자, 음양오행가, 종횡가 등이 출현했다.

초(楚)의 귀족출신 항우와 농민출신 유방이 한판 승부를 펼친다. 결국 한신 등의 도움을 받은 유방이 사면초가(四面楚歌) 고사로 유명한 해하 전투에서 승리하자 항우는 애인 우미인을 슬피 그리는 시를 남긴 채 자결하고 만다. 이후 유방은 한 고조에 등극하면서 400년간에 걸쳐 장구한 통치기반을 마련하였다. 그는 군현제와 봉건제를 절충한 군국제(郡國制)를 실시하였는데, 안정기에 접어들면서부터는 주변의 제후들을 하나씩 제거해 갔다. 명장이자 충신이었던 한신도 여기에 포함되었고, 그와 관련한 토사구팽(兎死狗烹)[6] 고사는 지금까지 인구에 회자되고 있다.

이후 한 무제[7] 때에 이르러서는 현재의 중국 지도와 흡사한 판도를 형성하며 화려한 시기를 장식한다. 흉노의 정벌, 베트남 정복, 고조선 멸망과 한사군의 설치 등 그 세력은 줄곧 확대일로를 걷는다. 또한 한 무제 때부터 유교가 국교로 채택되면서 왕조의 지배이념으로 등장하였고, 국립대학인 태학을 설치하여 교육에도 힘을 쏟았다. 중국의 콜럼버스라고 불리는 장건의 비단길을 통한 서역 개척으로 중국과 중앙아시아 각국 간의 교류가 시작되었고, 이러한 동서교류는 당나라에 이르러 꽃을 활짝 피우게 된다. 이 시기의 특징 중 하나는 바로 중국 최초의 정사인 사마천의 『사기(史記)』의 완성이다. 아버지 사마담의 유지를 이어 궁형이라는 극형을 당하면서도 기전체의 불후작 『사기』를 완성함으로써 중국 역사문화의 새 장을 열었던 것이다.

서기 8년부터 23년까지의 15년의 기간은 왕망의 신(新)나라가

6) 유방을 위해 헌신했던 한신이 누명을 쓰고 죽게 되자 "재빠른 토끼가 죽으면 날랜 사냥개는 삶아 없어지고[狡兎死, 走狗烹], 높이 나는 새가 떨어지면 좋은 활은 구석에 처박히게 되며, 적국이 패하면 지모있는 신하는 필요 없게 되는구나…"라는 말을 남기고 최후를 맞는다.

7) 한 무제에 관한 이야기는 소설 『한무제고사(漢武帝故事)』과 『한무내전(漢武內傳)』에 잘 담겨있다.

건립되면서, 한(漢)은 서안, 즉 이전의 장안을 수도로 한 서한(즉 전한)과 낙양을 수도로 한 동한(즉 후한)으로 분리된다. 유수 즉 광무제의 동한은 서한만큼 세력이 강하지 못했으며 자영농민의 감소와 함께 국력이 기울어지면서 결국 농민반란으로 멸망의 길을 걷게 된다.

6) 위진남북조(魏晉南北朝) (220년-589년)

한 말기인 184년에 부패한 정권에 좌절하여 실의에 빠진 농민들은 태평도라는 신흥종교 조직을 만들고 대규모 농민 반란을 일으킨다. 황건적의 난이라고 하는 이 농민반란으로 조조의 아들 조비가 한을 멸하고 낙양을 도읍으로 하여 위(魏)나라를 세운다. 한편 강남 양자강 동쪽에는 손권의 오(吳)나라가 들어서고, 삼고초려(三顧草廬) 고사로 잘 알려진 제갈공명의 도움을 받은 유비는 형주를 중심으로 촉(蜀)을 세우면서 삼국시대 체제에 돌입한다.

이들 삼국 간에는 치열한 전쟁이 벌어지는데, 적벽대전 등 치열했던 전쟁이 소설 『삼국지연의(三國志演義)』에 잘 묘사되어 있다.[8)] 치열한 경쟁 속에서 둔전이라는 토지제도, 관리추천제인 구품관인법(九品官人法) 등의 제도가 확립된 시기이기도 하다.

이후 사마염은 265년 위를 멸하고 진(晉)나라를 세움으로써 삼국분열 이후 짧은 37년간의 통일 시기를 맞이한다. 하지만 589년 수(隋)나라가 재통일하기까지 분열이 지속되는데, 이 기간을 통틀어 위진남북조(魏晉南北朝) 시대라고 부른다. 북쪽은 진의 초

---

8) 『삼국지연의』는 명나라 때 나관중이 쓴 역사장편소설로서, 정사 25사 중 하나인 진수의 『삼국지』를 근거로 쓴 작품이다. 사실이 70% 허구가 30%로 이루어졌기 때문에 『삼국지연의』를 100% 역사로 여겨서는 안 된다.

기인 서진(西晉)이 망하면서 유목민족 정권들이 들어섰는데, 선비(모용황), 흉노(선우), 갈, 강, 그리고 티베트계인 저 등 다섯 민족이 전연, 후연, 북연, 남연, 하, 전진, 후진 등 5호16국을 형성하다가 평성(平城, 현재의 산서 대동)에 거점을 두었던 북위(北魏)가 통일한 후 낙양으로 도읍을 옮긴다. 북위를 이어 동위와 북제(北齊), 서위와 북주(北周)로 계승되다가 북주가 장안을 중심으로 하여 북방 지역을 통합하게 된다. 한편 남쪽은 서진의 법통을 이어받은 동진(東晉)이 건립되었다가 후에 송(宋), 제(齊), 양(梁), 진(陳) 왕조로 이어진다. 우리가 이 시기를 육조(六朝)라고도 부르는데, 육조는 지금의 남경인 건업에 도읍을 정했던 남쪽 왕조에 초점을 두어 오, 동진, 송, 제, 량, 진이라는 여섯 왕조를 가리키는 것이다.

사상적으로는 당시 백성들을 피폐하게 했던 전란 속에서 회색적이고 형이상학적인 현학(玄學)이 크게 홍성하면서 문학작품에도 영향을 끼쳐 지괴류 소설이 대거 출현한다. 동시에 북방에서는 북위, 북제, 북주 등 왕조의 적극적 지원을 받으면서 불교가 융성하게 되었다. 500년부터 23년간 조성된 거대한 용문석굴사원 조성에 80만의 인력이 동원되었을 정도로 불교는 큰 지원군을 얻는다. 북방 왕조를 세웠던 유목민족들은 중국적 편견이 없었고, 거듭되는 전란과 정치적 분열 속에서 이미 제국의 학문으로 뿌리 내린 유교가 힘을 잃었기에 사상적 공백을 메우기 위해 불교를 홍성시킨 것이다.

7) 수(隋) (581년-618년)와 당(唐) (618년-907년)

581년 양견이 북주의 왕위를 찬탈한 후 낙양에 도읍을 정하고 수나라를 세운다. 그 후 589년에는 문제가 진(陳)을 멸함으로써 중국은 재통일의 시기를 맞는다. 당나라의 기초가 되었던 각종 제도들은 수 문제가 정비한 것들인데, 예를 들면 균전제에 기초한 부병제와 조용조의 세제, 문벌에 의한 구품관인법에 대신하여 중소 지주층의 관계진출의 길을 연 과거제, 3성 6부의 중앙관제, 주현제의 지방행정 조직, 인보제의 실시 등이 그것들이다.

문제에 이어 양제는 대운하의 건설로 인한 남북 문물교환의 활성화라고 하는 업적을 이룬다. 하지만 여러 차례의 고구려 정벌 실패로 결국 패망의 길을 걷게 된다.

618년 수나라가 몰락하면서 유목민족인 선비족의 피가 섞여 있는 고조 이연이 새로운 왕조인 당나라를 수립하고, 이어서 태종 이세민이 제국의 기틀을 확립하면서 동아시아를 제압하기 시작한다. 그는 돌궐과 위구르를 복속하고 비단길을 장악하였으며 주변국들과 군신관계를 맺는 책봉체제를 강요한다. 이에 고구려가 반기를 들자 고구려를 정벌하고자 여러 차례 출정하였는데 번번이 실패하고 51세의 일기로 생을 마감한다.

당나라의 독특한 역사 중 하나는 바로 중국 최초이자 최후의 여황제인 측천무후의 등장과 통치이다.[9] 태종의 아들 고종은 아버지 태종이 죽자 태종의 처인 측천무후를 비구니로 만들었다가 궁중으로 다시 불러들인다. 이후 고종이 간질병이 걸리면서 건강이 악화되고 마침내 서거하자 측천무후는 고종을 대신하여 이인자로서 정치에 손을 대기 시작한다. 그녀는 도읍을 장안에서 낙양으로 옮기고 무주(武周) 왕국을 잠시 세우기도 한다. 그녀는 다채로운 이성편력과 두 아들의 폐위 등 추악한 모습도 보였지만, 곡량 비축에 힘쓰고 국력을 강화하는 데 한 몫을 하였

9) 현종(玄宗)의 할머니인 측천무후는 중국에서는 무측천(武則天)으로 불린다.

다는 평가도 받는다.

사실 당나라는 매우 개방적인 사회로서 수도인 장안을 기점으로 하여 돈황(敦煌)을 거쳐 비단길을 통해 서역과 교류가 빈번했고, 당삼채(唐三彩) 등 이국적인 문화를 많이 수용하기도 한다. 문인들의 활약도 두드러지는데, 특히 성당 시기의 이백과 두보는 각각 시선(詩仙)과 시성(詩聖)으로 불리며 중국 시의 경애를 한 차원 끌어올렸다. 이 시기에 있었던 당명황 즉 현종과 양귀비의 아름다운 사랑과 비극적 결말 고사는 아직도 인구에 회자되고 있다. 한편 755년부터 763년까지 간신 양국충을 토벌한다는 명분으로 일어났던 안록산과 사사명의 반란 이후에도 당 왕조는 150년간 유지되었지만 예전의 번화했던 풍모는 찾아볼 수 없게 된다.

당나라는 결국 황소의 난(875년-884년) 이후 등장한 주전충이 907년 당 애제의 선양을 받는 형식으로 제위를 물려받고 후량을 세우면서 종말을 고한다. 이어 후당, 후진, 후한, 후주 등 다섯 왕조가 이어지고 기타 지역에서는 10국이 할거하였는데, 이 시기를 일컬어 5대10국 또는 당말오대(唐末五代)라고 한다.

8) 송(宋) (960년-1279년)

960년 금군의 사령관이었던 조광윤이 쿠데타를 일으켜 정권을 잡고 송나라를 세운다. 그리고 다음 대인 태종이 979년 10국 중 하나인 북한(北漢)을 물리침으로써 중국을 재통일한다. 태조 조광윤은 집권 후 군벌을 제거하고 관리의 권한을 분산시킴으로써 황제의 독재적 권력을 강화시켰고, 문신관료들을 과거로 선발함에 따라 과거제도는 수나라 이후 처음으로 공고하게 정착되었으며, 학자관료가 사회를 주도하는 문치주의 전통이 확립된다. 즉 사대부 계층이 사회를 주도하게 되었고, 주자가 정리한 성리학이 이들의 지배 이념으로 자리를 잡는다.

한편 북송(北宋)의 수도 변경(卞京, 현재의 개봉)은 경제가 활성화되면서 상업도시로 변모하였고 전국적으로도 많은 중소도시가 상업도시로 바뀌면서 다양한 계층의 도시민들이 생겨나게 된다. 또한 화약, 나침반, 인쇄술이라는 삼대 발명이 송대에 이루어지고, 문인화 등 중국 회화가 황금기를 맞기도 한다.

한편 북방에서는 북경을 중심으로 거란족의 요나라 건국되었고, 이후 만주 퉁구스계 여진족의 추장 아골타가 1115년 여진족 최초의 국가인 금(金) 나라를 세운 후 북방지역을 통치하면서 당시 향락생활에 빠져 있던 휘종을 공격하여 1127년 북송을 멸망시킨다.

이에 송 왕조는 강남으로 피신하여 임안(臨安, 현재의 항주)에 피난정권을 수립하여 남송(南宋) 왕조를 유지해나간다. 이후 주전파와 강화파의 대립 속에서 악비(岳飛) 같은 애국 명장이 출현하였지만, 결국 남송은 금나라에 무릎을 꿇고 신하의 절개를 지킨다는 굴욕적 화의를 하기에 이른다.

9) 원(元) (1279년-1368년)

금나라가 세력을 확대하고 있었던 시기에, 북방의 몽골에서는 1161년 테무친이 태어난다. '강력한 군주'라는 의미의 칭기스칸 칭호를 얻으면서 그는 1215년부터 유럽과 아시아를 정복해나가기 시작하여, 1225년에는 남러시아에 이르는 중앙아시아를 점령한다. 그의 정복사업을 이어 아들들이 1239년 금을 멸하였고, 이어서 손자인 쿠빌라이가 1271년 현재의 북경인 대도(大都)에 도읍을 정하고 원나라를 세운 후, 1279년 남송을 멸망시키고 세계 최대의 대국이 된다.

몽고군의 승리는 기마전술 및 성벽을 공격할 수 있는 투석기와 특수수레의 이용 등에 있었으며, 몽골군의 말발굽 소리만 들어도 공포에 떨었을 정도로 그 위세는 대단했다. 몽골은 당시에 고려도 침공하여 굴복시키긴 하였지만 30년간에 걸친 고려인들의 항쟁 역시 끈질겼고, 일본 원정도 감행하였으나 실패로 끝난다.

한편 일찍이 벼슬을 포기한 중국 지식인들은 재야에 묻혀 문학 활동에 전념함으로써, 문학사적으로 주목할 만한 장르인 원곡(元曲, drama)이 발전하게 된다. 원말 명초에는 우리에게 널리 알려진 사대기서인 『삼국지연의』, 『수호전』, 『서유기』, 『금병매』 등의 장편소설이 편찬되기도 하였다.

행정기구는 주현제를 그대로 두면서 몽골인 감독관을 파견하여 관리하였고, 몽골인 제일주의에 의거하여 백성들의 신분을 몽골인, 색목인(서역 계통의 종족), 한족, 남인 등 네 가지 유형으로 나누어 차별하기도 하였다. 과거제 역시 실시는 하였지만 몽골인으로부터 외면당하고 만다. 하지만 몽골의 원나라 역시 시간이 지나면서 왕실의 계승권 다툼과 황실의 라마교 신봉 등이 원인이 되어 몰락의 길을 걷게 된다.

10) 명(明) (1368년-1644년)

원나라의 한족에 대한 차별과 탄압, 그리고 착취는 더해갔다. 민중들 속에서 백련교를 중심으로 한 홍건적이 하남성 지역에서 출현하였고 1351년에는 대규모의 난을 일으키며 강력하게 저항했다. 하지만 저항은 무력화되면서 실패로 끝난다. 이후 가난한 집안 출신의 떠돌이 승려 주원장(朱元璋)이 세력을 규합 남경을 장악하고 1364년 명나라 왕이 되었으며, 다시 1368년에는 남경에서 명(明)나라를 세우고 북경을 공략하면서 중국 대륙은 다시 한족의 손에 들어오게 된다.

태조 주원장을 이은 영락제 주체는 문물정비에 힘쓰고 대대적 편찬사업을 진행한다. 2전 명의 학자들이 3년간의 작업 끝에 만든 백과사전 『영락대전(永樂大典)』은 그의 대표적 업적으로서 역사, 지리, 천문, 사상 등 중국 문화를 총정리한 총서라고 할 수 있다. 또한 그는 정화를 통해 동남아시아를 정벌하여 조공관계를 수립하고 경제교류를 강화하는 등 그 세력을 확대하였다. 지금까지 화교들이 동남아 경제를 장악하고 있는 것도 당시 그가 토대를 구축하였기 때문이다.

한편 사상적 측면에 있어서는 그 동안 핵심 사상이었던 주자의 성리학을 반대하며 왕양명이 새로운 이론으로 등장한다. 그가 심즉리(心卽理)의 양명학을 수장하고 이를 이탁오가 계승하면서 명나라에서는 지행합일(知行合一)을 최고선으로 하는 양명학이 융성하게 되었다.

11) 청(淸) (1644년-1911년)

명은 건국된 지 200년이 지나면서 환관의 횡포와 민란, 그리고 왜구와 몽골족의 침략으로 정세가 어려움에 빠지게 되었고, 이 와중에 농민을 규합한 이자성이 1643년 북경을 점령한다.

한편 밖으로는 명의 지배하에 놓여 있던 숙신말갈 또는 여진족으로 불리었던 만주족 누르하치가로 세력을 확장하면서 1616년 후금(後金)을 세우고 1625년에는 심양으로 수도를 옮긴다. 1644년, 그의 아들 태종은 나라 이름을 후금에서 청으로 바꾸고 드디어 중국 대륙을 장악하였으며, 수도를 북경으로 정하였다. 이후 250년간 대육은 만주족의 지배하에 놓인다.

명나라의 패망 후 정성공은 1661년 대만으로 이동하여 대만을 항쟁의 거점으로 삼아 명조 부흥운동을 위해 끈질긴 저항을 하였다. 하지만 1683년 청의 공격으로 결국 투항하였고, 대륙에서는 운남, 귀주, 광동 즉 삼번이 청조에 대항하지만 역시 1673년 청에 의해 멸망한다.

청조의 최대 번영기는 강희(1662년-1722년), 옹정(1723년~1735년), 건륭(1736년~1795년)년간으로, 특히 강희제는 한족 반발을 무마하기 위해 한족을 통치체제에 끌어들이고 『강희자전』, 『고금도서집성』 등의 서적을 편찬하였다. 건륭제 역시 중국사상을 집대성한 『사고전서』를 편찬하였다. 학술 면에서는 객관적 사실에 근거하여 진실을 밝히려는 고증학이 고염무를 중심으로 확산된다.

한편 이 시기에 네덜란드, 영국, 프랑스 등 서구 열강들이 중국을 넘보게 된다. 그 중 영국은 청나라와의 무역을 자신들에게 유리하게 만들기 위해 몰래 아편을 팔았고,[10)] 이에 청나라가 아편 금지를 하자, 영국은 마침내 청나라와 세계에서 가장 치사한 전쟁인 아편전쟁을 일으킨다. 1840년부터 1842년까지의 1차 아편전쟁에서 영국이 남경으로 진격하자 할 수 없이 세계에서 가장 불평등한 조약인 '남경조약'을 영국의 배 위에서 체결하게 된다.

이어 1856년 영국선원이 체포되는 '애로호사건'이 일어나자 영국이 다시 침략하면서 결국 '북경조약'과 '천진조약'을 체결하게 되고, 이후 서양 각국의 자본주의는 중국 내륙 깊숙이 침투하면서 중국 국민들을 내핍과 혼란의 격동기 속으로 내몰린다.

---

10) 1830년대 무렵 중국의 아편 수요는 연간 300만 톤에 이르렀다고 하며, 관료에서 일반 백성에 이르기까지 많은 사람들이 아편을 피웠는데, 이는 중국의 동이 영국으로 흘러감을 의미한다.

<중국의 역대 왕조>

왕조 명칭	수도	기간
은	낙양, 안양	기원전 17세기-기원전 1066
서주	호경(서안)	기원전 1066-기원전 771
동주(춘추)	낙양	기원전 770-기원전 476
동주(전국)	낙양	기원전 475-기원전 221
진	함양(서안)	기원전 221-기원전 206
서한	장안(서안)	기원전 206-서기 25
동한	낙양	서기 25-220
위	낙양	220-265 촉(221-263), 오(222- 280)
서진	낙양	265-316
동진	남경	317-420
남 조 (송, 제, 양, 진)	남경	420-589
북조 (북위, 북제, 북주)	낙양, 장안(서안)	5호16국(304-439), 북위(386-534), 동위(534-550), 서위(536-557), 북제(550-557), 북주(557-581)
수	장안(서안), 수양제 때 낙양	581-618
당	장안(서안), 측천무후 때 닉양	618-906
오대십국	변경(개봉), 후당 때 낙양	907-960
북송	변경(개봉)	960-1127
남송	임안(항주)	1127-1279
요	북경	907-1125
금	중도(북경)	1115-1234
원	대도(북경)	1271-1368
명	연경(북경), 주원장 시 남경	1368-1644
청	연경(북경)	1644-1911
중화민국	남경, 대북	1912-현재
중화인민공화국	북경	1949-현재

아편무역이 한창이던 1850년, 농민의 아들 홍수전은 태평천국의 난을 일으키고 태평천국을 건설하지만, 14년간의 태평천

국은 당시 거점이었던 남경이 함락됨으로써 끝나고 만다. 한편 1860년부터 1894년까지는 중국의 힘을 강화시키기 위해 서양의 근대 기술을 도입하려는 양무운동(洋務運動)이 이홍장을 중심으로 일어난다. 하지만 1894년 청프, 청일전쟁이 발발하면서 실패로 돌아가고, 이어서 변법자강운동과 의화단운동의 실패 후 청조는 제국열강에 의해 국권이 박탈되는 반식민지상태로 전락하고 만다.

1911년, 국부로 불리는 손문의 신해혁명으로 왕정체제인 청왕조는 막을 내리고 1912년에 민주국가인 중화민국이 건립된다. 이후 군벌 간 내전과 공산당과 국민당의 대결, 그리고 일본 등 열강의 침입을 맞아 혼란스러운 정국을 이어가다가 1949년 마오쩌둥의 공산체제인 중화인민공화국이 건립된다. 그리고 공산당에 밀려난 국민당의 장제스는 대만에서 중화민국을 계승하며 지금까지 이어오고 있다.

4. 문자와 언어

1) 한자의 서체 변천

(1) 서체의 변천

한자는 1899년 하남성 안양현 소둔촌 은허에서 은대 갑골문자(甲骨文字) 3천여 자가 발견되면서 그 초기 형태가 알려졌다. 갑골문은 기원전 1300년 경 점을 치기 위해 거북이 등껍질이나 소의 넓적다리 뼈 등에 새긴 글자로서, 이 자료들은 당시의 귀중한 역사자료인 동시에 한자라고 하는 문자의 초기 형태를 밝혀주는 귀중한 문자학 자료도 된다.

그런데 최근에는 동이족의 활발했던 활동지역인 산동 지역에서 갑골문보다 훨씬 이전의 문자, 즉 골각문(骨刻文)이 발견되어 현재 학문적으로 연구 중에 있다. 한자의 기원에 대해서는 그 기원이 좀 더 거슬러 올라 갈 수 있는 가능성이 높아졌다. 갑골문이 명사와 대명사, 동사 등 품사들이 포함되어 있고 서술문도 구성되어있다는 것은 이미 어느 정도 발달된 형태라고 볼 수 있기 때문이다.

이후 주(周)와 한(漢)를 거치면서 청동기 기물 내면에는 금문(金文), 또는 종정문(鐘鼎文)이라는 한자의 서체가 활용되기도 한다. 그리고 갑골문과 금문에 이어 이른바 전서(篆書), 예서(隸書), 해서(楷書), 행서(行書), 초서(草書) 등 다섯 종류의 서체가 이어진다.

전서는 다시 대전과 소전으로 나뉘는데, 대전은 춘추전국시대에 통용되는 서체이고 소전은 진대에 통용되던 서체다. 소전은 대전보다 간단하면서 정제되어 있어서 후대 한자의 규범화에 큰 역할을 하게 된다. 예서는 전서를 간화하여 쓰기 편리하도록 만들어진 서체로서 진대에 쓰이기 시작하여 한(漢)과 위(魏) 나라에서 보편적으로 사용되었다. 획이 둥글고 곡선 위주의 전서와는 달리 예서는 획이 각지고 직선 위주이다.

정서(正書) 또는 진서(眞書)로도 불리는 해서는 예서의 필획을 단순화하여 만든 서체로서, 한말 이후 현재까지 널리 사용되어 온 서체이다. 행서 역시 한말에 쓰기 시작하여 현재까지 사용되고 있는 서체로서 해서보다 쓰기 쉽고 초서보다 알아보기 쉽다는 장점이 있다.

초서는 한말부터 본격적으로 발달된 서체로서 필획을 과감하게 줄였기 때문에 예술성은 높으나 실용성이 적다는 단점을 지니고 있다. 그중 우리가 일상생활에서 접하고 사용하는 한자 서체의 대부분은 해서체이다.

(2) 간체자(簡体字)

중국어의 한자는 필획과 형태가 복잡하여 기억하거나 이해하기가 어렵다는 결점이 있다. 많은 중국인들이 문맹으로 살아가는 이유 중 하나도 바로 한자가 쓰기 어려운 글자이기 때문이다. 이에 1956년 1월 중화인민공화국 국무원은 민간에서 보편적으로 사용되고 있는 간체자를 정자화하고 문자의 통일 규범을 만든 '한자간화방안(漢字簡化方案)'을 공식적으로 공포하였다. 이어 몇 년간의 시행을 거쳐 1964년 2,238자가 수록된 간화자총표(簡化字總表)를 출판하여 간체자의 규범으로 삼았다.

이후 현재까지 중국 대륙에서는 간체자를 사용하기 때문에, 중국어 학습에 있어서 간체자는 필수로 익혀야 하는 글자이다. 다행히 우리는 한자의 번체자(繁体字) 즉 정자를 기본적으로 익혔기 때문에 간체자를 익히는 것은 그다지 어렵지 않다. 그리고 간체자라고 해서 모든 한자가 간체자로 바뀌는 것은 아니다. 예를 들어 '正', '手', '去' 등 간단한 필획의 글자는 정자 그대로 사용하고 있다.

또한 중국어의 한자는 수만 개가 넘지만 상용한자는 약 2,500개 정도이기 때문에 그 중 1,000~1,500개 정도의 한자를 익히면 생활회화를 구사하고 활용하는 데 문제가 없다. 다만 중국어의 간체자가 우리식 약자, 일본식 약자 그리고 대만식 약자와는 조금씩 다르므로 이 점에 유의해야 한다. 대만과 홍콩 등지에서는 현재 중국 대륙과는 달리 번체자 즉 정자를 그대로 사용하고 있다.

2) 육서(六書)

한자의 구조 즉 한자가 만들어지는 원리는 여섯 가지 유형으로 나뉘는데, 이를 육서라고 부른다. 현재 6만 자 정도의 한자는 상형(象形), 지사(指事), 회의(會意), 형성(形聲), 전주(轉注), 가차(假借) 등 여섯 가지 원칙 중 하나로 만들어진다.

상형(象形)은 물체의 모습에 따라 그 형상을 그리는 것으로, 처음에는 원시적인 그림 형태로 시작하여 사물의 모습에 근접하였지만 후에는 점차 간략화하면서 사물의 원래 모습에서 다소 멀어지게 된다. 상형문자의 예로는 일(日), 월(月), 우(牛), 마(馬) 등이 있다.

지사(指事)는 형태를 구체적으로 그릴 수 없는 것들에 대해 추상적인 기호로서 나타냄으로써 사람들이 그러한 기호나 부호를 통해 그 뜻을 추상할 수 있는 것이 바로 지사이다. 지사문자의 예로는 상(上), 하(下) 등이 있다.

회의(會意)는 두 개 또는 세 개의 글자가 결합하여 새로운 의미를 담은 글자로 만드는 것이다. 예를 들면 '인(人)'과 '언(言)'이 결합된 '신(信)'은 사람이 말한 바는 반드시 실천되어야 한다는 의미를 지닌다. 또한 '목(木)'과 '목(木)'이 결합된 '림(林)'은 나무가 많아 이루어진 숲을 의미한다.

형성(形聲)은 형태와 소리가 합쳐져 이루어진 문자로서 형부(形部)는 사물의 형태를 나타내고 성부(聲部)는 사물에 부합하는 소리를 나타낸다. 한자의 80% 이상이 형성문자로 이루어져있다. 예를 들면 형성문자인 고래 '경(鯨)'은 물고기를 나타내는 형부인 '어(魚)'와 소리를 나타내는 성부인 '경(京)'이 결합하여 이루어졌다.

전주(轉注)는 동일한 시간이나 동일한 장소에서 만들어진 문자가 아니다. 즉 동일한 의미의 문자가 시간이 흐르면서 달라지기도 하고, 서로 다른 지역에서 다른 글자로 만들어지기도 한다. 같은 의미의 문자가 시공을 달리하면서 다른 글자들로 만들어진 것이다. 그래서 음과 의가 동일하지만 형태가 다른 문자들은 서로 주석을 하게 되었는데, 이를 전주라고 부르며 중복된 문자 간 소통을 위해 사용하게 되었다. 『설문해자』에 보면 '考, 老也.', '老, 考也'라는 글이 있는데, 여기서 '고(考)'와 '노(老)'는 전주가 된다.

가차(假借)는 본래 문자가 없어서 다른 문자의 음이나 형태를 빌려 사용하는 것이다. 예를 들어 콩을 의미하는 '두(豆)'는 원래는 제사지낼 때 사용하던 제기였는데, 후에 이 글자를 빌어서 콩을 의미하는 문자로 활용하였다. 즉 '두(豆)'가 가차문자가 된 것이다.

3) 한자의 비밀 : 기원 그리고 읽기

그동안 우리 사회는 내부적으로 한글전용 또는 한자 병용을 각각 주장하면서 대립과 갈등을 겪어왔다. 양측 주장과 견해는 신문지상에 광고로 등장할 정도로 그 의견 대립이 첨예하다. 물론 과학적인 한글을 지키고자 하는 데에는 다수가 동의하고 있다. 다만 한자를 바라보는 시각, 즉 한자를 우리문화의 일부로 보는 그룹은 한자 혼용을 지지하고 있고, 한자를 외래 문자로 보고 우리의 자주성을 주장하는 그룹은 한글 전용으로 맞서고 있다.

한자의 기원을 거슬러 살펴보면 사실 이러한 의견 대립은 별 의미가 없음을 알게 된다. 한자의 초기 형태인 3천여 년 전 은대 갑골문을 보면 어순이 알타이어 특징인 '주어+목적어+동사'순으로 이루어진 문장이 많고, 갑골문을 만든 은 민족은 알타이어계의 동이족이다. 또한 갑골문 '文化(문화)'의 '化(화)'는 '人(인)'과 숟가락 '匕(비)'가 합쳐진 글자로서 사람이 숟가락을 사용하면서 문화가 시작되었다는 뜻인데, 세계에서 숟가락을 사용한 민족은 동이족 밖에 없다. 최근에는 갑골문보다 천여 년 이전의 초기 한자인 골각문(骨刻文)이 발견되었는데, 발견지역이 과거 동이족이 활동했던 산동과 요녕, 내몽골 지역이다.

그렇다면 한자를 창조하였거나 창조 과정에서 중요한 영향을 끼쳤던 민족 그룹은 동이계열 민족일 가능성이 크다. 그렇기 때문에 한자를 외래문자로 단정 짓는 것보다 우리말과의 관련성을 통해 그 연원을 더 깊게 탐구해볼 필요가 있다.

또한 한자와 한글의 기원이 같은 경우도 적지 않다. 한 예로 '낙엽(落葉)'의 '낙(落)'과 '가랑잎'의 '가랑'은 각각 고대 복성모인 'glak'에서 'g'가 탈락된 발음과, 'glak'의 'gl' 사이에 'a'가 첨부된 발음이다. 그런데 사람들은 '낙'은 한자음이고, '가랑'은 한글 음이라고 별도로 인식하고 있다. 따라서 한자를 이질적인 문화로 볼 것이 아니라 적극적으로 우리 것으로 수용할 필요가 있다고 본다. 특히 한자문화권인 동아시아와의 소통을 위해서도 한자에 대한 올바른 교육과 지속적인 학습은 더욱 필요하다.

잠시 한자의 북경식 발음과 우리식 발음을 비교해보자. 두 발음 간에 가장 큰 차이는 k, t, p 등 입성(入声)즉 수성(收聲)의 유무이다. 입성이란 발음 시 입 모양이 닫히면서 막히는 자연스럽고도 과학적인 발음이다. 한 예로 '출입(出入)'이란 단어의 '입(入)'은 들어온다는 뜻으로 소리가 입술이 닫히면서 자연스레 막히게 된다. '호흡(呼吸)'의 '호(呼)'는 내쉬는 숨(exhale)으로서 '호'라는 발음을 했을 때 몸 안의 기가 밖으로 나간다. '흡(吸)'은 들이

쉬는 숨(inhale)으로 밖의 기를 몸 안으로 끌어들인 후 막아버린다. 만약 산 정상에서 '야호!' 대신 '야홉!'이라고 외친다면 상쾌함을 느낄 수 없는 것과 같은 이치다.

그런데 한자를 국어로 사용하는 중국의 북경어에서는 이처럼 과학적인 한자 발음을 제대로 찾아볼 수 없다. '출입'을 '추루(churu)'로, '호흡'을 '후시(huxi)'로 발음하기 때문에 들이쉬고 내쉬는 발음의 구별이 없어져버렸다. 반면 우리식 한자 발음은 입성자를 간직하고 있기 때문에 자연스럽고 과학적인 발음을 유지하고 있다. 말하고자 하는 사물이나 현상의 소리나 모양새 또는 그 의미를 자연스럽게 한 음에 담고 있는 것이다. 예를 들어 문(門)을 발음해보면 입 모양이 닫힌 문을 여는 모습으로 된다. 배울 학(學)은 스승이 자신이 가진 모든 것을 내뱉듯이 열정을 가지고 가르칠 때 배움에 도달하는 것이다. 이 이치에 따라 여성의 자궁에서 10개월 동안 머물던 아기가 배 밑으로 나오는 형상으로 표현되어 있다. 발음은 '학'으로 하여 속에 있는 것을 내뱉어서 밖으로 나오게 하는 발음이다. 그만큼 우리가 간직한 한자음의 소리에는 자연과 과학이 숨어있다. 한편 중국어의 중고음을 고찰하려면 입성자를 간직하고 있는 우리의 한자음을 연구하지 않으면 안 될 정도다.

또한 우리의 한자음이 일자일음(一字一音) 원칙을 지키고 있는 반면, 현대 중국어는 일자일음, 일자이음, 일자삼음까지 변음이 되어 있다. 그래서 박문기 같은 학자는 훈민정음은 바로 중국에서 잘못 발음되고 변용되어 있는 변음(變音)을 바로잡기 위해 정음(正音)을 만든 것으로 해석하고 있다. 한자와는 다른 우리의 글자만을 만들었다면 훈민정자(訓民正字)가 되어야한다는 얘기다. 또한 '나랏말씀이 중국과 달라서'는 원문[國之語音, 異乎中國]대로 해석하면 '나랏말씀이 중국에서는 달리 사용해서'로 번역해야 한다는 것이다. '이여중국(異與中國)'이 아니라 '이호중국(異乎中國)'이 원문이기 때문이다.

입성 발음 외에도 '흥이 나다'의 '흥(興)'자도 문자학적으로 볼 때 여성의 상징인 '臼'와 남성의 상징인 '同'이 사랑을 나누는 장면이고 아래의 '八' 모양은 다리를 벌리고 있는 모습이다. 이러한 성교를 뜻하는 글자의 발음은 '흥'이라고 해야만 자연스러운데, 북경어 발음으로는 '싱'으로 발음하니 이미 자연스러움은 없어진 것이다.

이처럼 한자는 그 기원이 한민족과 관련이 깊고, 우리식 한자음 역시 자연적이고 과학적인 측면을 유지하고 있다. 또 현재 한국어의 70% 이상이 한자어 또는 한자에서 파생된 말이다. 한글은 과학적이고 사용이 쉬워 세계적으로 인정받을 만큼 우리 한민족의 자긍심임에는 틀림없지만, 한자 역시 기나긴 시간을 거치며 우리의 축적된 문화를 반영하고 있기 때문에 한자로 표기하지 않으면 의미가 모호해지는 단어도 많다.

중국인들은 한국 사람의 한자 이름이 어렵다고 말할 정도로 한자어 쓰임새가 다른 부분이 많다. 고사성어 역시 다르게 쓰이는 경우도 많은데, 예를 들어 '일석이조(一石二鳥)'는 중국에서는 '일전쌍조(一箭雙雕)'라고 표현한다. '배산임수(背山臨水)'는 중국에서 '친산근수(親山近水)'라도 표현한다. 용어 의미가 다른 것도 상당히 많다. 예를 들어 '소심(小心)'은 중국어에서는 '조심하다'를, '조심(操心)'은 중국어에서는 '근심하다'를, '방학(放學)'은 중국어에서는 '하루의 수업을 마치고 하교하는 것'을, '약속(約束)'은 중국어에서는 '구속'을, '애인(愛人)'은 중국어에서는 '배우자'를 의미한다. 또한 중국식 한자(간체자), 한국식 한자, 일본식 한자[11] 형태도 조금씩 다르다.

더욱이 국제화 시대 속에서 중화문화권과의 교류도 활발해지고 있는데 우리나라 대학생들의 한자 수준은 상당히 낮은 편이다. 따라서 한자에 대한 정확한 인식을 바탕으로 한자에 대한 지속적인 학습을 통해 품격과 인성을 높일 수 있는 계기가 필요하다.

4) 품사와 어순

중국어의 품사 체계는 한국어와 유사해 보이지만 실제로는 차이가 크며, 품사 명칭이 같더라도 그 내용이 다른 경우도 있다. 한국어는 9품사 체계로 이루어져 있는 반면, 중국어의 품사는 일반적인 분류에 따르면 다음과 같이 13품사로 나눌 수 있다. 즉 명사(名詞), 대사(代詞, 대명사), 동사(動詞), 능원동사(能願動詞, 조동사), 형용사(形容詞), 수사(數詞), 양사(量詞), 부사(副詞), 개사(介詞, 전치사), 연사(連詞, 접속사), 조사(助詞), 탄사(歎詞, 감탄사), 상성사(象声詞, 의성사)가 있다. 이 외에 구별사와 상태사를 따로 분류하기도 한다. 중국어의 개사는 영어 품사인 전치사(preposition)와 완전히 똑같지는 않기 때문에 개사라는 명칭을 그대로 사용한다.

중국어의 어순(word order)은 기본적으로 영어 어순과 유사한 점이 많다. 중국인이 아시아권에서 영어를 비교적 잘 구사하는 이유 중 하나가 바로 어순이 비슷하기 때문이다. 한 나라의 언어

11) 우리가 사용하는 한자어 중 상당수는 중국에서 유래하였고, 일부는 일본에서 만들어졌다. 예를 들어 신화(神話), 문학(文學), 철학(哲學), 물리(物理), 원자(原子), 체납(滯納), 납득(納得), 번호(番號), 역(驛), 무정부주의(無政府主義), 벤또(便當) 등이 일본에서 만들어졌다. 일본은 메이지유신 때 동아시아 국가 중 먼저 문호를 개방하면서 서양문물을 받아들일 때 용어도 일본식으로 조어를 하게 되면서 많은 일본식 한자어가 탄생되었다. 중국에서도 이러한 일본식 한자어를 차용하고 있다.

의 특색을 가장 잘 나타내주는 것이 바로 어순인데, 중국어를 포함한 한장어(漢藏語) 계열의 언어는 '주어 + 동사 + 목적어(S + V + O)'의 어순 구조를 갖고 있다. 우리말을 포함한 알타이어계의 '주어 + 목적어 + 동사(S + O + V)' 어순 구조와 다르다.

또 우리말의 조사와 성격이 유사한 중국어의 개사, 즉 영어의 전치사와 마찬가지로 개사의 목적어 앞에 놓인다. 우리말에서 조사가 명사 뒤에 붙는 어순 구조와 다르다. 이 밖에 영어의 to 부정사(infinitive)가 부사적 용법으로 쓰일 때 문장 뒤에 놓여 수식하듯이, 중국어로 '~하러', '~때문에'라는 의미를 지닌 구문은 문장 뒤에 놓인다. '我去看他。(나는 그를 보러 갑니다.)', '很高興, 認識你。(당신을 알게 되어 매우 기쁩니다.)' 등의 문장을 예로 들 수 있다.

5) 중국어 발음과 특징

현대 중국어 발음은 북경 발음을 표준으로 하는데, 각 음절은 대부분 성모(聲母), 운모(韻母) 그리고 성조(聲調) 세 부분으로 나뉜다. 중국어 발음 부호는 알파벳 자형을 딴 한어병음(漢語拼音)이 쓰이고 있으며, 대만에서는 주음부호(注音符号)라는 발음 부호를 사용하고 있다. 중국어의 각 글자의 발음을 학습하기 위해서는 발음 부호를 숙지해야 하고 아울러 각 발음 부호가 정확히 어떤 음을 나타내는가를 알아야 한다.

(1) 성모(声母)

성모(consonant)는 음절 첫머리의 자음으로서, 모두 합쳐 21개가 있다.

쌍순음(双脣音)	b(뽀) p(포) m(모) f(~포)
설첨음(舌尖音)	d(떠) t(터) n(너) l(러)
설근음(舌根音)	g(꺼) k(커) h(허)
설면음(舌面音)	j(지) q(치) x(시)
권설음(卷舌音)	zh(~즈) ch(~츠) sh(~스) r(~르)
설치음(舌齒音)	z(쯔) c(츠) s(쓰)

여기서는 편의상 한글 발음을 따로 만들어 표시해 두었다. 유의할 점은 설면음 j, q, x와 권설음 zh, ch, sh를 구분하기 위해 권설음 앞에 '~' 표시를 넣어 '~ㅈ', '~ㅊ', '~ㅅ'로 표기하였다. p와 f 및 l과 r를 구분하기 위해 f와 r도 각각 '~ㅍ', '~ㄹ'로 표기하였다. 그리고 q와 c의 한글 표기는 같지만, q는 '이', '위'로만 발음되고, c는 '으', '우'로만 발음되기 때문에 따로 구분지어 표기하지 않았다. 또한 b, d, g는 경성으로 또는 약하게 발음할 경우, 각각 '보', '더', '거'로 표기하였다. 한글 자음 ㄱ, ㄴ, ㄷ, ㄹ의 음가를 정확히 발음하기 어려워 '기억', '니은', '디귿', '리을'로 명명하였듯이, 중국어 자음 역시 모음 '오', '어', '이', '으' 등을 넣어 발음하였지만 사실은 자음만을 표시하는 것이다.

쌍순음, 설첨음, 설근음, 설면음, 권설음, 설치음은 발음부위별 종류이며, 발음방법에 따라서는 무기음(無氣音)와 유기음(有氣音), 청음(清音)(무성)과 탁음(濁音)(유성), 색음(塞音), 색찰음(塞擦音), 찰음(擦音), 비음(鼻音), 변음(邊音)으로 나눌 수 있다.

b는 쌍순 무기음의 청색음(清塞音)으로 두 입술을 다물고 기를 모았다가 입술을 열면서 내는 소리다. p는 쌍순 유기음의 청색음으로 두 입술을 열면서 기를 힘껏 뿜어내는 소리다. m는 쌍

순 탁비음(濁鼻音)으로 두 입술을 다물었다가 연구개를 아래로 내리면서 내는 발음으로 기는 코로 나오는 소리다. f는 치순(齒唇) 청찰음(清擦音)으로 윗니가 아랫입술을 깨문 상태에서 기가 입술과 이 틈새로 새어나오면서 마찰되어 나오는 소리다.

d는 설첨 무기음의 청색음으로 혀끝을 위 잇몸에 대고 기를 입안에 모았다가 혀끝을 아래로 옮기면서 내는 소리다. t는 설첨 유기음의 청색음으로 발음 부위는 d와 같고 기가 구강에서 터져 나오는 소리다. n는 설첨 탁비음으로 혀끝을 위 잇몸에 대었다가 연구개를 아래로 옮기며 내는 소리다. l는 설첨 탁변음(浊边音)으로 혀끝을 위 잇몸에 대었다가 연구개를 아래로 옮기면서 기가 혀 양쪽에서 나오는 소리이다. 우리말 '빨래'의 'ㄹ러' 발음을 연상하면 된다.

g는 설근 무기음의 청색음으로 혀뿌리를 연구개에 대었다가 떼 내면서 기가 터져 나오는 소리다. 설근음은 발음 부위가 목 부분에 가깝기 때문에 후음(喉音)이라고도 한다. k는 설근 유기음의 청색음으로 발음 부위는 g와 같고 기가 구강에서 터져 나오는 소리다. h는 설근 청찰음(清擦音)으로 혀뿌리가 연구개에 닿을 듯한 상태에서 그 중간에서 기가 마찰되어 나오는 소리다.

j는 설면 무기음의 청색찰음(清塞擦音)으로 혓바닥 앞부분을 경구개에 붙이고 혀끝은 아랫니 벽에 대고 혓바닥 앞부분과 경구개 사이로 마찰되어 나오는 소리다. q는 설면 유기음의 청색찰음으로 발음 부위는 j와 같고 혓바닥 앞부분과 경구개 사이로 입김을 힘껏 내보내면서 내는 마찰음 소리다. x는 설면 청색찰음으로 혓바닥과 경구개가 닿을 듯한 상태에서 나오는 마찰음 소리다.

zh는 설첨후 무기음의 청색찰음으로 혀끝을 말아 경구개에 붙이고 그 사이로 마찰하면서 나오는 권설음 소리다. 중국어의 권설음은 영어의 ʃ 등의 발음과 유사하기 때문에 중국인들이 영어 발음을 비교적 정확하게 구사하는 편이다. ch는 설첨후 청찰음(清擦音)으로 발음 부위는 zh와 같고 혀끝과 경구개 사이로 입김을 힘껏 내보내 마찰되면서 나오는 권설음 소리다. sh는 설첨후 청찰음으로 혀끝을 말아 경구개에 닿을 듯한 상태에서 마찰되어 나오는 권설음 소리다. r는 설첨후 탁찰음(濁擦音)으로 발음 부위는 sh와 같고 혀끝과 경구개 사이로 기가 마찰되어 나오는 권설음 소리로서 성대가 떨린다.

z는 설첨 무기음의 청색찰음으로 혀끝이 아랫니 벽에, 그리고 혀끝의 뒷부분은 윗니 벽에 붙이고 그 사이로 내는 마찰음 소리다. c는 설첨 유기음의 청색찰음으로 발음부위는 z와 같고 혀끝과 이 벽 사이로 입김을 힘껏 내보내 마찰되어 나오는 소리다. s는 설첨 청색찰음으로 혀끝이 아랫니 벽에 닿을 듯한 상태에서 기가 마찰되어 나오는 소리다.

(2) 운모(韵母)

운모(vowel)는 모음으로서 중국어에 있어서는 성모와 성조를 제외한 나머지 부분을 칭하고 있다. 북경어 운모에는 단운모, 두 개 이상의 모음이 합쳐진 복운모, 모음 뒤에 콧소리 자음이 붙는 부성운모, 권설운모 등 기본 운모 16개와 개모(介母) i, u, ü와 결합된 결합운모 22개가 있다.

<기본 운모>

단운모(單韻母)	a(아) o(오) e(어) ê(에) -i(yi)(이) -u(wu)(우) ü(yu)(위)
복운모(複韻母)	ai(아이) ei(에이) ao(아오) ou(오우)
부성운모(附聲韻母)	an(안) en(언) ang(앙) eng(엉)
권설운모(卷舌韻母)	er(얼)

<결합운모>

개모i와결합	-ia(ya)(이아) -io(yo)(이오) ie(ye)(이에) -iai(yai)(이아이) -iao(yao)(이아오) -iu(you)(이오우) -ian(yan)(이엔) -in(yin)(인) -iang(yang)(이앙) -ing(ying)(잉)
개모u와결합	-ua(wa)(우아) -uo(wo)(우오) -uai(wai)(우아이) -ui(wei)(우에이) -uan(wan)(우안) -un(wen)(운, 원) -uang(wang)(우앙) -ong(weng)(옹, 웡)
개모ü와결합	-ue(yue)(위에) -uan(yuan)(위엔) -un(yun)(윈) -iong(yong)(이옹)

위에서 밑줄 친 부분은 발음 표기와 실제 발음 사이에 약간의 차이가 나서 다소 혼동하기 쉬운 발음이다. 괄호 안의 y, w로 시작하는 발음 표기는 운모 단독으로 음절을 이룰 때 사용된다.

결합운모 -ue, -uan, -un의 원래 표기는 -üe, -üan, -ün이지만, j, q, x 뒤에 올 때는 반드시 '위에', '위엔', '윈'으로 발음하기 때문에 움라우트 없이 표기하여도 혼동되지 않는다. 예를 들어 jue, juan, jun으로 표기하여도 '쥐에', '쥐엔', '쥔'으로 발음한다.

단운모 -i는 보통 '이'로 발음하지만, zh, ch, shi, r, z, c, s 뒤에 붙는 경우 '으'로 발음한다. 예를 들어 ji는 '지'라고 발음하지만, zhi는 '~즈'로 발음한다. 운모 발음 중에서 -un은 '온'과 '운' 사이의 발음이고, -ong은 '옹'과 '웅' 사이의 발음이며, -iong 역시 '이옹'과 '이웅' 사이의 발음이다. 중국어 음절은 운모 단독으로, 또는 성모와 운모가 결합하여 이루어진다.

(3) 성조(声调)

중국어는 각 글자마다 발음의 높낮이인 성조(tone, pitch)가 있다. 방언에 따라 성조의 종류도 다른데, 북경어의 경우 4개의 기본 성조가 있다. 이것을 사성(四聲)이라고 하며 각 성조의 높낮이 변화와 부호 표시는 다음과 같다.

제1성은 높고 평평한 성조로, 솔(5)에서 시작하여 솔(5)로 끝난다. 부호는 '-'로 표시한다.

제2성은 올라가는 성조로, 미(3)에서 시작하여 솔(5)에서 끝난다. 부호는 'ˊ'로 표시한다.

제3성은 내려가다가 올라가는 성조로, 레(2)에서 시작하여 도(1)로 내려갔다가 파(4)로 올라간다. 부호는 'ˇ'로 표시한다.

제4성은 내려가는 성조로, 솔(5)에서 시작하여 급강하하여 도(1)에서 끝난다. 부호는 'ˋ'로 표시한다.

성조의 부호는 예를 들면 jiā, jiá, gāo, guǎi, guì 등과 같이 한 음절의 주요 모음 위에 표시하며, 모음 i 위에 성조 부호가 붙는 경우 i위의 점을 없애야 한다.

발음이 같더라도 성조에 따라 그 뜻이 구별된다. 예를 들면 媽(mā, 어머니), 麻(má, 삼베), 馬(mǎ, 말), 罵(mà, 욕하다)처럼 성조가 다르면 같은 발음이라도 전혀 다른 의미가 된다. 그러므로 중국어 학습 시에는 성조를 정확하게 발음하는 연습이 중요하다.

북경어에는 4개의 기본 성조 외에 가볍고 짧게 발음하는 경성(輕聲)이라는 성조가 있다. 조사, 접미사, 중첩어의 뒤 음절 등은 원래의 성조와 무관하게 가볍고 짧게 발음하는 경우가 많으며, 이러한 경성은 성조 부호를 표기하지 않는다. 경성은 가볍게 발음하되 음의 높낮이가 있는데, 제1성과 제2성의 뒤에 놓일 때는 제1성과 제2성의 발음 끝 부분 높이에서 약간 낮은 높이로 발음한다. 그리고 제3성과 제4성의 뒤에 놓일 때는 제3성과 제4성의 발음 끝 부분 높이와 같은 높이로 발음한다.

한편 한 글자 한 글자가 이어져 단어나 문장이 되는 경우, 앞

뒤 성조에 따라 성조가 변하기도 하는데 이를 성조변화 또는 변조(變調)라고 한다. 먼저 제3성의 성조 변화가 있다. 즉 제3성이 두 번 겹치면 앞의 제3성은 제2성으로 바뀌며, 제3성 뒤에 제1, 제2, 제4성이 올 때는 앞의 제3성은 반3성으로 변하는데 반3성은 레(2)에서 시작하여 도(1)로 낮게 발음하며 끝나는 소리이다.

不(bù)의 성조 변화도 있다. 不는 원래 제4성으로 발음하지만, 제4성의 글자 앞에서는 제2성으로 발음한다. 또한 一(yī), 七(qī) 八(bā)의 성조 변화가 있다. 이 3개의 숫자들은 원래 제1성으로 발음하지만, 제4성의 글자 앞에서는 제2성으로 발음한다.

6) 방언

중국은 국토가 넓고 인구가 많은 만큼 각 지방에서 사용하는 방언 또한 다양하며 방언 간에는 서로 의사소통이 되지 않아 통역을 할 정도로 발음 차이가 크다. 중국이나 대만에서 TV를 보면 중국어 자막이 나오는 프로그램이 많은데, 이는 바로 방언의 발음이 각각 다르기 때문에 문자를 통해 의미를 전달하기 위해서다. 방언 간에는 어순 차이는 거의 없지만 어휘 사용에 있어서는 지역에 따라 조금씩 다르다.

중국의 방언은 크게 관화(官話)인 북방 방언, 상해어인 오 방언, 호남어인 상 방언, 장 방언, 객가 방언, 복건어인 민 방언, 광동어인 월 방언의 7가지로 나눌 수 있고, 세부적으로 나누면 그 수는 훨씬 더 많다. 방언 간에는 서로 의사소통이 쉽지 않을 정도로 발음 차이가 크고, 성조 운용도 복잡하다. 이밖에 소수민족 거주 지역에서는 그들만의 언어가 따로 사용되기도 하다.

방언 중에는 북방 방언과 월 방언의 점유율이 높다. 북방 방언인 관화는 청나라 옹정 년간에 조정과 관계(官界)에서 통용되던 방언으로 영어식 명칭은 포르투갈어에서 유래한 만다린(Mandarin)이고, 광동어의 영어식 명칭은 캔토니즈(Cantonese)이다. 근대 이후 광동성 주민들이 미국에 많이 이주함에 따라 미국에 정착된 중국어 일부는 광동식으로 발음하기도 한다. 예를 들어 북경식 오리구이는 북경어 발음으로는 '베이징 카오야'라고 하지만, 미국에서는 광동어의 영향을 받아 '패킹덕(Peking Duck)'이라고 발음한다. 그래서 미국에서 중국어를 할 줄 안다고 말하면, "Mandarin or Cantonese?"라고 되묻는 경우가 많다.

한편 중국의 표준어는 북경지역에서 중등교육 이상을 받은 사람들의 일상적인 언어인 일명 보통화(普通話)로서, 북방 관화인 북경어가 그 전신이다. 북경어를 근간으로 하고 있지만 실제로는 북경어라는 방언 중 토속적인 부분을 배제하고 정제한 언어이기 때문에 북경의 토속 방언과는 약간의 차이가 있다.

우리나라 교육기관에서 가르치는 중국어는 모두 북경어인데, 북경어만으로는 방언을 사용하는 수억의 중국인들과는 의사소통이 이루어지지 않으니까 신경 쓰일 수 있다. 하지만 중국의 정식 표준어가 북경어이고 어느 정도의 학력이 있거나 젊은 층인 경우 대부분 북경어를 알아듣기 때문에 걱정할 필요가 없다. 한편 1997년 중국에 귀속된 홍콩의 주민들도 최근에는 북경어를 배우려는 열기가 고조되고 있다.

다만 지방의 노인들은 사투리를 바꾸기 어려워[鄕音難改] 의사소통이 안 되는 경우가 있고, 가까운 사이끼리는 사투리를 사용하기 때문에 알아듣기 어려운 경우도 있다. 하지만 사투리는 그 지역 주민들에게 친근감 있게 접근할 수 있는 도구이기도 하다. 그러므로 무조건 북경어만을 고수하기보다는 북경어를 정확히 익히면서 동시에 자신이 머물고 있는 지역의 방언을 조금씩 익혀둔다면 나중에 사업이나 교제를 하는 데 있어서 큰 도움이 될 수 있다.

5. 종교와 사상

1) 중국인의 종교와 사상

중국은 예로부터 자생적으로 출현한 유가와 도가 사상, 그리고 한 대 이후 유입된 불교 사상 등이 갈등과 조화를 겪으며 중국인의 사고 속에 큰 물줄기를 형성해왔다. '철학(哲學)'이라는 용어는 근대에 들어와 일본인 철부(哲夫)가 'philosophy'를 번역할 때 자신의 이름을 따서 '철학'이라고 부르면서 사용하기 시작한 용어이고,[12] 중국은 전통적으로 사상(思想) 또는 학술(学術)이라는 용이를 사용해왔다.

먼저 춘추시대 노(魯) 나라 공자(孔子)가 출현하여 인본주의 사상을 전파한 후 그의 제자 맹자, 순자로 계승되면서 유가사상(Confucianism)의 맥이 형성되었다. 공자와 맹자의 이론이 중심이기 때문에 공맹지도(孔孟之道)라고도 불렀다. 이후 한대 경학(經學)을 거쳐 송에 이르러서는 주돈이의 태극도설과 정호와 정이의 이(理)의 철학이 형성되고 주자가 이학 또는 도학을 완성시키면서 성리학, 즉 신유학(Neo-Confucianism)으로 발전시켰으며, 명청시기에는 양명학으로 이어지면서 유가사상은 중국인의 사유 깊

---

12) 또는 '明哲'의 '哲'자를 따서 '哲學'이라는 용어를 만들었다는 설도 있다.

숙이 자리 잡게 된다.

유가사상은 이웃나라 한국과 일본으로 전파되면서 동아시아 전체는 유가사상과 유교를 경국의 지침으로 삼기도 하였다. 중심 교육사상인 인의예지와 효 사상, 자연과 조화를 이루는 천인합일설(天人合一說), 자연계를 가리키는 천과 천명(天命), 중용의 도, 그리고 현실주의 등 전통적 유가가치들은 그러나 근대화 과정을 거치면서 서양문물의 침투로 인해 점차 자본주의, 물질만능주의, 과학지상주의, 그리고 개인주의 사상으로 대체되는 변화를 겪기도 한다.

전통의 유가사상은 인(人) 또는 인(仁)을 중시하면서 사람과 사람의 관계성과 예의범절 및 현실성을 중시하였고,[13] 자연과 우주관에 있어서는 천인합일(天人合一) 즉 하늘과 인간, 자연과 인간의 일치에 초점을 맞추어 인간도 자연의 일부로 보고 있다. 이는 불법의 의정불이(依正不二) 사상과 흡사하며, 자연을 객체로 보고 마음껏 개척하려는 서구적 사고방식과는 대조를 이룬다. 또한 중국 고대 사상에는 천(天)이나 제(帝)가 많이 등장하는데, 인격체의 절대신 개념이라기보다는 자연의 법칙으로써 숭상되었다.

2010년, 중국에서는 상하이세계엑스포를 성대하게 개최하였다. 엑스포 엠블램은 세 사람이 서로 어깨를 나란히 하고 있는 모습의 '세(世)'자를 형상화한 도안이다. 사람들 간의 관계와 연대 속에서 세상이 움직여간다는 인간 본위의 아름답고 조화로운 사상이 담겨있다. 여기서 우리는 면면히 내려오는 중국의 평등주의 전통이 짙게 깔려있음을 볼 수 있다.

---

13) 인간(人間)이라는 용어 역시 사람과 사람 사이 즉 관계망 속에서 인간의 존재를 바라보고 있다.

하지만 1949년 마오쩌둥의 신중국 건설 이후 유가사상은 공산주의 사상에 의해 급속도로 붕괴되기도 하였다. 아이러니하게도 한국과 일본에서는 오히려 예의범절과 효 사상, 경로사상, 그리고 조상께 드리는 제사 등이 명맥을 유지해오고 있다. 화교들도 우리나라의 유가사상이 중국보다 강하게 남아있다고 스스로 말할 정도다.

중국에서는 연장자에 대한 예의를 그다지 갖추지 않고, 인사예절도 엄격하지 않으며, 나이 차이가 나도 형식에 구애되지 않고 친구가 되기도 한다. 차안에서도 노인에게 자리를 양보하는 경로 모습도 보기 어렵다. 이는 언어나 문화는 시간이 가면서 그 발생지에서 먼 지역일수록 원형을 더 잘 보존한다는 이론에 부합되기도 하지만, 가장 큰 이유는 바로 공산주의 사상과 문화대혁명의 영향이 컸다고 볼 수 있다. 현재 한류 열풍 속에서「보고 또 보고[看了又看]」등 한국 연속극이 중국의 안방에서 특히 노.장년층에게서 인기를 누리고 있는데, 이는 중국의 노년층들이 연속극 속에 비친 한국의 가정 모습이 신중국 이전의 옛 중국의 모습과 흡사하여 향수에 젖어들어 정서적으로 일치됨을 느끼기 때문이다. 하지만 중국에서는 현재 외풍(外風)을 막을 수 있는 사상으로서의 힘이 있는가에 대한 문제에 대해 활발히 논의하면서, 향후에 유가사상이 어느 정도 역할을 할 수 있을 것이라는 가능성도 탐색 중이다.

유가사상에 맞선 정신 유산으로 도교(Taoism), 그리고 샤머니즘(Shamanism) 즉 무속신앙을 들 수 있다. 도교는 중국의 노자(老子)와 장자(莊子)의 노장사상에서 유래하며 한대에는 무사(巫師) 계층을 계승한 방사(方士)들이 맥을 이어가며 주도하였다. 후에는 유가사상에 밀려 민중 속에 잠복하면서 이단으로써 겨우 명맥을 유지해왔다. 도가사상은 무위자연설(無爲自然說)과 태극설(太極說), 음양이론 등 자연과의 조화에 초점을 맞추고 있으며 산동반도를 위시한 여러 곳에서 확산되어왔다. 현재 청도(青島) 노산(嶗山)의 태청궁, 사천성 황룡의 황룡고사 등이 도교의 중심지로서 도인들의 활동무대가 되고 있다.14)

한편 음양오행사상은 『상서』에 이미 목화토금수의 오행이라는 단어가 기록되어있을 정도로 서주시기에 출현하였다. 그리고 위진 시기에는 유와 무의 문제에서 쟁론을 전개해간 현학(玄學)이 발전한다.

샤머니즘 즉 무속신앙은 시베리아를 통해 만주, 중국 동북부, 한국, 일본에 전파된 신앙으로서 중국에는 동북부 해안지방과 남쪽 초(楚) 지방에서 많이 유행하였다. 무속의 영향을 많이 받은 춘추 말 전국 초기에 만들어진 문헌 『산해경(山海經)』이나 굴원의 작품 『초사(楚辭)』 속에 무(巫)와 관련된 자료가 많이 보존되어 있다. 토테미즘의 제 2차적 변형이라고도 하는 이 무속신앙은 특히 영혼분리사상에 기초한 조상숭배(ancestor worship) 개념이 중심사상으로서 조상의 형벌과 축복을 중시하는 경향이 있어서 굿을 통해 여러 문제들을 해결하곤 한다. 무속 신앙은 북방에서 유래한 관계로 특히 한반도에서 지금도 그 사상이 뿌리 깊게 내려온 반면, 중국에서는 그러한 신앙 전통이 소수민족 사이에서 전해지고 있고 한족 사회에서는 사라져가고 있는 실정이다.

---

14) 도가사상 즉 노장사상의 특징은 한 마디로 물에 비유할 수 있다. 첫째, 물은 위에서 아래로 흐른다. 즉 겸손하게 위에서 아래로 흐르며 아래를 향한 자애의 마음이 들어있다. 둘째, 물은 돌부리를 만나면 비켜간다. 즉 평화와 폭력 금지를 지향한다. 셋째, 물은 흐르다가 웅덩이 같은 빈곳이 있으면 채우고 간다. 즉 남에게 항상 베풀며, 모양 그대로 채우는 자연스러움이 있다. 넷째, 물이 가득 찬 후에는 더 이상 차지 않고 넘쳐흐른다. 즉 과욕을 부리지 않는다. 다섯째, 아래가 있는 한 끝까지 내려간다. 즉 없는 길이라도 만들어가는 불굴의 정신이 담겨있다.

불교(Buddhism)는 서한 말년 또는 동한 초기에 인도에서 서역을 경유하여 중국 내지로 처음 전래되었고, 서진 시기에는 낙양과 장안에 180개의 사원과 3700여 명의 승려가 있을 정도로 성행하였다. 그리고 육조시대 특히 북조 때 왕들의 불교 숭상정책이 도화선이 되어 불교는 더욱 왕성하게 홍교되었다. 당시 수많은 산스크리트[梵語]로 된 경전들이 한역되었다. 당대에 들어와서는 현장법사 등이 활약하였고 실크로드(silk road)의 발원지인 돈황을 중심으로 불교문명이 활짝 꽃을 피었다.

이때부터 불교의 종파도 공전의 증가세를 보였으며, 대표적인 종파로는 천태종, 선종, 정토종, 율종, 밀종, 삼론종, 화엄종, 자은종 등이 있다. 하지만 오대를 거치면서 불교는 전란 속에 주춤하였고 남방에서만 선종이 분파를 만들면서 다소 발전을 한다. 송대에는 선종과 정토종이 유행하지만 유불융합으로 서서히 쇠퇴기를 맞이한다. 원대에 이르러서는 라마교가 특별히 중시되기도 했지만, 명칭 시기에는 나시 쇠락의 길을 걷는다.

한편 역사 지리적 차이에 따라 남방과 북방의 종교적 경향이 달라서 남방지역 사람들은 조상신이나 미신을 숭상하는 민간신앙[15]이 유행한 반면, 북방지역 사람들은 종교적 신념보다는 현실적인 사고 경향이 강하다. 특히 1949년 신중국 건립 이후, 공산주의와 중국특색 사회주의를 이념으로 하는 사회현상으로 인해 권위 없는 평등과 실용적 사고가 주를 이루었다. 이와 함께 장구한 역사와 문화적 전통을 갖고 있는 그들로서는 중화사상이라는 자부심도 갖고 있다. 또한 고대로부터 다양한 민족의 다

---

15) 중국의 남쪽 광둥지역이나 홍콩, 그리고 대만에서는 집이나 상점 안에 조그마한 제단을 모셔놓고 관우, 옥황상제, 마조(媽祖) 등 여러 신격체를 배알하는 모습을 쉽게 볼 수 있다. 길거리에 테이블로 만든 작은 제단을 차려놓고 종이돈을 태우고 향을 태우면서 일명 '바이바이(拜拜)'라고 하는 절을 하기도 한다. 대만에서는 이러한 신앙을 공식적으로는 민간신앙으로 규정하고 있다.

양한 문화를 꽃피웠으며 현재도 56개 민족이 공존하는 상황 하에서 한족을 중심으로 한 대가정 만들기라는 대동사상도 갖고 있다. 서구열강의 침입과 근대화의 과정 속에서 겪은 뼈아픈 역사들을 세계의 공장으로 우뚝 솟으며 열강으로 발돋움하면서 새로운 자신감과 함께 중화사상의 자부심도 커가고 있는 중국이지만, 이와 함께 중화패권주의 또는 중화국수주의라는 덫에 노출되어 있기도 하다.

2) 근대화 이후 집체심리

중국인의 사고방식이나 의식은 시대상황의 변화에 따라 바뀌어간다. 간략히 표현하면 근대화를 거치면서 형성된 중국인의 집단 심리 변화의 키워드는 자긍, 자만, 무기력, 피해의식, 자존심으로 표현된다.

근대화의 시작으로 여겨지는 아편전쟁 이전까지의 중국은 청왕조의 지배 하에서 전통 사회의 안정된 시스템 속에 중화 중심이라는 구도를 유지하던 상태였다. 비록 한족 중심의 화하계(華夏系)가 아닌 이민족인 만주족의 통치구조였지만 다양성 속에서 서로 동화하며 다문화 사회를 지속해갔고, 중화문명 중심이라는 전통에 대한 집단적 자부심을 지니고 있었다. 하지만 이 시기는 전통에 만족하고 자만에 빠진 기간이기도 했다

이후 아편전쟁의 패배와 이에 따른 불평등 조약인 남경조약 체결, 애로호 사건과 이에 따른 북경조약과 천진조약 체결로 인한 홍콩 할양, 1894년 청일전쟁이 패배와 시모노세키조약[馬關條約] 체결로 인한 대만 및 부속 도서의 할양, 1937년 항일전쟁으로도 불리는 중일전쟁과 수도 남경의 함락 및 남경대학살이

라는 전대미문의 수모 등 근대화 개시 이후 근 백여 년간에 걸친 쓰라린 패배와 이로 인한 무기력과 좌절은 전 국민의 마음속에 휘몰아쳤다.

특히 서구의 충격(western impact)과 반응(response)으로 이루어진 근대화(modernization)라는 수동적인 과정과 양무운동, 변법자강운동, 그리고 의화단 운동의 실패 속에서 싹튼 비관적인 생각은 그들 의식 속에 깊이 새겨졌다. 또한 국민당 정부와 군부가 시민을 버리고 도망간 후 양자강이 시민들의 피로 물들 정도로 잔학했던 남경대학살 사건으로 인해 지울 수 없는 내외적 피해의식도 갖게 되었다.

다행히 일본의 패배와 국민당 퇴각 후 1949년 신중국을 세우면서 나름대로 무산계층을 위한 자주적 정부로서의 역할을 하는 듯 했지만. 이내 중국인들을 10년간 패닉 상태로 몰고 간 문화대혁명으로 인해 다시 사회적 공황상태가 이어졌다.

이 기간 동안 중국인들은 새로운 국가건설에 따른 새로운 기대감에 부풀었지만, 반봉건과 반전통, 기존 질서의 파괴, 비판과 투쟁으로 인한 반목과 불신의 정서가 극에 달하게 된다. 아무런 이유도 없이 지식인이라는 이유만으로, 또 부르주아적 성향을 가졌다는 이유만으로 대중 앞에서 마녀사냥 식으로 자아비판을 하고나면 그 사람의 인생은 하방과 숙청, 그리고 죽음이라는 절박한 지경까지 이르게 되었다.

이것을 체득한 지금의 50-60대 사람들은 비판을 당하면 끝장이라는 절박감에 실수를 좀처럼 인정하지 않고 책임을 지지 않으려는 무의식적 경향을 보인다. 즉 비판에 대한 집단적 알레르기반응을 강하게 보이는 것이다.

또한 문혁 이후 유교와 불교 등 종교 세력이 약화되면서 도덕이나 비즈니스 윤리가 해이해지고 낮아지는 현상이 나타났다. 지금 중국인들은 부자가 되기 위해서는 뭐든지 하며, 계약서는 그냥 종이뿐인 경우가 허다하고, 상대방 기업으로부터 핵심 기술이나 자원을 얻고 나면 파트너를 밀어내고 법적인 강제성을 발휘하여 보호 장치가 없는 외자기업들을 무력화시키기도 한다.

사인방의 축출과 문화대혁명이 끝난 1970년대 말에는 덩샤오핑의 개혁개방 정책으로 중국은 서서히 동면에서 깨어나 경제 활성화를 위한 기지개를 켠다. 값싼 노동력과 토지, 투자에 호의적인 법률, 무한한 시장잠재력을 무기로 해외 외국인과 화교 자본 및 기술을 끌어들이면서 고속성장을 지속해왔다. 현재 경제 지표를 보아도 무역규모, 외환보유고, 국내총생산 등에서 선두그룹을 유지하고 있다. 하루가 다르고 한해가 다르게 급격한 변화와 발전을 거듭하고 있는 상황을 보면서 그들은 가능성에 대한 집단적 신심과 함께 고대의 영광을 회복하겠다는 자신감을 갖기 시작하였다.

이와 함께 그동안 고개를 수그리고 먹고 살기에만 바빴던 그들이 고개를 돌려 주변 이웃을 둘러보는 마음의 여유를 가지게 되면서, 상대에 대한 경쟁심 속에서 미진했던 부분을 보강하며 이겨보겠다는 승부욕도 보인다. 2002년 한일 월드컵에서 그들이 보여준 한국에 대한 일방적인 반한감정과 언론의 감정에 치우친 부추김 현상은 질투와 시기의 한 모습이었다. 이것이 자칫 과욕으로 비쳐져서 시기와 질투심 많은 민족으로 비쳐질 수도 있고 국가적으로는 패권적 경향으로 치달을 수 있다는 우려감도 자아낸다.

그들은 역사지정학적으로 근접한 한국과 일본을 이웃으로 두면서 다른 나라들보다 더욱 관심을 갖고 지켜보고 있다. 그러면서도 묘한 경쟁의식 속에서 독특한 사고도 형성되어 있다. 즉 일본은 태평양전쟁 시 중국에 끼친 피해가 너무도 커서 반일 감정이 항상 중국인의 마음속에 남아있다. 그러면서도 일본의 우수한 기술과 선진과학에는 다소 주눅이 들어서인지 경쟁의식보다는 위로 쳐다보는 듯한 모습을 보인다.

반면 한국과는 1992년 국교수립 후 북한과 등거리 외교를 하면서 나름대로 새로운 이웃으로서 호감을 갖고 우호적인 편이다. 동시에 가까운 이웃인 한국이 자신들의 죽의장막 시기에 경제적으로 앞서 나간 점을 인정하면서도 그 정도는 이제 따라잡을 수 있다는 자신으로 모든 영역에 있어서 경쟁 심리를 품고 있다.

1980년대 말에서 1990년대 초만 해도 중국에서 방한한 여러 계층의 인사들은 선물로 TV 등 가전제품을 받고 싶어 했고 한국을 여전히 경제적으로 거리가 있는 선망의 대상으로 여겼다. 하지만 최근에는 이러한 감정은 거의 사라지고 있다. 사사건건 그들은 경쟁적 시선으로 한국을 해석하면서 최근 양국 간 적지 않은 갈등 이슈들을 만들어냈다. 마늘 파동, 납 꽃게 파동, 김치 파동, 탈북자 처리문제, 주중 대사관 난입과 외교관 구타, 역사왜곡 등 굵직한 사건들에 대한 그들의 대응은 양국 권익과 주변국 관계 차원에서의 예우를 고려하기도 했겠지만 대부분 절차를 무시하고 일방적으로 대처하기도 했다. 이런 점들은 진정한 우호국으로서의 면모보다는 경쟁국으로서의 심리가 더 강하게 작용했기 때문으로 풀이된다.

이제 중국인들은 80년대 개혁 이후 세계의 공장으로 우뚝 서면서 자신감을 회복하는 단계다. 아직까지는 피해의식이 남아있으면서도 여러 민족 간에 동탕의 시기를 거치면서 만들어진 자신을 보호하는 이기적 측면도 강하게 남아있다. 따라서 자기

것은 아끼면서도 공적인 것에는 무심한 측면을 지니고 있다. 또한 중화패권주의 의식이 일부 대두되면서 우호적 정서와 더불어 경쟁과 무시를 병행하는 심리도 존재한다.

자랑스러운 전통과 역사문화에 대한 자긍과 자만, 열국에 의해 상처받은 수난과 피해의식, 전통의 짓눌림과 억압으로부터의 해방과 공허감, WTO 가입, 올림픽 개최, 월드컵 본선진출, 상하이 엑스포 개최, 유인우주선 선저우호(神舟號)와 톈궁, 창어(姮娥) 발사 성공, 지속적 고속성장, GDP 세계6위, 세계의 공장 역할, 외환보유고 선두 유지, G2 등극 등 잃어버린 자존심 회복과 경쟁 승부욕이 지난 100년간 축적된 중국인의 집체심리라고 정의내릴 수 있다.

향후 그들의 피해의식과 무기력은 점차 자신감으로 대체될 것으로 본다. 세계의 주인공으로서의 자신감을 회복하면서 낙관적 태도를 견지해 나갈 것이다. 또한 주변국에 대해서는 '두고 보자'는 심리 속에서 10년, 100년 후에 보자는 마음을 간직한 채 꾸준히 발전을 추진해나갈 것이다.

한편 너무 많은 인구 속에서 생활하기 때문에 서로 도우며 산다는 의식이나 인권보다는 내가 우선 살고 봐야 한다는 생존에 대한 집착이 더욱 우선시되고 있다. 어느 농민공이 일 년간 피땀 흘려 모은 돈을 길거리에 떨어뜨려 흩날리자 너나 할 것 없이 주워 모아 사라졌다는 기사와 사회적 이슈가 되고 있는 빈부양극화구조가 이를 말해준다.

3) 중국인의 의식구조와 가치관

(1) 의식구조의 변화

각 민족의 집체 의식구조와 가치관은 시대에 따라 변하기 마련이다. 중국인의 의식구조와 가치관 역시 크게 변하고 있다. 크게 몇 가지를 짚어보면, 우선 탈집단화로 인해 개인이 주체가 되면서 집단보다는 개인의 가치와 이익을 더 중요시하고 이념이나 사상보다는 돈을 더 중요한 목적으로 삼는 경향이 강해지고 있다. 돈을 버는 일이면 무엇이든지 한다는 생각을 갖는다.

그리고 대학생들은 혁명사 연구보다는 토플, 토익, 유학, 그리고 취업에 더 많은 신경을 쓴다. 이전과 달리 공산당 당원으로서의 혜택이 개인의 경제적 성취보다 뒤떨어지기 때문에 공산당에 대한 관심도 줄어들고 있다. 반면 문혁 기간 중 짐이자 봉건잔재로서 여겨졌던 문화유산들이 지금은 중국인의 자부심이자 경제적 자원으로 위상이 높아지고 있는데 특히 급변하는 경제환경에 적응하고 개개인의 사회적 안전망을 확보하기 위해 친족관계가 더욱 긴밀해지고 있다. 집단 축제와 가정의례, 사당과 무덤 중건, 조상숭배, 성대한 경조사 등 친족관계에 의지하여 사회적 지원을 얻으려는 경향이 강해지고 있다.

중국의 가족 내 의사소통의 구조를 보면 그 유대관계나 응집력이 상당히 강하고 폐쇄성과 통합성이 크며 가족 구성원들 간의 대화를 통한 상호 작용의 빈도가 높게 나타난다. 이러한 집합주의적 특성이 두드러지게 나타나면서도 한편으로는 개인과 개인의 직접적인 상호 관계가 선호되는 등 개인주의적 특성도 공존하고 있다. 뿐만 아니라 그동안 홀대했던 지식분자(知識分子), 즉 지식인에 대한 관념이나 대우도 크게 향상되어 지식인의 전통적인 우월성을 확보해가고 있다.

(2) 양성평등

중국은 여성의 권익이 크게 향상되어 있고, 남녀평등 관념도 정부의 정책과 맞물려 보편화되어 있다. 가족 내 부부 평등 관계에 관한 의식 조사 결과를 보면 중국이 한국이나 일본보다 더 강하게 나타난다. 한국인은 응답자 중 98%가 여성에 비해 남성의 지위가 높으며 불평등하다고 답한다. 반면 중국인의 경우에는 물론 남녀 불평등이 없지는 않지만 그 차이가 비교적 적은 것으로 나타나고 있다.

유가사상이 강한 중국의 전통사회가 신중국 성립 후 사회주의적 가치와 질서를 정착시키기 위한 시도를 하면서 가부장적 질서를 대신한 새로운 사회주의적 평등을 추구하게 된다. 이는 가족 관계에 있어서도 하나의 전환점을 이루게 되며, 이전의 남존여비나 부주처종(夫主妻從)의 남성우월사회에서 남녀관계가 평등하고 대등한 양성평등관계로 확립되는 계기가 된다.

혁명을 통해 여성해방운동이 진행되고 생산수단의 공유제 실시로 인해 여성들도 산업 현장에 뛰어들면서 지속적으로 사회활동에 참여하였고, 혼인법 개정 및 제도상의 보장과 함께 여성들 본유의 강인하고 독립적인 기질도 봉건 가족제도로부터 벗어나 가족 내 부부간 평등관계를 공고히 하는 데 한몫을 한다.

가사노동의 분담, 재정 및 의사 결정에 있어서도 부부간 공동참여 비율이 높은 편이다. 가장의 권위라든가 남성 및 장자 우대 등의 가부장적 가족질서 관념은 점차 약화되고 개인주의적 사고가 확산되고 있다. 남녀평등과 여성의 자율성이 보장되어 있고 민주적인 의사 결정이 습관화되어 있기 때문에 가부장적 권위주의 대신 합리적인 정당성을 가진 권위에 대한 존중이 나타나고 있다.

최근 조사에 따르면 중국도시의 가정에서 남편은 여전히 가사노동의 1/3을 분담하고 있고, 가정에서의 중요 의사 결정에서

부인의 영향이 높아진 것으로 조사되었다. 도시의 여성 지위 향상과 자유로운 활동 및 일의 남녀 공동 분담이 이루어지고 있는 것이다. 이와 함께 여성들의 생활모습에서도 당당함이 묻어난다. 중국 여성의 당당한 모습은 어디서나 관찰할 수 있다. 잠옷을 입은 여성이 길 거리를 자신 있게 활보하거나, 잠옷 입은 채로 당당하게 오토바이를 타고 돌아다닌다. 특히 대도시에서는 생활력이 강하며 독립적이고 성취욕이 강한 당당한 여성들의 모습을 볼 수 있다. 여성의 기질 자체도 강한 편인데다, 마오쩌둥의 양성평등정책도 상당한 역할을 했기 때문이다.

남녀 소개팅 전문 프로그램을 보면, 한 여성이 당당하게 자신은 요리를 못하니까 요리 잘하는 남성을 구한다고 하기도 하고, 어떤 남성은 자신이 밥을 잘 한다고 이야기한다. TV 신혼부부 인터뷰 프로를 보더라도 신부가 신랑이 집안일을 잘 하지 않는다고 불평하는 모습이 나온다. 밥도 신랑이 다 하는데도 말이다. 사실 중국에서는 남성이 여성보다 요리를 더 많이 하고 솜씨도 좋은 편이다. 장모를 모시며 함께 사는 부부가 적지 않고, 손님을 초대해놓고 남편끼리 요리시합을 하자고 제의하기도 한다. 거짓말을 잘 못하는 아이들에게 물어보아도 대부분 아빠가 음식을 더 잘 만든다고 대답한다. 부인들끼리 모이면 서로 자기 남편이 음식을 잘한다고 칭찬하면서 '모범장부(模範丈夫)'라고 추켜세우기도 한다.

실제로 중국인 남편들은 대부분 가정에 충실하고 부인에게 헌신적이며 자녀에게는 자상하다. 자녀를 양육하고, 학교 통학을 책임지며, 시장을 보고 음식을 담당하는 등 가사일의 반 이상을 책임지고 있다. 중국인들은 우리나라사람에게 한번씩 "한국 남자들은 왜 부엌에 들어가지 않나?"라고 의아해하면서 질문을 던질 정도로 중국에서는 남자들이 부엌에서 요리하고 가사일 돌보는 것을 당연시여기고 있다.

(3) 개성, 개인주의, 그리고 개방성

중국인은 한국인에 비해 좀 더 다양하고 개성적인 편이다. 한국인은 유행에 민감하면서 획일적인 스타일의 경향을 띠는 경우가 많다. 신발도 가방도 비슷한 유명 상표, 여성들의 비슷한 파마 유형과 염색된 머리 스타일, 비슷한 옷과 가구 그리고 획일적인 아파트 등 항상 유행의 첨단을 걷고 외관상으로 튀는 듯하지만 사실 의외로 획일적이고 단조로운 편이다. 마치 교복을 입고 학교에 다니는 학생들처럼.

반면에 중국인들이 입고 다니는 옷 패션은 다소 촌스러워 보이기도 하고 마치 유행이 지난 듯 보이기도 하지만 어떤 면에서는 상당히 개성적이다. 아마도 한국인은 예로부터 체면문화가 깊이 자리 잡고 있어서 남의 이목에 신경을 많이 쓰는 편이고 단일민족으로서의 특징인 획일성이 무의식 속에 반영되어 있는 반면, 중국인들은 다양한 민족의 다양한 사회 속에서 남을 의식하지 않는 분위기가 형성되면서 개성이 존중되고 다양성이 존중되는 측면이 강하다.[16)]

중국인은 기업문화 의식면에 있어서 한국인에 비해 집합주의보다는 개인주의 경향이 강한 편이다. 『한중일 기업문화를 말하다』(권용혁 외, 2005)라는 책에서 집합주의와 개인주의라는 가치

---

16) 남의 눈치나 시선을 의식하지 않기 때문에 개개인의 생활이 좀 더 형식과 허세로부터 벗어나 실질적이고 자유로운 편이다. 관광지 쇼핑거리나 여학생 기숙사 밖 빨랫줄에는 여성 속옷이 민망할 정도로 자연스레 걸려있다. 속옷이 드러나는 것에 신경 쓰지 않고 치마 입은 채로 자전거를 타고 가는 모습은 흔한 일이다. 기차 안에서 남자들이 내복차림으로 돌아다니는 모습도 흔한 일이다.

관 조사를 위해 설문조사를 실시하였다. 그리고 회사의 발전을 위해 개인의 불이익을 감수할 필요가 있는지, 회사와 사원 간의 관계는 계약관계인지, 직원들 상호 간의 관계는 경쟁관계인지, 다른 직원들과의 조화보다는 자신의 의견 주장이 더 중요한지, 조직의 단합을 위해 비공식 모임에 꼭 참석해야하는 것인지 등의 문항에 대한 응답을 분석하였다. 그 결과, 우리나라와 중국 모두 비교적 집합주의적 태도를 보이고 있지만 한국이 4.8(7점 기준), 중국이 4.1로 나타나 중국이 기업생활에 있어서는 좀 더 개인주의적 경향을 띠고 있음을 알 수 있다.

개혁 개방 이후 성문화 의식도 과거와는 판이하다. 얼마 전 중국의 한 언론사에서 부부 교환 섹스, 일명 스와핑 경험담을 기사에 실어 사회적인 파문을 낳은 바 있다. 중국 젊은이들의 성에 대한 개방의식도 나날이 확대 추세에 있다. 일부 지역의 대학생들을 대상으로 한 설문조사 결과, 응답자의 과반수이상이 혼정 성행위에 대해 문제될 것이 없다고 응답하였다.

또한 다수 상대와의 혼전 성행위에 대해서도 30% 이상이 상업적 성행위에 대해서는 15%가 괜찮다고 답했고, 동성애에 대해서는 10%가 거부감을 느끼지 않는다고 대답했다. 성문화 의식의 변화에 따라 매춘인구도 늘어 1,000만 명 이상으로 추정된다. 이러한 현상은 사회전반에 흐르는 배금주의와 황금만능주의와도 무관하지 않다.

그런데 중국보다 산업화가 더 진척된 한국에서 전근대적 가치와 가족 의식이 더 강하게 남아있다는 것은 특이한 현상이다. 유교의 전통과 효의 사상, 경로사상, 제사 등 조상에 대한 예교가 중국에서는 이미 희박해지고 있다. 다만 한국이 효에 치중한다면 중국은 의(義)를 강조하는 편이다.

(4) 실용주의

체면[面子]과 실리라는 두 가지 항목을 놓고 중국인들이 소중히 여기는 부분에 대해 물었다. 결과는 77% 즉 3/4 이상이 실질 또는 실용을 중요시하고, 16%는 실질과 체면 모두를 소중히 여기며, 4%만이 체면을 소중히 여긴다고 답했다. 결국 한편에서 중국인들이 이야기하듯 체면을 중시한다는 것은 잘못된 말이며, 결국 실용을 숭상하는 마음이 강함을 알 수 있다.

중국의 시장에 가면 살아있는 물고기가 작은 양철 사각 통에 누워있는데, 숨을 쉴 정도만 물을 부어두었기 때문에 그럴 수밖에 없는 상황이다. 수조 물속을 헤엄쳐 돌아다니면 생선살이 빠질까봐 주인이 숨만 쉬도록 해서 팔기 전까지는 무게가 유지되도록 좁고 낮은 양철통에 넣어두는 것이다. 또한 중국 속담에는 '유전능사귀추마(有錢能使鬼推磨)'라는 말이 있다. 돈만 있으면 귀신을 부려 맷돌을 돌리게 할 수 있다는 뜻이다. 중국인들이 이재에 밝고 재물에 관심이 많음을 보여주는 표현이다.

중국인들은 고도로 실용적이다. 정치적 측면에서 볼 때 중국은 다른 동구권 국가들의 체제몰락과는 달리 공산당 독재체제로서 사회주의를 견지하며 오늘에까지 이르고 있다. 이는 때에 맞는 노선과 실용적 정책을 수행해왔기에 가능한 일이다. 큰 틀에서 볼 때는 공산당의 권력독점 하에 사회주의체제를 유지하고 있지만, 실제로는 생산력 발전과 소득향상을 위해 사회주의와 자본주의의 경계를 넘나들고 있다.

덩샤오핑의 실사구시정책에 입각한 〈흑묘백묘론〉, 〈선부론〉, 〈사회주의시장경제론〉은 모두 시장경제라는 자본주의 틀을 중국적 상황에 맞춰 변형시킨 중국특색 사회주의의 논리다. 쟝쩌민 역시 〈삼개대표론〉을 통해 그동안의 노동자와 농민 계급을 위한 공산당의 기조를 뿌리 채 흔들게 하는 정책, 즉 민간 기업인이 당원이 될 수 있도록 문호를 개방하는 실용적이고 실리적 노선을 폈다. 그는 '여시구진(與時俱進)', 즉 시대의 흐름에 맞추어 함께 나가야 당이 살아남는다는 극히 실리적인 정책을 택한 것이다. 무늬만 사회주의이지 결국은 자본주의의 시장경세 원리를 거의 다 채용한 것이다.

그러면서도 논리적으로는 생산력과 선진문화의 흡수를 통해 강성한 국가를 구현시킴으로써 사회주의체제의 우월성을 증명한다는 목표를 설정해놓고 있다. 끝까지 자신들은 자본주의의 길을 걷지 않는다고 강변하는데, 그 이면에는 공산당의 지속적인 권력독점을 위한 논리적 장치마련이 필요하기 때문인 것이다. 꿩 먹고 알 먹고 하는 식이다.

사고방식에 있어서는 서양인들이 타인의 말에 대해 우선 신뢰한 후 검증하는 것과는 달리 중국인들은 정반대로 타인의 언어에 대해 우선 의심을 하고나서 그 의심에 대해 해석한다. "남의 마음을 방어하는 것은 필수적이다[防人之心不可無]"는 속담은 중국인이 사회에서 교류할 때 갖는 보편적인 심리다. 먼저 남을 부정적 측면에서 생각하는 것은 자신이 쉽게 믿음으로써 속임을 당하는 것을 피하기 위해서다. 다른 민족에 비해 의심이 많은 것은 자아보호의식에서 나오는 것으로 볼 수 있다. 이러한 자아보호의식 때문에 중국인들은 잘 속지 않고 실용적이라는 평가를 얻기도 한다.

(5) 사회 권위주의

한편 기업문화 속에서의 권위주의와 평등주의라는 측면을 볼 때 중국이 한국에 비해 권위주의적인 경향이 더 강하게 나타난다. 일상적 생활에서 직급 간 신분 차이가 별로 없이 평등한 모습으로 비쳐지는 것과는 대조적인 현상이다.

업무와 관련하여 상사와 이견이 있을 때 자신의 의견을 주장하는지, 회사의 중요 결정에 직원의 의견이 반영되는 편인지, 회사 업무가 구성원들의 토의에 의해 처리되는지, 직원의 자율적인 참여가 중요한지 등 문항에 대한 응답을 분석한 결과 중국 4.7, 한국 3.8로서 중국이 한국에 비해 자신의 의견을 내세우기보다는 상사의 의견에 따르며 위계질서에 순응하는 권위주의적 경향이 더 강하게 나타난다. 자율적, 참여적, 수평적 의사소통 구조를 선호하는 한국과 다소 차이가 있다.

중국인은 한국인에 비해 공식 규정에 의해 수행하려는 경향이 강한 편이다. 설문조사에 의하면, 부서의 중요 결정이 비공식 모임에서 사전에 이루어지는지, 공식 직무규정이 경우에 따라 따르지 않을 수 있는지, 회사의 중요 정보가 개인적인 인간관계를 통해 공유되는지, 불만과 고충을 친밀한 사람을 통해 해결하는지, 직원 채용과 승진에 인사 청탁이 큰 영향을 미치는지에 관한 문항에 대한 응답 분석 결과 중국이 4.8로서 한국의 4.1보다 다소 높게 나타났다.

즉 중국인의 경우 개인의 주관적 판단보다는 공식 규정에 의거하여 일을 수행하려는 경향이 비교적 높았다. 중국의 사회주의 중앙집권적 특성과 상부의 공식적인 규정과 지침의 무조건적인 준수 관행이 기업에 강한 영향을 미치는 것이라고 볼 수 있다.

한편 중국사회는 평등주의 경향이 강하지만 사제지간에 권위는 남아있다. 스승의 지도를 그대로 따르기 때문에 권위적 기풍이 강하다. 학생들을 인솔하고 중국 연수를 마치면서 졸업여행을 다닌 일이 있다. 함께 인솔한 중국교수와 일정에 관한 조정을 하면서 필자가 학생들의 의견을 물어본 후 결정하겠다고 하자, 왜 학생들에게 의견을 물어보는지 의아해하는 것이다. 결정해서 따르게 하면 되지 무슨 의견을 묻느냐는 것이다. 전통적으로 내려오는 교권이 아직까지는 존중되고 있다.

(6) 혈연 연고주의

연고주의 성향에 대해서는 중국이 한국보다 낮게 나타나고 있지만, 유형별 연고주의에 있어서는 한국이 학연과 지연을 중시하는 반면 중국은 혈연을 가장 중요하게 여기고 있는 것으로 나타났다. 제도적 신뢰나 사회적 신뢰가 약한 사회에서는 비공식적이고 사적인 관계, 특히 혈연에 기초한 신뢰를 중시하는 경향이 있다.

중국인들은 친인척을 제외하고는 한국의 동문이나 동창회 같은 학연 집단처럼 구성원 간에 서로 자주 교류하는 견고한 집단은 형성하지 않는다. 다만 혈연가족 구성원 간 유대관계를 통해 응집력을 보이며, 공동체적 집단 관계보다는 개인과 개인의 상호관계, 즉 일대일의 호혜관계를 더욱 중요시한다.

그리고 혈연관계망이나 개인 간의 특수 관계라는 관계망에 포함되지 않는 사람들은 신뢰를 얻지 못할 정도로 자기중심적 공동체로서의 결속력이 강하다. 이러한 차별적 호혜성이 폐쇄적 연결망으로 이어져 때로는 부당한 이득을 위해 관계가 동원되기도 하고, 정경유착이나 기업 내 부패의 근원이 되기도 한다.

(7) 위생관념과 공중도덕

일반적으로 중국인은 대체로 비위생적이라는 말을 많이 한다. 12세기에 중국인 서긍(徐兢)이 쓴 고려 견문기 『고려도경(高麗圖經)』에 보면 중국인들이 너무 더럽고 기름때가 많다고[多垢膩] 한 기록이 있을 정도로 비위생적 모습은 오래전부터 있어왔다. 그들은 모기 눈, 전갈, 매미, 산 원숭이 뇌, 산쥐, 사향고양이를 위시하여 각종 음식 재료를 사용하여 다양한 중국요리를 만든다. 중국요리의 명성은 가히 세계적이지만 위생관념의 부족으로 간염과 사스 등 기이한 병이 돌기도 한다.

그리고 기차 안이나 거리 혹은 상점 앞 할 것 없이 쓰레기가 항상 많다. 주변에 쓰레기가 있거나 조금 지저분한 것은 부의 상징이며, 여기에서 정서적 안정감을 얻는다고 한다. 하지만 비위생적인 승객 옆에 앉아서 몇 시간씩 기차를 타고 여행해야 하는 외국인들에게는 고역스러운 시간이기도 하다.

중국인들은 공중도덕심이 다소 부족한 편이다. 자신의 재물은 아끼고 소중히 하지만 공공 시설물이나 공금은 서슴없이 헤프게 사용하는 경우가 많다. 고급식당은 매일 낮밤 없이 공무원, 군인, 기관이나 단위(單位) 사람들로 북적거린다. 공금으로 식사를 하는 경우 고급스런 음식들로 식탁이 가득하다. 중국 공산당의 최대 행사인 전국인민대표대회나 중국인민정치협상회의가 열리는 매년 3월이면 북경의 명품가게 매출이 급증한다고 한다. 물론 공금으로 고위관리나 그 부인에게 줄 뇌물성 선물을 사는 것이다. 소방차나 군대차가 결혼식 행사나 이사하는 일에 사적으로 동원되기도 한다.

기찻길 옆으로도 쓰레기가 항상 널려있다. 승객들이 창문을 열고 쓰레기를 밖으로 쏟아 붓기 때문이다. 버스 안에 쓰레기통이 바로 옆에 있어도 역시 문을 열고 쓰레기를 길거리에다 던져 버린다. 교통질서 또한 어지럽다. 무단횡단은 일상화되어 있고, 자가용은 아무데나 정차되어 있다. 상점에서 계산을 하려고 줄을 서도 누가 금방 새치기하며 자기부터 계산해달라고 돈을 밀어 넣는 경우도 많다. 은행에서 줄을 서 있는데 새치기하는 경우도 있다.

흡연에 대해서도 아직까지 관대한 사회가 중국이다. 흡연금지구역이 설정되어 있어도 막무가내로 담배를 피운다. 사람이 많이 모인 곳이면 어디서건 담배 연기가 따라다닌다. 담배연기로 인해 쾌적하지 못한 공기에 언짢을 때가 많다. 비흡연자의 간접흡연으로 인한 피해에 대한 무관심도 여전히 문제다. 중국은 현재 흡연율이나 흡연자 수가 세계에서 1위다.

그들은 중국의 지도자 저우언라이, 마오쩌둥, 덩샤오핑을 예로 들면서 음주만 한 저우언라이는 70여세를 살았고, 흡연만 한 마오쩌둥은 80여세를 살았으며, 흡연과 음주를 함께 한 덩샤오핑은 90여세를 살았다는 일화를 소개하며 흡연이 건강에 해롭지만은 않다고 강변한다. 흡연한지 일정 시간이 지난 경우에 금연을 했을 때는 오히려 공급이 중단되어 생체리듬이 파괴된다고 생각하기도 한다. 한방 약재가 들어간 담배는 오히려 몸에 좋다고 검증되지 않은 사실까지 말하기도 한다.

그리고 차가 지나가면서 웅덩이 물을 튀어 행인에게 피해를 주어도 아무렇지도 않은 듯 달린다. 버스 안에 쓰레기통이 있는데도 불구하고 차창을 열고 휴지를 밖으로 내던진다. 한번은 잘 아는 지인이 기차를 타고 중국을 여행하는 도중에 자신의 쓰레기를 모아 역무원에게 주었는데 바로 차창을 열고 버리더라는 것이다. 직접 창문 열고 버리면 되지 왜 쓸데없이 나에게 쓰레기를 줘서 귀찮게 하느냐는 것이다. 공원에서 아이의 소변을 병에 담아 쓰레기통에 버리려고 사람들에게 쓰레기통 위치를 물어보면 이상한 듯 바라보며 웃는다. "아무데나 버리면 되지!" 하는 투다.

(8) 만만디와 여유로움

민족마다 인내나 기다림의 시간의 한계점이 다를 것이다. 우리가 10분 정도라면 중국인이나 베트남인들은 한 시간 정도다. 우리는 중국인의 느긋한 성격을 표현하여 '만만디(慢慢地)'라는 말을 사용하곤 하는데, '만만디'란 문자 그대로 '천천히'를 의미하는 부사어로서 중국인들의 생각과 행동을 적절하게 표현하는 말이다.

북쪽 대륙에 거주하는 사람들은 대부분 일생 동안 산을 보지 못하고 평생을 마감한다고 할 정도로 끝없는 평야 지역들이 산재한 대륙의 지역 여건이 중국인들의 이런 기질 형성에 한몫을 한 듯 보인다. 택시를 잡기 위해 큰길로 나가 실제로 택시를 잡아타고 골목 구석진 숙소 앞에 대기시켜놓고 숙소에 들어가 짐을 꺼내 가지고 나와 승차해도 대부분의 택시 기사는 느긋하게 기다리며 이를 당연하게 여긴다.

우리나라 사람 중에 중국에 장단기로 거주하는 경우, 처음에는 환경도 낯설고 하여 여러 모로 불편함을 느낀다. 하지만 서서히 이들의 슬로우 문화에 익숙해지면서 중국 생활을 즐기게 되면 귀국 후 그 생활이 그리워지기도 한다. 다만 너무 여유를 부리고 느리게 일을 처리하다보면, 도로건설이나 도시 미관공사 등의 진행 속도가 느려서 울퉁불퉁한 거리, 차량통행 시의 먼지 날림, 매연과 쓰레기더미 적체 등 생활하는 데 있어 불편이 많이 따르는 단점도 있다.

중국인의 느긋함은 개인에 국한되지 않고 사회 전체에까지 그 흐름이 이어진다. 우리나라는 모든 것이 바쁘게 움직인다. 식사도 빨리 끝내고, 일 처리도 빨리 하고, 운전도 빨리 하는 등 무엇이든지 빠르게 진행되기 때문에 빨리 움직이지 않으면 안 된다. 그러다보니 중국에서 업무를 볼 때도 습관상 일을 급하게 처리하려고 서두르게 되는데, 얼마 지나지 않아 그럴 필요가 없음을 곧 깨닫게 된다.

중국인과의 사업에 있어서도 배짱과 여유가 있어야 손해를 줄일 수 있다. 중국인의 사고 속에는 느긋하게 협상을 통해 밀고 당기면서 합의점에 도달하고자 하는 의식이 항상 깔려있다. 그래서 중국인과 무역을 할 때 상대측이 한번 제시한 가격을 믿고 댕기지 않고 좋은 게 좋은 거라고 생각하며 마무리하는 것은 자칫 스스로를 함정에 빠뜨리는 결과가 되기도 한다.

얼마 전 중국의 한 출판사와 번역 관련 계약을 맺는 일이 있었는데, 중국인 번역가가 출판사에서 제시한 번역료에 만족을 못하는 것이다. 필자는 상대가 제시한 번역료에 합의했고 그 후 출판사측은 약간 더 상향 조정해주어 계약을 체결하였는데 그것이 화근이었다. 중국인 번역가 말로는 중국에서의 출판은 일종의 상업행위로서 특히 번역료 부분은 몇 차례의 협상을 통해 가격을 계속 밀고 당기는 것이 상례이며, 상대가 처음 제시한 가격은 탐색용 가격이라는 것이다. 중국 측과의 협상 시에는 항상 조급함 없이 여유를 가지고 철저하게 꼼꼼히 따지면서 협상에 임하여야 한다.

(9) 민족정서

역대 왕조 중에서도 진(秦), 한(漢), 당(唐), 송(宋), 명(明) 왕조에 대한 중국인의 애틋한 마음은 끊이지 않는다. 이들 왕조가 이민족이 아닌 한족에 의해 통치된 정통왕조라는 생각에서다. 진시황, 한 무제, 당 태종, 측천무후, 송 태조, 명 주원장은 중국을 부흥시킨 위대한 인물로 존경받고 있다. 한 무제를 드라마로 다룬「한무대제」58부작이 제작되어 절찬리에 상영되었고 '한무제'라는 상표의 고급술도 출시되었다. 최근 청대 황제를 주인공으로 하는 역사극에서 벗어나, 한족의 원조인 한 무제 이미지를 TV에서 부각시키는 것도 중화사상과 문화대국주의를 고양하고 21세기 대국을 실현하고자 하는 중국인의 정서가 담겨있다.

하지만 그들의 민족정서는 사실상 적지 않은 모순을 안고 있다. 겉으로는 몽골족의 원나라나 만주족의 청나라를 그들 정사에 편입하여 중국사로 인정하면서 경내 모든 민족과 그들의 역사를 다민족의 대가정이라는 범위 안에 끌어들이고 있다. 그러면서도 여진족의 금(金)을 타도하고자 노력했던 남송(南宋)의 악비(岳飛)를 중화민족의 영웅으로 칭송하고 있고, 강희제와 건륭제 등 청대 왕들의 능은 도굴하면서 진시황릉과 한무제릉 및 명대 왕릉은 도굴하지 않는 모순된 모습을 보인다. 사실상의 민족차별 의식이다.

이처럼 '다민족 다문화'의 주창 속에서도 한족 중심의 사고와 한족 역사문화에 대한 집착이 그들 마음속에는 늘 존재한다. 황하 중심의 한족 문명을 앞지르는 요동반도의 홍산문화(紅山文化)와 양자강의 지역문화 등 다민족의 다문화가 존재했음이 역사적으로 밝혀지면서 그동안 그들이 오랑캐[17]라고 괄시하던 민족과 역사문화를 끌어안아야 하면서도, 중화중심의 민족정서를 지닐 수밖에 없는 그들의 고민과 모순이 존재한다.

대외적으로는 근대화 과정 중 서방으로부터의 모욕과 약탈에 대한 잠재적 피해의식이 이제는 거꾸로 민족적 역량을 강하게 드러내고자하는 심리로 표출하면서 2008년 베이징올림픽에서는 화려한 퍼포먼스로 문화민족주의의 내면을 드러내기도 했다.

일본과 관련해서는 더욱 강한 민족주체의식이 나타난다. 대부분의 중국의 관광지에서는 비싼 입장료를 받는다. 중국 관광산업의 주 수입원이다. 하지만 상해 황푸공원만은 돈을 받지 않는다. 과거 일본군이 상해를 점령하면서 이 공원에는 화인(華人) 즉 '중국인과 개는 출입금지[免進]'라는 푯말을 걸어놓았기 때문에 원한 맺힌 중국정부에서 원한을 풀고자 줄곧 이곳을 무료로 개방해오고 있다. 한일 간 마찰이 끊이지 않는 독도 문제에 대해서도 중국은 한국 입장을 적극 지지하고 언론들도 '다케시마(竹島)' 대신 '독도(獨島)'라고 표기하고 있다.

근현대사를 보더라도 중국은 일본의 침략으로 인해 갖은 수모를 겪어왔다. 1895년 청일전쟁 패배 후 시모노세키조약[馬關條約]에서 센카쿠열도[釣魚島]를 일본에 넘겨주게 된다. 이후 센카쿠열도는 1945년 미군 군정 통치 하에 놓였다가 1970년대에 일본에 반환되면서 일본영토에 편입되었고, 이후 양국 간 분규가 끊임없이 이어져왔다. 1937년 중일전쟁 때는 일본군이 상해 거쳐 남경을 점령한 후 30만 명의 민간인을 학살한 남경대학살 사건이 일어났다. 중국인에게는 또 한 번의 수모였다. 이러한 굴절된 역사를 거치면서 중국의 반일감정은 거세어져 갔다. 몇 년

17) 과거 한족 이외의 주변 민족들을 오랑캐로 폄하하였다. 흉노(匈奴), 예맥(濊貊)은 각각 흉악한 노예들, 더러운 똥 고양이 등을 의미하며, 기타 거란, 말갈, 숙신, 달단, 동호, 선비 등도 마찬가지로 폄하하는 명칭들이다.

전 미국에서 화교출신 여성작가가 『남경의 강간(Rape of Nanking)』을 출간했는데, 이에 대해 일본 우익에서는 남경에서의 학살은 없었다고 강변하면서 양국 간 갈등이 고조되기도 하였다.

흥미로운 점은 대만인들의 일본에 대한 감정은 대륙과는 달리 그다지 나쁘지 않다는 것이다. 사실 역사적으로 1895년 불평등조약인 시모노세키조약에서 일본은 대만과 부속도서들을 할양받았고, 이에 일본은 1945년 태평양전쟁이 끝날 때까지 51년 동안 대만을 실효적으로 지배하였다. 36년간의 한반도 강점기간보다도 훨씬 긴 세월이다. 하지만 대만 대북시(臺北市) 거리 풍경을 보면 여성들이 일본식 화장을 하고 일본에서 최신 유행하는 의상을 입고 거리를 활보한다. 일본식 식당과 일본 제품들이 넘쳐나고, 과거 일본식 건물들도 많이 남아있다. 현재 총통의 사무실이 있는 총통부도 일본 점령기 때 축조된 일본식 건물 그대로다. 서구 열강의 침입을 많이 받았던 대만은 대륙인들이 와서 지배하는 것이나 일본인이 와서 지배하는 것이나 동일하다고 보는 시각이 우세하기 때문에 일본에 대한 감정은 도리어 우호적이고 일본산 제품과 일본문화를 수입하고 수용하려는 경향도 강하다.

또 한 가지 흥미로운 점은 중국이 역사적으로는 일본에 반감을 가지면서도 간혹 일본의 과학기술 발전과 선진국으로서의 면모에는 주눅 들어서인지 경쟁상대로 보지 않고, 도리어 이웃 한국은 경쟁관계의 만만한 상대로 보고 종종 질투나 반감으로 대하는 경우가 있다.

또한 이들의 민족정서를 자세히 들여다보면 특이한 사실을 발견할 수 있다. 중국과 대만이 군사적으로는 서로 극한 대치관계 속에서 상호 갈등을 겪으면서도 이웃나라 한국에 대한 정서는 묘한 경쟁심과 질투라는 이상하리만큼 똑같은 모습을 보인다는 점이다.

우리나라와 대만이 반공국가라는 기치 아래 국교를 맺고 있던 80년대 초, 우리나라 농구 국가대표팀이 대만 존스배 국제농구대회 참가 중 그리스와 경기를 치룬 적이 있었다. 그런데 대만 관중들은 같은 우방이며 이웃나라인 한국이 아닌 그리스 팀을 응원하는 것이다. 한국 팀이 반칙이라도 하면 야유와 함께 물병이 날아들었다. 이러한 상황의 발생은 대만이 한국을 우호국가라고 생각하면서도 과잉 관심을 쏟으며 대만정부가 국민들로 하여금 한국을 경쟁상대로 느끼도록 분위기를 조성하였기 때문에 일어난 일이다.

실제로 대만과의 국교 단절 무렵, 대북시 대한항공 사무실에는 시민들이 돌을 투척하며 데모하였고, 학교에 가면 대만 학생들이 "한국불반공(韓國不反共) 한국불가교(韓國不可交)"라는 말을 써서 맹렬하게 한국을 성토하였다. 외교적으로 고립되어 가는 대만이 맹방이자 반공국가인 한국이 자신들을 배반하였다고 생각하자 배신감이 피해의식과 맞물려 극에 달했을 테고 이에 거센 항의를 표출했던 것이다. 하지만 "반공을 하지 않는다"고 한국을 공격해놓고 후에는 공산국가인 중국과 실질적으로 전방위적인 경제교류를 시행하기도 하였다.

이러한 한국에 대한 경쟁 심리와 질투심은 현재 중국대륙에서도 그대로 나타난다. 한국 축구팀과 제3국 축구팀이 경기를 할 때 한국 팀이 반칙을 하면 중국 관중들은 신경질적으로 반응하며 야유를 보낸다. 한중수교 이후 우리는 새로운 경제협력 파트너이자 이웃으로서 좋은 감정을 가지고 있는 반면에, 축구 공한증(恐韓症)으로 인한 한국에 대한 질투심과 전반적인 경쟁심리 등이 결합되면서 중국 내에서 어떤 종목의 경기를 하더라도 중국 관중들은 한국 팀을 응원하지 않는 기이한 현상이 벌어지고 있다. 이 점이 서로 대치하고 있는 중국과 대만의 이웃 한국에 대한 공통적인 정서이자 심리인 것이다.

대만과 중국대륙은 각각 삼민주의(三民主義)와 공산주의라는 다른 이념을 가지고 통치하면서 금문도(金門島) 앞 해협을 사이에 두고 극한 대치를 하면서도 다른 한편으로는 실질적 경제무역 협력을 통해 민족적 동질성을 느끼면서 통일을 향한 염원도 공유하고 있다. 상당히 민족적 친화력이 강한 민족임을 알 수 있다.

배타적 민족애국주의 경향도 강하다. 프랑스에서 중국의 심기를 건드리자 대륙 전역에서 프랑스 유통업체인 까르프에 대해 대대적인 불매운동을 전개한 적이 있다. 중국 출신 탁구 선수의 일본 귀화에 대해서도 성토 분위기를 연출한 적도 있다. 미국의 도시 한쪽에는 항상 차이나타운이 존재한다. 그만큼 중국인들은 어떤 면에서는 배타적인 민족성향이 강한 측면이 있다.

(10) 기타 사고방식

a. 서비스정신 부재

먼저 서비스정신 면에서 보면 중국은 이해하기 힘들 정도로 독특하다. 중국 호텔에서는 간혹 정전이나 단수가 되는데, 이때 호텔 측에서 손님들에게 해명을 하거나 이해를 구하지 않는 경우가 있다. 기차를 타려고 역에 가서보면 출발시간이나 도착시간이 바뀌어도 이를 설명해주는 안내가 없는 경우도 있다. 그리고 백화점에서 물건을 산 후 계산하려고 카운터에 가도 점원이 혼자서 한참동안 계산만 하면서 손님은 거들떠보지도 않는 경우도 있다. 비자 연기 때문에 경찰서를 방문하여 비용을 지불하면, 잔돈이 없다며 밖에서 바꿔오라고 하는 상황도 발생한다. 식당에서 식사를 하는데 손님을 맞이하기 위해 문 앞에 서 있는 종업원들이 식사하고 있는 손님은 아랑곳 않고 자기들끼리 시끄럽게 끊임없이 잡담을 하기도 하고, 식사하는 손님이 있어도 영업시간이 끝나갈 때쯤이면 손님은 아랑곳없이 대청소를 하기도 한다. 신문배달도 어떤 때는 집안으로, 어떤 때는 집밖에 놓고, 어떤 때는 빠뜨리는 등 일정치 않는 경우도 있다.

그래서 현재 중국에서는 사회전반에 걸쳐 서비스 개선을 위해 '복무재복무(服務再服務)' 즉 '서비스 또 서비스'라는 구호를 외치며 서비스정신을 함양하는 캠페인을 지속적으로 벌이고 있지만, 계몽의 효과는 아직까지는 미약한 편이다.

b. 이기심과 무관심

현재 중국의 인구정책, 즉 만혼만육(晩婚晩育)과 한 가구 한 자녀 낳기 운동이라는 산아제한 정책으로 대부분의 아이들은 독자로 성장한다. 소황제(小皇帝)라고 불리는 이들은 '4-2-1' 즉 친조부모와 외조부모, 그리고 부모의 관심을 받으며 성장하였기에 상당히 이기적이며 당돌하다. 친가와 외가의 조부모와 부모, 그리고 한 명의 아이로 구성되는 가족구성으로 인해 모든 것이 아이 중심으로 결정된다. 그러다보니 과잉보호로 인해 자립심이 부족해지고 어른 속에서 자라다보니 또래간의 협동이나 양보, 나눔 등 더불어 살아가는 방식을 익힐 기회가 적어진다. 따라서 이기적이며 제멋대로 행동하는 경향이 강하다.

택시를 타면 자연스레 기사한테 골목까지 들어가자고 한다. 운전사가 힘들다고 하면 "들어갈 수 있어요"라는 뜻의 "넝진(能進)"을 외치며 버틸 정도로 당당하다. 이들 소황제들은 어른들 속에서 자라서 겉으로는 어른스러운 말투와 행동을 한다. 하지만 나약하고 자기위주의 이기적인 마음이 강하다. 또한 인구가 많기 때문에 상대에 대한 배려보다는 먼저 살고 봐야한다는 자신의 생존권이 우선시되는 사고방식 때문에 이기심이 배려보다 우선하는 것이다.

중국사회의 또 하나의 병리현상은 바로 무관심이다. 우리나라에도 최근 지하철에서 어린 소녀가 할머니에게 욕을 하며 대들어도 아무도 말리지 않는 모습이 담긴 동영상이 인터넷을 통해 전파되면서 여론이 들끓은 적이 있다. 이러한 무관심은 중국사회에도 만연해있다. 몇 년 전 중국 북경의 한 버스 안에서 안내원과 승객이 입씨름을 하다가 안내원이 부모가 보는 앞에서 여중생 승객을 목 졸라 죽인 사건이 사회를 떠들썩하게 한 적이 있다. 또한 광동성 심천시 한 마을에서 농민공 출신 부모가 공장에 일하러 나간 사이 혼자 지내던 6살 어린이가 실족해서 고층에서 떨어져 신음하는데도 현장을 지나가던 주민들이 구명작업은커녕 신고조차 하지 않아 결국 사망에 이르게 한 사건이 중국사회를 또 한 번 떠들썩하게 하였다. 중국사회의 비인간적 단면을 그대로 보여준 사건이었다. 구경은 좋아하지만 남의 일에 간섭하고 끼어드는 일은 가급적 피한다. 이렇게 자신과 상관없는 일에는 관여하지 않는 여아무관(與我無關) 풍조뿐만 아니라 거대한 인구 속에 섞여 살면서 타인보다 자신의 생존이 우선이라는 사고가 냉혹하고 비정한 사회를 만들어가는 것이다.

c. 실수 불인정

한편 중국인들은 실수를 좀처럼 인정하지 않으려하는 경향이 있다. 중국의 한 자매대학과 몇 년 간 교류하면서 신뢰를 쌓았다고 생각해왔는데 어느 순간 한 가지 이견이 생기자 자신들이 말한 내용까지 번복하면서 말하지 않았다고 생떼를 쓰는 경우를 당한 적이 있다. 말을 했다고 인정하면 자신들의 실수를 인정하는 꼴이 되기 때문이다. 이러한 억지는 일상생활에서도 종종 만나게 된다. 자신의 실수를 인정하지 않으려는 심리는 바로 자아비판을 하는 것이 바로 자신에게 치명적 손상이 되었던 과거 문혁시절의 교훈 때문이라고 볼 수 있다.

d. 관계 중시

한중 양국 국민들의 사고방식에 대해 중국인 남녀 100명과 한국인 남녀 100명에게 몇 가지 설문조사를 해보았다. "사회생활을 하는데 있어 실력과 소위 '꽌시[關係]'라고 부르는 연줄이나 백그라운드 같은 관계 중 어느 것이 중요하다고 생각하는가?" 라는 질문에 중국인은 관계라는 응답이 35%였고, 한국인은 응답자의 18%만 관계라고 응답을 했다. 중국인들은 중국사회에서 관계를 매우 중요하게 생각하고 있음을 보여준다.

중국의 제5세대 리더인 시진핑 총서기 역시 그 부인이 물밑에서 그동안 쩡칭홍 등 유력인사들의 부인들과 관계를 맺어오며 친분을 만들어 온 것이 큰 효과를 보았다고 한다. 이러한 예는 바로 중국사회에서 아직까지 관계의 중요성이 얼마나 큰지 말해준다.

e. 의심과 신의

중국인들은 언행에 있어서 대체로 과장이 심하다. 있는 것은 더 있어보이게 하고, 없는 것은 더 없어 보이게 과장하는 경우가 많다. 약의 효과나 음식의 영양분을 설명할 때도 마치 만병통치약인양 과장 표현을 많이 한다. 그래서 중국인들은 의심도 많다. 직접 눈으로 보지 않고는 믿을 수 없다고 그들은 스스로 말한다. 그러다보니 그들의 생활 속에는 항상 의심을 풀기 위한 과정이 수반된다.

은행 창구에서 직접 돈을 인출해도 의심 많은 고객은 혹시 위조지폐가 섞여있는지 의심하면서 그 자리에서 지폐의 진위 여부를 일일이 체크한다. 열쇠가 열 개 이상이나 되는 열쇠고리를 차고 다니는 사람도 많다. 무엇이든 자물쇠로 잠그고 다니는 것이 습관화되어있기 때문이다. 학교 구내 소매점의 냉음료수 보관 냉장고도 열쇠가 채워져 있을 정도로 중국인들의 의심 많은 기질은 곳곳에서 엿볼 수 있다.

식당에서는 주방장이 활어나 살아있는 새우 등을 요리하기 전에 재료의 신선함을 손님에게 확인시키기 위해 직접 홀로 나와 사용할 재료를 보여준다. 손님들의 의심을 해소시키기 위한 하나의 과정이다. 병원에서 맹장수술을 하는 경우에도 의사는 수술 중간에 '내가 맹장 부위만 정확하게 떼어냈다'는 것을 증명하기 위해 떼어낸 맹장을 들고 나와 대기실에 있는 보호자들에게 보여준다. 절개한 암 덩어리도 수술 과정 중에 가지고 나와서 보호자들에게 확인시켜준다. 구경을 좋아하는 중국인들은 그때마다 우르르 몰려와 구경하고 의사는 자세하게 설명한다.

친구를 사귀는데 있어서도 서로 의심이 많기 때문에 단

번에 진정한 친구를 사귀기는 쉽지 않다. 처음 사귈 때는 바로 친구라고 부르며 우호적이다. 중국에서는 나이에 상관없이 서로 친구라고 호칭하고, 한번만 만나고 나면 그때부터는 오랜 친구라고 떠벌린다. 하지만 이때의 친구는 진짜 친구가 아니며, 일단 의심의 마음을 간직하며 계속 지켜본다. 그리고 오랜 기간 교류 후에 진짜 친구라고 정하고 나면 그때부터는 마음을 연다. 진짜 친구가 되면 우정을 목숨과도 바꿀 정도로 의리가 강하다. 우리 문화가 정(情)의 문화라고 하지만, 중국인의 정과 눈물은 우리를 뛰어넘을 때가 많다.

f. 의미부여 습관

중국인들은 모든 일에 의미를 부여하는 습관을 가지고 있다. 전통 있는 식당에 가보면 이가 빠진 그릇과 누렇게 찻물 때가 낀 찻잔이 많다. 그들 표현대로라면 깨진 그릇이 많은 것은 그만큼 장사가 잘 된다는 의미고, 오래된 찻물 때가 낀 것은 그만큼 전통이 있다는 것을 나타낸다. 의미는 부여하면서 돈 들여 새 그릇으로 바꾸지 않아도 되니 그야말로 일석이조다.

생활 속의 의미 부여는 민간 습속에서도 잘 나타난다. 황산의 명물 비래석(飛來石)이라는 돌은 복을 가져다준다는 전설이 있다. 하늘에서 떨어진 돌이라고 전해지고 있어서 이 돌을 만지면 신통력이 있다고 한다. 한번 만지면 복운, 두 번 만지면 관운, 세 번 만지면 재운이 생기고, 네 번 만지면 애인이 나타나며, 다섯 번 만지면 임신한다고 한다. 그리고 여자는 오른손으로 남자는 왼손으로 만져야 효험이 있다고 한다. 만약 남자가 실수로 다섯 번 만질 경우 임신된다고 하면 과장이겠지만 한바탕 웃음을 줄 수 있는 해학이 담겨 있고, 복을 바라는 민초들의 심리를 긍정의 힘으로 어루만지려는 의미도 담겨있다. 중국 대부분의 관광유적지에는 이러한 의미 부여의 습속들이 널려있다.

중국인들은 숫자에 대한 의미 부여에도 집착하는 경향이 있다. 그들은 짝수 특히 8이라는 숫자를 복운을 가져다준다고 하여 특히 선호한다. 8과 돈을 번다는 뜻의 '파(發)'가 발음이 같기 때문이다. 그래서 손님을 대접할 때 요리가 짝수로 나오고, 결혼 축의금이나 세뱃돈도 짝수 금액으로 맞춘다. 짝수인 66세 생일을 맞을 때 육육대순(六六大順)이라 하여 특별히 축하를 보낸다.

현재 상해에서 제일 높은 진마오따사 건물도 중국인이 좋아하는 짝수 숫자 88에 맞추어 88층으로 지었다. 승용차 번호도 짝수와 8자가 들어간 숫자는 일반번호보다 비싸게 팔린다. 반면에 4와 7은 싫어한다. 4는 죽을 '사(死)'와 발음이 같고, 7은 화난다는 의미의 '기(氣)'와 발음이 같기 때문이다. 9는 술 '주(酒)'와 중국어 발음이 같기 때문에 역시 피하는 숫자다.

의미 부여는 주로 손님을 초대하여 음식을 나누거나 건배를 제의할 때도 이루어진다. 예를 들어 교류 9주년이 되면 9주년을 기념하기 위해 9잔의 건배를 제의한다. 생선을 먹을 때 뒤집어먹지 않는 것은 어선이 뒤집히는 것을 방지하기 위함이고, 술잔을 다 비우기 전에 첨잔을 하는 것은 논밭에 물이 마르지 않도록 하기 위해서라고 한다. 서안에는 덕발장(德發長)이라는 식당이 있다. 서태후가 서안 화청지(華淸池)에 잠시 기거할 때 그녀의 까다로운 입맛을 맞추기 위해 당시 요리사들이 만들기 시작한 만두 요리가 그대로 전수되어 온 식당이다. 요리 중에는 구슬 같이 작고 동그란 만두들이 들어있는 태후국화화과(太后菊花火鍋)라는 탕이 있다. 국자로 한번 뜬 탕 속 작은 만두의 숫자에 따라 운세가 정해진다고 한다. 하지만 결국은 하나부터 열까지 모두 덕담으로 시작해서 덕담으로 끝난다. 중국인들의 의미 부여는 과장도 있고 비과학적 측면도 있지만, 무미건조한 생활을 좀 더 즐거운 방향으로 가치화하여 결국 생활을 풍요롭게 하는 기지가 되기도 한다. 중국인들은 '이왕이면 다홍치마'의 달인들이다.

g. 흥정 즐기기

중국인들이 상인기질이 뛰어나다는 것은 누구나 다 아는 사실이다. 중국어로 물건을 '둥시(東西)'라고 부른다. 과거 당 왕조 때 실크로드를 따라 유럽까지 건너가 교역하면서 동과 서로 이어진 길에 물건이 가득 찼다고 하여 물건을 이렇게 부르는 것이다. 그만큼 중국인들의 상업기질은 용어에서도 잘 나타난다.

그런데 문화시장이나 재래시장을 가보면 물건 가격을 터무니없이 높게 부를 때가 많다. 그래서 처음에는 700위안짜리 제품이 마지막에 가서는 100위안 정도에 팔리곤 한다. 흥정을 하면 가격이 크게 내려갈 것이 분명한데도 왜 이렇게 터무니없는 가격을 부르는 것일까?

그것은 중국인들이 흥정 자체를 생활의 일부로서 즐기기 때문이다. 소비자는 많이 깎아서 뿌듯하고, 상인들은 가격을 많이 깎아주면서 판매를 유도하면서도 나름의 이득이 되니까 쌍방 모두 즐거운 일이 된다. 흥정 자체가 시간 허비가 아니라 활력을 불어넣는 생활의 일부인 것이다. 이 점을 모르고 급하게 비싸게 사거나, 조금 깎고는 좋아하거나, 너무 깎아서 미안해하거나, 흥정하다가 지쳐서 포기하는 일까지 생기곤 한다.

중국인의 상인기질은 인색함으로 배어나온다. 일단 그들 주머니에 돈이 들어오면 쉽게 나가는 법이 없다. 전통적으로 중국인들은 돈을 저축하는 데 익숙하고 소비하는 데는 비교적 인색하다. 은행에 저축은 잘 하지만 돈을 대출받거나 빌리는 데는 망설인다. 그래서 중국인의 호주머니를 열게 하기가 쉽지 않다.

h. 무례함

중국은 때때로 외교적인 문제에 대해 무례한 언행과 실력행사로 국제적인 비판을 받을 때가 있다. 이러한 무례한 행위의 근저에는 그들의 '밀어붙여' 사고방식, 중화우월사상, 실리중심의 사고, 경쟁심리, 무감각한 염치 등의 심리구조가 자리하고 있다.

예를 들어 힘없는 티베트를 무력으로 무참히 짓밟는 행위도 철저히 '밀어 붙여'식의 힘의 논리에 근거를 둔 사고방식에 기인한다. 경우를 따지거나 응당히 이렇게 해야 한다는 등의 행위에 대한 근거와 논리를 따지기에 앞서 힘의 논리로 행동하는 경향이다.

다음으로 중국이 우리의 문화 영역에까지 파고들어와 우리나라에서의 티베트영화에 대한 삭제를 요구하는 지나친 참견 행위, 김치 파동 관련 협상과정 중 주한중국대사의 협박성 태도에 이어진 한국 상품에 대한 자국 내에서의 보이콧 추진, 우리 정부의 중국산 마늘에 대한 관세율 인상에 대한 보복조치로 휴대폰과 폴리에틸렌 손질의 금지, 달라이라마 방한 계획에 대한 일개 주한 중국대사의 비외교적 단교 운운, 중국 정부가 로마 바티칸 교황청의 동의 없이 안휘, 운남, 강소, 복건 지역의 주교 서품을 일방적으로 한 것 등은 전통적인 중화 중심적 사고에 기인한 행동으로 볼 수 있다.

다음으로 탈북자들이 진입한 주중 한국대사관 영사부에 중국 경찰들이 난입해 탈북자들을 끌어내고 영사를 집단으로 구타한 사건, 북경의 한 호텔에서 우리나라 국회의원의 탈북자 문제에 관한 기자회견 진행 중 신원미상의 중국인들에 의한 회견 무산과 감금 아닌 감금을 당한 사건, 북한이 신의주 특별행정구역 장관으로 임명한 중국인 사업가 양빈(楊斌)을 중국이 탈세와 부동산투기 혐의로 체포한 외교적 사건, 우리 정부에서 역사 왜곡에 대한 시정을 요구했을 때 중국 공식 사이트에서 고구려사 외에 근대 이전의 모든 역사 관련 자료를 지워버리는 당혹스런 행동 등은 체면과 실리 중에서 실리를 택한 사고에 기인한다.

이상의 행위들은 탈북자 문제에 대해 북한을 고려한 정책적 측면, 수많은 단체들의 기획탈북에 의해 중국의 인권문제가 국제문제로 부각됨으로써 국가 이미지 손상과 함께 해외 반중국 세력에게 빌미를 제공하여 중국공산당 체제 붕괴를 위한 반대세력을 결집하는 촉매제 역할을 한다는 판단, 혈맹관계인 북한의 체면을 구기고서라도 철저하게 자국의 이익을 최우선시하는 실리추구 원칙, 조선족의 분리 추구나 북한정권 쇠락에 따른 유랑민의 유입 및 동북지역의 한국영토 주장 등 실현가능한 모든 상황에 대비한 실리적 판단 등에서 나온 것이다.

중국이 이렇게 중간 과정을 생략하고 일을 추진하는 경우가 많아지면서 적지 않은 오해를 불러일으키기도 한다. 일반적으로 생각할 때는 상대방이 분명 자신들의 체면과 예의상 최소한 이러이러하게 나올 거라고 예측하지만, 예상하고 기대했던 상식적인 절차와 진행방식이 어김없이 무너져 버리고 그 과정이 생략되어 상대방에게는 무례함으로 비춰진다. 그들의 실리 중시와 형식 무시라는 사고방식 때문이다.

다음으로 한일 월드컵 경기 시 중국 측 방송의 일방적인 한국 팀 무시와 조소, 그리고 근거 없는 음모론 제기 등 편파적 중계와 평론 행위는 이웃나라 한국의 결집력과 발전 잠재력에 대한 경계와 질투의 경쟁심리가 무례하고 무시하는 태도로 나온 것이다.

다음으로 중국 국무원 부총리가 일본을 방문했을 때 일본 총리와의 예정된 회담을 일방적으로 취소하고 귀국한 일이나 오랫동안 맺은 자매대학을 학교차원에서 친선 방문한 지 얼마 되지 않았는데 나중에 그곳에서 공부한 우리 학생들에게 기숙사비 정산과 관련하여 적은 돈 때문에 매우 야박하게 대하는 경우 등 유치하면서도 무례한 행동은 미안함이나 창피함에 대한 무감각함에 기인하거나, 직선적이고 형식에 얽매이지 않는 사고에 원인이 있다.

i. 남아선호

중국의 전통적인 남아선호사상은 여전히 중국사회에 남아 있다. 그런데 1949년 신중국 성립 시 5억 4천만 명의 인구가 30년이 지난 1978년 9억 7천만 명으로 늘면서 평균 2%

의 증가율을 보이자, 중국정부도 국무원에 산아제한 전담반을 두고 산아제한을 법률로 명문화했으며 1980년부터 계획생육(計劃生育)이라는 산아제한제도를 실시하게 된다. 즉 한 가정 한 자녀 갖기와 만혼만육(晩婚晩育) 등의 정책 실시로 현재 자연증가율은 1.4%로 유지되고 있다. 하지만 인위적 산아제한 정책 실시는 남아선호사상과 갈등을 빚게 된다. 이로 인해 여아를 고의로 유기하거나 낙태를 하기도 하고, 남아를 납치하는 부정적 요인이 발생하고 있다. 농촌에서는 호적 없는 아이들[黑孩子]이 양산되기도 한다.

j. 뭉뚱그림 외

중국인들은 일처리를 하는 데 있어서 대충 뭉뚱그리는 경향을 보인다. 시비를 논하는 접촉사고를 처리할 때도 자전거나 오토바이를 타는 운전자의 실수가 있더라도 금전적 여유가 있는 승용차 운전자에게 양보를 권유하는 경우가 있다. 도로에 건널목 표지가 없어서 무단 횡단을 하고, 일방통행인데도 거꾸로 운행하며, 법규 위반의 과적차량이 흔하고, 실수를 해도 미안하다는 언급이 없는 경우도 많다. 매사를 뭉뚱그려 보는 도교적 사고방식 또는 상대의 작은 실수에 관대한 '소인불계대인과(小人不計大人過)'의 마음가짐에 기인한다. 이러한 뭉뚱그림의 행위는 '차부두어(差不多)', '메이스(沒事)', 다양한 대동사 등 언어 표현에서도 그러한 사고방식을 엿볼 수 있다. 이밖에 갑부인지 아닌지 외관으로는 알기 힘들 정도로 몸에 배인 검소함, 짝퉁에 대한 관대함, 마오쩌둥이나 덩샤오핑 또는 저우언라이나 쑨원 등 리더에 대한 갚은 숭앙심 등도 현재를 사는 중국인들의 사고방식이자 정서라고 할 수 있다.

4) 지역별 기질 차이

중국이라는 대륙은 워낙 면적이 넓고 기후와 토양 그리고 물산이 다양해서 기질도 지역에 따라 상이한 경우가 많다. 체형과 외모를 비교해보면, 북방인은 기골이 장대하고 치아골격이 넓은 편인데 비해, 남방인은 체구가 다소 왜소하고 치아구조가 좁은 편이다. 음식 면에서도 북방인들은 만두와 면과 같은 밀가루를 주식으로 하고 다소 짠맛을 선호하며, 남방인들은 쌀밥을 주식으로 하고 달콤한 맛을 선호하는 편이다.

동북지역 주민들은 대부분 청말 이후 유입된 산동 사람들이라 성격이 산동인과 흡사하다. 산동인들은 일반적으로 호한(好漢) 기질이 있어서 '산동출호한(山東出好漢)'이라는 말이 나올 정도다. 그래서인지 동북인들은 돈보다는 의리와 우정을 중시하는 중의경리(重義輕利) 사고가 강하다. 성격이 호탕하고 친구라면 물불을 가리지 않으며, 그러기에 손님에게는 인사불성이 되도록 술을 먹이고 우정을 쌓는다. 술을 마시지 않으려 하는 사람에게는 친구답지 못하다고 여기며 장사에 있어서도 도움을 주지 않는다.

동북인들은 동북호랑이답게 용맹하고 호방하며 싸움을 즐기기에 다소 거칠다는 평을 받기도 하는데, 육체적 폭력사범이 자주 발생하는 것이 그 한 예이다. 음식은 큰 그릇에 담아 큰상을 차려놓고 먹는다. 북방인들은 형식적인 체면에 신경을 많이 쓰는 편이다. 공맹사상을 이어받은 산동인과 그 후손들인 동북인들은 예절과 절차를 많이 따지기 때문에 체면을 중시하며 돈을 벌면 자랑하느라고 안달이다. 북방인에게서 소위 대륙적 기질을 발견할 수 있지만 변화무쌍한 기후 영향 때문인지 간혹 변덕을 보이기도 한다.

반면 남방인은 목적을 위해서라면 체면보다는 실리를 추구한다. 생존본능이 강하며 장사꾼들은 특히 모략적이고 돈을 벌어도 내색을 하지 않는다. 신의와 우정 그리고 호탕함을 추구하는 북방인에 비해 좀 더 계산적이고 경제적이며 이재에 밝고 총명한 머리를 지녔다. 남방 특히 상해인들은 돈을 위해서는 친구를 배반할 수 있다고 한다. 돈 버는 재주에 있어서는 확실히 남방인을 당할 수 없다.

그래서 북쪽에서 정치가와 장군이 많이 나오는 반면, 저명한 기업인이나 상공인 그리고 과학자들은 남방 출신이 많다. 남방인들은 비판력은 뛰어나지만 의지력이나 통솔력이 부족하여 역사적으로 역대 제왕들은 모두 북방 출신들이 차지해왔다. 북방인이 비교적 직설적인데 반해 남방인은 표현이 비교적 함축적이다. 술도 강권하지 않고 마시고 싶은 만큼 마시게 한다.

비교적 보수적인 북방인에 비해 남방인은 개방적인 편이다. 특히 여성들의 사고방식을 보면 이러한 차이가 더욱 두드러진다. 젊은 청춘 남녀가 데이트 모습을 보더라도 남방 쪽이 훨씬 개방적이고 대담함을 알 수 있다. 그들의 개방성은 아열대의 열정과 다혈질 기질과도 관계가 있어 보인다.

홍콩이나 마카오의 주민들의 기질은 일반적인 남방 기질에 해당하면서 동시에 영국이나 포르투갈의 영향을 받아 개방적이면서도 합리적인 측면이 강하다. 또한 경제 감각이 뛰어나지만 다소 인정이 부족한 측면도 있다. 또 하나의 중국인 대만의 경우 약간은 다혈질적인 측면이 강하고 경쟁 심리도 강하며 민족적 자존감이 세기 때문에 자신들에게 부정적인 이슈가 제기되면 합심하여 강하게 항의하고 저항하는 기질이 강하다. 최근에는 지속적 계몽과 교육의 영향으로 공중도덕심이 향상되었고 친절한 품성이 강해진 측면은 강점으로 부각되고 있다.

또한 남방인은 현실적인 북방인과 달리 종교적인 경향이 강하다. 광동, 강남 그리고 대만에서는 예로부터 도가사상, 샤머니즘, 조상신 및 토지신, 재물신, 바다의 신 숭배와 같은 전통적인 민간신앙이 깊게 뿌리내려있다. 그래서 상점이나 식당, 또는 집안에 제단을 모셔놓고 향을 피우는 모습을 쉽게 볼 수 있다. 북방에서는 이러한 민간신앙 모습을 보기가 쉽지 않다. 북방사람들은 공자의 유가사상 영향으로 내세의 평온보다는 현세를 중시하고 현실적이기 때문에 종교적 색채가 남방처럼 강하지 않다. 사람이 신이 될 수 있고, 신도 사람이라는 생각을 갖고 있으며 신보다는 도덕, 인격, 그리고 인간성을 중시하는 경향이 강하다.

중국의 지역색깔과 지역감정은 우리와 또 다른 독특한 측면이 있다. 우리나라는 면적이 좁은 한반도라는 지리적 특성상 각 지역별로 색깔이 존재하기는 하지만, 그리 복잡하지 않고 단지 영호남의 해묵은 지역정서 차이라는 단순 구조가 있을 뿐이다. 하지만 중국의 경우에는 넓은 대륙이라는 지리적 특성과 역사배경 때문에 지역정서가 복잡하게 나타난다.

예를 들면 산동사람을 위시하여 많은 중국인들은 하남성 출신 사람을 별로 좋게 보지 않는 경향이 있고, 상해 사람들에 대한 평가도 낮은 반면, 소주사람들에 대해서는 점잖고 온건하다고 하며 후하게 점수를 준다. 서울에 가면 코도 베어간다는 말처럼, 중국에서는 북경사람들이 타 지역 특히 남방에서 온 사람들을 무시하고 바가지를 씌우는 경향이 강하다는 얘기도 한다. 특히 남경사람들의 북경사람들에 대한 경계가 심한데 역사적으로 북방과 남방 간에 잦은 갈등과 충돌로 인한 앙금 때문일 것이다. 이외에도 소수민족들의 한족에 대한 반감도 심한 편이다.

정치적으로도 특정 지역 출신이 정권을 잡으면 그 지역 인사를 많이 등용한다. 그래서 상해 근처 양주(揚州) 태생으로 상해교통대학(交通大學) 출신인 장쩌민이 집권할 때는 상해파라고 하는 그룹이 형성되어 권력의 핵심을 차지하는 등 출신 지역과 권력은 밀접한 관계성을 가지기도 한다.

6. 문학

중국에서는 시대별로 다양한 장르의 문학작품이 출현하였다. 시가(詩歌), 소설, 산문, 희곡 등 여러 장르에 걸쳐 주옥같은 작품들이 꽃을 피웠다. 그중에서도 시가는 과거제도의 영향을 받아 정통 주류문학으로서 자리를 굳혀왔고 특히 성당시기에 크게 번성하였다. 소설 역시 오랜 기간 동안 활발하게 창작되어왔다. 여기에서는 시가와 소설을 중심으로 기술하면서, 신화와 현대문학에 대해서도 간략하게 소개하고자 한다.

1) 중국 시가

중국 고전시가는 그 연원이 매우 길다. 고대인들은 악조건의 환경과 고단한 노동 속에서 노래로 고난과 이상을 표현하였고, 동시에 당시 폭정에 대한 강렬한 반항정신도 담아냈다. 이러한 시가들은 이후 중국 최초의 시가총집인 『시경(詩經)』으로 정리된다. 「국풍(國風)」, 「이아(二雅)」, 「삼송(三頌)」 세 부분으로 구성된 기원전 11세기에서 6세기까지의 시가 305편을 담고 있는 이 시가집은 서주(西周) 초부터 춘추(春秋) 중엽까지의 사회생활을 반영하고 있다.

『시경』 중에서 주대(周代) 민가가 가장 평가를 높게 받고 있는데, 이는 민가가 당시 생활의 여러 면면들을 구체적으로 반영하면서 고대인들의 생각과 바람을 잘 나타낸 진보적 현실주의 작품이기 때문이다. 여기에는 농촌생활, 힘든 노동, 배고픔, 가난, 귀족을 위한 노역의 고통, 통치자의 압제에 대한 조롱과 반항의 질타, 귀족의 착취와 모순에 대한 풍유, 전쟁과 평화, 고향생각, 애국정신, 봉건예교에 대한 반항, 여인들의 비참한 운명, 애정의 환희와 상사의 고통, 사회 불합리 폭로, 행복에 대한 원망 등이 담겨있다. 동시에 「생민(生民)」과 같이 주 민족의 역사를 담은 사시(史詩)도 보인다.

『시경』의 언어 특색은 체재가 4언을 주로 하면서 2언에서 8언까지 형식 제한 없이 자유롭고 소박하며, 부(賦), 비(比), 흥(興)이라는 표현기법을 광범위하게 운용하고 있다는 점이다. 이러한 『시경』의 내용과 체재는 후대문학, 특히 시가문학에 상당한 영향을 미친다. 한위(漢魏) 악부(樂府) 민가는 『시경』 즉 주대 민가의 진보적 현실주의 전통을 직접적으로 계승하였으며, 중국문학사상 시가 발전의 최고봉에 이르렀던 당대(唐代)의 시인 이백, 두보, 백거이의 작품에도 『시경』의 영향은 크게 미쳤다. 중국문학사상 업적을 남긴 진보적 시인들 대부분은 시경 영향을 받았던 것이다.

『시경』을 이어 전국시대에는 초나라 애국시인 굴원(屈原)이 유배 중 목도한 국운의 쇠퇴와 민중의 재난, 애국심과 이상사회의 파멸에 대한 개탄과 정신적 고통을 승화시켜 『초사(楚辭)』를 만든다. 그중 중국 고대 서정시이자 373구의 장시인 「이소(離騷)」는 상징과 비유를 통해 소인배의 질투와 박해, 고상한 정절과 이상에 대한 열망을 예술적으로 나타내고 있다. 「천문(天問)」은 4언을 위주로 한 잡언시(雜言詩)이자 사회와 자연에 대해 170여 문제를 제기한 기문(奇文)으로서, 시인의 대담한 회의정신과 진리탐구 태도가 잘 배어있다.

굴원의 시가는 2천여 년 동안 문학사에 거대한 영향을 끼쳤으며,『시경』의 사언체 제약에서 벗어나 민간 형식을 이용한 소체시(騷體詩) 격식을 창조하였다. 한대 사부(辭賦) 역시 형식면에서는『초사』로부터 발전한 것이다. 굴원의 애국정신과 암흑세력에 대한 불굴의 분투정신은 후세에 수많은 문학가들을 감동시켰고, 당 이백 역시 그중 한 사람에 속한다.

한대(漢代)에 들어와서는 정통 시가는 아니지만 사부(辭賦)와 악부(樂府)가 발전한다. 서한의 부로는 가의(賈誼)의『조굴원부(弔屈原賦)』, 매승(枚乘)의『칠발(七發)』등이 있다. 전자는 보검과 천리마를 굴원에 비유하고 마른 소를 소인에 비유하는 등 비유법을 운용하여 현재(賢才)의 불우와 소인의 득세를 표현하였고, 후자는「초혼(招魂)」의 궁정생활 묘사를 발전시켜 한부(漢賦)의 새로운 길을 열었다. 하지만 한대 최고의 작가는 역시 사마상여(司馬相如)로서, 대표작으로는『자허부(子虛賦)』,『상림부(上林賦)』,『장문부(長門賦)』등이 있다.

동한에 들어와서는 반고(班固)의『양도부(兩都賦)』, 장형(張衡)의『서경부(西京賦)』, 조일(趙壹)의『궁조부(窮鳥賦)』등이 있다. 한부는『초사』의 서정부(抒情賦)를 계승하다가 후에는 과장적이고 감정이 결핍된 대부(大賦)로 발전한다.

한대의 대표적 시가는 민간에 유행하던 민가민요인 악부민가(樂府民歌)이다.[18] 한대 사회의 현실과 모순, 민중들의 고단한 생

---

18) '악부(樂府)'는 원래 한무제 때 설립된 정부기관으로, 궁중오락과 민정을 살피기 위한 수단으로 시를 채집하여 음악과 결합시키는 기관이었다. 후에는 채집된 시를 악부로 부르면서 일종의 시체 명칭이 되었다. 악부시는 음악상 교묘가사(郊廟歌辭)·고취곡사(鼓吹曲辭)·상화가사(相和歌辭)·잡곡가사(雜曲歌辭) 등 네 가지 유형으로 나뉜다.

활 등이 묘사되어 있으며 사상적 측면에서는 진취적 정신으로 가득 차있다. 예를 들어 "15세부터 병역을 시작해 80세가 되어서야 귀가했네[十五從軍征, 八十始得歸]"라는 시구가 담긴 『십오종군정(十五從軍征)』은 한대 중앙집권 이후 장기적인 전쟁으로 고통을 떠안은 민중들의 심정을 폭로하고 있다. 그리고 한 가정의 고통스런 생활을 묘사한 『부병행(婦病行)』, 사람들의 피와 땀을 빨아먹는 관리들을 적나라하게 폭로한 『평릉동(平陵東)』, 비참한 생활 속에서 잔혹한 압제에 대한 반항을 묘사한 『동문행(東門行)』, 노동하는 부녀자의 아름다움과 지혜를 노래한 『맥상상(陌上桑)』, 남편에게 버림받은 여인의 비애를 묘사한 『상산채미무(上山採靡蕪)』 등도 있다. 악부민가는 직접적으로 건안문학(建安文學)에 영향을 주었고, 당대 이백과 두보의 『무가별(無家別)』 등 작품에도 영향을 미쳤으며, 급기야 백거이는 신악부(新樂府)를 주창하기까지 이른다. 한대 악부는 오언시를 태동시켰으며, 중국 시가에 새로운 형식을 창조했던 것이다.

이밖에 한대 문인들의 시가 작품도 있는데, 이 작품들은 대부분 오언시이며 동한 말기에 성숙기에 접어든다. 그 대표작으로는 신연년(辛延年)의 『우림랑(羽林郎)』과 무명씨의 『고시십구수(古詩十九首)』가 있다. 후자에는 특히 이별의 한, 타향살이, 사부지정 등의 애원과 고민들이 담겨있다. 그중 견우직녀 고사를 빗대어 남녀 간 감정을 읊은 「초초견우성(迢迢牽牛星)」과 실의에 찬 문인의 애원을 노래한 「서북유고루(西北有高樓)」는 건안 문인들의 오언시 창작의 선구가 된다.

위진남북조 민가는 한 악부를 계승하여 진일보 발전한다.[19] 한말 건안시기에 민간 창작으로서 남녀의 사랑에 대한 아름다

19) 호적(胡適)은 『백화문학사(白話文學史)』에서 육조 악부시를 백화문학으로 간주하였다.

운 원망(願望)을 노래한 『공작동남비(孔雀東南飛)』는 중국문학사상 걸출한 장편서사시 중 하나로서, 오언 서사시 발전의 새로운 고봉으로 평가받는다. 남북조 시기에는 남조 민가인 『자야가(子夜歌)』와 북조 민가인 『목란시(木蘭詩)』가 출현한다. 그중 『목란시』는 『공작동남비』와 어깨를 겨루는 장편서사시로 남존여비의 사회에서 아버지 대신 남장을 하고 종군에 참가한 목란이라는 소녀 영웅의 기개와 고상한 정절을 느끼게 한다.

건안시기에는 문인들의 시가 창작도 두드러지게 나타난다. 조씨 부자인 삼조(三曹), 건안칠자인 공융(孔融), 왕찬(王粲), 유정(劉楨), 완우(阮瑀), 서간(徐幹), 진림(陳琳), 응창(應瑒)과 채염(蔡琰) 등 문인들이 대표적이며, 그중 왕찬의 『칠애시(七哀詩)』, 진림의 『음마장성굴행(飮馬長城窟行)』, 조조(曹操)의 『단가행(短歌行)』, 조비(曹丕)의 문인 창작 최초의 완벽한 칠언시 『연가행(燕歌行)』이 비교적 유명하다. 정시(正始) 이후 서진 시기 중에는 당시 사회 상황에 따라 노장사상을 시에 삽입한 현언시(玄言詩)와 유선시(遊仙詩)가 유행하는 가운데, 상징과 은유적 표현기법으로 현실의 불만을 나타낸 완적(阮籍)의 『영회시(咏懷詩)』, 좌사(左思)의 『영사(咏史)』 등도 나왔다.

동진 시기에는 걸출한 시인 도연명(陶淵明)이 등장한다. 은거시의 마음을 묘사한 『귀거래사(歸去來辭)』, 농촌생활을 묘사한 『귀원전거(歸園田居)』와 『이거(移居)』, 『음주(飮酒)』 등 담백하고 청신한 기풍의 독특한 전원시를 만들어간다. 이어 남북조 시기에는 산수의 미를 써내려간 산수시가 유행하는데, 그 대표 시인은 사령운(謝靈運)과 사조(謝脁)이다. 특히 사조는 심약(沈約)과 함께 격률시의 형성에 일조를 한다. 양(梁), 진(陳) 시기에는 귀족들의 타락한 생활을 반영한 궁체시(宮體詩)가 일어났는데, 그 와중에도 포조(鮑照)와 같이 현실을 직시한 시인들도 있었다.

수(隋)와 당초(唐初)의 문단은 여전히 제량 문풍인 형식주의가 유행하였고, 궁체시인들이 다수를 차지하였으며 변려(騈儷)와 대장(對仗)을 중시하고 음풍농월식의 내용 없는 작품이 많았다. 심전기(沈佺期)와 송지문(宋之問) 역시 이러한 유형의 문인이었지만, 많은 율시(律詩)를 지음으로써 당대 5언과 7언 근체시의 완성에 적지 않은 공헌을 한다.

당초 저명한 시인으로는 왕발(王勃), 양형(楊炯), 노조린(盧照隣), 낙빈왕(駱賓王)이 있는데, 이들을 초당사걸(初唐四傑)이라고 부른다. 이들의 작품은 제, 량 이래의 귀족문학과 대립되면서 궁정생활 묘사나 형식주의라는 협소한 범위에서 벗어나 참신하고 생동감 있는 풍격을 지닌다. 이후 진자앙(陳子昂)은 진보적 시가를 제창하며 육조이래의 부염음미(浮艶淫靡)의 실제 내용이 없는 형식주의 시풍을 탈피하고 『시경』과 한위 시가에서 보듯 사회성 있는 현실주의 작품을 만들어갔다. 그의 『감우시(感遇詩)』 38수는 당시 사회의 여러 문제들을 반영하고 있으며, 당대 시가의 황금시대를 여는 데 중요한 역할을 한다.

진자앙 이후 중국 고전시가는 소위 성당시대라고 하는 시가의 고도발전 시대에 들어선다. 이 시기에는 율시와 절구 모두 성숙 단계에 접어들며 가행체(歌行體)와 악부체도 새로운 발전을 거듭한다. 당시 유명 시인만도 1,000명이 넘으며 시가 창작도 수만 편에 이른다. 작품에서 반영하는 사회면은 비교적 광범위하고 풍격 또한 다양하다.

시인으로는 우선 변새시인(邊塞詩人) 잠삼(岑參)을 들 수 있다. 대표작으로는 『주마천행봉송봉대부출사서정(走馬川行奉送封大夫出師西征)』이 있는데, 장려한 변새 풍광과 추위와 고난의 생활, 영웅적 기개와 애국정신이 그대로 배어있다. 고적(高適) 역시 잠삼과 함께 변새시인으로 유명하며, 그의 『연가행(燕歌行)』은 전형적인 변새시로서 호방하고 장엄한 기세가 엿보인다. 변새시로는 이밖에 이기(李頎)의 『고종군행(古從軍行)』과 왕창령의 『출새(出塞)』가 있다.

비슷한 시기에 등장한 시인으로 왕유(王維)와 맹호연(孟浩然)이 있다. 이들은 도연명의 전원과 은일의 정취 묘사와 사령운의 산수 경물 묘사를 이어받아 자연시의 경지를 끌어 올림으로써 성당 시기를 역사상 자연시의 극성기로 만든다. 대표작으로는 맹호연의 『부경도중우설(赴京途中遇雪)』과 『과고인장(過故人莊)』, 왕유의 『산거추명(山居秋暝)』, 『종남산(終南山)』, 『산중(山中)』 등이 있다. 왕유의 작품은 특히 서정과 사경이 함께 녹아있는 정경융합(情景融合)의 경지에 이르러 "시 속에 그림이 있다[詩中有畵]"라는 평을 받기도 하였다. 만년에는 은거하며 불교에 심취해 도가의 무위자연의 경지와는 다른 청정한 불교적 이상세계를 추구하여 시불(詩佛)이라는 칭호를 얻는다.

성당시기에는 중국시가사상 최고의 시인으로 칭송받는 이백(李白)과 두보(杜甫)가 등장한다. 낭만주의 시인 이백은 어린 시절 검술을 좋아하여 협객들과 잘 어울리기도 했고 20세에는 은거생활도 하는 등 속세에서 벗어나 자유로운 생활을 만끽하였다. 그는 『상리옹(上里邕)』과 『협객행(俠客行)』에서 자부심과 호방한 기개를 표현하였고, 『행로난(行路難)』에서는 자신의 포부를 펼칠 기회가 오리라는 확신을 보여주었다. 예술적 측면에서 볼 때 이백의 시는 상상력이 풍부하고 감정 색채가 강렬하다. 『몽유천모음유별(夢遊天姥吟留別)』의 꿈속에 펼쳐진 선경(仙境), 『고풍십구(古風十九)』의 하늘로 올라가 구선(求仙)하는 환상 등은 농후한 낭만주의 색채를 보여준다. 두보가 이백의 시를 "귀신을 울릴 정도[詩成泣鬼神]"라고 칭찬할 만큼 이백은 과장 묘사에 뛰어나다. 『북풍행(北風行)』, 『촉도난(蜀道難)』을 보면 그의 대담한 과장 표현 기법을 감상할 수 있다. 이밖에 『월하독작(月下獨酌)』이나 『경정산(敬亭山)』에서의 일월 등 자연물의 의인화 역시 그의 특징적인 표현기법 중 하나이다. 이백은 『초사』의 낭만주의 전통을 이어 발전시켰으며, 이상주의, 영웅기백, 사회모순에 대한 비판정신 등 적극적 낭만주의 기본정신을 갖고 있으면서도 현실생활을 기초로 하고 있다는 현실주의 정신도 갖고 있다.

현실주의 시인 두보는 일생동안 1,400여 시를 지었는데 작품 대부분이 그의 일생의 생활기록이라고 할 만큼 그가 처한 시대와 생활상을 충실히 반영하고 있다. 그의 시가 창작은 시기별로 다른 특징이 보인다. 청년시기에는 『망악(望岳)』의 "둘러보니 산들이 작구나[一覽衆山小]" 구절에서 보듯 청년의 웅대한 포부와 기상을 엿볼 수 있다. 이후 장안에서의 10년 기간은 당조가 쇠락해가고 사회 부패가 심해지는 와중에서 하층 민중들과 접촉하면서 그들의 고통을 체험하고 사회문제에 대한 시야를 넓힌 시기이다. 이 시기 창작으로 양국충의 전횡을 풍자한 『여인행(麗人行)』과 관리들이 자신의 출세를 위해 부정당한 전쟁을 일으키고 장정들을 전선으로 내모는 데 대한 분노를 담은 『병거행(兵車行)』, 『전출새(前出塞)』, 『세병마(洗兵馬)』 등이 있다.

755년 안록산의 난 이후 전란 속에서 피난과 유랑생활, 가족과의 이별, 포로생활 등 수많은 고통을 겪으면서도 나라와 백성의 운명에 관심을 갖고 애국심 충만한 시들을 지어냈다. 비분강개를 담은 『비진도(悲陳陶)』, "國破山河在, 城春草木深"으로 시작하는 장안 함락과 강렬한 애국심을 묘사한 『춘망(春望)』, 장안을 탈출하여 가족과 해우하는 심정을 노래한 『강촌(羌村)』과 『북정(北征)』이 있다. 마지막 시기는 759년 성도(成都)에 도착한 후 서남지역 유랑생활을 하던 시기로, 이 시기에 초당을 짓고 잠시의 안정된 시간을 보내면서도 힘든 농사와 어려운 생활을 겪으며, 『초당(草堂)』, 『유감(有感)』, 『추흥(秋興)』, 『등악양루(登岳陽樓)』, 『등고(登高)』 등을 짓는다. 두보는 민간에서 사용되는 새롭고도 살아있는 질박한 구어를 취하여 시의 표현능력을 향상시키는 데 능했으며, 오고(五古), 칠고(七古), 오율(五律), 칠율(七律), 절구(絶句) 등 각종 시체에서 거대한 업적을 이루었다. 특히 그의 율시는 운율 면에서 엄격하면서도 독창성이 풍부하다.

중당에 들어서면서는 백거이(白居易), 원진(元稹), 이신(李紳) 등이 대량의 악부시를 지으면서 신악부운동을 펼친다. 백거이는 신악부운동의 적극적인 참여자로서, 문학이 현실을 반영하고 사회성이 있어야한다는 진보적 주장을 한다. 그 스스로 자신의 시를 풍유, 한적, 감상, 잡률로 분류했는데, 그중 현실의의가 가장 강한 시는 바로 풍유시이다. 『경비(輕肥)』, 『숙자각산북촌(宿紫閣山北村)』, 『중부(重賦)』, 『상양백발인(上陽白髮人)』, 『촌거고한(村居苦寒)』 등의 작품이 전해진다. 통속적이며 평이한 민중의 언어로 자신의 이상과 민중들의 바람을 표현한 그의 풍유시는 그를 중당시대의 최고 걸출 민중시인으로 평가받게 하였다. 이밖에 장편서사시인 『장한가(長恨歌)』와 『비파행(琵琶行)』도 그의 걸작이다. 전자는 당명황과 양귀비의 애정고사를 소재로 한 작품으로 후에 진홍(陳鴻)이 이를 활용하여 『장한가전』이라는 전기 소설을 만들기도 한다.

백낙천 즉 백거이의 「대주(對酒)」라는 시에는 인생을 긍적적이고 낙관적으로 바라보고자 했던 그의 마음이 읽혀진다.

소라 등 위에서 (살고 있는 인생인데) 싸울 일이 무엇인가?
蝸牛角上爭何事 (와우각상쟁하사)
돌이 부딪히며 나는 불꽃에 (즉 이 짧은 인생에) 이 몸 기탁했으니.
石花光中寄此身 (석화광중기차신)
부자건 가난한 사람이건 모두 다 즐거움이니,
隨富隨貧皆歡樂 (수부수빈개환락)
입을 열어 웃지 않으면 바보!
不開口笑是癡人 (불개구소시치인)

기타 중당과 만당의 시인으로 자연시의 맥을 이은 위유시파(韋劉詩派) 위응물(韋應物), 유장경(劉長卿), 유우석(劉禹錫), 유종원(柳宗元)을 들 수 있다. 위응물의 고아하고 한적한 풍격의 『기전초산중도사(寄全椒山中道士)』, 『저주서간(滁州西澗)』, 『관전가(觀田家)』, 유장경의 왕유의 시풍이 느껴지는 『용문잡영(龍門雜詠)』 등은 인구에 회자되는 자연시들이다. 다음으로 한맹시파(韓孟詩派)로 일컬어지는 한유(韓愈)와 맹교(孟郊), 가도(賈島), 노동(盧仝) 등은 시가의 언어형식과 예술풍격의 참신함을 추구하였고 시의 산문화 경향을 보여주었다. 한유의 『산석(山石)』은 시를 산문화하고 의론을 시에 삽입하는 특징을 지닌 대표적인 예이다.

이밖에 27세의 짧은 인생을 보낸 청년시인 이하(李賀)가 있다. 그는 뜻을 이루지 못한 절망감을 옛것을 빌어 지금을 풍자[借古諷今]하는 방식으로 시를 써내려갔다. 『이빙공후인(李憑箜篌引)』에서처럼 풍부한 상상력을 발휘하여 신화고사를 운용하기도 하였으며, 과장 기법으로 사물을 자유자재로 표현하기도 하였다. 또한 만당의 유미주의를 대표하는 시인 두목(杜牧)의 『산행(山行)』과 『강남춘(江南春)』은 농촌의 자연풍경과 회고의 정이 어우러져 혼연일체가 된 산수시의 수작이고, 이상은(李商隱)의 영사시와 영물시, 그리고 무제시는 독특한 시체를 형성하였다. 두목과 이상은은 함께 '소이두(小李杜)'의 칭호를 받고 있다.

만당과 오대(五代) 시기에는 음악에 맞춘 가사로서 장단구가 일정치 않고 평측과 운율이 강조되는 사(詞)라는 시가 형식이 출현한다. 시여(詩餘), 장단구(長短句)라고도 칭하는 사는 민간에 전해지는 『양류지(楊柳枝)』, 『죽지(竹枝)』 등의 소곡에 시가를 붙이면서 시작되었으며, 『망강남(望江南)』, 『보살만(菩薩蠻)』 등 길이가 짧은 소령 작품이 만들어지고, 후에는 문인들의 손을 거치면서 화려하고 사치스러운 수식이 첨가된다. 온정균(溫庭筠)을 비조로 하는 화간사파(花間詞派)의 『화간집(花間集)』, 남당 이욱(李煜)의 『낭도사(浪淘詞)』 등 남당사가 유행한다.

북송에 들어와서는 성률과 전고, 화려한 수식을 강조하는 유미주의 문단인 서곤파(西昆派)에 맞서 시문혁신운동이 일어난다. 유개(劉開)를 시작으로 하여 문이재도(文以載道)를 주장하는 구양수(歐陽修), 왕안석(王安石) 등이 그들이다. 이후 4천여 수의 시를 남기며 북송 시 문단을 진일보 발전시킨 소식(蘇軾)은 『여지탄(荔枝嘆)』을 통해 민중을 괴롭히는 권위에 대항하기도 한다. 북송 후기에는 소식의 문하인 소문사학사(蘇門四學士)가 활약했는데, 그중 황정견(黃庭堅)은 시가 창작이 뛰어나며 강서시파(江西詩派)의 개창자로서, 『기황기복(寄黃幾复)』 등의 작품을 남긴다.

남송 시기에는 금나라로부터 고토를 회복하려는 애국주의 물결이 일면서 육유(陸游) 등 애국시인이 등장한다. 육유는 일생동안 『출새곡(出塞曲)』 등 9천여 수를 지었는데, 절절히 항전의지와 애국정신이 담겨있다. 당시 강서시파의 형식주의에서 벗어나 애국주의와 영웅주의의 웅대한 풍격을 보여준다.

사에 있어서는 북송 초기에 화간파가 유행하는 속에서, 안수

(晏殊)와 안기도(晏幾道) 부자의『접련화(蝶戀花)』와 범중엄(范仲淹)의『어가오(漁家傲)』는 농염과 속박을 벗어나 청신하고 생동감 있는 모습을 보여주고 있고, 이어 유영(柳永)은『연귀량(燕歸梁)』등에서 폭넓은 내용을 선보이며 만사(慢詞) 즉 장사(長詞)를 발전시키면서 사의 새로운 경지를 연다. 소식은『염노교(念奴嬌).적벽회고(赤壁懷古)』등에서 시와 사의 경계를 허물고 호방한 풍격을 새로이 창조한다. 소식의 문하인 진관(秦觀)은 완약파의 길을 걸으며『작교선(鵲橋仙)』을 지었고, 같은 시기 주방언(周邦彦)은 격률과 형식을 중시하는 격률시파 사인으로 유명하다. 하지만 북송 말 남송 초기 가장 걸출한 사인은 이청조(李清照)이다. 그녀는 완약파 사를 썼지만 유약하지 않고 강건하며,『취화음(醉花陰)』등 초기 사는 경쾌한 반면, 남도 이후의 사에는 망국과 가족 붕괴의 감정이 배어있다.

남송 시기에는 소식의 호방한 풍격을 계승한 애국주의 사인 신기질(辛棄疾)의 작품이 걸작으로 평가된다. 그의 600여 수 사에는 애국심, 투항정책에 대한 비판과 항전의지, 비분강개가 담겨있으며, 충부한 상상과 교묘한 의인화, 그리고 심원한 비유 등의 특징이 있다. 대표작으로는『수룡음(水龍吟).등건강상심정(登健康賞心亭)』,『보살만(菩薩蠻).서강서조구벽(書江西造口壁)』,『모어아(摸魚兒)』,『영우락(永遇樂)』이 있다. 이밖에 신기질을 사풍을 이은 유극장(劉克莊)과 남송 격률파의 대표인 강기(姜夔)도 많은 작품을 남겼다.

금대에 들어 원호문(元好問)은 동란의 시기를 거치며『계축오월심일북도(癸丑五月三日北渡)』등 현실주의적 작품을 지었고, 명청 시기에는 복고주의와 형식주의가 문단을 지배하면서 이 시기 문인들의 시가 창작은 약간의 애국시인의 작품 외에는 별다른 성과가 없다. 명대의 우겸(于謙), 척계광(戚繼光), 유대유(兪大猷)

와 명말청초의 고염무(顧炎武), 하완순(夏完淳) 등이 대표적 시인이며, 이들 작품에는 비분과 웅장, 그리고 불굴의 애국열정이 담겨 있다. 청대에는 신운설(神韻說)을 주창한 왕사정(王士禎)과 이에 불만을 품은 성령파(性靈派) 제창자인 원매(袁枚)가 등장하기도 한다.

5.4운동 이후 중국의 현대시는 신문학 초기의 짧은 기간의 시험을 거친 후 여러 유파가 형성되면서 다양한 경쟁 국변을 형성한다. 대표적인 유파로는 인생사실파, 낭만자아표현파, 소시파, 신월파, 상징파, 현대파, 정치서정파, 대중시파, 칠월시파, 민가체파, 구엽시파 등이 있다.[20]

인생사실파 시인으로는 1917년 출간한『신청년(新青年)』에 시를 발표한 호적(胡適), 신조사의 부사년(傅斯年), 문학연구회의 주자청(朱自清) 등이 있으며, 강렬한 사실적 경향을 나타내고 있다. 낭만자아표현파는 1921년 성립된 창조사(創造社)의 맹주인 곽말약(郭沫若), 성방오(成仿吾) 등이 형성한 유파로서 개인의 감정을 격시 없이 통쾌하게 표현하는 것이 특징이다. 곽말약의 첫 시집인『여신(女神)』은 신시와 구시의 경계선을 그으며 낭만주의 시의 기초를 만든다. 소시파는 5.4 이후 1924년 사이에 백화 소시를 흥기시킨 작가들이 형성한 시파이다. 신월파는 호적, 서지마, 문일다 등이 성립한 신월사와 관계가 있으며, 혁명운동을 반대하고 개인의 절대 자유를 추구한 시파이다.

한편 상징시파는 1920년대 중후반 활약한 현대주의 시 유파로서 이금발(李金髮)을 대표적인 시인으로 하며, 프랑스의 상징주의 시의 정신과 예술기법을 계승한 유파이다. 이후 대망서(戴望舒)를 영수로 하는 현대파는 상징파를 계승한다. 정치서정파는 무산계급 혁명가 또는 공산당원으로 구성되며 혁명을 지지하는

20) 정수국 · 윤은정 외 역,『중국현대문학개론』(서울: 신아사, 1998), 145쪽-249쪽 참조.

시를 썼으며, 대중시파는 제국주의 침략을 폭로하고 국민당의 죄악상을 견책하는 시를 썼다. 이밖에 필월시파는 현실주의의 개방적 자세를 보이면서도 옛것을 융화하면서 미래를 개척하는 데 힘을 쏟았고, 민가체파는 1940년대 후반에 장편서사시의 민가 시를 쓰는 데 주력했으며, 구엽시파는 1940년대 암흑과 광명이 교차하는 시기에 현실주의와 현대주의를 융합하여 대담한 창조를 했다고 평가받는다.

중국 시가는 수천 년간 정통문학으로서 기타 장르보다 애호를 받았으며, 과거시험의 필수과목인 시를 통해 문인들은 자신들의 실력을 뽐내었다. 이러한 점은 소설에도 영향을 주어, 『장한가전』처럼 소재로서 영향을 주기도 하였고, 작품의 이미지에 영향을 주기 위해 전기나 화본처럼 문장 중간에 적절한 시를 지어 삽입하는 경우도 많았다.

2) 중국 소설

중국에서 '소설(小說)'이라는 용어가 처음 등장한 것은 일찍이 전국시대 『장자(莊子)』에서부터이다. 하지만 소설이라는 용어가 사용될 당시의 의미를 살펴보면 '소소한 이야기(small talks)', '가십거리(gossip)' 등이었다. 즉 현재 우리가 인식하고 있는 소설이라는 문학형태를 의미하는 것이 아니라 경시적인 의미를 담고 있는 용어에 불과했다. 중국에서는 소설이라는 용어가 먼저 출현하고, 그 후 문학작품이 출현한 것이다.

작가의 의식적인 의도나 동기(conscious intention or motive)를 기준으로 보았을 때, 중국 소설은 육조시대부터 시작되었다고 보는 것이 타당하다. 그 이전 한대(漢代) 신선고사라든가 사마천의 작품, 그리고 반고(班固)의 『한서(漢書)』「예문지(藝文志)」의 구류십가(九流十家) 중 소설가로 분류된 소설 작품 목록들은 소설로서의 자격이 없다. 왜냐하면 의도적으로 소설로 작정하고 쓰인 작품이 아니기 때문이다. 일부 학자들은 당대 소설 작품을 중국 소설의 시작으로 보기도 하지만, 실제로 육조 작품들을 고찰해보면 적어도 어느 정도는 소설 작품을 쓰려는 의도가 있었기 때문에 육조부터 소설 작품이 출현했다고 보는 것이다.

하지만 중국 소설의 기원은 노신이 주장했듯이 선진 고대 신화와 전설로 거슬러 올라간다. 이후 한대 신선고사를 거치면서 소설적 토양이 만들어지고, 이후 육조 지괴고사(志怪故事)와 당대 전기(傳奇)로 이어지면서 중국 소설은 꽃을 피우기 시작한다.

중국문학사를 통틀어 볼 때, 중국 소설은 장르상 거의 마지막에 나타났으며 시(poetry)가 항상 먼저 발생하였다. 소설이 늦게 발전하게 된 이유는 논어(論語) "자불어괴력난신(子不語怪力亂神)" 같은 공자의 유가사상의 확대로 소설이 늦게 나타났기 때문이다. 하지만 소설 작품이 그 가치 면에서나 양적인 면에서 뒤떨어지지 않음에도 불구하고, 소설은 희곡과 함께 5.4 문학운동 이전(Pre-May 4th Movement)까지도 '사소한 이야기'나 '가담항어(街談巷語)' 등 합당한 문학적 평가나 대우를 받아오지 못하였다.

송대 구양수(歐陽修)가 이러한 작품들을 소설로 보려고 한 흔적이 있기는 하지만. 소설이나 소설가가 5.4 문학운동 이전까지 대우를 받지 못한 이유는 유가사상과 경학에 치중한 과거제도(科擧制度) 때문으로 이때까지 소설은 문학으로 여겨지지 않았던 것이다. 5.4 이후 학자들에 의해 재조명되고 소설에 대한 연구와 평가가 지속적으로 이루어지면서 소설이 누려야 할 원래의 위치를 찾아간 것은 그나마 다행스런 일이다.

중국 소설은 우선 5.4 이전과 이후로 나누어 고전소설과 현대소설로 분류된다. 현대소설은 1949년 신중국 성립 후에는 당대소설, 문혁 이후인 1976년부터는 신시기소설이라고 부르기도 한다.

소설(fiction)은 우산개념용어(umbrella term)로 쓰이며, 길이에 따라 단편소설(short story)과 장편소설(full size novel)로 나뉜다. 엄밀히 말하면 장(章, chapter)으로 나뉘어졌는지 여부에 따라 단편과 장편으로 나뉜다. 내용이 아무리 길어도 장(章) 또는 회(回)로 구분이 안 되면 단편이고, 길이에 관계없이 장이 나누어지는 작품은 장편이다. 또한 언어 유형에 따라 문언소설과 백화소설(구어체)로 구분된다. 장편은 『삼국연의』를 제외하고는 거의 모두 백화체 소설이라 우리가 볼 때 더 쉽게 읽혀짐을 느낄 수 있다. 여기에 중국 소설은 시기별로 다른 유형의 장르가 출현하였다. 선진 신화와 전설, 한대 신선고사, 육조의 지인지괴 등 필기고사, 당 전기와 변문, 송 화본, 명 공안, 명청 장편소설 등으로 이어진다. 장르별, 길이별, 언어별로 정리하면 다음과 같다.

(장르)	(시기)	(길이)	(언어)
신화전설	선진	단편	문언
신선고사	한	단편	문언
필기((筆記)소설	육조	단편	문언
전기(傳奇)소설	당.송.명	단편	문언
변문(變文)	당.오대	단편	문언
화본(話本)소설	송.원.명	단편	백화
공안(公案)소설	명	단편	문언.백화
장회소설	명.청	장편	백화

이처럼 중국 소설사에 있어서 가장 이른 소설 작품은 단편 문언이며, 그 후 백화 소설이 등장하고, 이어 중편소설과 장편 백화소설이 등장한다. 또한 중국 당 이전 소설 작품들은 작가

(authorship)의 진위 여부가 문제점으로 나타났기 때문에, 책이나 작가보다는 주제나 그룹별로 서술을 전개하곤 한다.[21]

그럼 시기별 장르에 따라 간략한 소개를 해보자. 중국 소설의 발전을 식물성장에 비유하면 선진 시기의 신화전설은 토양을 마련했고, 양한 시기는 씨를 뿌렸으며, 육조 시기는 싹이 텄다고 할 수 있다. 한위육조 시기는 중국 소설의 초기단계 또는 형성기라고 할 수 있다.

우선 한대에는 진시황과 한 무제의 구선사상(求仙思想), 추연의 대구주설에서 비롯된 도가와 방사들의 상상력 및 이상세계 추구가 신선고사 홍성에 한 몫을 한다. 하지만 한대 작으로 전해지는 대부분의 작품이 실제로는 위서(僞書)로 판명되고 있다. 지리박물고사 유형인 동방삭[22]의 『신이경』과 『십주기』, 장생불사 등 신선고사 유형인 반고의 『한무제고사』와 『한무제내전』, 곽헌의 『동명기』, 유흠의 『서경잡조』, 그리고 역사고사 유형인 『연단자(燕丹子)』, 『열녀전』 등은 육조 시기의 작품으로 보인다. 다만 유향(劉向)의 『열선전(列仙傳)』은 한대 작품으로 여겨진다.

다음으로 육조 소설은 『유령(劉伶)』을 대표작으로 하는 지인(志人, human activity)과 지괴(志怪, supernatural)로 나뉜다. 육조 문인들은 당시 정통 문학에서 취급받지 못했던 기이한 이야기나 신화, 전설, 민담, 야사 등 지괴 소재를 가지고 책을 지어 명성을 얻는

---

21) 소설 일반 참고자료로는 유대걸(劉大杰)의 『중국문학발달사(中國文學發達史)』 중 소설부분, 노신(魯迅)의 『중국소설사략(中國小說史略)』, 송대에 초점을 맞춘 담정벽(譚正璧)의 『중국소설발달사(中國小說發達史)』가 있고, 단편소설 자료로는 『중국고전단편소설선(中國古典短篇小說選)』, 『Traditional Chinese stories: themes and variations』, 『Chinese short story』 등이 있다. 담정벽의 소설사는 노신의 소설사를 본뜨면서 새로운 자료를 첨가했다는 점에서 차이가 있다.

22) 『태평광기』에 동방삭 관련 문장은 총 21개 조목이나 기록되어 있다. 다른 사람에 비해 주목을 받을 수 있는 요인은 그의 익살과 해학 때문이며, 이는 또한 고대 소설이 처음 쓰이고 읽히는 과정에서 중요한 인물로 부각시키게 만들었다.

풍조가 성행하면서 지괴소설이 흥성하게 된다. 지괴고사의 대표적 작품으로는 『담생(談生)』을 들 수 있는데, 남자인 인간과 여자인 귀신 사이의 연애를 다루고 있다. 고사 내용이 비극적인데 인간이 아닌 여자 쪽이 더 비극적으로 묘사되는 구조로 이루어져 있다. 이러한 구조는 육조 지괴소설의 대중적 주제로 자리 잡고 있다.

이밖에 제량 간에 나온 『연단자』,[23] 진 장화의 『박물지(博物志)』[24]와 『열이전(列異傳)』, 간보의 『수신기(授神記)』,[25] 도잠(陶潛)의 『수신후기(授神後記)』 등이 있다. 또한 유의경(劉義慶)의 『세설신어(世說新語)』는 동한까지의 사대부 언행을 기록한 작품으로서 최초의 필기소설로 기록된다.[26] 유머집 성격을 띤 한단순(邯鄲淳)의 『소림(笑林)』도 있다.[27] 육조에서 당으로 이어지는 과정 중 전환기적 작품으로는 수나라 『후백(侯白)』[28], 『임씨전(林氏傳)』, 『이문집(異聞集)』이 있다.

사실 육조시대 대부분의 작품은 유실되거나 실전되고, 원형

---

23) 연 태자 단이 진에 들어간 후 진왕을 증오하고, 형가(荊軻) 이수(易水)에서 노래하며 복수를 다지지만 미완성으로 끝나는 내용이다.

24) 『수신기』와 함께 육조 지괴소설의 대표작으로서 10권으로 이루어졌으며 산천과 지리, 기이한 동식물, 각국의 풍속, 신선과 방술, 역사, 신화전설, 의학 등 다양한 내용을 백과사전 식으로 기록하고 있다. 『박물지』는 특히 호기심을 자극하고 풍부한 상상력을 제공해주는 문장이 많아 중국소설 발전 과정에 상당한 역할을 하였다. 후대 문언소설의 한 유파를 형성하였고, 송 『속박물지』와 명 『박물지보』 등 작품에 영향을 미쳤다.

25) 간보가 일찍이 아버지의 계집종이 죽었다가 10년 만에 되살아나고 형이 죽은 후 깨어나서 귀신을 보았다는 말을 듣고 『수신기』 20권을 편찬했다고 한다. 귀신을 수색한다는 책 제목과 같이 신선 · 도사 · 괴물 · 술객 · 이인 등에 관한 이야기로 구성되어 있다.

26) 『세설신어』 이전에 『어림(語林)』과 『곽자(郭子)』 등 비슷한 유형의 책이 나왔지만 현재 실전된 상태이다. 이후에는 유효표(劉孝標)의 『속세설』, 청 왕탁(王晫)의 『금세설』, 역종기(易宗夔)의 『금세설』 등 모방작이 출현한다.

27) 이후 유머 관련 문체가 독립된 장르로 발전하지는 못했지만, 『소림광기(笑林廣記)』 등의 작품이 전해지고 있다.

28) 『후백(侯白)』은 소화(笑話)인데 대체적으로 소설에 속한다.

과도 약간의 거리가 있는 상황이었다. 한대 역시 목록은 있으나, 실제 작품은 약간의 부분적 편린들만이 남아있는 상태였다. 이러한 상황 속에서 노신은 소설 기초를 다지는 개척자로서 『고소설구침(古小說鉤沈)』을 편찬한다. 말 그대로 하해(河海)와 같은 문헌에 여기저기 수록된 고소설들을 하나하나 낚시로 건져 올리는 마음으로 작업하여 작품들을 수집한 노작으로 당 이전 즉 선진에서 육조까지의 소설 연구의 출발이라는 점에서 가치가 있다고 하겠다.[29)]

당대에 들어와서는 우선 전기(傳奇)[30)]라는 장르가 유행한다. '전기(傳奇)'라는 명칭의 출현은 배형(裴鉶)의 『전기(傳奇)』라는 작품에서 나왔다. 처음에는 이 작품만을 지칭했는데, 후에 이러한 유형의 모든 고사를 대표하는 용어가 된 것이다. 당대 소설을 전기라고 부른 이유는 고사가 지괴의 흔적을 벗어나지 못했기 때문인데, 이는 당대 소설을 폄하하는 의미도 담겨있다.

사실 당대 전반기에는 전기소설이 별로 없었고 육조의 지괴와 비슷한 작품이 많았으나, 8세기 후반 이후에는 현실감 있고 생동하는 고사들이 출현하게 된다. 적지 않은 정통파 문인들은 소설을 업신여겼으나 저명한 문인들의 작품도 많으며 대략 50편 정도의 전기 작품이 알려져 있다. 육조 지괴와 같은 단편적이고 조각조각의 고사가 점차 문맥을 갖춘 풀 피스(full piece)로 발전하게 된 배경은 다음과 같다.

우선 과거제도의 영향을 들 수 있다. 과거제도는 수나라 때부

---

29) 이밖에 육조 지괴소설에 관한 참고할만한 자료로는 이검국(李劍國)의 『당전지괴소설사(唐前志怪小說史)』와 『당전지괴소설집석(唐前志怪小說輯釋)』이 있다. 전자는 소설사적 관점에서 지괴소설을 규명한 연구서이고, 후자는 작품적 관점에서 지괴소설을 정리한 연구서이다.

30) 전기는 당대에는 소설을 통칭하였지만, 명·청 시기의 전기는 희곡 작품을 의미한다.

터 시작되었다. 그 이전에는 추천제였는데 일반 백성에게도 문호를 넓힌다는 취지로 과거제도가 실시되었고, 실질적으로 활발하게 시행된 시점은 당대 측천무후 시절부터이다. 이러한 과거제도의 활발한 시행과 더불어, 수재(秀才)에서 진사(進士)가 되기 위한 과거 시험 전에 응시생들이 한두 편의 전기 고사를 지어 주고관(主考官)에게 헌납하여 사전에 자신의 인상을 남기고 실력을 과시하는 온권(溫卷) 또는 행권(行卷)이 성행하면서 전기가 발전하게 된다.

다음으로는 중당 시기에 일어난 고문운동(古文運動)이 전기를 더욱 발전시켰다. 이전에 사용된 사육변문은 소설을 쓰기에 적합하지 않아 더 긴 고사의 출현 가능성이 적었지만 이제 소설에 적합한 고문 문체가 출현하여 문체를 해방함으로써 자유롭게 묘사할 수 있는 여건이 조성된 것이다.

이밖에 경제생산력 발전으로 도시에 새로운 계층과 직업을 가진 인물들이 형성되면서 창작 소재도 많아져 전기가 풍성해진다. 또한 한족과 흉노와 선비 등 북방 혈통이 섞인 당 왕실은 사상이 자유롭고 대외 개방적이었다. 최초의 여 황제 측천무후와 고종, 양귀비와 현종의 관계에서도 잘 나타나고 있다. 이에 장안에서 실크로드를 따라 서방세계와 연결되면서 다른 문화나 종교와 교류하게 되고 이 과정에서 나타난 문화적 자극이 더 많은 소설을 탄생시키는 계기가 된다. 당시 도가의 무위자연설과 이밖에 도교에서 추구하던 성신(成神), 신선, 피세은일 등도 전기 소설의 좋은 소재가 되었다.

당 전기는 대부분 그룹별로 분류되는데, 내용에 따라 신괴소설, 관장(官場)소설, 애정(愛情)소설, 검협(劍俠)소설로 나눌 수 있다. 신괴소설은 대부분 전환기적 작품이다. 영특한 거울이 귀신

요괴를 비추고 치료도 가능케 한다는 왕도(王度)의 『고경기(古鏡記)』와 원숭이와 사람 사이에서 인간이 태어난다는 특정 인물 구양순을 비하시키는 고사 내용을 담은 무명씨의 『보강총백원전(補江總白猿傳)』은 지괴적 전통이 남아있다. 그리고 사랑이나 성행위가 직설적으로 묘사된 중국 최초의 에로틱 소설이자 일인칭주어를 사용하여 서술한 『유선굴(遊仙窟)』은 비록 변분으로 쓰이긴 했지만 소설을 진지하게 쓰고자 한 첫 작품으로서 짜임새가 있고 일반 전기보다 길이 면에서도 길다.[31] 이밖에 전기적 성격이 강한 작품집으로 우승유(牛僧儒)의 『현괴록(玄怪錄)』, 단성식(段成式)의 『유양잡조(酉陽雜俎)』, 이복언(李复言)의 『속현괴록』, 장독(張讀)의 『선실지(宣室志)』, 소악(蘇鶚)의 『두양잡조(杜陽雜俎)』 등이 있다.

관장애정류 소설로는 출세를 못한 노생이 한단(邯鄲)의 한 여관에서 여옹(呂翁)을 만난 후 꿈속으로 들어가 밥이 아직 덜된 시간동안 부귀영화를 누리는 꿈을 꾸고 세상 이치를 깨닫는다는 [人生之適, 亦如是矣] 내용의 심기제(深旣濟)의 『침중기(枕中記)』[32], 꿈에 괴안국이 출현하고 성공을 이루지만 현실로 돌아와 보니 집주위의 개미굴이었고 결국 남가일몽으로 끝난다는 이공좌(李公佐)의 『남가태수전(南柯太守傳)』[33]과 탐정소설이자 후대 공안소설의 길을 연 『사소아전(謝小娥傳)』이 있다.

전자의 두 작품은 명문명리에 대한 풍자를 담고 있다. 여우

31) 청대 진구(陳球)의 『연산외사(燕山外事)』 역시 『유선굴』과 같이 미사여구가 많은 문체로 쓰인 작품이다.

32) 몽환문학으로 분류되는 『침중기』는 명 탕현조의 『한단기(邯鄲記)』, 청 포송령의 『요재지이 · 속황량(續黃粱)』에 영향을 미친다.

33) 명 탕현조의 희곡 『남가기』에 영향을 준다. 이공좌는 이밖에도 초주 지방의 강의 신인 무지기(無支祁)에 관한 고사로서 후대 오승은의 『서유기』에 영향을 미쳤다고 여겨지는 『이탕』 또는 『고악독경』도 지었다.

여자로서 후대 『요재지이』에 영향을 준 『임씨전』, 용녀가 나오는 『유의전(柳毅傳)』, 기녀 곽소옥이 등장하는 『곽소옥전』, 당현종과 양귀비의 비극적 사랑을 그린 진홍의 『장한가전』[34], 장안을 배경으로 한 백행간(白行簡)의 『이와전(李娃傳)』[35], 그리고 일명 『회진기(會眞記)』라고도 불리는 원진(元眞)의 『앵앵전(鶯鶯傳)』[36] 등도 있다.

검협소설은 당 후기에 많이 출현하였으며, 전형적인 무협소설인 『무쌍전(無雙傳)』과 내면의 특징을 잘 묘사하고 있으며 구성이 많은 반면 싸움을 반대하는 내용의 『규염객전』 등이 있다. 무협소설은 단편소설의 한 형태로서, 무협(武俠)은 협의의 용어이고 협의(俠義)는 광의의 용어로 쓰이며, 무협소설의 기원은 멀리 『사기· 유협열전』, 『연단자』까지 거슬러 올라간다.[37]

당 전기에서는 남녀관계가 종종 직접적이고 개방적으로 묘사된다. 『앵앵전』이 그 좋은 예라고 할 수 있다. 이후 성리학이 발달한 송과 명청 시기에는 여성에 대한 구속이 점차 강화된다.

당 전기는 육조소설에 비해 훨씬 의식적으로 의도를 갖고 창작하였으며 지괴에서 벗어나 인간사회의 여러 소재를 다루기

---

34) 『장한가전』은 백거이의 시 『장한가』를 이야기로 꾸민 소설로서, 이후 청 홍승(洪昇)의 희곡 『장생전전기(長生殿傳奇)』에 영향을 끼친다.

35) 『이와전』은 원 잡극 『곡강지(曲江池)』와 명 희곡인 설근연(薛近兗)의 『수유기(綉襦記)』에 영향을 준다.

36) 이 작품은 이후 금 동해원(董解元)의 제궁조 『서상기(西廂記)』, 원 왕실보(王實甫)의 『서상기』와 관한경(關漢卿)의 『속서상기』, 명 이일화(李日華) · 육채(陸采)의 『남서상기』에 영향을 미친다.

37) 당 이후 5.4 문학운동까지의 무협소설에 관한 논문으로는 한국인 최봉원의 박사논문 『中國古典短篇俠義小說硏究』가 있다. '협(俠)'의 정의와 기원, 협의소설의 탄생과 그 발전, 주제와 구조형식, 인물형상, 무예 및 종교의 영향 등을 다루고 있다. 한편 중국에서 영웅(hero)은 '협(俠)'으로 표현되는데, 서양의 영웅 개념과 다소 차이가 난다. 즉 서양에서는 나쁜 여자라도 때리지 않으며 미녀와 함께 있어야 영웅으로 보지만, 중국에서는 여자를 때리기도 하고, 뒤에서도 비신사적으로 공격하기도 하며 남녀관계는 이야기하지 않는다. 호색하면서 좋은 무공을 갖는 것이 불가능하다고 보기 때문이다.

시작했다. 또한 현실사회에 대한 깊은 관찰과 신분 갈등 등 현실 인식이 내포되어 있으며 애정에 대한 적극적인 이상과 인생에 대한 환상을 낭만적 표현으로 보여주는 점 등이 특징으로 나타난다.

전기와 더불어 당대에 출현한 소설 장르로 변문(變文)이 있다.[38] 사실 당 소설의 대표 장르는 진기와 변문인데, 청대까지도 변문에 대해 알고 있는 사람이 없었다가 실크로드의 중심지인 돈황에서 변문이 발견된 이후에 비로소 세상에 알려지게 되고 그 문학적 중요성에 대해 주목하게 되었다. 1900년대 헝가리계 영국인 슈타인(Stein), 프랑스인 펠리오(Paul Pelliot), 그리고 일본인 오타니 다이카쿠(大谷)가 차례로 수거하면서부터다.

사실 불교가 중국 동한시기에 처음 전래되어 육조까지 이어지면서, 불경이나 교리가 산스크리트(sanscrit)나 팔리문(pali, 巴里文) 등으로 전해졌기 때문에 언어상 어려움이 많고 분량 또한 적지 않아 문장을 대중화하고 단순화하는 작업이 필요하게 되었을테고 이에 그 기능을 수행할 문체인 변문이 출현하게 된 것이다.

변문과 함께 알아두어야 할 부분이 바로 그림으로 쉽게 표현한 변상(變相)이다. 연환도(連環圖)라고도 하는 변상은 변문을 강의할 때 설명을 돕기 위해 그려진 그림으로 불경 이야기를 그려놓은 그림말이이다. 시기적으로는 변상이 먼저 출현하고 그 후 변문이 만들어졌다.

변문의 전반적인 내용은 불교와 도교, 그리고 역사에 관한 내용으로 구성되어 있으며, 각각 80%, 15%, 5% 정도를 차지하고

38) 변문과 전기를 동격에 놓을 수는 없다. 왜냐하면 당시 전기가 변문보다 훨씬 대중화되었기 때문이다. 변문을 10으로 보면, 전기는 40-50에 해당한다고 보는 것이 적절하다.

있다. 그리고 변문의 기본 형태는 첫째, 산운균형(散韻均衡), 둘째, 이산위주(以散爲主), 셋째, 이운위주(以韻爲主)이다. 대표적인 작품으로는 『맹강녀변문(孟姜女變文)』, 『추호변문(秋胡變文)』, 『왕소군변문(王昭君變文)』, 『동영변문(董永變文)』, 『오자서변문(伍子胥變文)』, 『묘법연화강경문(妙法蓮華講經文)』 등이 있다.

변문은 출현 이후 점차 유명해지면서 다른 작품들도 이를 모방하기 시작한다. 그러다가 오대(五代) 초기에 돈황이 봉쇄되고, 북송 초에는 중앙정부에서 돈황학을 금지하고 승려들이 작품을 만드는 것을 금지한다. 이처럼 변문 자체는 오랫동안 지속되지 못하고 소실되었지만, 그 형태나 문체는 창본(唱本), 보권(寶卷). 탄사(彈詞), 고사(鼓詞), 꺼자이시(歌仔戲) 등에 영향을 미쳤고, 송대 이후 화본(話本) 탄생의 기반이 된다. 즉 산문과 압운(rhyme)의 중간으로서 설창문학(說唱文學), 강창문학(講唱文學)의 효시가 된다.

송대에 들어와서는 지괴나 전기는 쇠퇴하였지만, 경제 발전과 새로운 도시 계층의 형성으로 이들을 겨냥한 화본이라는 새로운 장르의 백화소설이 탄생한다.[39] 강창체 유형인 변문의 영향을 받은 것인데, 변문이 종교적 활동 성격이 강한 데 비해 화본은 상업적 성격이 강하면서 와자(瓦子) 또는 와사(瓦舍)[40]라는 장소에서 공연된다는 점이 다르다.

북송 말기에는 수도 개봉(開封)을 중심으로 설화(說話)하는 사람인 설화인(story teller)이 직업인으로 등장한다. 이들은 찻집 등에서 고사를 이야기해주고 돈을 벌었는데, 아기를 잠재우는 어

39) 화본 외에 송대의 백화소설로는 외교문서인 『삼조북맹회편(三朝北盟彙篇)』과 『선중어록(禪中語錄)』이 있다.

40) 와자 또는 와사는 예술 공연장소로서, 그 안에 약간의 구란(勾欄)이 설치되어 있다. 북송 때는 가와자(家瓦子), 중와(中瓦), 차리와(次里瓦) 등이 있었고, 남송 때는 23곳의 와자가 있었다고 한다. 賈文昭, 徐召勛, 『中國古典小說藝術欣賞』 (臺北: 里仁書局, 1983), 9쪽 참조.

머니의 이야기가 아닌 그야말로 전문적인 이야기꾼으로서 입담 기술이 뛰어났다. 그리고 이들이 저본(底本)으로 삼았던 것이 화본인데, 이것이 문학적으로 가치를 인정받게 된다.

하지만 당시 설화인들은 처음부터 문자화된 텍스트에 그다지 의존하지는 않았다. 화본 유출 시 다른 사람들에게 퍼져 희소성이 떨어지면 돈 벌기가 어려웠다는 점 때문이었다. 실제로도 송대에 남겨진 작품은 드물고 명대에 만들어진 작품이 많다. 그래서 송원 화본으로 불리는 것은 타당하지 않다는 견해도 있다. 또한 초기 작품들도 북송 수도인 개봉이 아닌 남송의 항주(杭州)를 배경으로 쓰였는데 이는 작품을 수정하면서 항주의 주민들을 염두에 두었기 때문으로 보인다.

설화구연은 설경(說經), 강사(講史), 소설(小說), 합생(合生)이라는 네 가지 갈래로 나뉘는데 이를 설화사가라고 부른다. 설경은 당 변문의 직계로서 불경 고사를 구어체로 서술한 작품이고, 강사는 평화라고도 하며 『오대사평화(五代史平話)』와 같이 역사적 에피소드나 흥망성쇠, 전쟁 및 유명인의 일생을 다룬 비교적 긴 작품으로서 후대 장편 백화소설의 계기를 만든다. 소설은 남녀 인연, 신령스럽고 괴이한 이야기를 짧게 구연한 이야기로 구성되어 있으며,41) 합생은 모호한 말로 시작한 후에 그 의미를 설명하는데 동시대인들에 대한 풍자를 담고 있으며 오늘날의 상성(相聲)과 흡사하다. 이 네 가지 유형 중 강사와 소설이 후대 중국소설 발전에 영향을 크게 끼친다.

한편 송원 간에는 강사(講史) 유형의 화본소설이 등장한다. 주, 춘추, 진시황, 한, 삼국 등 역사와 관련된 주제를 내용으로 한다.

---

41) 소설 내용은 주로 고금 인정세담인데 다시 괴이한 이야기를 다룬 은자아(銀子兒), 재판이나 협객담을 다룬 설공안(說公案), 전쟁이나 영웅고사를 다룬 설철기아(說鐵騎兒)로 나뉜다. 소설 화본은 후대 단편 백화소설로 발전한다.

중편소설로서 주로 평화(平話)로도 불리며 9편이 전해지고 있다. 『삼국지연의(三國志演義)』의 모태가 되는 『삼국지평화(三國誌平話)』를 위시하여, 『서유기』의 모태가 된 『대당삼장법사취경기(大唐三藏法師取經記)』 또는 『대당삼장취경시화』, 『수호전(水滸傳)』의 원형이 되는 『대송선화유사(大宋宣和遺事)』, 『봉신연의(封神演義)』의 모태가 되는 『무왕벌주평화(武王伐紂平話)』 등이 있다.

화본을 모아놓은 작품집으로는 명대의 녹천관주인(綠天館主人) 즉 풍몽룡(馮夢龍)[42]의 삼언(三言)으로 정통 화본 작품들이 실려있다. 삼언은 시기 순으로 열거하면 『고금소설(古今小說)』, 『경세통언(警世通言)』, 『성세항언(醒世恒言)』[43]이다. 『고금소설』은 고(古)소설에 치중하여 지은 이름인데, 이어 이언(二言)이 출현하자 이름을 『유세명언(喩世明言)』으로 바꾸었으며, 북송 말에서 명 말까지의 작품 40종이 수록되어 있다. 『경세통언』은 옛것이 점차 사라지고 새것이 등장하며, 『성세항언』은 옛것 대부분은 없어지고 자신이 쓴 작품이 나온다. 각각 40종으로 삼언은 총 120종의 작품이 수록되어 있다.

이후 화본을 모방한 작품인 의화본(擬話本)[44]이 크게 퍼진다. 화본은 설화와 관계가 있는 반면, 의화본은 설화가 없는 작품인데, 대표적으로는 공관주인(空觀主人) 능몽초(凌濛初)의 『박안경기(拍案驚奇)』 40 편과 『이각박안경기(二刻拍案驚奇)』 40편이 있다.[45] 그 후 과잉공급으로 인해 사람들이 보는데 이력이 나면서 청초 사오십년 후에는 거의 모든 작품이 중단되는 기현상이 벌어지기도 한다.[46]

---

42) 풍몽룡은 지낭(知囊)과 함께 『태평광기초(太平廣記鈔)』도 편찬했다.
43) 『성세항언』은 최소한 22편 이상이 석낭선(席浪仙)의 작품이다.
44) 이 용어는 노신이 처음 부르기 시작했다.
45) 이박(二拍)은 마지막 작품이 희곡이기 때문에 화본 작품은 정확히 79편이다.
46) 그 이유는 독자들이 점차 화본에 대해 싫증을 느끼고 청초에 출현한 『요재지이』가

이상 200편의 작품 중 가장 우수한 40편만 선별하여 모아놓은 것이 『금고기관(今古奇觀)』[47]이다. 금(今)에 역점을 두고 있으며 명대 화본소설이 대부분이다.[48]

명대에는 이전부터 내려오던 설화적 전통을 기반으로 하여 본격적으로 눈으로 읽는 장편과 단편 소설로 발전한다. 그 발전 배경으로는 백화문의 성숙과 표현기교의 발달, 유가적 전통 문학관을 비판하고 진보적 문학관이 제기되면서 나타난 소설에 대한 관념의 변화, 도시경제의 발전과 도시인구의 팽창과 함께 등장한 시민계층의 소설 독자층으로의 전이, 출판과 유통 및 상업판매 체계의 발달 등을 들 수 있다.

먼저 명 가정(嘉靖)년간에 장편소설 또는 장회소설(章回小說)이 등장한다.[49] 사대기서에 속하는 『삼국지연의』, 『수호전』, 『서유기』, 『금병매』와 수나라에서 당명황 통치기간까지의 역사 사건을 다룬 『수당지전(隋唐志傳)』, 왕택이 마법의 힘으로 반란을 일으켰지만 수(遂)라는 이름이 들어간 세 사람에 의해 제압된다는 『삼수평요전(三遂平妖傳)』 등이 있다. 그중 『삼국지연의』, 『수호전』, 『수당지전』, 『삼수평요전』은 원말 명초의 문인 나관중(羅貫中)의 작으로 전해지고 있다.

『삼국지연의』는 나관중 이전에 이미 유행하던 역사고사를 편집한 것으로 보이나 나관중이 진(晋)나라 진수(陳壽)의 정사 『삼국지』에서 얻은 소재로 만들었다는 기록도 있다. 하지만 이후

독자를 흡수하면서 의화본이 위축되어 갔기 때문이다.

47) 『금고기관』은 『삼국지연의』, 『수호전』, 『서유기』, 『금병매』, 『유림외사』, 『홍루몽』, 『요재지이』와 함께 8대기서에 속한다.

48) 이후 동로고광생(東魯古狂生)의 『취성석(醉醒石)』이라는 작품집이 나온다. 청대에는 화본집 『과천홍(跨天虹)』이 유통되기도 한다.

49) 장편소설은 장(章) 또는 회(回)로 나뉘어져 있어서 장회소설이라고도 한다. 청중들에게 이야기를 알맞게 단락 지어 들려주던 설화의 방식을 그대로 유지하고 있기 때문에 이와 같은 명칭이 주어졌다.

여러 문인들의 손을 거쳐 원본과는 상당히 다른 모습으로 수정되었다. 『삼국지연의』[50]는 우수한 장회소설임에도 불구하고 세 가지 결점을 가지고 있다.

우선 70%는 사실이고 30%는 허구인데, 자칫 허구를 사실로 믿는 오류를 범하기 쉽다는 점이고, 다음으로는 등장인물을 너무 흑백으로 나누어 선한 사람은 아무 결점도 없고 악한 사람은 장점이 전혀 없는 것으로 묘사된다는 점이다.[51] 또한 작가의 의도와는 다르게 묘사되기도 한다는 점이다. 하지만 이러한 단점에도 불구하고 이 소설은 지금까지 독자들의 많은 사랑을 받고 있다.

『수호전』은 나관중이 처음으로 창작한 소설은 아니다.[52] 주요 내용 중 하나인 송강의 모험은 남송 이래로 유행하던 이야기이기 때문이다. 많은 작가들의 수정을 거친 후 나관중이 여러 판본을 수집 정리하여 장편소설로 재구성한 것이다. 원본은 실전되었지만 현재 전해지고 있는 두 종류의 판본 중 더 긴 70회본 작품을 보면, 악의 정령이 풀려나자 108명의 의적이 양산에 모여 근처의 군주들을 공격하고 후에 정부에 투항하여 외족을 물리치고 반란을 잠재우는 공로를 세우지만 정부의 신뢰를 받지 못하자 그중 송강이 독을 마시고 죽은 후 신이 된다는 이야기이다.

오승은의 『서유기』는 초당의 고승인 현장(玄奘)이 인도로 불경을 구하러 가는 여행 도중에 겪는 갖가지 고난을 주축으로 구성된 이야기에 영웅담과 불교설화 및 민간설화 등 허구적 요소가 가미되어 낭만적으로 재편성된 소설이다.[53] 100회로 구성

---

50) 연의(演義)는 전래되는 이야기나 역사적 사실에 상상력을 가하여 역사소설 형태로 만든 작품을 말한다.

51) 조조도 정치적으로는 나름의 장점이 있을 수 있고, 유비나 관우도 단점이 없다고 말할 수는 없다. 우비가 덕장으로 묘사되고 있지만, 정사 원문을 보면 유비는 어린 시절에 "독서를 좋아하지 않았다[不好讀書]"라고 기록되어 있다.

52) 본서는 시내암(施耐菴)의 작품이라고도 전해진다.

되어 있으며 크게 세 부분으로 나뉜다. 우선 1회에서 7회까지는 화과산 큰 돌에서 손오공이 출생하여 72가지 법술을 익히고 천궁(天宮)에서 난동을 부리는 장면이고, 8회부터 12회까지는 현장의 등장으로부터 당태종의 지옥 탐방 장면이며, 13회부터 100회까지는 요괴들과 싸우는 이른바 81난을 무릅쓰고 삼장법사가 손오공, 저팔계, 사오정과 함께 인도를 왕복하여 끝내 성과를 얻는다는 내용으로 전개된다.

『서유기』에는 권학, 선(禪)과 도(道) 사상, 봉건사회의 다양한 현실, 자연과 대결하는 중국인의 불굴의 투쟁정신 등의 주제가 담겨있다. 또한 무궁무진한 상상력을 발휘하여 주인공과 요괴의 싸움을 묘사한 낭만주의 정신과 인간과 동물과 신의 특성이 조화된 인물 형상 묘사, 그리고 요마를 물리치는 주인공 활약을 통한 평민들의 저항의식 및 술에 취해 항아를 희롱했던 저팔계의 풍자해학과 불교적 고행의 어려움 등을 산문과 운문을 적절히 섞어 드러낸 점이 특징이다.

명대에는 공안소설(公案小說)이라는 유형의 단편소설도 등장한다. 공안(公案)이란 원래는 법관의 탁자를 일컬었는데, 이 의미를 확대하여 공안소설로 칭하게 된 것이다.[54] 공안소설은 자신만의 독특한 특징을 갖고 있으며, 탐정소설(detective story)[55]과 범죄소설(crime story) 및 법정소설(court story)로 나뉜다.

공안소설의 기원을 거슬러 올라가보면 동한에 『성경』의 솔로

53) 당대 『대당서역기(大唐西域記)』와 『대자은삼장법사전(大慈恩三藏法師傳)』 등 실록체 유기와 전기, 그리고 송·원대의 『대당삼장취경시화』 같은 화본, 원말 명초 『서유기평화(西遊記平話)』와 같은 평화가 모두 『서유기』의 기원이 된다.

54) 극이건 전기이건 범죄와 관련된 고사는 모두 공안문학(公案文學)에 속한다.

55) 서양의 탐정소설은 모든 증거가 독자에게도 공개하기 때문에 공정하며, 논리적으로 내용을 다루고 아무 것도 모르는 상태에서 출발한다. 반면 중국의 탐정소설은 판사만 정보를 알고 독자는 잘 모른다. 이점에서 볼 때는 서양 탐정소설이 중국보다 우수해 보인다.

몬의 지혜와 유사한 형태의 고사가 출현하고 있으며, 당 전기에도 그리 많지는 않지만 꿈에서 영감을 얻어 살인자를 발견한다는『사소아전(謝小娥傳)』등이 있고, 화본에도 몇몇 작품이 보인다. 하지만 명대에 본격적으로 많은 작품이 출현하기 시작하였고, 이후 청대에 번역소설의 영향 등으로 청 말기까지 유행하면서 이어져간다.

주인공인 포공(包公)은 정의를 대표하지만 좀 아둔[糊塗]하게 묘사된다. 소설 속의 포공은 원래의 포공과는 관계가 없고, 송대의 포승에서 나왔다. 그리고 현재의 포공은 명 만력의『용도공안(龍圖公案)』에서 시작된다.

청대에는 먼저 단편소설로는 필기와 전기 작품이 있는데, 전자는 수량은 많은 편이지만 문학적 가치가 적다. 후자의 대표작으로는 산동 출신인 포송령(1640~715년)의『요재지이(聊齋志異)』를 들 수 있다. 이 작품은 문학적으로 상당한 주목을 받고 있는데, 그 이유는 우선 포송령의 고향 노서(魯西) 치천(淄川) 지방은 가난한 도시로서 문화계와의 왕래가 거의 없던 곳인데도 불구하고 혼자서 500여 편이나 되는 분량을 썼으며 질적으로도 우수하고 전기에 필기적 성분이 가미되고 단편에 장편의 문장이 합쳐져 있기 때문이다.[56)]

한편 청대 장편소설로는『홍루몽(紅樓夢)』,『유림외사(儒林外史)』등이 있다. 중국인들은 중국을 대표하는 문학작품으로『홍루몽』을 꼽고, 가장 좋아하는 작가로는『홍루몽』을 지은 조설근(曹雪芹)과 현대문학의 거장 노신(魯迅)을 꼽는다. 그만큼『홍루몽』은 중국 고전으로서 지금까지 사랑을 받는 거작이다.『홍루몽』

56) 내용 면에서『요재지이』에는 이삼십 편의 공안소설도 있다. 상상이 아닌 당안(當案)에 근거하여 만든 것인데, 베끼는 과정에서 가감첨삭이 되었다.

은 120회로 이루어진 장회소설로서 1회부터 80회까지는 조설근의 작품이고, 뒷부분 40회는 고악(高鶚)의 작품으로 알려지고 있다. 원래 『석두기』로 불리어지다가 고악의 40회분이 첨가되면서 『홍루몽』으로 제목이 바뀌었다.

『홍루몽』은 당시 정치사회를 배경으로 한 명문가정의 흥망성쇠를 있는 그대로 그린 자연주의 문학의 걸작으로 총 90만자에 등장인물은 465명으로 구성되어 있다. 내용은 주인공 가보옥(賈寶玉)이 임대옥(林黛玉), 설보채(薛寶釵)와 대관원이라는 가씨의 대가정에서 함께 살면서 전개되는 삼각관계 이야기다. 부분적으로는 금릉십이채(金陵十二釵)라고 불리는 열두 여자들의 이야기가 생동적으로 그려져 있고, 전체적으로는 대가정의 흥망과 인생의 희비가 감동적으로 묘사되어 있다. 또한 군주시대를 배경으로 일어나는 귀족사회의 갖가지 비리와 모순들도 폭로하고 있다. 이 과정 속에서 등장인물들의 성품을 개성 있고 또렷하게 그려낸 점이 이 작품의 특징이다.

1912년 쉬전야로 시작되는 원앙호접파(鴛鴦胡蝶派)는 사랑을 얻지 못하면 의미가 없고 비극을 초래한다고 여기는 애정지상주의(愛情至上主義)를 내세우며 고전스타일의 소설로 대중의 인기를 모았다. 5.4작가들은 원앙호접파외 그들의 호접소설(butterfly novel)은 쓸모없다고 비평하지만, 5.4문학이 인기 면에서 일반 독자층을 파고들지 못함으로써 중국대중문화에 영향을 끼치지 못하고, 도리어 전통스타일의 호접파 소설이 인기를 누렸다.

3) 현대문학과 노신(魯迅)

1차 세계대전을 현대문학의 시발로 보는 서구와는 달리 중국

현대문학은 1919년 5.4운동 전후를 그 출발점으로 본다. 이 시기에는 새로운 질서를 모색하기 위해 서구로부터 새로운 문학전통을 활발히 유입하였다.

현대문학은 여섯 시기로 나뉘는데, 첫 번째 시기는 호적(胡適)의 『문학개량추의(文學改良芻議)』와 노신의 『광인일기(狂人日記)』가 발표된 1917년 후반부터 혁명문학론이 제기된 1927년까지로 전통문학이 부정되고 서구문학의 영향 아래 새로운 문학이 대두되었으며 노신 등이 활약한다. 두 번째 시기는 혁명문학이 본격화된 1927년부터 항전문학이 대두되기 시작했던 1937년까지로 문학과 정치의 관계가 핵심 쟁점으로 떠올랐으며. 모순(茅盾), 노사(老舍), 파금(巴金) 등이 활약한다. 세 번째 시기는 중일전쟁 발발 후부터 신중국을 건립한 1949년까지로 국민당과 공산당의 내전이 주류를 이룬다. 네 번째 시기는 건국 이후 문화대혁명(文化大革命) 발발까지의 기간으로 문학계는 혁명과 내전을 회상하고 사회주의 우월성을 선전하는 활동에 주력한다. 이 시기부터는 당대문학으로도 불린다. 다섯 번째는 1966년부터 모택동이 사망한 1976년의 문혁기간으로 현대문학의 암흑기에 속한다. 마지막 시기는 1976년 이후 현재까지로 이 시기 문학은 신시기문학으로 불리기도 한다.

노신(1881~936)은 본명이 주수인(周树人)으로, 소설, 산문, 시, 잡문을 막론하고 걸출한 작품을 남긴 중국 현대문학의 거장이다. 인간과 민주에 초점을 둔 그의 자유 독립 정신과 반항 투쟁 정신, 그리고 한 칼에 피를 보는 듯한[一刀见血] 간결하면서도 날카로운 비판적 필치는 당시 열강의 침입과 봉건사회, 내란이라는 혼탁 속에서 헤어나지 못하는 민중들의 우매함과 노예근성을 깨우치려는 계몽운동의 선구적 역할을 한다.

절강성 소흥에서 몰락하는 관리 집안에서 태어난 그는 어려서부터 봉건제의 폐단을 체험하면서 반봉건적 민주 사상을 갖게 되고, 18세에 남경의 학당에서 진화론 등 서구사상을 접한다. 이어 1902년 일본으로 유학을 떠나 의학을 공부하던 중 당시 우매한 중국 민중을 구하기 위해 문학으로 전향한 후 귀국하여 교직 생활을 한다.

1919년 5.4 신문화운동을 전후하여 그는 침묵에서 깨어나 참여의식을 갖고 중국 최초의 현대소설인 『광인일기』를 발표함으로써 세상을 놀라게 하였고, 이후 수많은 작품을 발표하면서 현대 문학을 주도한다. 1926년 북경여자사범대학의 학생소요에 연루되면서 대학 강사직에서 물러났고 이어 3.18사건으로 인해 하문(厦門)에 피신하기도 하였지만, 1927년 상해에서 문필 생활을 재개하고, 1930년 좌련(左盟) 영수로 추대되어 문학운동을 하다가 1936년 병으로 사망한다.

그의 『아큐정전(阿Q正傳)』, 『고향(故鄕)』 등 주옥같은 백화소설 작품들은 『눌함(吶喊)』, 『방황(彷徨)』, 『고사신편(故事新編)』에 수록되어 있고, 35편의 산문 작품들은 『야초(野草)』와 『조화석습(朝花夕拾)』에 실려 있다.

『고향』에서는 특히 그가 아이들의 미래에 희망을 담아 쓴 문구가 인구에 회자되고 있다. 그가 언급한 "희망은 본래 있는 바도 아니고 없는 바도 아니다. 그것은 마치 땅위의 길과 같다. 땅위에는 본래 길이 없었지만 다니는 사람들이 많아지면서 길이 만들어지는 것과 같이 희망도 그러하다[希望本無所謂有無。無所谓無的。這正如地上的路；其實地上本沒有路，走的人多了，也便成了路。]"처럼, 그는 고난 속에서 꿈을 찾아 도전하는 모든 사람들에게 이렇게 희망의 메시지를 보내고 있다.

4) 신화와 민간고사

중국에는 예로부터 수많은 신화와 전설, 그리고 민간고사가 전해지고 있다.[57] 문학의 원류이기도 한 신화는 종교와 불가분의 관계에 있었기 때문에 애니마티즘(Animatism), 애니미즘(Animism), 영육분리의 사고에 기초한 조상숭배, 토테미즘(Totemism), 샤머니즘(Shamanism), 다신주의(Polytheism) 등 원시신앙과 종교의 영향을 다분히 받아왔다.

우선 천지창조와 인류창조, 그리고 우주관에 관한 신화로는 우선 태초에 천지와 음양이 분리되지 않은 혼돈에 관한 고사가 있고, 이어 거인 반고의 자연발생에 의한 천지개벽 고사가 있다. 그리고 반고의 시체화생에 의한 인류기원 고사와 여와가 흙을 빚어 인간을 만든다는 인류창조 고사가 있고, 『산해경』에 나타난 곤륜산을 중심으로 사방으로 확산되는 우주관 고사와 『목천자전』에 나타난 동서 대칭의 우주관 고사가 있다. 그리고 여와가 무너진 하늘을 오색석(五色石)으로 보수하고 거북의 다리를 잘라 사극을 다시 세운다는 여와보천(女媧補天) 고사도 천지 재건의 측면에서 볼 때 창조신화에 속한다.

둘째, 자연계에 관한 신화로는 우선 일월(日月) 신화로 태양의 어머니로서 열 개의 태양을 낳고 태양을 몰고 다니는 희화(羲和) 고사와 태양이 머무는 신목인 부상(扶桑), 그리고 태양 속에 머물며 태양을 태우고 다닌다는 태양조인 삼족오(三足烏) 고사가 있고, 달을 낳은 상희(常羲)와 남편 예(羿)가 서왕모로부터 얻은 불사약을 훔쳐 달로 달아났다는 항아분월(姮娥奔月) 고사, 그리고

57) 중국의 신화전설과 민간고사에 관한 참고할만한 책으로는 『산해경』(민음사), 『중국신화전설』(민음사), 『중국신화의 이해』(아카넷) 등이 있다.

후에 나타난 달 속의 두꺼비[蟾蜍]와 흰토끼[白兎], 그리고 계수(桂樹)에 관한 고사가 있다. 다음으로 바람의 신인 비렴(飛廉), 비의 신인 병예(屛翳), 그리고 구름 신, 번개 신, 산 신, 물의 신 수백(水伯)과 하백(河伯) 등에 관한 고사가 있다.

셋째, 영웅에 관한 신화로는 우선 홍수를 다스린 곤(鯀)과 그의 아들 우(禹)의 치수 관련 고사가 있다. 곤은 천제의 허락 없이 자라나는 흙인 식양(息壤)을 훔쳐 홍수를 막았는데 천제의 노여움을 사서 죽임을 당하는 비극적인 결과를 낳았고, 그의 배에서 나온 우가 소도(疏導)의 방법으로 결국 치수에 성공한다. 그리고 아홉 개의 태양을 쏘아 떨어뜨리고 각종 흉수(兇獸)를 제거한 예(羿)의 고사가 있다.

이어서 민족 또는 국가의 시조신에 관한 신화로는 은나라 시조인 설(契)과 현조(玄鳥)의 알을 삼켜 그를 낳은 간적(簡狄), 주나라 시조인 후직(后稷)과 천제의 발자국을 밟아 감응으로 그를 낳은 강원(姜嫄), 화서씨(華胥氏)가 뇌대(雷澤)의 거인 족적을 밟고 감응되어 낳은 복희, 여추(女樞)가 무지개의 감응으로 낳은 전욱(顓頊) 등에 관한 신화가 있다. 이어서 천제(天帝)에 관한 신화로는 서방신인 황제, 동방신인 제준, 신농(神農)으로 표현되기도 하는 염제, 백제(白帝)인 소호 등에 관련된 신화가 있다. 그리고 비극영웅에 관한 신화로는 태양을 쫓다가 중도에서 갈증으로 죽은 과보(夸父), 염제의 딸 여왜(女娃)가 익사하여 화한 정위(精衛), 머리가 잘린 채 끝까지 창을 휘두르는 형천(刑天), 노인의 몸으로 불굴의 정신으로 산을 옮기려는 우공(愚公)에 관한 고사가 있다.

넷째, 문화영웅에 관한 신화로는 인류의 혼인제도를 만든 여와, 돌을 부딪쳐 불을 취한 수인씨(燧人氏), 의약과 농업을 발명한 신농과 후직, 나무로 집을 만든 유소씨(有巢氏), 자연의 현상을 보고 문자를 창조한 창힐(倉頡), 활을 발명한 소호의 아들 반(般), 축목의 신인 왕해(王亥) 등에 관한 신화가 있다.

다섯째, 사회갈등과 전쟁에 관한 신화로는 황제와 염제의 판천(阪泉)에서의 전쟁에서 황제가 승리한다는 고사, 황제와 치우(蚩尤)의 탁록(涿鹿)에서의 전쟁에서 황제가 응룡과 발(魃)의 도움으로 치우를 물리친다는 고사, 공공(共工)과 전욱이 제위를 다투어 싸우다 공공이 패배하자 부주산(不周山)을 들이받아 천지를 기울게 한다는 공공과 전욱의 싸움 고사, 우왕이 도처에서 악행을 저지르는 공공의 신하 상류(相柳)를 살해한다는 고사 등이 있다.

여섯째, 재생에 관한 신화로는 먼저 죽은 자가 다시 살아난다는 부활(復活) 형태의 신화로서 사람이 죽은 후 120년 후에 다시 살아난다는 무계국(無腎國)의 고사와 불사국과 불사민의 고사 등이 있다. 다음으로 신이나 신선으로 환생(幻生)한다는 형태의 신화로서 황제가 사후에 승천한다는 고사 등이 있고, 다른 사람이나 동식물로 환생(還生) 또는 변형(transformation)된다는 형태의 신화로서 과보가 태양을 쫓다 등림(鄧林)으로 화하는 고사, 여시(女尸)가 요초로 화하는 고사, 치우가 단풍으로 화하는 고사, 전욱과 후직이 물고기로 화하는 고사, 그리고 진몽의 딸이 말과 용으로, 곤이 세발 자라로, 우왕이 곰으로, 영고가 황사(黃蛇)로, 항아가 두꺼비[蟾蜍]로, 여왜가 새로 화하는 고사들이 있다. 이밖에 우왕의 부인인 도산씨(塗山氏)가 돌로, 그리고 견우와 직녀가 하늘의 별로 화하는 고사도 있다.

일곱째, 낙원과 유명세계(幽冥世界)에 관한 신화로는 도광지야(都廣之野)나 화서씨지국(華胥氏之國)과 같은 이상적인 낙원세계에 관한 고사와 종북국(終北國)과 같은 비관적인 모습의 유명세계에 관한 고사가 각각 성격을 달리하며 나타나고 있다. 낙원세계는 황제가 지키고 유명세계는 후토(后土)라는 신화인물이 지킨다고 하며, 육체는 지하로 영혼은 하늘로 간다는 관념 하에서 낙원은 천상에 위치하고 유명세계는 지하에 위치한다. 마지막으로 원국이인과 신괴에 관한 신화로는 『산해경』에 나오는 불사국(不死國), 결흉국(結胸國), 일목국(一目人), 삼면국(三面人) 등 기국이인에 관한 신화와 용(龍), 봉(鳳), 기(夔), 비유(肥遺), 궁기(窮奇), 시육(視肉), 필방(畢方) 등 신화적 동물인 기금이수(奇禽異獸)에 관한 신화가 있다.[58]

구성상 특징으로는 중국신화가 일관성 있는 체계를 가진 그리스 로마 신화와는 달리 서로 연관성이 별로 없는 단편적인 신화고사들로 구성되어 있고 그 기원도 각각 다르다는 점이다.[59] 적지 않은 중국신화고사들이 거대한 대륙의 다양한 지리, 기후, 언어, 문화영역에서 성장했던 여러 신화체계들의 합성이라는 점을 알 수 있다.

또한 중국신화는 그리스 신화에서 신국의 최고 통치자 제우스(Zeus)와 같은 초월적 존재인 '제(帝)'가 하나의 통일된 일원적 체계 속에서 존재하는 것과는 달리, 황제(黃帝), 제준(帝俊), 염제(炎帝), 소호(少昊) 등 총 12명의 제가 각기 다른 계통을 가지고 각기 다른 신국의 우두머리로서 자리하고 있다. 이는 바로 상고시대에는 단일민족의 획일적인 단원문화가 아니라 다양한 민족

58) 중국신화에 관한 보다 전반적이고 자세한 내용은 원가의 『中國神話傳說』(北京: 中國民間文藝, 1984)과 『古神話選釋』(臺北: 長安出版社, 1984) 참조. 다만 원가의 글은 중국신화를 한족 중심으로 재편된 역사의 틀 속에 산재되어 있는 신화들을 연상과 상상을 동원하여 맞추어 넣었기 때문에 동이계와 남방계 신화를 위시하여 다양한 민족의 기원이 서로 다른 신화들을 견강부회 식으로 편집하여 하나의 자의적으로 체계화한 신화 도식을 만든 점이 오류로서 지적 받고 있다.

59) 창조신화를 예로 들면 중국에는 거인 반고(盤古)의 자연발생적 천지창조와 시체화생(屍體化生)의 인류창조가 있고, 이와는 별도로 창조주로서의 여신인 여와(女媧)의 인류창조가 있다.

들이 다양한 문화를 꽃피우는 다원문화의 체계를 형성하고 있었음을 나타내준다.

중국의 신화 중에 황제와 염제 간, 황제와 치우 간, 그리고 전욱과 공공 간 싸움 등 전쟁에 관한 고사와 전쟁영웅에 관한 이야기가 심심치 않게 보이는 것 역시 상고시대에 각 민족 간 갈등의 빈도수가 많았다는 것을 반증한다.

내용상의 특징은 첫째 중국의 상고신화는 대체적으로 자연과 문화 질서의 창조와 유지, 그것에 대한 파괴와 도전, 자애로운 신들에 의한 자기희생, 인류의 복지를 위한 신화적 문화영웅과 같은 주제들이 다루어지고 있는 점이다. 둘째로, 사랑, 지혜, 기쁨, 운명, 질투의 신 같은 개념 신들이 상대적으로 부족하다. 중국 신전(pantheon)의 신들은 대부분 자연의 신격화 및 의인화된 인물, 부족의 시조신, 그리고 고대 문화영웅들로 구성되어 있다. 셋째로, 신화인물들은 육체적 특징이 분명하게 묘사되고 있는데, 인간의 형태, 동물의 형태, 반인반수(半人半獸)의 형태, 여러 동물들의 결합 형태 등 네 가지 형태 중에서 반인반수의 형태를 대부분 갖고 있다. 반고(盤古)의 개 머리와 사람 몸의 형태, 여와와 복희(伏羲)의 사람 얼굴에 뱀이나 용의 몸을 가진 형태, 염제의 사람 몸과 소의 머리의 형태, 제준의 사람 몸과 새 머리의 형태, 서왕모의 표범의 꼬리와 범의 이빨을 한 사람 형태 등 그 예는 수없이 많다.

한편 중국에 전래되고 있는 민간고사 중에서 백사전(白蛇傳), 축영대(祝英臺), 견우직녀(牛郎織女), 맹강녀(孟姜女) 고사는 중국 4대 민간고사로 꼽히고 있다. 이중 맹강녀 고사는 만리장성을 소재로 한 이야기로서 내용은 다음과 같다.

옛날 진시황이 천하를 통일하고 외족의 침입을 막고자 만리장성을 쌓았다. 그런데 만리장성이 무너지자 대책을 강구하면서, 맹강녀의 남편인 범기량을 장성에 함께 매장하면 장성이 무너지지 않는다는 소문을 듣는다. 이에 진시황은 범기량을 장성 노무자의 명목으로 차출하여 장성 아래 다른 죄수들과 함께 매장하였다. 영문도 모르고 하염없이 남편을 기다리던 부인 맹강녀는 겨울이 되자 남편을 위해 겨울옷을 만들어 장성 공사현장으로 찾아갔다. 여기서 남편의 생매장 소식을 접한 맹강녀가 며칠 간 대성통곡을 하자 만리장성이 무너져 내렸고 장성 속에 매장된 수많은 유골들이 모습을 드러냈다. 맹강녀는 수많은 유골 중에서 자신의 남편 유골을 찾기 위해 꾀를 낸다. 남편의 유골은 자신이 흘린 눈물이 흘러들 것이라고 생각한 그녀는 유골 하나하나 뒤지기 시작했고 마침내 유골을 찾아내 고향으로 돌아가 장례를 치렀다고 한다.

한편 백사전은 백사가 변한 여주인공 백낭자(白娘子)와 남주인공인 허선(許仙)의 애달픈 사랑이야기이고, 축영대 고사는 양산백과 축영대 관련 고사이며, 견우직녀고사는 우리나라에도 널리 퍼져있는 우랑 즉 견우와 직녀의 사랑이야기이다.

7. 대중문화예술

1) 중국 오페라 경극(Peking Opera)

경극은 우리의 판소리나 일본의 가부키처럼 중국의 공연문화예술을 대표하는 오페라의 일종이다. 영어로는 광동어의 영향을 받아 페킹 오페라라고 칭한다. 그 기원은 원곡(元曲)과 명청전기(傳奇)까지 거슬러 올라가며, 청나라 건륭황제가 80세 생일 때 지방희 중 강소성 곤곡(崑曲)과 안휘성 휘극(徽劇), 호북성 한극 및 사천 진강(秦腔)에다 북경 궁실극과 민간극을 조화시키고 현지의 언어와 풍습을 결합시켜 창작해 낸 극이다.

경극 배역은 생(生), 단(旦), 정(淨), 말(末), 축(丑)으로 나뉘는데, 생은 남자가 배역을 맡고 단은 여자가 배역을 맡는다. 정은 검보(脸谱) 즉 얼굴에 분장을 한 역을 말하는데, 호방한 인물은 검은색과 수염을 달고 사나운 인물은 청색이나 흰색을 쓴다. 말은 노생과 같은 차역을 말하며, 축은 성격이 활발한 어릿광대를 말한다.

이들은 강과 창으로 연출하며, 상징적 동작이나 곡예 또는 무술로 표현하기도 한다. 경극은 피리 같은 관악기, 이호 같은 현악기, 나고 같은 타악기로 반주하여 리듬과 분위기를 조절한다. 대표적인 작품으로는 「백사전」, 「료천궁」, 「패왕별희」 등이 있다. 경극 외에 지방마다 독특한 희극이 전해지고 있는데, 예를 들면 대만의 가자희, 황매조, 가무극(歌舞剧), 산동의 지방극 여희(吕戱) 등이 있다.

그중 대표적인 경극 「패왕별희」는 초나라 패왕인 항우와 그의 애첩이자 절세미인이었던 우미인 간의 비련의 사랑을 노래한 극으로서, 최근 영화 제목으로 등장하기도 했다. 진나라가 망하자 당시 패권을 잡기 위해 항우가 한 고조 유방과 전쟁을 벌이지만 해하의 싸움에서 사면초가가 되면서 수세에 몰린다. 항우가 "우(虞)야 우(虞)야 어찌할까?"라는 비통한 심정을 담은 해하가를 부르자 이를 들은 우미인은 자결을 했고, 오강으로 도망간 항우 역시 칼을 뽑아 자살한다. 훗날 우미인의 혈흔이 남은 땅에서 꽃이 피자 사람들은 이를 우미인초라고 불렀으며, 중국 담배의 시초가 되었다고 한다.

승리한 유방은 한 고조로 등극하면서, 중앙집권제와 봉건제를 결합한 형태인 군국제를 실시하며 통치기반을 닦는다. 안정기에 접어들자 주변 제후들을 제거해갔는데, 개국공신이자 명장인 한신도 포함되었다. 유방을 위해 헌신했던 한신은 누명을 쓰고 죽게 되자 "재빠른 토끼가 죽으면 날쌘 사냥개는 삶아 없어지고[狡兎死, 走狗烹], 높이 나는 새가 떨어지면 좋은 활은 구석에 처박히게 되며, 적국이 패하면 지모 있는 신하는 필요 없게 되는구나"라는 말을 최후로 남기고 사라진다. 토사구팽(兎死狗烹)이란 고사성어는 바로 여기서 유래한다. 한편 만담의 일종인 상성(相聲)도 중국의 전통 공연예술 중 하나로서 그 명맥이 꾸준히 이어져오고 있다.

중국 경극을 말할 때 빼놓을 수 없는 인물은 바로 매란방(梅蘭芳)이다. 경극은 중국 문화의 넓고 깊음, 풍부함과 아름다움을 충분히 담아내는 예술인데, 이 매란방은 경극 예술의 매력을 극치에 이르게 한 인물이다. 1894년에 태어난 매란방은 6살 때부터 극을 배워 11살 때에는 무대에서 연기를 하기 시작하여 1961년 돌연히 세상을 떠난 때까지 경극에 배신해왔다. 50여년이라는 세월동안 전 혼을 무대에 바쳤고, 400여 종의 극을 연출하였다. 그가 무내 세계에 있을 때, 경극의 구성 요소인 음악(音樂), 춤(舞跳), 미술(美術), 문학(文學)을 서로 융합하여 예술의 극치를 만들어내기도 하였다. 세계는 매란방을 통해 이러한 중국 예술의 포용성과 광대함을 맛보게 된 것이다.

1956년 매란방은 세 번째로 일본을 방문하였다. 1919년과 1924년에 이미 일본에서 공연한 바 있었기에 일본 관중은 경극에 친숙했다. 1956년 매란방이 동경에서 공연할 때 TV로 중계방송을 하였는데, 극장과 TV가 있는 식당은 모두 인파로 인산인해를 이루기도 했다. 그런가 하면 저녁이면 일본인들이 많이 몰리던 목욕탕과 음식점은 모두 썰렁할 지경이었다. 매란방의 구성진 연기는 일본인으로 하여금 중국고전 희극 예술의 여성 심리 표현과 섬세함을 깊이 음미하게 하였으며 또 일본 여성들의 탄성을 자아내게 했다. 매란방의 3차에 걸친 일본방문은 일본의 고전 가무 발전에 큰 영향을 미쳤으니, 그가 일본인과 무대에서 함께 공연하고, 무대 밖에서 함께 교류한 것은 중일 양국이 경극과 가무에서 그 후 한동안 왕래가 있게 한 힘이 되기도 하였다. 일본에서는 매란방의 영향으로 경극이 침구, 국화, 요리와 함께 중국의 4대 국보로 여겨지고 있다.

1920년대에 이미 매란방은 중국에서 유명하였기에 유럽과 미국 인사들이 매란방의 경극을 보기를 갈망했다. 1930년 그는 대양을 건너 미국에서 6개월간의 순회공연을 통해 「귀비취주(貴妃醉酒)」, 「타어살가(打魚殺家)」 등 20여 개의 우수 작품을 공연하였다. 그 중에서도 특히 검무(劍舞)의 「홍선자마(紅線咨馬)」, 우무(羽舞)의 「서시(西施)」, 술잔춤[杯盤舞]의 「마고헌수(麻姑獻壽)」, 낫춤[鎌舞]의 「항아분월(姮娥奔月)」 등은 뛰어난 작품으로 평가받는다. 이러한 춤들은 미국인들로 하여금 "매란방은 세계 최고의 무도가(舞蹈家)이다"라는 탄성을 불러내게 하였다. 매란방이 가는 곳, 즉 시애틀, 뉴욕, 워싱턴 등지에서 매란방 열풍이 일어났다. 상점에서는 각종 검보(臉譜)와 복장(服裝)이 진열되었고, 뉴욕의 '선화(鮮花)' 전람회에서는 특별히 '매란방화'이라는 이름을 붙이기도 했다. 매란방은 경극을 미국 관중의 마음에 뿌리내리게 했다고 해도 과언이 아니다. 40년 후 미국에서도 동방 경극 박사가 나왔으며, 「귀비취주」, 「봉환소(鳳還巢)」, 「옥당춘(玉堂春)」 등을 영어로 노래하게 되었다.

구소련 역시 화극(話劇) 예술에서 뛰어난 나라다. 그러나 1935년 매란방이 처음 소련을 방문하여 경극 공연으로 관중을 환상의 도가니로 몰아넣었다. 그는 모스크바 레닌그라드에서 두 번 공연하였는데, 공연 때마다 관중으로 가득찼고 스탈린과 정치 주요인물들이 출석하여 더욱 성대하고 열정적인 무대가 되었다.

매란방은 일생동안 경극예술을 미국, 영국, 프랑스, 독일, 소련, 일본, 인도 등 각지에 알려나갔다. 또한 이러한 나라들의 유명한 희극가, 작가, 시인, 화가, 가수들과도 우의를 다졌다. 그는 북경 무량대인 호동 5호(北京無量大人胡同5號)에 살았는데 20년부터 집에서 다화회(茶話會)를 열어 세계의 벗들을 80여 차례나 초대하였다. 1924년 인도 시성 타고르가 방문해 시 한 수를 선물하기도 했다.

경극은 안휘(安徽), 호북(湖北) 등 몇 개 지방의 극이 서로 융합한 산물이며 곤곡(崑曲), 고강(高腔), 방자(梆子)의 기교를 흡수하였다. 농촌에서 형성되었기에 향간(鄉間)에서 공연되었고 시작 시 징을 울리고 북을 쳐서 관중을 모집하였다.

매란방은 '양가집 규수와 무예에 뛰어난 여인[青衣火旦力馬旦]'의 기법으로 경극에 새로운 생명을 불어넣었다. 경극에 밝은 사람들은 주지하다시피 매란방이 나오기 전 봉건시대의 도덕은 '여인이 경극을 보는 것을 허락지 않는다[不準女性觀劇]'는 계율을 지켰다. 하지만 경극 감상이 현실화되면서 매란방의 양가집 규수와 무예에 능한 여인 연기는 더 많은 여성 관중을 끌어들였다.

2) 화극(話劇)

중국에서도 꾸준히 인기를 끌고 있는 공연예술 중 하나는 바로 연극 즉 화극(話劇)이다. 화극이란 노래가 중심이 되는 중국 전통극과는 달리 서구에서 유입된 대사 중심의 연극으로서 일본 유학생들로 구성된 춘류사의 「춘희」와 「아저씨의 오두막」

공연을 시발점으로 하여 이미 100년의 역사를 지니고 있다.

1949년 신중국 건립 후에는 중국청년예술극원, 북경인민예술극원, 중앙실험화극원 등 3개의 국립극단이 활동하면서「갈릴레오의 생애」,「벚꽃의 시절」등 외국작품을 연출하거나 또는 중국적인 작품들을 공연하였다. 이후 2001년에는 중국정부가 중국의 전통과 현대가 어우러진 연극을 발전시키기 위해 국립공연예술단체인 중국국가화극원(中國國家話劇院 NTC)을 건립하였다. 여기에서는 고전적인 방식과 실험적인 공연형식을 모두 아우르면서 중국과 해외 유수의 연극을 무대화하는 공연 창작 방식을 추구함으로써 세계적으로 인정받는 양질의 연극문화를 만들어왔다.

이후 최근에는 평차오 극장 등 민간차원의 공연단체들이 폭발적으로 증가하면서 화극을 중심으로 한 공연예술이 활성화되었다. 중국 문화부에서도 국가중점발전 문화산업 9개 분야 중 하나로 공연예술산업을 선정함으로써 공연예술 발전기금의 확대와 시범지구 건설 등을 통해 유능하고 창의적인 작가와 연출가들을 배출하는 등 급격한 전환기를 맞이하고 있다.

대표적인 작품으로는「생사장(生死場)」,「도화선(桃花扇)」,「조씨고아(趙氏孤兒)」,「절대신호(絶對信號)」,「붉은 장미 흰 장미(紅玫瑰與白玫瑰)」,「로미오와 줄리엣(羅米鷗與朱麗葉)」등을 들 수 있다. 그중 우리나라 국립극장에서 한중교류 20주년을 기념하여 공연한 바 있는 레이팅(雷婷) 각색 톈친신(田沁鑫) 연출의「로미오와 줄리엣」의 실험적 무대가 있었다. 여기서는 셰익스피어의 원작이 중국적인 모습으로 탈바꿈되고 재해석된다. 서양 고전의 배경은 불안과 혼돈의 시대인 문화대혁명 시기로 옮겨지고 베로나의 황금지붕은 강렬한 초록 지붕으로 바뀌어 무대를 채워나간다. 로미오와 줄리엣은 각각 홍위병의 선봉장인 노동자 계급을 대표하는 '공련파' 가문의 아들과 군인들의 자손인 '전사파'

의 핵심 세력인 주 사단장의 딸로 등장한다. 이 둘은 거스를 수 없는 혁명의 물줄기 한 가운데 놓이게 되지만 잔혹한 시대의 재앙 앞에서도 죽음까지 불사할 사랑으로 고통을 견디어간다. 극단적 상황에서 발생하는 청춘들의 순수한 열정과 파국의 과정이 문혁의 격동과 다르지 않음을 외치고 있다.

3) 민속음악과 대중가요

중국은 한족 중심의 음악이 오랜 역사와 전통을 이어가고 있는 동시에, 여러 민족이 섞여 살면서 다양한 음악이 공존해왔다. 4세기까지는 한족 고유의 음악이 발달하다가, 남북조 시기와 수와 당 왕조 시기에는 서역과 인도 그리고 멀리는 이란과 그리스로부터 외래음악이 들어오면서 음악은 풍성해진다. 그 후 오대와 송, 원을 거치면서 음악은 일부만이 보존되다가 명 이후 고전음악이 부활을 시도하였고 이후 근현대로 넘어오면서 대중음악으로 이어진다.

신화전설상으로는 복희와 신농이 금슬을 발명하고 황제가 음률을 정하고 순임금이 소곡을 만들었다는 이야기가 있지만, 실제적으로는 은대 이후 음악이 싹트면서 경(磬), 태고(太鼓), 토적(土笛), 소(簫), 금(琴), 슬(瑟) 등의 악기가 출현하였다. 주나라 때는 은의 음악을 이어받아 발전시켰고, 5현의 금을 7현으로 늘리기도 하였다. 춘추시대에는 아악과 음계의 기본인 궁상각치우 오성이 확립되었다. 한 대에는 장건이 서역에서 돌아오면서 비파(琵琶), 공후(箜篌), 통소(洞簫), 호궁(胡弓) 등을 수입해오면서 음악의 내용이 풍부해졌다. 그리고 후한과 삼국시대를 거치면서 인도에서 불교음악이 전해져왔다.

남북조 시기부터는 국제음악시대로 들어선다. 남조는 중국 고유의 아악과 속악을 이어갔지만 북조는 인도와 이란 문화의 영향으로 외래음악이 손질되었고 수나라와 당나라 시기에는 고려와 구자국, 천축(인도), 중앙아시아 등의 음악이 수용되면서 대규모의 음악이 연주되기 시작하였다. 당시 만들어진 진왕파진악(秦王破陳樂)은 화려하면서도 규모가 커서 멀리 인도에까지 명성을 떨칠 정도였다.

이후 금나라와 원나라에서 홍성한 원곡은 무대와 결합하면서 남곡과 북곡이라는 잡극으로 발전하여 새로운 국악시대를 열어간다. 명과 청 시기에는 고전음악인 아악의 부흥을 위해 시도를 하였고, 민간에서는 삼현(三絃), 목금(木琴) 등의 연주가 유행하였다.

중국 민속음악은 민족음악이라고 부르고 있는데, 관련 악기로는 위에서 언급한 악기 외에 두 개의 줄을 켜는 이호(二胡), 쟁(箏), 양금(洋琴), 생황(笙簧), 활을 사용하여 현을 키는 거문고 모양의 고쟁(古箏), 박판(拍板) 등이 있다. 우리의 민속악기와 유사하면서도 독특한 소리가 나며 대부분 서역에서 전래되어 온 악기들이다.

한편 대중가요도 중국인의 사랑을 받고 있는데, 그중에서도 영화와 연속극의 주제곡으로 우리에게 익히 알려진 「첨밀밀(甜密密)」과 「월량대표아적심(月亮代表我的心)」이 특히 애창되고 있다. 「첨밀밀(甜密密)」은 인도네시아 민요에 가사를 붙여 만든 곡으로서 대만 출신의 가요 여왕으로 7, 80년대에 인기를 한 몸에 모았던 등려군(鄧麗君)이 불러 히트한 곡이다. 가사는 다음과 같다.

달콤하게, 당신은 달콤하게 웃는군요.

甜密密 你笑得甜密密 (톈미미 니샤오더 톈미미)

봄바람에 꽃이 피듯, 봄바람에 꽃이 피듯.

好像花兒開在春風里開在春風里 (하오샹 화얼 카이짜이 춘펑리 카이짜이 춘펑리)

어디선가, 어디선가 당신을 본 적 있어요.

在哪裏 在哪裏見见過你 (짜이나리 짜이나리 젠구어 니)

당신의 웃는 모습 이다지도 낯익은가요.

你的笑容這樣熟悉 (니디샤오룽 저양 서우시)

잠시 생각이 나지 않네요.

我一時想不起 (워 이스 샹부치)

아! 꿈에서

啊 在夢裏 (아 짜이멍리)

꿈에서 당신을 본 적 있어요.

夢裏夢裏見過你 (멍리 멍리 젠구어 니)

달콤하게, 얼마나 달콤하게 웃는지.

甜蜜笑得多甜蜜 (톈미 샤오더 두어톈미)

당신, 당신, 꿈에 본 사람이 바로 당신이군요.

是你是你夢見的就是你 (스니 스니 멍젠더 지우스 니)

어디선가, 어디선가 당신을 본 적 있어요.

在哪裏 在哪裏見過你 (짜이나리 짜이나리 젠구어 니)

당신의 웃는 모습 이다지도 낯익은가요.

你的笑容這樣熟悉 (니디샤오룽 저양 서우시)

잠시 생각이 나지 않네요.

我一時想不起 (워 이스 샹부치)

아! 꿈에서

啊! 在夢裏 (아 짜이멍리)

「월량대표아적심(月亮代表我的心)」의 가사 내용은 다음과 같다.

당신은 내게 물었지 얼마나 깊이 사랑하는지
你問我愛你有多深 (니원워 아이니 여우두어선)
내가 당신을 얼마만큼 사랑하는지를
我愛你有幾分 (워아이니 여우지펀)
정도 진심이요 사랑도 진심이요
我的情也眞　我的愛也眞(워디칭예전 워디아이예전)
달이 내 마음을 말해주네요
月亮代表我的心 (위에량다이뱌오 워디신)

당신은 내게 물었지 얼마나 깊이 사랑하는지
你問我愛你有多深 (니원워 아이니 여우두어선)
내가 당신을 얼마만큼 사랑하는지를
我愛你有幾分 (워아이니 여우지펀)
정도 그대로요 사랑도 변함없어요
我的情不移 我的愛不變 (워디칭부이 워디아이부벤)
달이 내 마음을 말해주네요
月表代表我的心(위에량다이뱌오 워디신)

가벼운 입맞춤이 내 마음을 흔들었어요
輕輕地一個吻 已經打動我的心 (칭칭디이거원 이징다둥워디신)
깊은 감정은 지금까지 생각나네요
深深的一段情 讓我思念到如今 (선선디이두안칭 랑워쓰넨다오루진)
당신은 내게 물었지 얼마나 깊이 사랑하는지
你問我愛你有多深 (니원워 아이니 여우두어선)
내가 당신을 얼마만큼 사랑하는지를

我愛你有幾分 (워아이니 여우지펀)
생각해 보세요 한번 보세요
你去想一想 你去看一看 (니취샹이샹 니취칸이칸)
달이 내 마음을 말해주네요
月亮代表我的心 (위에량다이뱌오 워디신)

4) 서예와 왕희지(王羲之)

중국에서 서법이라고 불리는 서예는 중국의 글자체가 은 갑골문, 주 금문, 진 전문, 한 예서, 그리고 해서, 행서, 초서로 이어지면서 발전해왔다. 그동안 수많은 서예가들이 배출되었는데, 그중 가장 뛰어난 인물로는 역시 서성(書聖) 왕희지를 꼽을 수 있다. 산동 임기 출신인 그는 진(晋) 시기에 해서와 행서 및 초서 서체를 완성하였는데, 행서로 쓴 천하일품의 『난정집서』는 불후의 명작으로 평가받고 있다.

만년에는 은일 생활을 하며 유유자적하게 보냈다고 하는 그의 서체는 전아하고 기백이 있으며, 귀족적 기품이 높다고 평가받는다. 특히 중화의 미, 변화와 통일, 공간감각, 이성과 감성의 조화는 그의 서체의 특징이라고 말할 수 있다. 그의 서예를 본 사람들은 마치 구름이 흩날리는 듯 용이 꿈틀거리는 듯하다고 극찬을 한다.

왕희지는 거위를 가장 좋아했다고 전해진다. 거위가 수영하는 모습을 보고 붓을 놀리는 방법을 터득했기 때문이다. 즉 엄지는 거위의 머리, 검지와 중지는 거위의 두 날개, 무명지와 새끼손가락은 거위의 두 다리로서 붓에 들어가는 힘과 쓰는 방법을 거위의 신체부위가 수영하면서 나타내는 힘이나 동작과 연계시켜 풀어나갔던 것이다.

왕희지 가족에 관한 일화도 전해지고 있다. 왕희지가 출장을 가면서 아들에게 글씨 숙제를 내주고 길을 떠난다. 돌아와 그 솜씨가 어떤지 부인의 평을 물어보니, 부인은 아들의 서예 실력이 아직 보잘것없는데 다만 한 점만 남편의 글씨를 닮았다[唯有一点像羲之]고 말했다고 한다. 사실 그 점은 왕희지가 출장 떠나기 전 자신이 아들의 글씨에 써넣은 점이었던 것이다. 중국 최고의 서예가 4명의 장점이 합쳐져야 비로소 왕희지체가 될 수 있다는 정도로 유명한 왕희지의 부인 역시 서예에 대한 안목이 상당했음을 말해주는 고사이다. 왕희지의 아들인 왕헌지도 아버지와 함께 동진(東晉)의 이왕(二王)이라는 칭호를 받을 정도로 실력이 출중했다.

당대에는 행서의 대가인 안진경이 배출되었다. 안진경의 서체는 서예의 교과서라고 할 정도로 필체가 단정하다. 송대에 들어와서는 소동파와 황정견이 이름을 날린다. 특히 소동파의 필체는 구속이 없이 자유로우며 호방한 기질이 담겨있으며, 작품으로는 「적벽부」와 「황주한식시」가 전해지고 있다.

서예에 관심 있는 사람이나 서예가들이 꼭 들려야 할 곳으로 서안에 있는 비림(碑林)이라는 곳이 있다. 이곳에는 역대 명필가들의 글씨가 비석에 새겨져 있어서 서예 연구의 필수코스가 되고 있다. 그리고 서예를 처음 배우는 일반인들은 중국의 서예가 안진경의 서체를 기본 서체로서 학습한다.

5) 대중운동

중국의 전통적으로 내려오는 대중운동으로는 태극권, 아침댄스, 선무와 검무 등이 있다. 그중 중국의 대표적인 대중운동은 바로 태극권이다. 태극권은 과격하거나 동적인 것이 아니라 몸을 부드럽게 다스리고 조절하는 유연성에 역점을 두고 있어서 누구나 부담 없이 쉽게 배울 수 있다.

태극권은 양가식과 진가식이 있는데 우리 전통 무예인 선무도와 비교할 때 다소 박력은 떨어지지만 상당히 흡사하다. 특히 기 호흡과 유연한 동작 그리고 얼굴과 손의 자극을 통한 혈액순환 운동은 몸의 기혈을 다스리는 데 매우 효과적이다. 아침 일찍 공원에 나가서 태극권 무리 속에 들어가 강사의 동작을 따라하면 될 정도로 쉽게 접할 수 있는 보편적인 운동이다. 태극권과 유사한 운동으로는 외단공, 당랑권 등이 있는데 이 역시 배워둘 만하다.

한편 중국에는 고대로부터 기공이 발달하였다. 전국시대의 문헌인 『산해경』에 '식기(食氣)'라는 단어가 존재하는 것을 보면, 예전부터 기를 연마하여 신체의 리듬을 조절했던 기공이 성행했음을 알 수 있다. 『황제내경』과 『노자』에도 "정기를 호흡하고[呼吸精氣]"라는 기록이 보이고, 동진 시기의 의학가인 갈홍의 『포박자』에도 "식기(食氣), 탐기(呑氣), 인기(咽氣), 호흡(呼吸) 등 기를 운행하는 방법이 자세히 기록되어 있다. 남조 시기의 의학가 도홍경의 『양생연명록』과 당대 의학가 손사모의 『침중방』에서도 기공 중의 행기(行氣)에 대해 자세한 설명이 적혀있다.

또 다른 대중운동으로는 아침마다 공원에서 태극권과 함께 집단적으로 즐기는 아침댄스, 선무 그리고 검무가 있다. 중국의 아침문화는 바로 이러한 집단적인 건강체조로부터 시작된다. 그밖에 국민스포츠로서 탁구와 농구를 들 수 있다.

6) 방송언론문화

중국의 대표 방송국으로는 먼저 우리의 공영방송 KBS에 해당하는 중국중앙방송국(CCTV)이 있다. 전국망을 갖춘 이 공중파 방송국은 십여 개의 채널을 보유하고 있는데, 종합보도, 경제, 문화예술과 음악, 체육, 국제(해외용), 연속극, 군인과 농민 및 소수민족, 영화, 과학교육, 경극, 그리고 영어 채널 등 다양한 전문 채널로 구성되어 있다.

그리고 각각의 성(省) 정부에서 운영하는 방송국과 그 산하 시에서 운영하는 방송국들도 있다. 예를 들어 산동성 제남시에서 TV를 켜면 중앙 방송국 채널과 산동성 방송국인 산동대(山東臺) 그리고 제남시 방송국인 제남대(濟南臺)나 제로대(濟魯臺)와 같은 채널을 볼 수 있다. 이 밖에 유선 TV 채널을 합치면 그 수는 헤아릴 수 없을 정도로 많다. 중국 시청자들의 TV 언론매체 선택 폭은 무제한일 정도로 크다.

특이한 점은 최근 한국의 가요, 드라마, 그리고 영화를 여러 TV 채널을 통해 쉽게 시청할 수 있다는 것이다. 지속적인 한류(韓流) 열풍이 한국 프로그램의 수입과 방영으로 이어지고, TV의 한국 프로그램 방영이 또다시 한류를 이끌어가고 있는 것이다. 그래서 중국 친구들을 만나면 자연스레 한국 드라마 내용과 한국 연예인 이야기로 시간을 보낼 때가 많다.

신문의 경우 전국적인 망을 갖춘 인민일보(人民日報)가 있는데 국내판과 해외판이 있고, 지방마다 지역 신문이 발간되고 있다. 조간신문은 조보(早報), 일간신문은 일보(日報), 석간신문은 만보(晚報)라고 하는데, 조간신문은 별로 없고 대부분 일간이나 석간이다. 이밖에 다양한 인터넷 신문도 간행되고 있다.

그런데 중국의 언론매체를 접하다보면, 우리나라의 언론매체를 접할 때와는 달리 시끌시끌한 시위나 데모 또는 사회의 암울한 구석을 파헤치는 보도는 거의 없고 건전하고 희망적인 보도가 대부분이다. 정치 경제 모든 면에서 순조롭게 흘러가는 모습은 부러운 모습이지만, 또 한편으로는 그만큼 언론 통제가 심하다는 사실을 반영하는 것이기도 하다.

중국 언론매체에서는 공산당과 정부 관련 소식이 항상 일면 주요 뉴스를 장식한다. 서열에 따라 공산당총서기 겸 국가주석의 동태가 전면에 나오고, 이어서 총리와 전국인대상무위원장 관련 소식이 등장한다. 뉴스를 보면 중국 권력 서열을 파악할 수 있고 또 향후의 변화도 예측할 수 있다. 뉴스는 항상 총서기 등 중앙정부 리더들이 오늘 누구를 접견했고, 전국인민대회가 소집되었고, 어느 회사가 몇 억 달러의 외국인 투자를 유치했고, 어느 공장에서 썩는 비닐을 발명하였고, 해외에서는 어떤 일이 벌어졌고, 오늘 날씨는 어떠어떠하다 등의 내용으로 아나운서가 보도한다.

공장이나 회사의 신상품 소개와 사회의 모범 사례를 다루고, 실업자[下岗]의 재기 과정과 북경대에서 경비업무를 맡고 있는 여성의 꿋꿋한 일상을 소개하는 등 긍정적 측면을 다룬 프로그램이 대부분이고, 정부 비판적 보도나 민감한 정치이슈에 대한 논설은 찾아보기 힘들다. 과거 우리나라의 대한뉴스처럼 정부의 치적을 일방적으로 전달하고 홍보를 하는 모습을 연상시킨다.

중국 언론매체에서는 또한 공산당을 선전하고 홍보하는 프로그램을 자주 볼 수 있다. 예를 들면 '영원히 당과 함께(永遠跟黨走)'라는 공산당 행사를 그대로 실황으로 중계한다. 당이 곧 정부이다. 뉴스를 보면 사회의 밝은 면을 많이 보도하기 때문에 정서적으로 매우 긍정적인 영향을 주기는 하지만, 또 한편으로 보면 사회 현상에 대한 다양한 시각과 국민들의 요구가 애써 사장되고 다양한 언로가 제공되지 않아 사회가 편파적으로 흘러가는 등 부정적 영향이 더 클 수밖에 없다.

정치적인 문제에 대해서는 획일적으로 보도하는 언론의 태도와는 달리, 중국의 드라마에서는 매우 다양하고 적나라한 문제들을 다루고 개방적인 모습도 두드러지게 나타난다. 자오웨이(趙薇) 주연의 '깊은 정 내리는 비[情深深雨蒙蒙]', 저우쉰(周迅) 주연의 '귤이 익었네[橘子紅了]'와 같은 근현대기의 애절한 상황을 묘사한 연속극이 흥미를 끌고, 사회상을 다룬 경찰드라마도 인기가 높다. 경찰드라마에서는 사회의 어두운 면을 많이 다루고 있는데, 특히 공무원의 성상납과 조폭 비호, 성매매, 강간, 마약, 동거, 밀수, 부정부패, 부도덕, 가정폭력, 외도와 간통 등 사회의 적나라한 이면들이 그대로 담겨있다.

이는 즉 공산당과 정치권력에 대한 성역만 건드리지만 않으면, 기타 어떠한 선정적인 내용도 통제에서 자유롭다는 얘기다. 정치외적인 영역으로 시선을 돌리기 위한 작전이기도 하다. 이와 함께 측천무후에 관한 연속극「대명궁사」와 같은 작품은 당 왕조의 화려했던 기간을 재현함으로써 강대국으로 부활하고자 하는 꿈을 표현하고 있다. 이처럼 우리와는 조금 다른 중국의 방송과 언론 상황을 보면 장점도 많지만 정치 상황에 대한 언론의 획일적인 통제는 향후 체제변화와 함께 변화가 있으리라 생각한다.

7) 회화와 도자기

원시 그림의 기원은 100만 년 전 고대 바위벽에 그려진 각종 그림 문양으로까지 거슬러 올라간다. 암벽화나 암각화는 광서, 운남, 귀주, 사천, 서장, 신강, 감숙, 청해, 내몽고, 영하, 산서, 흑룡강, 강소, 복건과 대만 등지에서 골고루 발견되고 있다. 특히 암각화는 단단한 석기로 직접 화면을 두드려서 치는 고격법(鼓擊法), 고격법의 기초 위에 예리한 돌로 세밀하게 가는 마제법(磨制法), 그리고 금속을 이용하여 암석 위를 새기는 각화법(刻畫法)을 활용하여 석각을 완성한다.

하지만 정식 중국회화는 전국시대의 비단 그림에서 시작하였다고 여겨지고 있으며, 후한 시대에 신화전설의 내용이 담긴 고분 석실의 벽화가 그 원형 형성기였다고 보고 있다. 위진남북조 시기 때 회화가 본격적으로 등장하면서 석굴사원의 벽화 등 불교에 관련된 종교회화를 많이 그렸다. 그리고 동진 시기에는 고개지의「여사잠도」와「낙신부도」등 초상화가 인기를 끌었다. 수당 시기에는 중국 회화의 성취가 대단하여 400여 명의 화가가 활약하였는데, 그중 오도자의 성과가 가장 크다. 인물화와 벽화가 뛰어났으며 후에는 화성(畵聖)으로 불릴 정도로 그의 화단에서의 위치는 상당히 높았다.

오대를 거쳐 북송과 남송 시기는 고대 회화의 전성기로서 아름다운 경치를 묘사한 수준 높은 산수화와 화조화 및 풍속화가 흥성하였다. 특히 북송 시기의 화가인 장택단(張擇端)의 국보와 같은 그림인「청명상하도(淸明上河圖)」는 당시 수도였던 변경 즉 개봉의 풍경과 생활 모습을 사실적으로 묘사한 5미터 길이의 풍속화로서 불후의 명작으로 전해오고 있다. 현재 이 작품은 대만의 고궁박물원에 보관 중이지만 대만 박물관에서도 특별한 경우를 제외하고는 모조품을 전시하고 있을 정도로 국보로서 다루어지고 있다.

원대의 문인화, 그리고 명대의 독창적인 회화예술과 청대의 복고부흥의 경향을 거쳐, 현대에 이르러서는 사천성 내강 출신의 장대천(張大千)이라는 작가가 등장하면서 중국의 전통 회화는 다시 한 번 꽃을 피운다. 그의 대표적인 작품으로는 1944년 작품인 「홍하도(紅荷圖)」가 있다. 그는 돈황 벽화를 모사하고, 명산대첩을 사생하며 개성이 넘치는 발색의 경지를 이루어내기도 했다.

그 후 지금에 이르러서는 중국전통화화인 국화와 서양화가 서로 결합하면서 새로운 회화예술을 선보이고 있다. 북경의 예술거리인 798거리에서는 새로운 창작을 시도하는 실험적인 화가들이 새롭고 독창적인 현대 중국미술을 창조하기 위해 힘을 쏟고 있다.

한편 중국은 도자기 고국으로서, 8000년 전 신석기시대에 이미 도자기를 만들었다. 신석기 채도(彩陶) 중에는 섬서, 감숙, 청해의 앙소문화와 마가굴문화의 채도 예술이 뛰어났으며, 도자기 형태로는 그릇인 완(碗)과 분(盆), 잔인 배(杯), 밥그릇인 발(鉢), 항아리인 관(罐)과 옹(瓮), 병인 호(壺), 사발인 우(盂) 등이 있다. 절강의 하모도문화와 산동의 용산문화는 흑도(黑陶)가 뛰어났으며 반(盤)과 두(豆)의 형태가 추가된다. 상주 시기에는 회도가 주를 이루었고, 형태도 시루인 병(甑), 솥인 격(鬲), 술잔인 작(爵)과 고(觚) 등이 나오면서 더욱 풍부해졌다.

진한 시기에는 병마용과 같은 도소(陶塑)가 발달했고, 남북조 시기에는 화상전과 화문전이 발달하였으며, 당대에는 흰색과 황색 및 남색으로 구성된 인용(人俑), 마용(馬俑), 낙타용(駱駝俑)의 당삼채(唐三彩)가 도소예술을 새로운 경지로 끌어올리면서 송원 시기까지 유행하였다. 아울러 강소성 의흥(宜興)에서는 자사도(紫砂陶)가 송에서 명대까지 성행하였다.

한편 자기에 있어서는 송대에 이르러 청자 예술이 최고조에 달했고, 백자 역시 송대에 가장 성행했다. 당시 경덕진(景德鎭)에서는 청백 두 가지 색의 중간에 해당하는 색깔의 자기가 제작되기도 하였다. 청대에는 분채(粉彩) 자기가 제작되면서 색조 범위가 확대되기도 하였다.

8) 한류문화

2013년 초 중국 내륙 감숙성(甘肅省)의 거점도시인 란주시(蘭州市)에 위치한 란주대학 캠퍼스에서는 싸이의 음악에 맞추어 학생들이 말춤을 추고 있다. 우리나라 최신 가요들이 이어지면서 학생들은 연신 안무에 빠져들고 있다. 오늘날 중국 대륙에 존재하는 한류의 한 단면이다.

우리나라 대중가요와 드라마, 영화 등 대중문화 상품이 중국과 홍콩 및 내반을 강타하고 있다. 일본 그리고 멀리 이집트까지도 우리의 문화상품 열풍 속에 휩싸여있지만 '한류(韓流, Korean wave)'라는 단어가 탄생되고 그 열기가 시작된 곳은 바로 중국 대륙이다. 한류라는 용어는 중화권에서 발원한 후 베트남, 몽골 등 아시아로 확산된 것이다.

중국 언론매체에서는 중화권에서 대도시 청소년들을 중심으로 부는 한국 대중문화 상품이 인기를 끌고 주목을 받는 붐 현상을 한류라는 신조어로 표현하였다. 이 신조어는 2001년 홍콩의 「아주주간(亞洲周刊)」에 김희선을 표지모델로 삼고 '한류'라는 용어를 처음 사용하여 한국문화상품의 붐을 설명하는 기획특집을 다루면서 시작되었다.

한류 붐이 시작된 시점은 1990년대 말이다. 그 계기가 된 시점은 1994년 중국에 수출된 드라마「사랑이 뭐길래」가 인기리에 방영되면서부터다. 이후 청소년들을 매료시킨 HOT의 공연과 2001년 핑클, 베이비복스 같은 댄스 위주 가수들의 연이은 공연, 드라마를 통해 알려진 김희선과 이어지는 인기드라마 속 등장 배우들의 매력에 빠지면서 그 열기는 급속도로 확산되었다. 물론 국내 S기업이 전자제품을 많이 팔기 위해 안재욱이나 핑클 등 당시 대중스타들을 광고 전면에 내세워 영업이익을 극대화하는 전략을 취하면서 한류의 흐름이 조성된 측면도 없지 않다.

중국 진출 대중가수로는 이 밖에 NRG, 코요테, 이정현, 신승훈, 그리고 최근의 비까지 진출하여 활약하고 있다. 영화로는 전지현의「엽기적인 그녀[我的野蠻女友]」, 김희선과 성룡의「신화」, 장동건의「무극」, 드라마로는「순풍산부인과」,「사랑이 뭐길래」,「가을동화」,「겨울연가」,「별은 내 가슴에」,「모델」, 그리고 최근까지 TV에서 방영한「보고 또 보고[看了又看]」,「노란손수건[黃手帕]」,「인어아가씨[人魚小姐]」,「굳세어라 금순아[加油!金順]」,「대장금(大長今)」 등이 재방송을 거듭하며 시청자들의 환영을 받고 있다.

저녁 10시에 후난(湖南) 방송국에서 방영된 대장금은 특히 밤 시간대임에도 불구하고 47.8%라는 기록적인 시청률을 보였고, 그 인기를 타고 일반인들 사이에서도 한국의 전통요리와 한복 붐이라는 대장금신드롬을 낳았다.「대장금」 방영 시간대에는 채널 선택을 둘러싸고 가족끼리 실랑이가 벌어져 파경 직전까지 갔다는 부부가 생길 정도고, 상해에서는 '대장금', '신대장금', '신장금'이라는 간판을 내건 식당들도 생겨났다.「대장금」 주제가는 중국가수의 번안곡으로 재탄생하여 누구나가 흥얼거릴 정도로 확산되었다.

2006년 2월에 한국관광협회가 중국인 1만여 명을 상대로 한류에 대한 여론조사를 실시하였다. 응답자의 99%가 한국 드라마를 시청한 경험이 있으며, 그들 중 대다수가 10편에서 50편 사이의 드라마 작품을 보았다고 답했다. 한류 열기는 확실히 존재하고 있다.

한류의 영역도 확대되어 스포츠와 바둑에까지 미치고 있다. 이창호나 이세돌 등 바둑기사들의 근황이 기사로 보도되며, 중국 서점가에는 이창호, 이세돌 등 한국 바둑기사들의 기보나 바둑교실 해설서가 어김없이 꽂혀있다.

한류 현상을 타고 이제는 한국을 좋아하는 합한족(哈韓族)도 생겨나고, 한국 기업의 상품 이미지도 제고되어 판매 호조를 이루는 것으로 여론조사 결과 나타났다. 한류를 이끈 드라마의 영향으로 관광산업까지 호황을 누리고 있다. 관광객이 드라마 촬영지를 다녀가면서 숙박업, 운송업, 요식업의 매출이 눈에 띄게 증가하였나.

한국 드라마가 중국인의 마음을 사로잡으면서 인기를 끄는 요인으로는 우선 작품 완성도 여부를 떠나, 가족 간에 끈끈한 인정미와 서로를 배려한 마음, 그리고 가족의 가치를 표현하고 있기 때문이라고 중국인들은 말한다. 중국에는 현재 그러한 인정미 넘치는 가족애와 가족가치가 사라진지 오래라고 한다. 다음으로는 임금과 신화, 부부지간, 부자간 충절과 효 등 인간미가 드라마에 배어있고, 여성들은 전통에 대해 반항하면서도 가족 내에서 그 문제들을 해결해가려고 하는 모습이 보기 좋다고 평한다. 외출 시나 귀가 시에 어른에게 인사를 하는 광경이 사장되어 버린 중국과 대조되는 드라마 속 미풍양속과 예의범절도 좋아보였다는 것이다.

즉 20세기 서구의 근대화 문물과 문화굴레 속에서 채우지 못한 아시아인들의 심금을 유교적 전통에 문화적 뿌리를 두고 아시아 문화로서 새롭게 창조된 한국 드라마가 울렸다는 것이다. 중국 대륙에서는 문화대혁명으로 이미 없어져버린 유가사상을 한국 드라마 속에서 발견하고 그 보존의 양호함에 향수와 흐뭇함, 전통을 공유한다는 문화적 근접성을 느끼는 것이다.[一直保存得很好] 1949년 이전 세대들은 한국드라마를 보면서 자신들이 어린 시절 보았던, 또는 어린 시절 부모로부터 들었던 제사를 위시한 관습과 규범들이 기억난다고 말을 한다.

또한 한국 배우들의 연기가 생동적이고 연기력이나 연기 몰입정도가 중국배우들보다 훨씬 뛰어나고 드라마 구성도 흥미로우며, 댄스와 음악이 역동적이라는 반응도 종종 보인다. 한국 드라마 경향이 최근에는 사실적인 마무리보다는 「가을동화」나 「겨울연가」의 스토리 전개나 화면처리에서처럼 다소 현실과는 동떨어진 환상적이고 판타지적인 요소가 많은데, 그것이 신경을 곤두세우는 것이나 비극적인 것보다는 해피엔딩으로 끝나기를 바라는 중국인의 기호와 일치하기 때문에 이들 연속극에 호감을 갖는 것이다.

한류에 대한 계층 간 반응도 달라서 나이가 든 노인층은 옛날 자신들의 어린 시절 정서를 드라마를 통해 회고하고 대리만족을 느끼는 반면, 젊은 층은 힙합 등 대중가요를 추구하며 인기가수를 통해 만족을 느낀다. 부모들은 하나밖에 없는 자식을 위해 비싼 공연관람 티켓을 끊어준다.

한국의 근현대문화가 본질적으로 가지고 있는 역동과 활력이 한류를 만들었다는 견해도 일리 있는 시각이다. 즉 월드컵의 저력, 촛불시위의 저항성, 올바른 가치 지향, 쌍방향의 인터넷문화, 분단과 파행의 자본주의를 겪으면서 수많은 굴절이 내포된 한국의 총체적 사회문화가 한류의 흐름으로 폭발되어 나왔다는 시각이다.

양국 수교 후 한국기업들이 중국에 진출하면서 중국인들이 한국 브랜드의 가전제품과 자동차, 화장품 등에 쉽게 접촉하게 된 것도 한국문화상품에 대한 관심을 불러일으켜 한류 현상을 형성하는 데 도움을 주었다. 그리고 거꾸로 한류가 한국제품의 홍보에 공헌하는 현상도 일어났다.

한류를 가능하게 한 중국사회의 내부요인은 다음과 같다. 개방 후 중국 경제의 발전과 그에 따른 소득 향상, 대중문화 시장 형성으로 대중문화에 대한 수요의 급속한 창출, 사회주의 경제체제에서 자본주의적 시장경제체제로의 전환에 따른 문화의 상업화, 상업자본의 유입과 광고 수입원의 폭증으로 인한 대중매체 발전, 외국문화에 대한 개방정책, WTO 가입 후 더욱 가속화된 시장개방, 전국적인 시청이 가능한 상업적이고 개방적인 지방 위성TV의 활성화, 급성장한 중국 드라마시장의 존재와 중국산 대중문화상품의 공급부족, 93%의 TV 수신율, 한류 이전 대만과 홍콩 등 중국어권의 대륙문화시장 사전 형성, 조선족과의 공존을 통한 한국문화에 대한 용이한 이해, 선진국 대중문화에 대한 정서적 거부감에 대한 가교로서의 한국 대중문화 역할 등이 토양과 거름이 되었다. 1989년 천안문사태 이후 인민들의 관심을 다른 곳으로 바꾸기 위한 당국의 전략도 그 한 동인이 되었다는 견해도 있다.

이러한 한류 현상의 본질을 좀 더 자세히 짚어보면 먼저 한류가 중국의 대중문화상품 시장에서 차지하는 비율이 얼마나 되는지 주목할 필요가 있다. 막연히 한류 붐 속에서 중국 전체 계층이 한국 문화 상품만을 선호한다고 생각하는 것은 오해의 소치다. 한류 계층이 드라마 방영을 통해 확산되기는 했지만 일부 계층의 부분적인 현상으로 보는 것이 객관적일 것이다. 한류가 강세 흐름이라 하더라도 부분적인 영역에서 잠시 영향을 주고 있는 형국이다.

그 이유는 중국 현지에서 방영하는 프로와 공연들을 들여다 보면 한국 연예인에 주목하는 비율은 실제로 생각만큼 높지는 않다. 물론 한 연예인에 열광하는 모습은 있지만 중국대륙의 연예인과 타이완 홍콩 등 중화권과 일본 및 서양 연예인 팬들이 훨씬 많다. 프로그램 역시 이들의 공연과 관련 내용으로 장식되기 일쑤다.

한국프로 뿐만 아니라 중국 작품「不要跟莫生人說話」,「橘子紅了」,「不能沒有你」,「妻子」 같은 현실을 다룬 드라마와 기존 연예오락 프로그램 등 다양한 프로가 인기를 끌며 높은 시청률을 보이고 있다. 통계조사에 의하면 북경사람들이 선호하는 드라마는 중국산(37%), 구미산(28%), 대만 홍콩산(16%), 한국산(12%), 일본산(7%) 순으로 나타났다. 현재의 한류 현상에 대해 과소평가하는 견해에 대해 혹자는 근대화 과정 중 식민지배의 열등과 자괴감에서 자신감 없이 자신의 성취를 인정하지 못하기 때문이라는 비평을 하기도 한다. 하지만 과장된 평가도 역시 무리하는 지적이다.

한류의 문제점도 없지는 않다. 한 특정시대를 반영하는 연속극을 보고 전체 또는 현재의 사실로 오해하여 받아들이는 중국 시청자들이 많다는 것이다. "당신네 나라는 항아리를 아직도 이고 다니나?", "한국 사람들은 항상 커다란 그릇에 밥을 먹나?" 등 곡해에서 나오는 질문이 종종 있다. 눈을 껌벅이는 한국인을 본 중국인인 "한국 사람들은 모두 눈을 껌벅이나?"고 묻기도 한다. 한국 드라마 시청으로 한국을 후진적 사회로 인식하게 했다는 점이 다소 의외의 결과다. 문화 전달에 있어서 자칫 부정적 요인으로 작용하지 않도록 주의해야 할 대목이다.

그런데 걱정스러운 점은 최근 중국의 인터넷에 혐한류 또는 반한류의 기류가 만만치 않게 형성되고 있다는 것이다. 역사 분쟁, 올림픽개회식 프로그램 사전 누출 등이 겉으로 드러난 이유다. 중국 언론도 현재 한류에 대해 긍정적, 부정적 측면을 동시에 갖고 있다. 중국 정부 차원에서도 한류 드라마에 제동을 거는 듯한 반응이 나오고 있다. 내면적으로 들여다보면 중화주의의 자존심에 대한 타격과 그에 대한 반동으로 반한류가 일어나고 있는 것으로 보아야 한다.

따라서 중국에서의 한류를 지속시키려면 중국인의 정서에 부합하도록 노력해야 한다. 그들은 평소 민족 결집력이 우리보다 떨어진다. 하지만 한 번씩 감정에 휩쓸리는 정서를 갖고 있다. 중국이나 중국인을 모독하거나 무시하는 발언과 행위에는 배타적 애국 감정으로 폭발하는 성향이 있다. 자신들의 나라와 역사 문화에 대한 깊은 애착과 자부심 강한 중화사상을 갖고 있기 때문이다.

한편 한류가 자칫 일회성의 상업성과 문화패권주의와 과도한 내셔널리즘으로 흐를 가능성을 경계해야 한다. 한류를 좀 더 승화시켜 끊임없는 생산 고리를 이어가며 누구나 대화 소통이 가능하고 다원평등한 공존의 이념을 지향해야 한다는 목소리에도 귀를 기울여야 한다. 이제 한류는 눈앞의 금전적 이익을 추구하는 일방적 교류보다는 장기적인 이익과 안목에 바탕을 두고 쌍방향의 문화교류 전개가 쉽지만은 않지만 필요하다. 또한 대국적 견지에서 아시아적 동질성을 찾아가는 방향으로 전개되어야 한다. 비록 기업의 상업적 노림수에서 시작했다고 하더라도 그 흐름이 지속되는 이상 상업주의와 문화패권주의 그리고 과도한 민족주의를 넘어서 일회성 한류(寒流)로 소멸하지 않고 그 생산 고리를 이어가야 할 것이다.

8. 민속과 의식주문화

1) 새해맞이

과거의 안 좋았던 추억, 답답했던 시간들은 모두 지우고 건강과 복운, 평화를 갈구하려는 인간 공통의 소망은 새롭게 출발하는 새해 아침이면 더욱 강한 염원으로 바뀐다. 중국도 마찬가지로 새해 아침은 언제나 기대와 희망 속에서 맞이한다.

음력 새해아침은 '원단(元旦)'이라고 부른다. '원(元)'이란 으뜸을 뜻한다. 시간적으로는 한해의 첫 시작일인 1월 1일을 가리킨다. 그리고 '단(旦)'은 태양이 솟아오르는 모습을 본뜬 글자로서 아침을 의미한다. 원단은 즉 1월 1일 새해 첫날의 첫 아침을 의미하는 희망찬 단어이다. 한해의 계획과 목표, 그리고 소망을 기원하며 가족 간 사랑 속에서 희망의 미래를 설계하는 시간이기도 하다.

중국은 예로부터 농업중심의 사회였기 때문에 새해를 음력 정월 초하루로 계산하여 성대하게 치르곤 했다. '일년지계재어춘(一年之計在於春)'이라는 말에서 한해의 시작을 '춘(春)'으로 묘사하였듯이, 중국에서는 설날을 '춘절(春節)'이라고도 부른다. 1,500년 전인 육조시대부터 시작되어 잠시 중단되는 우여

곡절을 거쳐 다시 현재까지 맥을 이어오고 있는 축제기간이다.

춘절 기간에는 귀성인파와 교통대란으로 전 중국이 몸살을 앓기도 하는데, 설 전후 한 달의 기간을 춘운기간(春運期間)이라 하여 당국에서도 교통대책에 특별히 신경을 쓴다. 일반 가정에서는 설 전날에는 대청소를 하고 설빔을 준비한다. 그리고 밤을 새우면서 날이 새기를 기다리는데, 해를 지킨다고 하여 이것을 수세(守歲)라고 부른다.

설 첫날은 온 가족이 한데 모여 새해의 안녕을 기원하며 식구끼리 세배를 하고 아이들에게는 세뱃돈이 담긴 홍포(紅包)를 건네준다. 그리고 이웃과 상사나 동료 그리고 친척을 찾아다니며 "새해 인사드립니다[給大家拜個年]"라고 하며 인사를 나눈다.

새해가 되면 우리는 '입춘대길'을 써서 붙이고, 중국인들은 '春'자나 '福'자를 거꾸로 붙여놓는다. 봄 또는 복이 하늘에서 이미 내려왔다고 하는 과거형 의미를 부여하기 위해서다. 대문에 붙이는 '福'자는 명나라 때 주원장이 사람을 잡기 위해 각 가정을 수색하면서 문제가 없는 집의 대문에 '福'자를 써 붙인 것에서 유래가 되었다고 한다. 설날에 우리는 떡국을 먹고, 중국에서는 '니엔가오(年糕)'라고 하는 설떡을 먹는다. '가오(糕)'는 중국어 발음으로 '높다'를 의미하는 '가오(高)'자와 동일하다. 그래서 '니엔가오'는 매해 키가 쑥쑥 자라라는 의미도 지니고 있다. 만두를 의미하는 교자(餃子)의 '교(餃)'는 교체를 나타내는 '교(交)'와 음이 같아서 신구가 교체된다는 의미를 지니고 있다하여 니엔가오와 함께 먹는다. 식당에서도 설 전야에는 연야반(年夜飯)을 파는데, 제비집, 전복(鮑魚), 상어지느러미(魚翅) 등을 재료로 하여 만든 요리이다.

춘절을 중국어로는 '구어니엔(過年)'이라고도 한다. 전설에 의

하면 '니엔(年)'이라고 하는 괴물이 재앙을 가져다주는데 붉은 색과 큰 소리를 싫어하여 사람들이 매년 연말에 소리가 나는 붉은 색 폭죽을 터뜨려서 그 괴물로부터 안전을 바라는 의식을 치렀다고 한다. 그래서 설날에 가족친지를 방문하여 안부와 음식을 나누며 정감어린 시간을 보내는 풍습은 동일하지만, 조용한 우리나라와는 달리 중국은 시끌벅적한 모습이 재현되곤 한다. 설 기간도 우리는 3-4일 정도의 휴가 정도인데 비해 중국은 약 2주간으로 매우 길다.

우리와 다른 중국의 설 풍경으로는 묘회(廟戱)라고 하는 의식이 있다. 사천성의 농악무와 양길, 교예가 그 시초가 되는데 묘회가 거행되면 간식으로 과일에 설탕물을 녹여 바른 과일사탕 '빙탕후루'가 인기가 있고 여기저기서 사자춤도 벌어진다. 고대에 월지국 왕이 조공으로 사자를 증정함으로써 중국에 알려진 이후 사자가 용맹을 상징하는 동물로 평가되면서 이 춤이 시작되었다고 한다. 북경시민들은 새해 첫날 북경의 조양문 동악묘에 가서 접신(接神)을 하는 풍습도 있다.

반면 우리의 제사의례는 중국에서 거의 볼 수 없다. 더욱이 우리나라에서는 최근 연말에 해맞이 행사 현수막이 지역마다 걸려있는 새로운 풍속도도 볼 수 있는데, 이것도 또한 중국에서는 보기 힘든 광경이다. 우리나라와 중국의 새해 풍속은 유사하면서도 차이가 있지만, 행복을 바라고 평화를 염원하는 사람들의 마음은 동일하다.

2) 춘절 이야기

우리나라 학생이 중국 농촌가정에서 체험한 춘절 이야기를 다음과 같이 소개해본다.

중국생활을 시작한지 한 달여 지나서 춘절을 중국 농촌에서 지내며 생생하게 보고 체험할 수 있는 기회를 얻었다. 산동사대 가금영이라는 중국인 친구를 알게 되어 산동성 내주(萊州)에 있는 그 친구 집에서 5일간 보내게 되었기 때문이다. 처음 며칠간은 시골생활에 불편함도 있었지만, 시시각각으로 느끼는 문화적 차이에 흥미를 느낄 수밖에 없었다. 도착한 날부터 금영이 부모는 우리를 다정하게 맞아주셨다. 식사 때마다 그릇 가득 음식을 담아주시면서 조금이라도 불편해 할까봐 걱정하셨다.

이튿날에는 집 앞 장터를 구경하러 갔다. 설날 하면 떠오르는 폭죽 터뜨리기 장면이 여기저기 보였다. 폭죽 터뜨리기는 설날 최고의 놀이로서 2천여 년의 역사를 가지고 있다. 한해의 길상과 순리를 기원하는 동시에 악귀를 쫓는 기능을 한다. 그래서 그 해 집안 어른이 돌아가셨을 때는 폭죽을 터뜨리지 않는다. 요즘 도시에서는 위험하기도 하고 대기오염에 영향을 주기 때문에 금지하고 있고 농촌에서도 제재를 가한다고 한다. 그럼에도 폭죽소리는 섣달 그믐날 밤부터 새해가 시작되는 날 새벽까지 이어지면서 마치 전쟁터를 방불케 만든다.

오후에 금영이 작은아버지 댁에 가서 인사를 드리고 돌아와 금영이 어머니께 마작을 배웠다. 여러 모양의 플라스틱 조각을 이용하는 마작은 도박이지만 터득하고 난 후에는 어딘가 모를 뿌듯함이 느껴졌다. 금영이는 시집간 언니가 둘 있는데, 우리가 마작을 배우는 동안 그 언니들과 형부, 그리고 마을 사람들이 놀러 와서는 명절을 자기들 고향에서 지내러 온 우리에게 호기심을 가지고 여러 가지 질문을 하였다. 우리도 설날이 가장 큰 명절이고 세뱃돈도 있다고 하자 신기해하는 눈치였다.

다음날은 우리로 치면 '까치설날'이다. 식구들은 집안 구석구석을 청소하고 단장하느라 정신이 없다. 문 앞에는 양쪽으로 빨간 등을 걸고 빨간 종이에 거꾸로 된 복(福)자와 대구(對句) 글귀를 적어서 붙인다. 이 글귀를 대련(對聯) 또는 춘련(春聯)이라고 부른다. 춘련은 봄이 오는 것을 맞이하고 축복하는 의미를 가진 상서로운 글귀이다. 실내의 벽에는 연화(年畵)를 붙이는데 복을 가져다주고 아이를 점지해주는 관음보살의 그림이나 여유로움을 나타내는 여(餘)와 어(魚)의 발음이 같은 것에 착안해 물고기 그림을 붙이기도 한다. 역시 귀신을 쫓는 의미로 복숭아 나뭇가지를 침대 뒤나 가구 사이에 꽂는다. 정리가 끝나면 식구들이 모여 만두〔水餃〕를 빚는다. 북방사람들은 주로 만두를, 남방 사람들은 팥이나 고기 소를 넣은 탕원(湯圓)을 먹는다.

이날 저녁 8시가 되면 가족들이 모여서 '신년만회(新年晩會)'라는 TV프로그램을 본다. 이 프로그램은 다음날 새벽 1시까지 계속되는데 중국 최고의 인기 가수와 배우들이 출연해서 시청자를 즐겁게 해준다. 중국에도 제석수세(除夕守歲)라는 것이 있어 한 해의 가장 마지막 밤은 잠을 자지 않고 보낸다. 방안에서는 TV소리와 가족들의 웃음소리, 밖에서는 폭죽소리로 섣달 그믐날의 밤은 저물어간다. 자려고 했지만 밤새 들리는 폭죽 소리로 잠을 설쳐야했고, 새해가 밝으니 금영이 어머니께서 5시 반부터 만두를 먹으라고 우리를 흔들어 깨우셨다.

재미있는 것은 전날 만두를 빚으면서 몇 개를 골라 속에 동전이나 대추, 밤 같은 것을 넣는다. 그것들이 들어있는 만두를 먹는 사람은 돈도 많이 벌고 운수가 좋게 되는 것이다. 새벽에는 이웃들을 찾아다니면서 "구어니엔하오(過年好)"하고 새해 인사를 한다. 이것을 배년(拜年)이라고 한다.

이렇게 가정마다 식사를 마치고 나면 동네 친척들을 방문한다. 우리나라에서 새해 인사를 하게 되면 뭐든지 사들고 가고, 인사 받는 사람도 한 상 차려서 손님을 대접한다. 그런데 중국에서는 인사하러 가는 사람은 빈손으로 와서 인사를 하고 주인도 간단하게 사탕이나 땅콩 또는 호두를 대접한다. 그리고 5분 정도 아주 짧게 이야기를 나누다가 돌아간다. 이런 식으로 한나절에 20명 정도의 사람들이 다녀간다. 서로 부담도 없으면서 참 소박한 모습이다. 겉치레보다는 순수한 마음을 전달하려고 하는 모습이 보기 좋았다. 이런 새해 인사는 며칠 동안이나 계속된다.

5일간의 중국 농촌에서의 생활은 너무나도 값진 경험이었다. 다른 문화권 속에서 그 민족 최대의 명절을 가까이서 생생하게 보냈으니 말이다. 금영이 가족들과 친척들의 따뜻한 마음이 정말 고맙다. 기회가 되면 나도 외국 친구들과 함께 우리의 설날을 보내고 싶다.(김신비)

3) 기타 명절

음력 1월 15일 정월 대보름은 원소절(元宵節)로서 천하태평을 기원하는 연등놀이를 하기 때문에 등절(Lantern Festival)이라고도 부른다. 2,000여 년의 역사를 지닌 정월 대보름 행사에는 초롱불을 밝히는데 이는 길(吉)과 복(福)의 길을 밝힌다는 의미로 행해진다. 사원에서는 용춤과 사자춤을 공연하는 화회라는 전통 민간예술 공연을 한다. 각 가정에서는 참깨나 콩고물 등을 넣어 만든 찹쌀 알갱이인 원소 또는 탕원(湯圓)을 끓여먹는다. 원소는 찹쌀가루로 만든 동그란 떡 안에 각종 소를 넣어 만든 것으로 물에 끓여 먹는다. 원소절은 1년 중 첫 번째 달이 둥그러지는 날로 이날에 둥근 모양의 원소를 먹는 것은 가족이 한자리에 모인다는 의미가 있다. 원소절이 끝나면 폭죽과 함께 춘절의 대단원은 막을 내린다.

양력 4월 5일 전후의 청명절(淸明節)에는 성묘와 식목, 그네 타기와 연날리기 놀이를 즐긴다.

음력 5월 5일인 단오절(端午節)에는 전국시대 초나라 충신 굴원의 애국심을 기리기 위해 용주(龍舟) 경기와 대나무 잎으로 싼 찹쌀 음식인 종자(粽子) 먹기 등의 풍습이 있다. 전국시대 초나라의 굴원은 수도가 진나라에 함락되었다는 소식을 듣고「애(哀)」라는 시를 남기고는 멱라강에 투신하여 자살을 한다. 이날이 음력 5월 5일로서 후에 그의 애국심을 기리는 백성들이 용주 시합을 통해 당시 그의 시신을 찾아 배를 타고 나서는 모습을 표현하고, 종자를 만들어 먹음으로써 물고기들이 그의 시신을 해치지 않도록 종자를 던져 넣은 퐁습을 이어가고 있다.

음력 7월 7일은 견우직녀 고사에서 유래한 칠석으로 손재주를 겨루는 걸교(乞巧) 풍습이 행해진다.

음력 8월 15일은 우리의 추석에 해당하는 중추절(仲秋節)로서, 가족의 단합과 친목을 다진다고 하여 단원절(團圓節)이라고도 한다. 이날은 둥근 식탁에 가족이 모두 모여 달 모양이 새겨진 둥근 월병을 먹으며 일 년 중 가장 크고 둥근 달을 감상하면서 보낸다. 우리와는 달리 따로 공휴일로 정하고 있지 않으며, 월병의 소도 전통적인 사탕, 단황, 앙꼬 외에 멜론 등 다양한 재료가 들어가고 있다.

그리고 음력 9월 9일 중양절(重陽節)이다. 9는 양의 숫자로 9월 9일에는 양이 중복되어 양기가 최고조에 이른다고 하여 지어진 명칭이다. 이날은 국화주를 마시고 중양떡을 먹는 풍습이 한나라 때부터 내려오고 있다.

이밖에 국제노동자의 날인 노동절(5월 1일)과 국경일이 있는데, 전통적인 명절은 아니지만 일주일씩 쉬며 휴가를 즐기는 기간이다. 국경일은 중화인민공화국, 즉 신중국이 1949년 10월 1일 정식으로 선포된 것을 기념하는 날로서, 휴가와 여행을 떠나는 사람들로 온 대륙이 북적거린다. 한편 대만에서는 10월 10일을 국경일로 삼고 이날 대대적인 행사를 갖는다. 1911년 신해혁명 이후 중화민국을 건설한 날이기 때문에 이날을 쌍십절(雙+節)이라고 부르며 의미를 부여하고 있다. 그리고 국제아동절인 아동절(6월 1일), 부녀절(3월 8일), 청년절(5월 4일), 스승의 날인 교사절(9월 10일) 등의 기념일이 있다.

4) 결혼풍속

중국의 전통 혼례식은 주로 음력 2월경에 많이 거행했다. 봄은 만물이 소생하는 가절이니까 이때 결혼하면 다산과 풍요를 얻을 수 있다는 믿음 때문이다. 그리고 혼례 시간은 주로 저녁에 맞추었다. 여성의 생식원리와 동일한 달이 뜨는 시간인 동시에 음과 양이 균형을 이루는 시간과 부합하기 때문이다. 결혼의 '혼(婚)'자가 신부가 저녁 무렵 신랑을 받아들이는 모양을 나타내고 있고, 결혼을 뜻하는 '화촉(華燭)을 밝힌다'라는 말에서 '촉'은 불을 가지고 벌레를 잡는 저녁 상황을 표현하고 있다. 그래서 지금도 결혼식을 저녁시간에 잡는 경우가 적지 않다.

중국도 과거에는 다소 복잡한 혼례과정을 거쳤다. 먼저 남자측에서 의사를 밝히고 여자 측이 허락하면 정식 구혼을 하는 납채(納采), 여자의 성명과 생일을 묻는 문명(問名), 남자 측에서 점을 쳐서 길흉을 묻는 납길(納吉), 정혼을 선포하고 여자 측에 금전을 보내는 납징(納徵), 혼례일자를 잡는 청기(請期), 기러기를 앞세우고 신부 집에 가서 신부를 데려오는 친영(親迎)을 거쳤으며, 그 후에 마지막으로 집안에서 잔치를 벌였다.

과거 남녀 간 애정보다는 집안끼리의 중매나 빙금(聘金)이 오가는 매매혼 성격의 결혼이 많았지만 지금은 거의 대부분 자유연애를 통한 결혼을 하고 있다. 중국 대륙이나 대만을 막론하고 결혼예식도 상당히 간결하고 실질적으로 치르고 있다. 결혼 예식장은 주로 규모가 큰 일반식당을 빌려서 예식을 거행한다. 신부는 전통 원피스 복장인 치파오를 입고 신랑은 정장을 하고 현관에서 손님들을 맞이하며 사탕이나 초콜릿을 건네준다. 결혼식에서 건네는 사탕은 길함을 의미하여 희당(喜糖)이라고 부른다. 하객들은 축하 인사를 나누고 적은 액수의 축의금 홍포(紅包)나 선물을 전한다. 체면 때문에 액수를 많이 내는 일은 거의 없다. 흥미로운 점은 중국인들은 홀수보다는 짝수를 중시하기 때문에 축의금을 내는 경우 봉투 안에 20원, 40원, 60원 등 짝수 단위의 현금을 넣어 부조하는 관습이 있다.

식전 분위기를 고조시키기 위해 식장 밖에서 폭죽을 터뜨리는 동안 하객들은 식장 안에 배치된 둥근 테이블에 자리한다. 식이 거행되고 주례가 식당의 앞쪽에 마련된 단상 위에서 정식으로 성혼을 선포하고 나면 각 테이블에는 음식이 놓이게 되고 신랑신부는 함께 각 테이블을 돌면서 축하주를 돌리고 또 마시면서 하객들과 일일이 화기애애한 담화를 나눈다. 신랑신부는 하객에게 술을 따르고 담배를 권하며 식사 후에는 함께 춤을 추기도 한다. 중국에서는 하객들이 주로 가까운 친지로 이루어져 있기 때문에 가족적인 분위기 속에서 혼례가 이루어진다.

성혼 서약 때는 우리는 검은머리가 파뿌리가 될 때까지 서로 사랑할 것을 서약한다고 하는 반면 중국에서는 한술 더 떠 "지금의 현생과 다음의 내생까지 영원히 부부로 맺어지기를[今生今世, 來生來世, 永遠結爲夫妻]"이라고 서약한다. 식후 부부가 함께 할 신방에는 아늑한 분위기의 조부터 각종 장식들까지 온통 빨간 색으로 장식된다. 붉은 색은 악귀를 쫓아 준다는 믿음을 갖고 있기 때문이다.

개혁, 개방화되면서 중국에서의 국제결혼도 늘어나는 추세이다. 북경시 민정국(民政局) 통계에 따르면 국제결혼이 점차 증가하고 있으며 중국 여자와 외국 남자의 결혼이 대부분을 차지하지만 중국 남자와 외국 여자와의 결혼 비율도 점차 올라가는 있다. 최근에는 허니문 여행을 해외로 떠나기도 한다. 경제 여력이 별로 없는 부부들은 북방 사람인 경우 남쪽으로 여행지를 정하고 남방 사람인 경우 북쪽으로 여행을 간다. 하지만 아직까지 여건상 신혼여행을 떠나지 못하는 부부도 적지 않으며, 신랑 신부가 여건이 될 때까지 기숙사 같은 곳에서 각각 따로 사는 경우도 적지 않다.

중국인들은 결혼식을 치르는데 있어서도 실리적이고 실질적인 경향이 강하다. 자녀를 결혼시킬 때 빚을 내서라도 잘해주겠는가 아니면 형편에 맞게 해주겠는가라는 설문에, 대다수 중국인들은 현재 상황에 맞추어 있는 그대로 해주겠다고 대답한다. 체면과 형식 때문에 자신의 형편에서 벗어나 무리하게 빚을 내서까지 결혼식을 치루는 우리의 혼인문화와는 달리 무리 없이 실질적으로 필요한 곳에만 돈을 사용하려는 중국인들의 실용적 사고를 알 수 있다. 체면문화에서 비롯되는 허세와 하영 및 재정

부담과 결혼준비 갈등으로 인한 우리의 이혼증가 추세를 곱씹어보아야 할 것이다.

결혼과 함께 잠시 언급할 부분은 장례문화이다. 관혼상제의 전통 중에서 관 즉 성인식과 제 즉 제사의 예식은 거의 사라지고, 혼 즉 결혼과 상 즉 장례 예식만이 남아있다. 중국의 장례문화는 즉 화장 문화가 주를 이룬다. 역사적으로는 순장과 토장이 많았지만, 불교가 중국에 전래된 이후에는 불교문화의 영향으로 화장을 하기 시작했다. 중국대륙을 여행하다보면 고대의 봉분 말고는 무덤을 발견하기 쉽지 않은데, 이는 중국인들이 근대화 이후 매장 대신 화장 후 골분을 납골당에 안치하는 관습을 유지해왔기 때문이다. 대만의 경우에는 화장 후 골분을 묻고 주변에 미니하우스 같은 작은 구조물 즉 망자의 집을 짓는다. 그래서 길가에 조그마한 무덤집들이 옹기종기 세워져 있는 모습을 자주 목격할 수 있다. 돈 많은 사람들은 무덤집은 크고, 가난한 사람들의 무덤 집은 작은 점이 다르다.

5) 금기문화

중국에서 생활하다보면 금기(taboo)문화가 생활 속 깊이 침투되어 있음을 실감하게 된다. 물론 우리나라에도 금기문화가 존재하기는 하지만 중국의 금기문화 양태와는 차이가 있으며, 종류의 다양성에 있어서도 중국만큼 많지가 않다.

먼저 언어적인 측면에서 볼 때 적지 않은 금기가 있는데, 특히 병과 관련된 언어 금기가 많다. 예를 들어 우리는 상대에게 이야기할 때 자연스럽게 "안색이 좋지 않아 보이네요."라든가 "당신 병세가 좀 심각해 보이네요."라는 표현을 사용하는 반면, 중국에서는 이러한 표현은 금기시 되고 있다. 병에 걸린 상대방의 정서를 자극하고 놀라게 하여 더욱 의기소침하게 만들 수 있다는 생각 때문이다. 또한 중국에서는 병문안 갈 때 선물로 사과를 가져가지 않는다. 사과의 발음인 '핑구어'는 '병들어 죽다'를 의미하는 '빙구(病故)'와 발음이 유사하기 때문이다.

이밖에 상대방을 방문할 때 배를 신물로 가져가지 않는다. 그 이유는 배의 발음인 '리(梨)'가 이별을 의미하는 '리(離)'와 발음상 동일하기 때문이다. 다만 귤과 배를 혼합하여 가져가는 것은 괜찮다고 한다. 귤과 배의 중국어 발음인 '쥐리(橘梨)'가 '길하다'를 뜻하는 '지리(吉利)'와 발음이 유사하기 때문이다

숫자에 있어서 중국인들은 6과 8을 선호한다. 중국어 발음으로 '리우'와 '바'인데, 순조롭고 돈을 번다는 의미의 '리우(流)' 및 '파(發)'와 통하기 때문이다. 반면에 4와 7은 가급적 피하는 숫자이다. 4는 발음이 '쓰'로서 죽을 '쓰(死)'와 발음이 같고, 7은 화를 낸다는 의미의 '치(氣)'와 발음이 같기 때문이다. 또한 9는 술을 뜻하는 '지우(酒)'와 발음이 같기 때문에 길상을 추구하는 분야에서는 역시 피하는 숫자이다. 이밖에 중국에서는 축의금을 건넬 때 홀수 액수를 피하고 짝수 액수로 맞추어 준다. 물론 축의금은 길상을 의미하는 빨간 봉투로, 조의금은 흰 봉투로 건넨다.

음식에 있어서의 금기 또한 다양하고 우리와 다른 점도 많다. 중국음식은 영양적인 측면뿐만 아니라 식물의 물성(物性)을 양성과 음성으로 나누어 그 음양의 배합도 중시한다. 이러한 관념은 한의학의 기본원리인 음양오행과도 상통한다. 그래서 물성이 상반된 것은 함께 먹는 것을 꺼리며, 식물자체가 지닌 계절성 독성도 고려한다.

예를 들어 봄철에는 붕어를 먹지 않는데 이는 봄 붕어는 머리에 벌레가 있어 각기병을 악화시키기 때문이다. 그리고 여름에는 닭고기를 먹지 않는데, 이는 닭이 여름에 독이 많은 지네를 너무 많이 먹어 독이 체내에 쌓여있는 것을 경계하기 때문이다. 그리고 음식이 지니고 있던 자연속성이 그대로 전해져 온다는 속설을 믿고 곰의 심장과 표범의 담을 먹으면 용맹해지고 늙은 암탉을 먹으면 피부가 거칠어진다는 생각을 가지고 있기도 하다. 그리고 공자의 고향인 산동 곡부(曲阜)에서는 잉어[鯉魚]를 먹지 않는 금기가 있다. 공자의 아들 이름이 리(鯉)이기 때문이다.

음식금기 중에는 특히 접대에 관한 것이 많은데, 이는 손님의 금기와 주인의 금기로 나뉜다. 손님은 식탁에서 일어나 먼 곳의 음식을 집지 않고, 요리 접시를 깨끗이 비우지 않으며, 생선을 먹을 때는 뒤집지 않고, 음식찌꺼기를 개에게 던지거나 먼저 식탁에서 일어나지 않는다. 음식접시를 깨끗이 비우는 것은 음식이 모자란다는 의미이며, 생선을 뒤집는 것은 어선이 뒤집어진다는 연상 때문에 특히 어촌에서는 금기시된다.

주인의 경우에는 풍성한 요리를 차린 후, 손님에게 직접 젓가락으로 음식을 집어주고 술을 권하는 경주(敬酒)를 계속한다. 특히 산동지역에서는 환영 자리에 물만두를 끓여 내오지 않는다. 물만두가 산동방언으로는 '군단바오(滚蛋包)'라고 부르는데, 여기서 '군단'이란 '꺼져'를 뜻하는 발음과 같기 때문이다. 그래서 물만두는 환송 때만 나온다. 이밖에 손님은 국자나 주걱을 뒤로 젖혀 놓지 않는데, 이는 재복(財福)이 밖으로 나가는 것을 막기 위함이다. 주인은 손님보다 먼저 일어나지 않으며, 다 먹을 때까지는 빈 접시를 치우거나 행주질을 하지 않는다.

음식을 먹거나 나르다가 그릇이 깨지는 경우에는 바로 "세세

평안(歲歲平安)"이라고 말을 해야 한다. 이는 그릇이 깨지는 것을 중국어 발음으로는 '쑤이(碎)'라고 하는데, 이를 전환하여 계속 평안하라는 의미이면서 동일한 발음인 '쑤이(歲)'가 들어간 "세세평안(歲歲平安)"이라고 말함으로써 나쁜 징조가 오지 않도록 하려는 의도에서다.

후식으로 차를 마시는 경우, 차호(茶壺)의 주둥이가 아닌 손잡이를 손님에게 향하게 한다. 이는 주둥이가 향한 사람은 구설수에 오른다는 속설 때문이다. 또 배를 과일로 내오는 경우 두 사람이 하나의 배를 나누어 먹도록 하지 않는데, 이는 배를 나눈다는 의미의 '펀리(分梨)'가 헤어진다는 뜻의 '펀리(分離)'와 발음이 같기 때문이다.

상대에게 술을 권할 때에도 다 비운 잔에 채우지 않고, 중간에 첨잔을 계속 한다. 이렇게 조금 마시고 남은 술잔에 계속 술을 채우는 식의 주법은 술이 비면 논에 물이 마른다고 하는 속설 때문이다.

송별 인사를 할 때 일반적으로 가시는 길 순풍처럼 순조롭기를 바란다는 의미로 "이루순펑(一路順風)"이라고 말하는데, 비행기를 타는 사람을 환송할 때는 이 표현을 사용하지 않는다. 바람은 잘못될 경우 항공기 사고를 유할 수 있기 때문에 바람이라는 단어를 사용하지 않는 것이다.

색깔에도 금기가 있다. 중국인들은 백색과 흑색을 흉색(凶色)으로 여기기 때문에 혼례 등과 같은 길사에는 순백색이나 순흑색을 절대 금기하고 길함을 상징하는 붉은색을 사용한다. 위에서 언급했듯이 축의금 역시 '훙바오(紅包)'라고 불리는 붉은 봉투에, 조의금은 '바이바오(白包)'라고 불리는 흰 봉투에 담아 전한다. 그래서 우리처럼 축의금을 흰 봉투에 담아 전하면 중국인들은 당혹스러워 한다.

6) 건축과 주거문화

중국 건축물은 수천 년의 시간을 지나오면서 다양한 형태로 변모하며 이어져왔다. 중국 3대 건축물인 만리장성, 천안문, 그리고 천단의 기년전(祈年殿), 3대 정원인 왕실 별장 이화원, 유원 그리고 하북성 승덕(承德)의 피서산장(避暑山莊),[60] 3대석굴인 운강, 용문, 그리고 돈황 석굴, 강남의 원림건축물인 졸정원(拙政園)과 예원, 3대 궁중건축물인 고궁, 대묘, 대성전, 왕묘인 진시황릉[61]과 명 13릉, 산서성 오대산의 불교 사원과 대안탑, 호구탑, 고대중국의 모습을 갖춘 장안성 등 다양한 고대 건축물들은 헤아릴 수 없을 정도로 많이 있다.

건축이란 인간의 삶을 담는 그릇이기 때문에 그 시대의 문화가 반영되어 있으며, 중국 건축양식에도 지역별, 시대별로 다양한 정서가 담겨있다. 우선 궁궐에서 민가까지 거의 모두 예제와 밀접한 관계를 맺고 있다. 중국은 전통적으로 씨족과 혈연의 종법 관계로 연결되어 있기 때문에 삼강오륜과 종속관계의 개념이 건축에 담겨있다. 예를 들어 황제가 거주하는 곳만이 노란 금색을 사용할 수 있는 것은 엄격한 신분 구분을 위한 것이다.

건축물들은 완전한 좌우대칭 구조를 이루어 균형감을 준다.

60) 중국의 피서산장은 전염병 환자와 접촉을 피하고 전염을 막기 위해 우리나라 경회루처럼 사면이 물로 둘러싸여 있다. 당시 전염병에 대한 치료 의술이 부족한 상황에서 비교적 과학적인 건축물로서 보완하고자 했던 당시 사람들의 기지를 느낄 수 있다.

61) 진시황릉은 지하탐사결과 수은함유량이 상당히 높은 것으로 파악되었다. 수은이 어마어마한 규모의 진시황의 지하 묘에 있다는 기록을 증명하고 있다. 수은이 자칫 지하수로 스며들 것을 걱정하여 현재까지 개발을 못하고 있다고 한다. 진시황의 용의주도하면서도 사후에도 세상을 지배한다는 생각은 진심이었던 것으로 보인다.

가운데 사각형의 마당을 중심으로 이루어진 기본 공간단위가 전후좌우 확장되어 사합원 형태를 이루기도 하고, 좌우 대칭구조와 남북중축으로 형성되기도 한다. 이는 전통적인 종법을 표현하는 방식인 것이다. 9천여 칸의 자금성도 칸이라는 공간이 확대된 사합원이 복잡하게 얽혀져 만들어진 것이고, 좌우 대칭하에 남북으로 긴 축신은 황세의 권력과 힘을 상징적으로 나타내고 있다.

장안성 등 옛 성의 남쪽 성문인 남문은 예로부터 손님을 맞는 곳으로 이 문을 통해 북문으로 향하기 때문에 예의지문으로 표현했다. 우리나라 서울 남대문의 옛 이름이 왜 숭례문(崇禮門)인지를 짐작해 볼 수 있는 대목이다.

또한 자연의 법칙과 사회질서를 상호 조화로운 관계로 연결한 『주역』에 근거하여 건축을 한다. 폐쇄적 구조를 강조한 객체에 치중한 서양 건축과 달리 객체의 형태와 자연환경과의 조화를 강조하고 있다. 예를 들면 궁중 건축물들 모두 음양오행에 근거하여 오방, 오색, 오시, 오음, 오미 등 오행에 맞추었다. 방향과 오색토 칠과 같이 색의 배정도 철저하게 지켰다.

자금성의 색은 황색으로서 황제가 중앙에 위치함을 나타내고, 청색과 황색이 상극이기 때문에 푸른 나무가 없는 형태로 이루어진 것이다.[62] 중국 건축은 대부분 나무를 재료로 사용하였는데, 오행 중 나무만이 생명체이기 때문에 살아있는 사람이 사는 곳에는 나무를 사용하였던 것이다.

영화 「와호장룡」의 배경이 되기도 했던 안휘성 황산의 가옥

62) 음양오행에 의하면 목(청)-화(적)-토(황)-금(백)-수(흑)로 중앙에는 노란색이 자리한다. 그래서 과거에는 황제와 공자 가족 및 사찰에서만 노란 금색 사용을 허가하였다. 또한 목(청)과 토(황)는 상극이 되므로 중앙의 황제가 위치한 곳에는 푸른색의 나무를 심지 않았다.

들은 마당을 양(陽)으로 보아 마당 위 지붕을 뚫어 하늘로부터 양기를 받을 수 있도록 구성하였다. 또한 하늘에서 내려오는 양기를 충분히 받을 수 있도록 마당에는 식물을 심지 않았다.

북경의 천단 기년전에 금속 꼭지가 달린 3층의 둥그런 처마는 마치 천체와 서로 이어져 일체가 되는 듯한 느낌을 준다. 땅 위의 건축과 하늘이 연결된 듯한 느낌을 줌으로써 하늘에 제사지내는 제단의 역할을 강조하고 있다. 하늘과 땅의 자연스런 연결이 돋보인다.

중국인들은 고대로부터 건축물이 들어서는 터를 잡는 데 대한 기준과 인식이 엄격했다. 음양오행에 기초한 풍수사상은 건축의 입지와 경관, 배치에 적지 않은 영향을 미쳤다. 좋은 위치를 택하기 위해 노력을 아끼지 않았다. 예를 들면 남경 외곽의 자금산에는 명 효릉과 석상[將軍像], 국부 쑨원(孫文)의 묘, 그리고 오나라 손권의 묘가 안치되어 있다. 이렇게 많은 묘와 건축물이 모여 있는 이유는 바로 그 터가 동으로는 용의 형세이고 서로는 호랑이 형세이기 때문이라고 한다. 서안의 진시황릉의 터 역시 사람의 뒤에 여산(驪山, 검은 말을 뜻함)이 있고, 앞에는 위하(渭河)가 있으며, 우측에는 황금, 좌측에는 옥이 많이 생산되는 곳이다. 진시황릉을 중심으로 동쪽에 병마용이 자리하고 중간에는 국보1호 급에 해당하는 청동마차가 발견되었다.

배산임수, 즉 친산근수(親山近水)의 명당자리에 대한 그들의 깊은 애정과 집착을 느낄 수 있다. 지형적 요소가 부족한 곳에서는 이를 보강하기 위해 물길을 내기도 하고, 나무를 심기도 하면서 풍수지리 요소를 대체하기도 하였다.

생활방식의 변화는 주거문화의 변화로 이어지기도 한다. 당오대 이전까지는 좌식 생활습관이 보편적으로 이어져오다가 명청 시기부터 의자, 침대 및 가구가 들어오면서 입식생활로 변했고 이에 내부공간과 창의 크기와 높이 등 건축물의 입면에도 변화가 왔다. 따라서 무릎을 꿇고 앉거나 양반다리를 하는 좌식생활이 그들에겐 상당히 불편한 일이 되었다. 그래서 길을 다닐 때는 휴대용 입석의자인 X자 모양의 나무의자를 들고 다니다가 앉고 싶을 때 의자를 펴고 앉는다. 우리나라를 처음 방문한 중국 손님은 좌식 음식점을 불편해한다. 우선 배가 눌리고 다리에 쥐가 나니 벌을 서는 느낌이고, 그래서 기댔다가 앉았다가 일어서기를 반복한다. 단기간 방한하는 중국인에게는 의자를 마련해 두는 배려가 그래서 필요하다.

강남과 강북 지역의 건축 양식도 사람들의 지역적 특성 때문에 서로 다르다. 강남의 강소성 소주, 절강성 항주 지역의 가옥은 지붕의 끝 부분이 하늘을 향해 솟아오른 모양이 이채롭다. 처마곡선이 하늘로 높게 치켜 올라간 모양은 남방인들의 경쾌하면서도 생기 있고 활달한 성격을 잘 보여준다.

소주의 졸정원이나 사자림(獅子林), 유원과 창랑정, 1559년에 건립된 개인화원인 상해 예원 등에서 공통적으로 느끼는 강남 정원의 풍격은 설계가 정교하고 배치가 세밀하다. 정원 건축 전체가 주는 맑고 그윽하며 수려하고 영롱한 모습이 특징이다. 정자 안에서 각양각색의 문과 창문을 통해 본 바깥의 모습은 춘하추동과 자연현상의 변화를 느낄 수 있도록 한 폭의 동양화처럼 설계되어 있다. 창밖으로 보이는 대나무와 암석의 기이함은 마치 미지의 자연세계로 인도하는 듯한 느낌을 준다. 작은 물건 속에서 큰 세계를 보도록 유도하는 지혜가 돋보인다.

물 위에 떠있는 듯한 정자와 회랑의 청담, 소박, 질박, 무화의 느낌은 정(靜) 속에서 동(動)을 깨닫게 한다. 강남 정원 건축문화예술을 통해 당시 강남인들의 세심하고 아기자기하면서도 정교한 마음을 읽을 수 있다.[63] 강남의 원림건축은 대칭구조와 현실적 속박에서 벗어나 나무와 벽돌, 그리고 석조 장식이 어우러지며 자유로운 공간을 만들어내고 있다. 하늘과 사람이 하나라는 천인합일의 사유가 배어있다.

북방은 추운 날씨 덕분에 캉이라고 하는 온돌구조가 존재하나 남방에는 없는 것이 남북의 차이다. 북방 지역의 건축물은 규모 면에서도 남방보다 큰 것이 특징이다. 기록에 의하면 서안 공항 근처에 위치했었다고 추정되는 아방궁은 남북 50킬로미터로 거대한 규모였다고 한다.

특정 지역의 지역적 특색으로는 안휘성 휘주 상인들의 건축양식을 들 수 있다. 이 지역 가옥들은 청기와와 흰색 벽이 특징이다. 장사를 하는 데 있어서 절대로 속이지 않고 청렴하고 정확하게 한다는 의미를 지니고 있다. 진상(晋商)과 더불어 중국 2대 명문상인의 가문다운 모습이 건축에 나타난다. 겉은 수수하면서도 실내는 화려하게 꾸밈으로써 중국인들의 실속을 따지는 경향을 반영하기도 한다. 실내 침실의 복(福), 수(壽), 녹(祿), 희(喜) 등의 글자는 현실가치를 추구하는 심리를 읽을 수 있다.

이와 함께 황산 둔계시에는 패루(牌樓) 즉 패방(牌坊)이 많이 보인다. 포상현상서방(鮑象賢尙書坊), 절효방(節孝坊), 효자방(孝子坊) 등 충신과 열녀 및 효자를 기리는 기념문으로 당시 중국인들의 훌륭한 선조와 효자, 그리고 열녀에 대한 존경심과 윤리 관념을 동시에 엿볼 수 있다.

---

63) 정원을 만드는 데는 조산(造山), 수석(樹石), 수경(水景), 식목(植木), 화계(花階), 루정(樓亭)의 순으로 만든다. 그리고 음양의 조화, 동정의 조화, 분취의 조화, 자력과 타력의 조화, 그리고 기세의 원리를 따져가며 배열한다. 즉 중국의 강남 원림은 자연을 아름답게 만드는 방식을 표현하고 있으며 자연과 건축의 만남, 인간과 자연의 만남이 구상되어 있다.

한편 남경에 쑨원의 무덤이 있는 중산릉 건축물들의 지붕은 예외 없이 파란색으로, 벽은 흰색으로 칠해져 있다. 국민당의 청천백일기 모양처럼 파란색은 박애와 민주, 민권, 그리고 민생을 상징하며 자본주의적 색채가 짙게 나타난다. 대만의 장제스를 기념하는 중정기념당 모습과 흡사하다.

소수민족의 거주지역에는 나름대로 특이한 주거양식이 나타난다. 북쪽 내몽골 초원지대에는 지지대를 세우고 천막을 씌워 형성한 '멍구바오' 또는 '게르'라고 불리는 가옥이 있다. 초원을 이동하며 생활하면서도 머문 곳을 황폐하게 하지 않고 땅을 존귀하게 여겨 파거나 해치지 않고 자연 상태로 보존하려는 그들의 자연관이 깊게 배어있다. 황토고원의 주민들은 동굴 흙집에 산다. 그 지역 자연환경에 맞추어 겨울에는 따뜻하고 여름에는 시원한 토양의 특성을 최대한 이용한 것이다.

서남 소수민족인 동족(侗族)의 고상건축은 습기가 많고 침수가 잘 되는 지역 상황을 고려하면서 독사나 독충의 피해를 막기 위해 바닥이 지면에서 분리되어 지어진다. 고상거주는 지상의 자연환경을 훼손하지 않고 집이 사라져도 자연은 그대로 남기 때문에 친환경적인 멍꾸바오처럼 자연과의 조화로운 삶을 추구하는 정신이 깃들여있다. 또한 마을마다 광장이 있어서 자신들의 공동체적인 삶과 유대관계의 긴밀함도 보여준다.

대도시의 현대식 빌딩들은 중국 전통 건축양식과는 또 다른 풍격을 지닌다. 북경 왕부정이나 상해 포동지구와 남경로 등 도심 번화가의 현대식 건축물과 산동 연대와 위해 해변을 중심으로 펼쳐지는 휴양도시의 빌딩들, 청도의 별장식 건물들은 각각 모양이 다르고 개성을 강하게 추구한다는 점이 특징이다. 연대는 시정부 차원에서 같은 모양의 건물을 짓지 못하도록 규제한다. 그래서 건물 모양새나 구조, 그리고 높이 뻗은 지붕의 다양한 모습으로 눈길을 모은다. 밤이면 지붕 쪽을 향해 조명을 쏘아올림으로써 야경의 화려함을 극대화시킨다. 조명과 건축이 아름다운 하모니를 창조하는 것이다. 이처럼 중국의 현대식 빌딩은 나름대로 다양한 테마를 이야기하듯 우뚝 서있다.

건축물의 형태를 보면 당시 사람들의 지혜도 엿볼 수가 있다. 예를 들어 서안의 옛 성곽은 성벽이 사각형 모양이면서도 동서남북으로 각각 하나씩 튀어나오도록 지어졌는데, 이는 이른바 옹성(甕城)으로서 적이 쳐들어오면 미로처럼 포위하여 적을 꼼짝없이 만든 후 화살 공격 유효거리 내에 쌓아올린 성벽 위에서 공격할 수 있도록 설계된 것이다.

흥미로운 점은 이러한 옹성 양식은 당시 중국에서 고구려 성곽 모형을 벤치마킹하였다는 것이다. 또한 성 밖으로는 하천이 흐르는데, 이 하천은 전쟁 시에 기름이 흐르는 천으로서 적이 공격할 때 불을 질러 성으로의 진입을 막는데 사용했다고 한다. 성벽과 하천 거리는 120미터 정도로서 화살이 미치는 유효거리를 넘는다. 당시 빈번했던 전쟁에 대비한 그들의 일념이 건축물 구조 하나하나에 잘 나타난다.

만리장성은 불가사의한 건축물 중 하나로 꼽히지만 산서성 항산(恒山)의 현공사(懸空寺) 역시 볼수록 불가사의하다는 느낌을 주는 건축양식이다. 지상에서 100 내지 150미터 정도 높이의 돌산 낭떠러지에 붙여놓은 듯 걸려있는 사찰의 모양새는 절로 탄성을 자아내게 한다. 위진남북조시기인 북위 시대에 왕의 지시에 의해 도교, 유교, 그리고 불교를 결합하여 지은 사원인 현공사는 하늘에서 가장 가까운 곳에 짓고자 하는 의도에서 만들어졌다. 사찰을 높게 지으면 하늘과 가까워지고 종교적 경외심을 유발시킬 수 있다는 순진한 발상이지만, 오로지 나무만을 사용하여 나무기둥 3분의 2를 낭떠러지 안쪽에 박고 그 위에 건물을 지었다는 점에서 대단한 평가를 받는다. 지붕 위로는 낭떠러지가 튀어나와 있어 일광이나 바람, 그리고 비로부터 영향을 적게 받아 보존상태가 대체로 양호한 편이다. 이를 통해 당시 중국의 건축기술 수준도 엿볼 수 있다.

중국의 건축문화도 도시화와 함께 많은 변화를 겪고 있다. 중국은 전통적으로 사합원(四合院)이라고 하는 'ㅁ'자 형태의 민간주거양식을 이어왔다. 정원이 가운데 있고 동서남북으로 건물이 있는 형태로서, 여기서 혈연관계가 없는 몇몇 가족이 모여 정원을 가운데 두고 생활하였다. 문은 대문과 두 번째 문으로 나뉘고 바깥과 안쪽으로 나뉘며, 바깥에는 객실과 창고 등이 있고, 안쪽에는 거처하는 방들이 있다. 그리고 가운데 쪽 방에 연장자가 거처한다. 가옥 내 사람들은 서로 핏줄은 다르지만 고락을 함께 하고 좋은 관계를 유지하며 인정을 나누었다.

북경의 옛날 골목 후통[胡同]을 거닐다보면 이러한 청대 건축양식을 많이 보게 된다. 이는 유가사상에 기초한 중용과 조화를 숭상하는 실학관념, 상유유서에 기초한 계급의식을 나타내는 대표적인 민가구조라고 할 수 있다. 대부분의 전통 가옥들을 보면, 악을 물리치고 집안에 복을 가져다주며 개개인이 장수할 수 있기를 바라는 마음에서 집안의 대청마루의 우측 기둥에 "복여동해장류수(福如東海長流水)", 좌측 기둥에 "수비남산불로송(壽比南山不老松)"이라는 글귀를 적어놓는다. 즉 동해 바다의 물이 오래도록 길게 흐르듯이 항상 복이 다가오고, 남산의 늙지 않는 소나무처럼 장수하기를 비는 문구인 것이다. 행복을 갈구하는 사람들의 심리를 느낄 수 있다.

하지만 1949년 공산당 집권 후 평방(平房)이라는 이름의 공동

주택으로 주거문화가 바뀌고 이후 현대식 빌딩이 들어서면서 전통 양식의 사합원은 서서히 자리를 물려주고 자취를 감추고 있다. 조화와 평등, 그리고 화해의 상징인 사합원을 대신하여 점차 편리성과 합리성을 추구하면서도 개인적이고 비환경적인 고층아파트가 그 자리매김을 하고 있다.

7) 음식문화

(1) 다양한 요리와 식사법

중국은 음식천국이다. 사람 빼고는 다 먹을 만큼 요리 종류가 풍부하고 조리법도 다양하다. 예를 들어 면이나 두부로 만든 요리만 해도 수백 가지가 넘는다, 색, 향, 미, 형과 함께 영양도 추구하기 때문에 그들의 식사법은 상당히 미학적이고 과학적이며, 항상 음식을 중요시하여 풍성하게 만들어놓고 즐기면서 먹는 편이다.

중국대륙은 광활하고 지역마다 기후가 다르기 때문에 생산되는 물산도 각각 다르다. 더욱이 경제 문화 환경의 차이가 오랜 기간 영향을 끼치면서 지역마다 색다른 음식문화를 형성하였다. 크게는 산동의 노채(魯菜), 산동 요리의 영향을 받은 북경의 경채(京菜), 사천의 매운 천채(川菜), 해산물과 기이한 재료를 이용하여 담백한 맛을 내는 광동의 월채(粵菜), 강소성 상해와 소주 등지의 소채(蘇菜)를 포함한 강소요리인 회양채(淮陽菜), 호남지역의 상채(湘菜), 그리고 절강, 안휘, 복건 요리 등을 꼽을 수 있다.

산동요리 노채(魯菜)는 제남과 교동 두 지역에서 주로 형성된 지방요리로서, 바다에 근접해 있기 때문에 해산물 요리가 유명하다. 조개류인 합(蛤), 복어인 해돈(河豚), 해파리인 해철(海蜇), 개불인 해장(海腸), 생선대가리인 어두(魚頭), 조기인 황화어(黃花魚) 등의 해산물로 만든 요리가 많다. 청도(青島)에 간다면 맛있는 폭해삼(爆海參)과 변발모양 생선(辮子魚)을 즐길 수 있다. 특히 덕주(德州) 지방의 오향배계(五香扒鷄)는 뼈까지 통째로 먹을 수 있도록 부드럽고 쫀득쫀득하다. 이 지역 사람들은 음식을 약간 짭짤하게 먹는 습관이 있다.

북경요리는 일명 경채(京菜)라고 하며, 원래는 산동요리의 영향을 받아 발전하였다. 한랭한 기후로 인해 추위에 견디기 쉬운 고칼로리 음식이 발달하였는데, 강한 화력을 이용한 볶음이나 튀김요리가 많은 편이다. 북경의 궁중요리는 요나라와 원나라 시절 중국의 수도였던 북경지역에 산동, 동북, 그리고 몽골을 포함한 지역요리들이 전해진 후 고유의 맛과 결합되면서 만들어졌는데, 대표적인 궁중요리로는 만한전석(滿漢全席), 전양석(全羊席), 연외(燕窩), 어시(魚翅), 어누(魚肚) 등이 있다.

북경의 대표적인 요리로 패킹덕(Peking Duck) 즉 북경오리구이[北京烤鴨]가 있다. 미국의 닉슨대통령이 방중 시에 먹어서 더욱 유명해졌으며, 북한의 김정일 위원장의 북경 방문 시에도 오리구이를 시식한 바 있을 정도로 대표적인 북경요리다. 최근에는 전취덕(全聚德)과 같은 체인점이 많고 전국적으로 분점도 많으며 가격도 한 마리 당 120위안에서 160위안정도로 그다지 비싼 편이 아니다. 구이용 오리는 사육단계부터 강제로 사료를 부어넣어 살을 찌우며 목탄으로 굽기 때문에 매우 고소하면서도 향긋하다. 요리사가 108편으로 자른 껍질을 전병에 싸서 먹는데, 탕과 오리혓바닥 튀김, 오리 내장 요리 등과 함께 먹기도 한다.

이밖에 북경요리로는 장폭계정(醬爆鷄丁, 닭고기를 네모 난 편으로 썰어 장으로 볶은 요리), 총폭양육(葱爆羊肉, 양고기와 파를 볶아 만든 요리), 쇄양육(涮羊肉, 얇게 썬 양고기를 육수에 데쳐서 양념장에 찍어 먹는 요리) 등이 있다.

매콤한 사천요리 천채(川菜)는 성도(成都)와 중경(重慶)[64] 두 지역에서 주로 형성된 지방 요리이다. 아울러 양자강 상류 산악지대인 운남과 귀주 지역의 요리도 포함한다. 바다가 멀고 기후가 한랭하기 때문에 악천후를 이겨내기 위해 향신료가 발달하였다. 요리의 특색은 매운 맛으로 생강, 고추, 그리고 산초[花椒]가 들어간다. 지역적으로 겨울에는 추우면서 습하기 때문에 몸 안의 습을 제거하고 겨울을 건강하게 나기 위해 매운 요리를 개발하게 되었다. 산악지대의 특성상 소금절이와 건조된 저장식품도 발달하였다. 그중 온도 유지를 위해 기름을 둥둥 띄운 시뻘건 매운 육수에 들어있는 소용하(小龍蝦)와 수자육편(水煮肉片), 건소명하(乾燒明蝦)는 중국 전역에서 맛볼 수 있는 보편화된 음식이다. 중국사람 뿐만 아니라 외국인들도 선호하는 요리로 이미 자리를 잡았다.

사실 사천요리 중에서도 가장 대표적인 요리는 사천화과(四川火鍋)이다. 여기서 화과(火鍋)란 전골과 유사하다고 보면 된다. 매운탕에 각종 생야채와 해산물 및 고기를 넣어 익혀 먹는데 샤브샤브와 유사한 음식이지만 맛은 아주 매우면서도 독특하다. 중국인들은 '사천화과를 먹으며 장강삼협을 유람하는 것'을 단꿈으로 여기고 있다. 정통 사천화과를 먹어보면 그 매운 맛에 고개를 내두를 정도여서, 타 지역 음식점에서는 매운 맛을 줄여 순화된 음식으로 만들어 손님에게 내놓는다.

이밖에 마랄두부(麻辣豆腐, 두부에 매콤하고 걸쭉한 소스가 얹어진

64) 중경은 원래 사천성에 속하는 도시였으나, 후에 분리되어 직할시로 승격되었다.

요리), 궁보계정(宮保鷄丁, 닭고기에 매운 고추와 땅콩을 넣어 볶은 요리), 어향육사(魚香肉絲, 채로 썬 고기를 어향이 나는 소스로 볶은 요리), 두반어(豆瓣魚, 익힌 생선 위에 콩으로 만든 장을 얹은 요리), 당초어(糖醋魚, 생선을 새콤달콤하게 튀긴 요리로 탕수육의 맛과 흡사함) 등이 보편적인 사천요리다.

광동요리 월채(粵菜)는 광주, 조주, 동강 세 지역에서 주로 형성된 요리이다. 광동요리는 중국에서 뿐만 아니라 세계적으로 유명하며, 전국 대도시에는 빠짐없이 광동음식점이 있다. 항구에 위치하면서 16세기부터 해외와의 교류가 빈번함에 따라 전통요리에 서양요리법이 결합하여 음식의 영역이 넓어지면서 다양한 재료로 다양한 음식을 만들어내었다. 특히 뱀이나 고양이, 쥐 등 대담하면서도 괴이한 음식 재료들이 사용되고 있다. 기후가 더워서 비교적 담백한 맛을 내는 요리가 발달하였고 자연의 맛을 살려 지나치게 익히지 않고 싱거우면서 기름기가 적은 점이 특징이다. 또한 해산물과 기이한 재료를 이용하면서도 서양의 요리법인 쇠고기와 서양채소, 그리고 캐첩과 굴소스를 사용한 요리가 발달하였다. 우리에게 익숙한 딤섬(點心)도 광동요리의 하나이다.

회양요리는 남경, 상해, 소주, 양주 지역의 요리로서, 이 지역은 예로부터 어미지향(魚米之鄕)이라고 불릴 정도로 양자강 유역의 풍부한 해산물과 미곡 등 농수산물이 풍부하고 상업이 발달하여 경제적으로 풍요로워서 음식이 색상이 다채롭고 사치스럽다. 그리고 따뜻한 이 지역의 특산인 장유를 이용하여 만들기 때문에 맛이 달콤하고 기름지면서도 담백한 맛이 특징이다. 홍소육(紅燒肉)과, 두부요리인 십금두부(什錦豆腐), 만두 요리인 화권(花卷)과 생선요리가 유명하다.

식당에 들어가 음식을 잘 모르면, 이 식당에서 가장 잘 하는 요리[特色菜]가 무엇이냐고 물으면 된다. 그리고 중국, 대만, 홍콩에서는 점심이나 저녁 식사시간이 지나면 식당은 영업을 하지 않는 경우가 많기 때문에 식사시간에 맞추어 식당에 가는 것이 좋다. 간혹 도시락 배달은 있지만 우리처럼 음식을 배달해 주는 경우는 거의 없다.

중국 요리 이름을 보면 대략 재료와 요리 방법을 알 수 있다. 요리 방법 중에서 '炒'는 볶음, '烤'는 구이, '蒸'은 찜, '炸'는 튀김, '煮'는 삶음, '炖'은 푹 고음, '煎'은 지짐 또는 졸임을 나타낸다. 재료를 자르는 방법 중에서 '片'은 얇게 저미는 것, '絲'는 채로써는 것, '塊'는 재료를 크고 두껍게 토막 내는 것, '丁'은 정육면체로 썬 것을 나타낸다. 맛의 표현 중에서 '甜'은 단맛, '酸'은 신맛, '辣'는 매운맛, '苦'는 쓴맛, '鹹'은 짠맛, '澀'는 떫은 맛을 나타낸다.

음식문화 속에는 중국인의 여유가 담겨있다. 중국요리의 풀코스 정식은 보통 아홉 가지에서 열 몇 가지까지 다양한데 먼저 담소를 즐길 수 있도록 차가 나온 후 음식이 하나씩 나온다. 중국인들은 음식이 나오는 동안 서로 대화를 나누며 천천히 식사를 즐긴다. 식사시간이 짧은 우리의 식문화와는 대조적이다. 중국인들의 음식 습관은 먼저 요리를 먹고, 밥이나 면 또는 만두를 나중에 먹으며 마지막에 탕을 먹는다. 음식점에서 식사를 하거나 초대를 하는 경우가 아니고 집에서 식사할 때는 밥과 반찬 그리고 탕을 함께 차려놓고 먹기도 한다. 밥과 함께 먹으려면 음식 주문 시에 밥[米飯]을 미리 주문해야 한다. 중국인들은 또 찬 음식이나 찬 음료 또는 날것은 잘 먹지 않는다.

우리나라 음식과 비교하면 중국음식은 담백한 우리 음식에 비해 기름기가 많은 편이다. 중국음식이 기름지기 때문에 외국인에게는 익숙하지 않을 수도 있다. 채소도 기름에 볶아서 먹기 때문에 익숙하지 않다고 말하기도 한다. 그래서 중국에서 유학하는 한국학생들은 설사로 고생하고, 한국에 유학을 온 중국학생들은 변비로 고생한다는 말이 있을 정도다. 한국에 교환교수로 온 중국교수들 대부분 한국의 대학식당에서 밥을 먹고 돌아서면 바로 배고프다는 얘기를 이구동성으로 말한다. 중국인들은 평소에 기름진 음식을 습관적으로 먹어왔기 때문에 한국의 담백한 음식들은 먹어도 근기가 없다고 느끼는 것이다.

중국인들이 이렇게 야채까지도 볶아 먹는 이유가 과거에 물이 부족했기 때문이라고 하는데, 그들이 기름진 음식을 많이 먹고도 살이 별로 찌지 않는 이유는 바로 음식과 함께 마시는 차가 기름기를 제거해주기 때문이다

한 가지 재미있는 사실은 중국에 가면 간판에 '열구(熱狗)'라고 쓰인 포장마차 같은 것이 있다. 개고기를 따뜻하게 해서 파는 곳이 아니라 '핫도그(hot dog)'를 파는 곳이다. 핫도그를 중국어로는 '열구'로 의역한 것이다. 그리고 중국에서는 돼지고기가 소고기보다 비싼 경우가 많은데, 그 이유는 수우(水牛)가 많아서 소고기가 우리 한우처럼 맛이 나지 않기 때문이다. 그래서 중국요리 중에는 소고기보다는 돼지고기, 양, 닭 또는 오리를 주재료로 해서 만든 요리가 많다.

참고로 우리 입맛에 대체로 맞는 중국음식을 소개하면 다음과 같다.

- 장바오지딩(醬爆鷄丁): 닭고기를 사각으로 썰어 장에 볶은 북경 요리

- 충바오양러우(蔥爆羊肉): 양고기와 파를 볶아 만든 북경 요리
- 쑤안양러우(涮羊肉): 얇게 썬 양고기를 육수에 데쳐서 먹는 북경 요리
- 마라더우푸(麻辣豆腐): 두부에 매콤하고 걸쭉한 소스를 얹은 사천 요리
- 궁바오지딩(宫保鷄丁): 닭고기에 고추와 땅콩을 넣어 볶은 사천 요리
- 위샹러우쓰(魚香肉絲): 채로 썬 돼지고기와 버섯, 생강을 채 썰어 어향이 나는 소스로 볶은 사천 요리
- 더우반위(豆瓣魚): 익힌 생선 위에 콩으로 만든 장을 얹은 사천 요리
- 탕추위(糖醋魚): 생선을 새콤달콤하게 튀긴 요리로 탕수육의 맛과 흡사함
- 양저우차오판(揚州炒飯): 야채와 고기 볶음밥
- 단차오판(蛋炒飯): 계란 볶음밥
- 샹자주파이(香炸猪排): 소스를 뺀 돼지갈비 튀김
- 차오지우차이(炒韭菜): 부추 볶음
- 구라오러우(咕咾肉): 탕수육과 비슷한 맛
- 쑤안라탕(酸辣湯): 버섯, 죽순 및 선지를 매콤 새콤하게 끓인 탕
- 간더우푸(乾豆腐): 간장에 절여 말린 두부
- 창위홍사오(鲳魚紅燒): 병어조림
- 다쑤안러우쓰(大蒜肉絲): 파와 고기 채 볶음
- 자창더우푸(家常豆腐): 간장에 조린 두부
- 양충러우쓰(洋蔥肉絲): 양파와 돼지고기 채 볶음
- 쯔차이지단탕(紫菜鷄蛋湯): 김이 들어간 계란탕
- 샹구칭차이(香菇青菜): 버섯과 야채[青菜] 볶음

■ 성차이카오러우(生菜烤肉): 상추 쌈 고기구이
■ 지우차이사오단(韭菜燒蛋): 부추 계란 볶음
■ 쑤안라바이차이(酸辣白菜): 중국식 김치

(2) 독특한 식문화

a. 중국인들도 개고기를 먹는다.

주로 동북지역과 산동 청주, 광동성 및 소수민족 거주지인 귀주성 등에서 즐겨 먹는다. 동물병원으로 착각할 정도로 다양한 종류의 개를 그려놓은 간판을 걸어놓고 개고기를 팔기도 하고, 향육(香肉)이라고 써 붙여놓고 파는 식당도 있다. TV에서는 개고기로 만든 보신 요리를 요리시간에 방영하기도 한다. 이시진의 『본초강목』에도 개고기의 약효가 소개되고 있고, 풍습을 제거하고 시체를 따뜻하게 한다고 하여 우리와 달리 겨울에 보신용으로 먹는다. 수육을 차게 해서 먹는 점이 우리와 다르다.

b. 닭요리와 함께 비둘기[鴿]요리도 즐긴다.

산비둘기를 사와서 집에서 요리해 먹는 경우도 있다. 쇠고기 돼지고기 요리와 함께 양고기, 양의 고기와 내장, 외피와 피 등 모든 부분을 탕에 넣어 끓인 전양탕(全羊湯), 그리고 양꼬치 등 요리가 대중화되어 있는 점이 우리와 다르다.

c. 특이한 요리 중에 당나귀 고기가 있다.

"하늘에는 용고기가 있고, 땅에는 당나귀고기가 있다[天有龍肉, 地有驢肉]"는 말이 있을 정도로 당나귀고기는 고기 중에서 최고의 고기로 치고 있다. 칠면조와 소고기를 합쳐놓은 독특한 맛이 난다. 그리고 전갈, 누에애벌레[蚕], 매미,

바퀴벌레 구이도 즐겨먹는다. 큰 뼈 속과 물찬 복숭아를 빨대로 빨아먹는 경우도 있다.

d. 귀한 요리 중에는 곰발바닥 요리가 있다.

하지만 중국에서는 이제 곰을 잡아 요리한 식당 주인을 구속할 정도로 엄격해져서 대신 낙타발[駝掌}로 요리를 한다. 또한 제비집, 상어지느러미, 전복 요리도 고급요리에 속하며 이를 파는 식당은 '연포시(燕鮑翅)'라고 써놓는다. 우리는 어두육미라 하여 생선머리를 맛있다고 생각하지만, 중국인들은 배 부위를 가장 맛이 있는 부위로 여겨 손님에게는 배 부위 살을 권한다. 또한 오리혓바닥도 튀겨서 즐겨먹는다.

e. 만두전문점에서는 만두를 접시나 개수가 아닌 근으로 달아서 판다.

해산물 요리 전문점에서도 손님이 주문한 재료를 무게로 계산하여 판다. 또한 만두 속에는 부추, 각종 고기, 새우, 개불, 배추 등 우리보다 다양한 소가 들어간다. 교자연, 교자성 같이 규모가 큰 식당에서는 수십 종의 만두를 쪄놓고 그중 행운이 담긴 징표가 소로 들어간 만두를 발견하면 보상을 받는 게임도 함께 즐긴다.

f. 매운 음식으로 소문난 지역은 사천, 중경, 호남, 섬서, 강서 등지이다.

고기에 매운 고추를 통째로 넣어 볶거나 튀긴 음식들과 시뻘건 매운 국물 등은 우리 음식보다도 훨씬 더 맵다. 특히 주재료인 사천 고추는 청양고추(땡초)보다 맵다. 매움의 종류도 달라서 섬서 요리는 시큼하면서 맵고[酸辣], 호남 요리는 그냥 맵고[乾辣], 사천요리는 얼얼하게 맵다[麻辣].

g. 중국인들도 날것을 먹는다.

다만 일반인들은 거의 못 먹고 산동 교동지방과 광동 등 해안지역 사람들이 주로 특정 음식을 날로 먹는다. 새우[蝦子], 해파리[海蜇], 개불[海腸], 해삼(海参) 등을 생으로 먹으며, 고급회로는 연어회를 즐긴다.

h. 일반적으로 식당의 음식 값은 싼 편이다.
우리 돈 500원이면 먹을 수 있는 삼원(三元)식당도 있다. 물론 중산층 이상의 주민이 이용하는 식당의 음식은 우리와 가격 면에서 별반 차이가 없다. 하지만 내용은 훨씬 풍부한 편이다. 직접 해 먹는 경우에도 재료가 싸서 풍성하게 요리를 만들어 먹을 수 있다. 다만 고급음식점은 위생적이라 별 상관없지만 싼 음식점은 위생에 유념해야 한다. 또한 조미료를 많이 사용한다는 단점도 있다. 그래서 음식을 먹고 난 후에는 나른해지는 현상을 차이니즈 레스토랑 신드롬(Chinese restaurant syndrome)이라고 표현할 정도다.

i. 북방 사람들은 빵, 면, 만두를 주식으로 삼고 음식이 짭짤한 편이고, 남방 사람들은 주로 쌀밥을 주식으로 삼고 달콤한 맛을 좋아한다.

j. 정식 회식이 아닌 경우, 식사를 하는 네 격식을 별로 따지지 않는다. 도시락을 사서 서서 먹기도 하고 길을 걸어가며 먹기도 한다. 한편 중국인들은 주로 음식을 따뜻하게 데워 먹고, 물도 찬 물보다는 따뜻한 물을 즐겨 마신다.

k. 김은 탕에 넣어 김탕[紫菜湯]으로 먹고, 계란을 삶을 때 찻잎을 넣어 향을 돋우며, 토마토는 생으로 먹기보다는 기름에 계란과 함께 살짝 볶아먹는다.

l. 소금 간을 한 땅콩 볶음은 전채요리로서 밥과 함께 먹는다.

m. 중국요리 중에는 벌레모둠요리가 있다. 잠자리, 매미, 메뚜기, 애벌레, 바퀴벌레, 전갈, 땅벌레 등을 볶아서 모둠으로 나온다. 전갈을 볶아먹는 이유는 편도선이 심한 사람들에

게 전갈 꼬리에 있는 독으로서 몸의 독을 제어한다는 이독제독(以毒制毒) 원리에 근거하기 때문이다.

n. 중국에서는 깻잎을 먹지 않는다. 한국에서 깻잎에 고기를 싸서 먹으면 신기해하면서 맛있어 한다.

o. 중국이나 대만 또는 홍콩에서는 정해진 점심 영업시간이나 저녁 영업시간이 지나면 식당이 영업을 하지 않는 경우가 많다. 음식 배달도 아직까지는 거의 드문 편이다.

p. 광동과 홍콩 지역에서는 식사 전에 한 시간 가량 마작을 즐기며, 여성들도 뱀탕을 즐겨 먹고, 극장에서는 간식으로 오리대가리간장조림요리를 팝콘 먹듯이 즐겨 먹는다.

(3) 기스면과 짬뽕, 그리고 라면

사실 우리는 우리에게 친숙한 중국 음식을 즐기면서도 정작 그 음식 이름의 의미나 어원을 잘 모르고, 그 이름을 제대로 잘 사용하고 있는지도 모르는 경우가 많다. 100여 년 전, 청말에 산동지역에 사는 수만 명의 중국인들이 한반도로 이주하여 화교로 생활하면서 그네들 고향음식도 자연스레 우리 사회에 깊숙이 전파되었기 때문에, 우리는 이들을 토착화된 음식으로 느껴서인지 특별한 호기심을 느끼지 않았다. 하지만 우리에게 친숙한 음식들인 만큼 그 음식의 유래와 어원을 올바로 알아야 하고, 또 잘못 오해하고 있는 부분은 제대로 정정하여 사용해야 한다.

우선 '기스면'의 한자어는 '계사면(鷄絲麵)'이다. 즉 닭뼈를 우린 육수에 닭고기를 실[絲]처럼 가늘게 썰어 면과 함께 넣어 끓인 닭살 국수를 일컫는다. 그런데 이 '계사면'의 표준어 발음은 '지쓰멘'이다. 그러면 '기스면'은 어떻게 나온 말일까? 바로 표준음 '지쓰'를 산동방언 발음으로 말하다보니 '기스'가 된 것이다. 그리고 면은 한국식으로 그대로 발음한 것이다. 산동인들은 예를 들어 헤어질 때 인사인 표준음 '짜이젠(再見)'을 '짜이겐'으로 발음하는 것처럼 '지'를 '기'로 발음한다.

그렇다면 이제 '기스면'은 '지쓰몐' 또는 아예 한국식 발음으로 '계사면'으로 하는 것이 옳은 사용법이다. 산동방언과 우리식 한자어가 결합된 기스면이라는 이름은 아무래도 모양새가 그렇다.

다음으로 짬뽕 역시 국민 음식으로 자리 잡은 지 오래다. 그리고 우리는 이 음식의 유래를 중국으로 알고 있다. 중국식당에서 팔기 때문이다. 그런데 중국을 아무리 돌아다녀 보아도 짬뽕을 파는 곳은 찾아보기 힘들다. 그 이유는 이 음식이 중국 전통음식이 아니기 때문이다. 그 유래를 보면 일본 거주 중국 화교가 가난한 중국유학생들을 위해 양을 푸짐하게 하여 만든 것에서부터 시작되었다고 한다. 일본 거주 화교가 만든 이 음식 이름 어원은 중국 남부 민남(閔南)지역에서 '밥을 먹다'를 의미하는 민남어 '자뽕'이라는 발음에서 시작되었다고 한다. 그런데 짬뽕은 중국에는 없고 우리나라 중국식당에서만 맛볼 수 있으니 아이러니하다. 또한 중국에서는 잘 먹지 않는 일본에서 전래된 단무지(즉 다꽝)과 함께 먹으니 더더욱 기이한 일이다.

마지막으로 라면의 유래와 어원에 대해 살펴보자. 사실 라면의 원조는 중국으로서 1,700여 년 전에 이미 만들어지기 시작했다. 라면의 한자어 어원은 '랍면(拉麵)'이다. 즉 면을 반죽한 후 길게 늘어뜨려[拉] 탕에 넣어 만든 국수다. 중국식 발음으로는 '라몐'이다. 후에 일본이 1833년 메이지유신 기간 중에 만들기 시작하여, 2차대전 후 꼬불꼬불한 인스턴트 라면으로 개발하여 대중화시켰다고 한다. 일본식 발음은 '라멘'이다. 우리나라에는 1960년대에 들어와 '라면'이라는 이름으로 대중화되었다. 우리가 먹는 라면은 일본으로부터 직접적인 영향을 받았지만 그 근본 유래는 중국이고, 발음은 중국어의 '라[拉]'와 한국식 발음인 '면'이 결합되어 이루어졌다.

이상 몇 가지 중국 관련 음식 이름의 유래와 어원을 살펴보았다. 이제 지금이라도 명칭을 바꾸어 제대로 사용해야 하는지, 아니면 그동안의 습관대로 그대로 사용해야 하는지 한번쯤 생각해볼 문제다.

(4) 자장면과 짜장면

우리가 즐겨 먹는 자장면은 세월이 흐르면서 토착화되어 이제는 국민음식으로 자리 잡은 지 오래다. 중국에 여행가서도 동일한 맛을 가진 음식을 찾을 수 없기에 자장면은 이미 한국화한 우리 음식이라고 종종 정의내리기도 하고, 모 기관에서 주관하여 선정한 한국을 대표하는 이미지 100선에 자장면을 넣을 정도로 자장면은 우리에게 친숙하다.

그렇다면 자장면은 과연 한국화한 우리 음식으로 정의내릴 수 있을까? 중국 산동 반도를 직접 탐방하여 자장면 원류를 추적한 TV 프로그램이 방영된 적도 있지만, 결론적으로 말하면 자장면은 원래 중국음식으로서 존재해왔고 한국인의 입맛에 맞추어 맛의 변화를 겪긴 하였지만 결국은 중국음식이라고 보는 것이 옳다. 그 원류가 중국이고, 맛의 변화를 준 당사자도 중국인이며, 주재료 역시 우리나라에서 대체 개발한 재료가 아닌 중국 된장인 춘장을 사용하기 때문이다. 부분적이긴 하지만 내몽골이나 북경의 몇몇 음식점에서 파는 자장면 맛 역시 우리 자장면과 흡사하다.

자장면(炸醬麵)의 한국식 한자 발음은 '작장면'이 된다. '작(炸)'이란 원래 폭발한다는 의미지만, 요리 용어로는 폭발하듯 기름을 튀긴다는 의미로 쓰인다. 기름에 튀기는 요리방법이 '작(炸)'이고, '장(醬)'은 중국 된장을 의미하니까 장을 튀기고 볶아서 면에 뿌려 얹는 음식이 자장면의 본뜻이다.

이러한 자장면은 산동지방을 위시한 지역의 웬만한 식당에서도 주문하면 나오고, 대만에서도 파는 곳이 상당히 많다. 다만 중국 자장면은 면발이 가늘고 면이 좀 설익은 듯하다. 또한 면위에 얹는 소의 색깔이 연하고 가늘게 다진 고기에 짭짤하게 간을 하였기 때문에 장의 양이 적고, 면을 담은 그릇도 우리에 비해 작은 편이다.

이것이 자장면 본래의 모습인데, 한국 거주 화교들이 중국 된장 맛에 한국인의 입맛에 맞는 캐러멜 성분을 첨가하여 달짝지근한 춘장을 만들고, 거기에 감자나 고기 등을 큼직하게 썰어 넣어 장을 만들고, 굵으면서도 반죽이 잘되어 쫄깃한 면을 만듦으로써 지금의 우리식 자장면이 만들어진 것이다. 그 원조는 인천 북성동 공화춘(共和春)이라는 식당이라고 한다. 우리 입맛에는 우리 자장면이 입에 맞지만 중국인들은 달짝지근하다고 그다지 좋아하지 않는 편이다. 한편 북경 자장면은 우리 자장면과 맛이 흡사한 반면, 운남성 자장면에는 국물이 들어있다.

미국에서는 화교들이 '차이니즈 레스토랑(Chinese restaurant)'이라는 간판을 달고 음식을 팔기 때문에 미국인들에게 한국식 자장면은 다시 중국 정통음식으로 둔갑하는 미묘한 순환을 반복하고 있다. 중국과 대만에서 향수를 달래 주던 자장면은 한국을 떠난 화교들의 향수도 달래 주는 묘한 음식이 되어 버렸다.

여기서 한 가지 제기하고자 하는 문제는 바로 음식 명칭이다. 그동안 우리가 수십 년 동안 '짜장면'이라고 불러왔는데, 어느 날부턴가 정확한 한글 철자 표기가 '자장면'이라고 하면서 국가 차원에서 '자장면'으로 호칭하도록 교육을 시켜오면서 혼란이 가중된 적이 있다. 물론 이러한 한글 표기법은 중국어 단어의 한글 표기 시 정해진 규칙에 따라 된소리를 피하여 발음이 변경된 것으로 알고 있다. 그런데 올바른 철자로의 변경은 사실상 중국어 단어의 원음에 더욱 가깝게 함으로 인해 그 의미가 살아나는 것인데, 실제 자장면의 중국어 원음을 발음대로 표기하면 '자지앙미엔(炸醬麵)'(여기서 '자'는 권설음)'으로서, '짜장면'이나 '자장면' 모두 실제 원음과 차이가 난다. 그렇다면 굳이 오랫동안 정감어린 이름 '짜장면'을 바꾼다는 것은 혼란만 부추길 뿐 실효성이 없는 조치인 것이다. 아예 우리식 한자음인 '작장면'으로 바꾸자는 얘기도 나왔다. 최근에 다행히 자장면과 함께 정감어린 짜장면을 함께 사용해도 무방하다는 소식이 전해졌다. 한 사람 한 사람의 민중들이 무언의 약속으로 습관적으로 사용해가면서 만들어낸 공통의 발음과 철자가 자연스레 표준어로서 정착되는 것이 언어 변화의 순리이다.

8) 젓가락 문화

중국은 음식문화가 발달한 만큼 음식을 전달하는 젓가락에 얽힌 이야기도 풍부하다. 먼저 중국학자가 쓴 젓가락 관련 글을 요약 번역하여 소개하면 다음과 같다.

중국 요리는 세계적으로 유명하다. 요리와 함께 유명하게 된 것이 바로 젓가락이다. 서양인들이 중국요리에 익숙해지려면 젓가락 사용법부터 익혀야한다. 중국에서 젓가락 용도는 그야말로 무궁무진하다. 헤집고, 잡고, 줍고, 튀기고, 심지어는 춤도 추고 점까지 친다. 불과 일곱 치의 나무 막대기가 이렇게도 다양하게 쓰인다는 게 신기하지 않은가?

중국 사람들은 손을 중시했으며, 그로 인해 일찍부터 손 문화가 발달했다. 확실히 중국 사람들의 손놀림은 뛰어나다. 박물관에 가보면 정교하기 이를 데 없는 유물이 많다. 예를 들어 상아로 공을 만든 것이 있는데 그 공속에 또 다른 공이 있다. 모두 아홉 개의 공이 있는데, 흔들면 제각기 구르는 소리가 요란하다. 그 뿐만 아니라 조그마한 쌀 한 톨에 수십 자의 한자를 새긴 것도 있다.

중국의 손 문화를 대표하는 것은 서예와 젓가락, 그리고 주산이다. 이 세 가지는 일찍부터 중국에서 발생한 것으로서, 독특한 손 문화를 탄생시켰다. 그중 서예는 특수계층의 유물이었지만 나머지 두 가지는 일반 서민들에게도 생활화되어 있다. 젓가락이나 주산이 명(明)나라 때부터 널리 쓰였기 때문에 중국 사람들은 일찍부터 손놀림이 민첩해졌고, 그래서 손에 의한 다양한 문화를 창조할 수 있었다. 물론 정교한 조각품의 출현도 가능했다.

젓가락은 한국이나 일본에도 전해져 식문화의 한 부분이 되었다. 그러나 중국의 젓가락은 다른 나라 젓가락에 비해 비교적 길다. 그 이유는 첫째로 젓가락의 길이는 사람의 키에 비례하기 때문이다. 중국 내에서도 호남성의 젓가락이 제일 긴데, 후난 사람들의 키가 제일 크기 때문이다. 두 번째 이유는 식문화 차이 때문이다. 한국은 반찬을 담는 그릇이 제 각각이고 크기도 작지만, 중국의 그릇은 대부분 커다란 접시이다. 음식이 멀리 있으니 젓가락이 길어야 집기 편했을 것이다.

원래 중국에서는 젓가락을 '저(箸)'라고 쓰며 발음은 '주'가 된다. 그런데 '주'는 '주(住)'와 발음이 같다. 중국에서 '주(住)'라고 하면 '거주하다' 또는 '살다'의 뜻이 있지만 어떤 동작의 '정지(stop)'를 의미하기도 한다. 젓가락이 널리 사용되기 시작했던 시기는 명나라 때부터이다. 중국의 남방에는 강이 많아 수상가옥도 많았다. 그들은 물고기를 잡고 살았는데 그러자면 배가 잘 나아가지 않으면 안 되었다. 그러나 매일 사용하는 젓가락을 '주'라고 하니 '주(住)'와 같게 들렸으므로 듣기가 여간 거북하지 않았다. 그래서 배를 빨리 몰아야하겠기에 빠르다는 뜻의 '콰이(快)'자와 음이 같은 '콰이(筷)'자를 사용하여 젓가락을 지칭하기 시작하였다. 그래서 지금도 중국 사람들은 젓가락을 '콰이즈(筷子)'라고 부른다.

이렇게 일상생활에서 요긴하게 사용하다 보니 젓가락에 얽힌 이야기도 많이 생겼다. 『유림외사(儒林外事)』에 보면 주인공 범진(范進)이 과거에 급제하자 군수가 식사대접을 하는 장면이 나온다. 그러나 범진은 산해진미를 앞에 두고도 전혀 먹으려 하지 않았다. 재빨리 눈치 챈 군수가 은수저를 상아수저로 바꾸었지만 마찬가지였다. 마지막에 대나무 젓가락으로 바꾸자 그제야 먹기 시작했다. 범진은 상아수저가 너무 사치스럽다고 여겼던 것이다.

젓가락 때문에 죽은 사람도 있었다고 한다. 한나라 때 주아부(株亞夫)는 성격이 몹시 급한 신하였다. 내란에서 공을 세운 그는 국정에서는 천자 경제(景帝)와 늘 의견이 맞지 않았다. 결국 그는 병을 핑계로 사직하고 말았다. 후에 괘씸하게 여긴 경제가 그를 식사에 초대했다. 주아부가 가보니 고깃덩어리만 있고 젓가락이 없었다. 이건 보통 모욕이 아니었다. 그는 그 길로 하직하고 나왔고, 그것을 구실삼아 경제는 그를 죽이고 만다.

반면에 젓가락이 영광의 상징이 된 예도 있다. 양귀비와의 사랑으로 유명한 현종에게는 송경(宋璟)이라고 하는 명재상이 있었다. 한번은 현종이 그에게 금으로 된 젓가락을 하사한 적이 있었다. 송경은 무슨 영문인지 몰라 어쩔 줄 몰라 했다. 그러자 현종이 말했다. "경의 품행이 젓가락 같이 곧아서"라고.

그러나 오대(五代) 때에는 황당무계한 일도 있었다. 폐제(廢帝)는 누구를 재상을 삼을지 몰라 종이에다 대신의 이름을 적어 병 속에 넣고 젓가락으로 집어 결정했다고 한다. 일종의 제비뽑기였던 셈이다.

1989년, 구소련의 서기장이었던 고르바초프가 북경을 방문했을 때의 일이다. 덩샤오핑이 친절하게 젓가락 사용법을 고르바초프에게 가르쳐 주었다. 놀랍게도 고르바초프는 정확하게 사용했지만 막상 덩샤오핑은 음식물을 떨어뜨리고 말았던 것이다. 1990년「뉴욕타임즈」에는 '포크보다 오래 되었으며, 나이프보다 더 안전한 젓가락'이라는 내용의 특별 칼럼이 있었다. 중국 젓가락의 장점을 소개해서 미국인들에게도 사용을 권장하기도 했다.

이제 젓가락은 더 이상 중국인을 비롯한 일부 국가들만의 전유물이 아닌 것이다. 아는 만큼 보인다고 했다. 우리가 늘 사용하는 젓가락에 대한 이러한 몇 가지 일화만 알고 있더라도 식사시간이 좀 더 풍요롭고 즐거워지지 않을까?

이상과 같이 중국 젓가락은 유서가 깊고 그 쓰임새도 다양했음을 알 수 있다. 그런데 우리의 젓가락과 다른 점은 중국 젓가락은 나무젓가락이나 뿔 젓가락만 있지만 우리는 나무나 뿔 젓가락보다 쇠 젓가락을 주로 사용한다. 그래서 중국인들은 한국식 쇠 젓가락을 보면 습관이 되지 않아 무겁게 느낀다.

한편 우리도 젓가락을 사용하고 중국도 젓가락을 사용하지만,

그 사용법이 조금 다르다. 즉 중국에서는 주식을 젓가락으로 먹지만, 우리는 주식을 숟가락으로 먹는다. 그렇다고 중국에 숟가락이 없는 것은 아니지만, 중국 숟가락은 '탕츠(湯匙)'라고 해서 국을 떠먹을 때나 음식을 덜어 먹을 때, 또는 음식을 올려놓고 먹을 때 사용할 뿐이고 주식인 밥이나 반찬을 먹는데 사용하지 않는다. 그래서 그 모양새도 작은 국자 모양으로 움푹 파여 있다.

이렇게 볼 때 중국은 젓가락 문화이고 우리는 숟가락 문화라고 구분 지을 수 있다. 서양에서도 스푼(spoon)이 있지만 스프를 떠먹을 때만 사용한다. 전 세계에서 우리만이 숟가락으로 주식을 떠먹는다. 흥미로운 점은 한자에 '문화(文化)'라는 단어가 있다. 여기서 '화(化)'자는 사람 '인(人)'과 숟가락 '비(匕)' 가 결합된 글자로서 사람이 숟가락을 사용하여 음식을 먹으면서 동물과는 다른 문화생활을 영위하였다는 의미가 담겨있다. 그렇게 보면, 한자를 처음 만든 주역들은 한족(漢族)이 아닌 숟가락 문화를 지닌 동이계 민족이 주도적 역할을 한 것으로 풀이된다. 문자를 만들 때, 그 문자를 만든 장본인은 그들의 문화와 습관을 반영하여 만들지 굳이 타 민족의 관습과 문화를 적용하여 만들지는 않기 때문이다.

9) 음주문화

(1) 중국의 술

술의 기원에 대해 중국인들은 두강(杜康)이라는 사람이 술의 시조이며, 자신들은 7,000년 전에 술을 발명했다고 한다. 현재도 잘 빚어진 술을 두강주라고 하고 조조 역시 두강주를 좋아했었다는 기록이 있다. 그만큼 그들의 술에 대한 사랑과 자부심은 대단하다. 중국에는 지역마다 특산 토속주가 생산되기 때문에 그 종류도 다양하여 현재 총 4,500여종의 술이 있다.

고속도로나 국도를 지나다 보면 그 지역에서 생산되는 명주를 선전하기 위해 술병 그림이 있는 커다란 간판들이 길가에 세워져 있다. 술과 지역이 연결되어 있기 때문에 술병 그림만 보아도 어느 지역 술인지 알 수 있을 정도다. 종류는 크게 백주(白酒), 황주(黃酒), 포도주(葡萄酒), 과주(果酒), 노주(露酒, 배합주), 맥주(麥酒), 약주(藥酒) 등으로 나뉜다. 그중 백주와 황주가 대표적이다.

무색투명한 백주는 수수를 주재료로 해서 찹쌀이나 밀로 만든 누룩으로 발효시킨 후 다시 증류한 술로서 도수가 상당히 높은 편이다. 백주의 품질을 결정하는 것은 향인데, 독특한 발효과정을 거쳐 이루어진다. 향의 형태에 따라 장향형(醬香型: 된장향), 미향형(米香型: 쌀향), 청향형(淸香型: 맑은향), 농향형(濃香型: 짙은향)으로 분류된다. 우리가 '빼갈'(원 발음은 바이갈(白乾兒)이라고 부르는 고량주(高粱酒)는 색이 희다고 하여 백주(白酒)로 통칭한다.

고량주는 400년 역사를 지닌 중국의 대표적이면서 대중적인 전통술이다. 지하에서 추출한 맑은 약수와 양질의 고량(高粱) 즉 수수를 주원료로 빚어 만드는데 술의 당도, 순도, 개운함, 향기에 있어서 독특한 맛을 추구한다. 고량주는 같은 제품이라도 개개인의 주량과 취향에 맞춰 일반적으로 40도짜리가 주로 생산되지만, 낮은 도수로는 28도, 좀 높은 도수로는 56도와 62도짜리도 있다. 대부분 병으로 포장하여 팔지만 시장에 가보면 큰 항아리에 각종 고량주를 담아놓고 무게를 달아 파는 장면도 볼 수 있다. 중국술이 독한 이유는 평소 섭취하는 음식이 기름지기 때문에 균형을 맞추기 위해서라고 할 수 있는데 독한 만큼 순도도 높기 때문에 취기가 금방 가시는 개운함도 갖고 있다.

북경의 홍성이과두주(紅星二鍋斗酒), 산동성 곡부의 공부가주(孔府家酒)와 공부연주(孔府宴酒), 제남의 박돌천주(趵突泉酒), 강소성 사양의 양하대국(洋河大麯), 마오타이주로 잘 알려진 귀주성의 모태주(茅台酒), 산서성과 대만의 죽엽청주(竹葉淸酒), 산서성 분양현 행화촌의 분주(汾酒), 우량예로 잘 알려진 사천성의 오량액(五糧液)과 랑주(郎酒), 60도가 넘는 독주인 성도의 전흥대국(全興大麯), 대만 금문도의 금문대국(金門大麯), 노주노교특곡(蘆州老窖特曲) 안휘성의 고정공주(古井貢酒) 등이 이에 속한다.

그중 800년의 역사를 지닌 모태주 즉 마오타이주는 1970년대 미중 간 핑퐁외교로 조성된 화해무드 속에 닉슨 미국대통령이 방중하면서 중국 지도자와 함께 마셨으며, 또한 중일 수교 시에는 일본의 다나까 수상이 마시면서 전세계에 이름이 퍼졌다. 현재 우량예, 수이징팡(水晶坊) 그리고 주구이(酒鬼)와 함께 중국 최고의 술로 각광받고 있다. 마오타이주 생산지는 소수민족이 많이 거주하는 남서부 귀주성 인회현 모태진 지방으로, 장향형 백주로서도 최고다. 수차례 금상을 차지한 모태주는 워낙 유명해서 그 수요량이 많아 공급이 부족하여 가격도 비싸며 가짜도 많다.

사용되는 물은 적수물〔赤水河〕이다. 수질이 좋아서 그것을 사용하면 증류 후 특히 향기롭고 달다. 모태진은 특수한 자연환경과 기후 조건을 구비하고 있다. 이곳은 귀주고원에서 가장 낮은 해발 440미터의 분지에 위치해 있다. 35-39℃의 더운 여름 날씨가 5개월 동안 계속되어 찜통 같은 더위거나 눅눅한 우기이다. 이 같은 특수한 기후조건은 발효와 숙성에 매우 유리하다. 그래서 다른 지방에서 마오타이주 양조기술을 도입해서 마오타이주를 만들어도 맛은 따라가지를 못한다.

마오타이주 저장고의 방향, 공간의 높이를 결정하는 것에서부터 저장고 내의 온도를 조절하고 통풍을 원활히 하고 항아리의 형식, 용량, 항아리 입구를 밀봉하는 기술 등 모두가 엄격하게 관리된다. 술 저장고에서 일하는 사람이 나쁜 마음을 가지고 있으면 그 술맛이 나빠진다고 한다. 저장고 안에서는 매일 통기와 온도를 검사한다. 그래서 마오타이주는 장기간 보관해도 변하지 않는다. 모태주의 향기성분은 110여 종에 달하고 술잔을 비운 후에도 그 향기가 오래도록 남아있다. 도수는 52-54도 사이이다.

사천 우량예(五粮液)는 의빈(宜賓)에서 만든 술을 제일로 친다. 우량예는 당대(唐代)부터 만들어지기 시작하였다. 당시에는 우량예로 불리지 않았고, 성분과 질도 오늘날의 우량예와는 틀리다. 대략 500년 전쯤에 5개의 곡식(수수, 쌀, 찹쌀, 밀, 옥수수)을 원료로 이용한 술이 만들어졌는데 당시에는 잡량주(雜粮酒)로 불렸다. 1929년에 정식으로 우량예로 명명하였다. 우량예 공장에는 술 발효 저장고가 있는데 모두 밍청 시대에 건설된 것이라고 한다. 1956년 경공업 부처에서 거행한 전국곡주질량품평회에서 1등을 차지하였고 이후에도 국가 명주의 칭호를 수차례 획득하였다.

노주노교특곡(蘆州老窖特曲)은 농향형 대곡주로 사천 노주 공장에서 생산된다. 땅이 비옥하고 자연 자원이 풍부하기로 유명한 노주는 기후가 온화하여 술 생산에 적합하다. 노교특곡과 토곡주는 고대 4대 명주 중의 하나이자, 현대는 17대 명주의 하나가 되었다. 노주 특곡의 독특한 품격은 발효 저장기간이 길고, 오래된 술 저장고에 저장하는 데서 비롯된다. 술 저장고는 오랫동안 사용된 것이어야 하며, 진흙이 홍록색을 띄어야 하고 부드러운 점성을 갖추어야만 특유의 향기가 생긴다. 술 저장고의 연령이 오래될수록 술의 질이 높아져서 백년 된 노교에서 만들어진 술이 가장 이상적인 술로 인정받는다. 노주 곡주장의 가장 오래된 저장고의 연령은 300여년에 이른다.

산서성 분주(汾酒)는 중국 역사상 최초의 명주이다. 『고상기』에 의하면 1,500년의 역사를 자랑한다. 청대 『경화연(鏡花緣)』에 따르면 10대 명주 중 분주가 1위였다고 한다. 청조 말년에는 행화촌(杏花村)의 세 곳의 술 공장에서 생산되었던 분주는 청향형 곡주로서 수수를 주원료로 하고, 밀과 완두콩을 이용한 누룩을 당화(糖化)발효제로 쓰는 독특한 제조법을 채용한다. 원래 황주였으나 나중에 백주로 발전하였다. 당(唐)대 시인 두목(杜牧)은 분주와 관련하여 다음과 같은 시구를 남겼다.

청명절에 비 어지럽게 내리니,
淸明時節雨紛紛,
길가는 나그네는 시름에 겨워한다.
路上行人欲斷魂.
술집이 어디 있는가 물으니,
借問酒家何處有,
목동이 멀리 행화촌을 가리킨다.
牧童遙指杏花村.

고정공주(古井貢酒)는 안휘성 호현 고정에서 생산된다. 조조가 동한(東漢) 말년 헌제에게 아뢰기를 호현이 전통 있는 가주(佳酒) 산지라고 한 기록을 보면 동한시기부터 유명한 술 산지였음을 알 수 있다. 역사기록을 보면 술을 빚을 때 반드시 남북조시대 때부터 전해지는 옛 우물물을 사용해야만 했다고 한다. 명(明) 만력연간에 신종에게 술을 공납한 이후 명청 3-400년간 줄곧 황제의 공납품이 되었다. 그래서 고정공주(古井貢酒)라는 이름이 붙여졌다. 고정공주는 농향형 술로서 원료는 화북평원 수수와 밀, 완두콩으로 만든 누룩을 사용한다.

공부가주(孔府家酒)는 중국 10대 명주에 들어가지는 않는다. 그러나 최근 빠르게 시장 소비가 늘고 있다. 곡부(曲阜)의 양조 역사는 2,000여 년에 이른다. 공부가주의 양조는 명대에서 시작했으며, 양조된 술은 공자의 제사에 사용되었다. 후에 곡부 근처를 지나는 관리가 많아서 연회에서도 이용되었다. 청대 건륭제(乾隆帝)가 일찍이 여덟 차례 곡부에 가서 공자에게 제사를 지냈는데, 황제가 그의 딸 우씨(于氏)를 볼 겸 가장 마지막으로 곡부에 제사를 지내러 갔다. 건륭제의 환영연회 상에서 공헌배(孔憲培, 우씨의 남편)가 공부가주를 가지고 나와 황제에게 바쳤다. 황제가 술맛을 보고 가주(佳酒)라고 칭찬한 후 매년 황제에게 바쳐졌다. 현재 공부가주는 중국 백주 중 수출량이 가장 많은 상품 중 하나가 되었다.

황주(黃酒)는 중국에서 가장 오래된 술의 품종이고, 중국 주문화사(酒文化史)상에서 중요한 위치를 차지하고 있다. 일찍이 하상주 3대에 이미 대량으로 생산되었으며, 6,000여 년의 역사를 가지고 있다. 황주는 약의 기능을 높여주고, 요리에도 사용되었으며 영양도 있다. 황주를 빚을 때 점성이 큰 찹쌀과 보리쌀, 옥수수 그리고 고구마를 주재료로 사용한다. 황주는 종류가 아주 많은데 제조방법과 원료에 따라서 구분한다.

황주는 우리의 막걸리처럼 발효시킨 술로서 그다지 독하지 않으며 소흥주(紹興酒)와 여아홍(女兒紅) 등이 이에 속한다. 소흥황주는 중국 황주의 대표적 술이며 송대에 강남 황주가 전성시대에 들어서면서 시작되었다. 특히 남송 수도가 항주에 건립되면서 소흥과 거리가 가까워졌고, 그것이 소흥주 발전에 중요한 영향을 미쳤다. 청대는 소흥주의 전성시대로서 양조 규모가 전국 제일이었다. 그 후 소흥주는 황주의 대명사가 되다시피 했다. 소흥주양조총공사(紹興酒釀造總公司)에서 생산되는 소흥주는 품종이 많아서 현재 황주 분류방법의 기준이 된다.

그중 소흥가반주(紹興加飯酒)가 유명하다. 가반주는 양조과정에서 밥을 이용하고 물을 적게 이용한다고 한다. 적황색을 띠고 있으며 도수는 15도 안팎이다. 우리의 청주와 비슷하며 세계 술 품평대회에서 상을 받기도 한 명주이다. 대륙과 대만 모두 이 소흥주를 선호하는 편이다. 다만 처음 이 술을 대하는 사람들은 간장 색깔에 한약이 섞인 듯한 독특한 냄새가 나서 친해지기가 쉽지 않은 술이다.

소흥주 중에 여아홍(女兒紅)이라는 술이 있다. 이곳 사람들이 딸을 낳으면 바로 이 술을 담아 마당에 묻어 놓았다가 딸이 장성하여 시집갈 때 이 술을 꺼내어 잔치를 벌인다는 이야기가 있을 정도로 소흥사람들의 일상과 뗄 수 없는 밀접한 술이다.

복건용암침항주(福建龍岩沈缸酒)는 역사가 아주 오래되었는데, 청대문학 작품에도 이에 관한 기록이 많이 남아있다. 현재는 복건성 용암 주창에서 생산된다. 도수는 14~16도 사이이다. 용암침항주는 중국 황주 양조기술의 결정체이다. 용암주는 네 가지의 누룩을 사용한다. 그 네 가지 누룩은 30여종의 약재가 들어간 약곡(藥曲)과 당화 작용을 하는 산곡(散曲) 그리고 남방 특유의 쌀로 만든 백곡(白曲)을 사용한다. 용암주는 당분을 넣지 않아도 달고, 색을 넣지 않아도 붉고, 향을 섞지 않아도 향기롭다.

노주는 술에 약재를 넣어 함께 증류시켰기 때문에 향이 독특하다. 죽엽청주와 광주의 오가피주(五加皮酒)가 이에 속한다. 그 중 죽엽청주는 40도 가량의 술로서 소흥주에 대나무 잎을 넣고

빛은 술이라 색이 노랗고 독특한 향기가 은은하게 난다. 마신 후에는 입안에 단 맛이 한참동안 돌며 가격도 적당하여 많은 사람들이 즐겨 마신다. 오가피주는 오가수라는 나무의 뿌리와 껍질을 주원료로 사용한 데에서 오가피라는 이름이 붙여졌는데 독특한 한약 맛이 난다.

중국술은 도수가 높기 때문에 기름진 중국 음식을 곁들여 먹어야 하고 술잔 역시 아주 작다. 만약 고량주 술잔의 두 배 이상 되는 소주잔에 중국술을 부어 김치나 나물 같은 안주를 벗 삼아 마시게 되면 쉽게 취하고 속을 버리기 쉽다.

이밖에 중국의 맥주 역시 지역에 따라 다른 맥주들이 생산되기 때문에 그 종류도 다양하다. 청도의 칭다오맥주, 북경의 옌징맥주, 하얼빈의 하얼빈맥주 등은 전국적인 술로 잘 알려져 있고 쉽게 구할 수 있지만, 기타 지역맥주들은 그 지역에 가지 않으면 접하기 힘들다. 예를 들면 산동 위해의 라오반(老板, Boss), 제남의 중너(中德)와 크리처(Kritzer), 청도의 진마이야(金麥芽), 란주의 쉐화(雪花), 대련의 다롄간피(大連乾啤), 호북성의 체루(Chero), 섬서성의 시베이랑(西北狼), 내몽골의 싸이베이펑(塞北風)과 쉐루(雪鹿), 개봉의 캉리(康力), 안휘성 황산의 윈하이(雲海), 귀주성의 마오타이(茅台), 운남성의 다리(Dali)와 펑화쉐웨(風花雪月), 우루무치 우쑤지방 이름을 따서 명명한 맥주 우쑤(Wusu, 烏蘇), 광동성 주해의 해주(海珠) 등 다양한 맥주들이 출시되어 팔리고 있다.

(2) 음주문화

중국의 술자리에서는 주인이 손님에게 권주하는 것이 상례다. 특히 북방사람들이 남방사람보다 좀 더 적극적으로 술을 권하는 편이다. 러시아 사람들은 술을 함께 마셨을 때 먼저 취하면 믿을 수 없는 친구라고 하여 그 사람과는 사업을 진행하지 않는다는 말이 있는데, 중국 북방 사람들도 기질이 호방하여 술을 잘 마시는 사람을 선호하는 편이다.

중국의 음주문화는 식당에서 엿볼 수 있다. 구색을 제대로 갖춘 식당 테이블 위에는 기본적으로 와인 잔과 소주 잔 절반 크기의 고량주 잔이 자리마다 놓여있다. 요리가 나오기 시작하면 종업원들은 테이블을 돌며 큰 잔에는 맥주를 작은 잔에는 고량주를 따른다. 손님끼리 서로 술을 따라주는 경우도 있지만, 형식을 갖춘 술자리에서는 주인과 손님은 모두 가만히 앉아 있고 종업원이 대기하고 있다가 잔 비우기가 무섭게 잔을 채운다. 술 따르는 번거로움 없이 편안하게 음주할 수 있다는 점에서 편리하다. 중국에서는 음식이 요리 식으로 나오기 때문에 식사와 음주를 동시에 하는 편이다.

초대를 한 주인은 식사 중간에 잔을 들어 환영사와 덕담을 하며 세 차례에 걸쳐 건배를 제의한다. 건배 제의는 여기에서 끝나는 것이 아니라 주인의 부인 또는 아래 급에 해당하는 사람들이 다시 삼배를 제의하면서 건배는 이어진다.

술잔은 돌리지 않고 자기 잔을 끝까지 사용하며 술을 따를 때는 술병을 두 손이 아니라 한 손으로 따르는 것이 그들의 습관이다. 술이 잔에 남아 있어도 계속 첨잔을 하는데 이는 논에 물이 없어 바닥이 보이면 좋지 않듯이 잔도 항상 채워 있어야 한다는 생각 때문이다. 우리는 두 손으로 잔을 들어 술을 받고 잔이 차면 위로 약간 치켜 올리면서 됐음을 표시하는데 반해 중국에서는 잔을 테이블 위에 그냥 놓아둔 채로 상대방이 잔에 술을 따르는 것을 기다렸다가 잔이 차면 테이블을 손가락으로 몇 번 톡톡 두드림으로써 됐다고 하는 의사와 함께 감사를 표한다.

자리한 사람들이 함께 건배하는 경우에는 잔을 서로 부딪치는데 멀리 앉아 있어 잔을 부딪칠 수 없는 경우에는 잔으로 테이블을 두 번 톡톡 치면서 팩스 보낸다는 의미의 "추안전(傳眞)"이라고 말한다. 특히 산동지방에서는 잔을 부딪칠 때 자신보다 연배인 경우에는 상대에게 예의를 갖추기 위해 자기 잔을 상대의 잔보다 낮게 댄다. 표현을 좀 과장하면 어떤 때는 서로 예의를 갖춘다고 경쟁적으로 잔을 낮추다가 땅바닥까지 내려가 잔을 맞추는 경우도 있다.

주당이나 술고래를 중국어로는 바다와 같은 양을 마신다고 하여 '해량(海量)'이라는 표현을 쓰거나, 술귀신이라는 의미의 '주귀(酒鬼)'라고 칭한다. 주당들은 취하지 않으면 집에 돌아가지 않는다는 의미로 "불취불귀(不醉不歸)"를 외치며 술을 마신다. 보통은 독한 고량주를 마시기 때문에 다음날 "어제 몇 병 마셨어"라는 표현처럼 병 단위 표현을 쓰지 않고 "어제 몇 냥 마셨어"라는 표현처럼 무게나 부피 단위 표현을 주로 사용한다.

중국의 음주문화는 상당히 건전한 편이다. 대부분의 술자리가 일차에서 끝난다. 처음 들어간 식당에서 요리를 먹을 때 술을 반주로서 마시며 식사를 마치면 음주도 끝을 낸다. 길거리에서 비틀거리며 지나가는 취객을 중국이건 대만이건 찾아보기 어렵다. 술 문화도 고정적인 것이 아니라 세월에 따라 변하듯이, 중국에서도 작년부터인가 고량주를 마시던 풍조에서 이제는 좀 여유를 가지고 적포도주와 백포도주를 마시는 경향이 있다. 맥주 선호도 점차 늘어나고 있다.

중국은 남방보다는 주로 북방에서로 술을 권하는 분위기가 강하다. 하지만 이는 사회생활을 하는 일반인의 경우에 해당하고, 대학생들은 음주를 별로 하지 않는다. 2차나 3차 가는 일도 거의 드물고 그러한 개념도 거의 없다. 여학생들의 경우에는 더욱 음주를 멀리한다. 요즈음 대학가에서 여학생들까지 술이 과해서 비틀거리거나 앉아서 토해 내는 그런 상황은 중국에서는 찾아볼 수 없다.

중국인들은 저녁에 요리와 함께 반주로 술을 마시는 정도로 음주생활이 실용적이며 건전한 편이라 아침 해장문화도 찾아보기 힘들다. 중국의 아침거리는 무럭무럭 피어오르는 김 속에 만두나 국수, 콩국과 전, 그리고 도시락 등 음식을 파는 작은 가게들로 가득하다. 2차, 3차, 4차로 진행되는 음주문화 때문에 해장국이나 해장음료 같은 아침 해장문화가 발달한 우리나라와는 대조적이다.

10) 차 문화

(1) 중국의 차와 다기

녹차를 마시면 정신이 맑아지고 면역력이 강화된다. 씁쓸한 맛 뒤에 찾아오는 달콤한 차 맛은 문자 그대로 고진감래(苦盡甘來)의 인생을 느끼게도 한다. 매력적인 중국차는 운남성과 티베트에 자생하는 동백나무과에 속하는 상록수이다. 학명인 카멜리아 시넨시스(Camellia sinensis)는 중국의 동백나무라는 뜻이다. 차의 원산지인 운남성 지역 원주민들이 처음 차를 마셨을 것으로 추정된다. 야생 차나무는 높이가 30미터 가까이 자라서 처음에는 원숭이를 훈련시켜 잎을 땄다고 한다. 후에 차나무는 품종개량이 되어 사람이 잎을 따기 쉽도록 지금은 높이가 1미터 안팎이다.

차 마시는 습관은 1,500년 전 중국인에게 퍼지기 시작한 것으로 보인다. 당나라 육우(陸羽)가 쓴 『다경(茶經)』에 차에 관한 기록이 있다. 중국차는 처음에는 약용이었으나 6세기 이후부터 음료로서 널리 마시게 되었다. 황하 물이 탁해서 생수로 마실 수 없기 때문에 중국에서는 일찍부터 차가 발달했다는 이야기도 있다. 차의 명칭 역시 당나라 이전에는 '도(荼)'나 '명(茗)'이라고 불렀는데, 후에 획 하나가 생략되면서 '차(茶)'로 바뀌었다.

중국차는 이후 실크로드를 따라 서방으로도 전래되어 티베트 지방이나 중동에서도 차를 마시는 습관이 생겼다. 오늘날 중국차가 세계적으로 명성을 얻을 수 있었던 것은 선승들의 차 마시는 풍습 때문이기도 하다. 선승들의 삶에서 선(禪)과 차는 밀접한 연관이 있다. 밥을 한 끼 굶더라도 차는 필수적인 기호음료였던 것이다.

중국차는 수확하는 계절에 따라 춘차(春茶), 하차(夏茶), 추차(秋茶), 동차(冬茶)로 나뉜다. 그중 춘차와 동차의 질이 좋은 편이며, 춘차 중에서도 새순을 따서 만는 찻잎을 최고로 친다. 만드는 과정에 따라서는 청차(淸茶) 즉 비발효차, 반발효차, 그리고 숙차(熟茶) 즉 완전발효차로 나뉜다. 이밖에 꽃이나 꽃향기가 들어간 화차(花茶)와 긴압차(緊壓茶), 그리고 기능성 차들로 구분하기도 한다.

우선 비발효차인 녹차는 중국에서 재배 역사가 가장 오래되었으며 품종이 가장 많다. 현재 전국 18곳의 차 재배구역에서 생산하는데 지역마다 다양한 이름을 갖고 있고, 수 만 톤씩 수출할 정도로 생산량이 많다. 예를 들어 절강성 항주가 원산지이며 청명절 직전에 따낸 서호용정차(西湖龍井茶)는 100% 녹차를 원료로 사용하며, 발효 정도가 0-5%로서 연녹색에 청향(淸香)이 난다. 맛이 담백하고 고소하며 단맛이 많이 난다. 산지인 항주는 장강이남 지역으로 기후가 온난하고 강우량이 풍부하여 차 재배에 적합하다. 일 년 내내 기후가 순조롭고 따뜻하여 한 겨울에도 차 꽃을 볼 수 있다.

이밖에 소주 지방의 소라 모양의 벽라춘차(碧螺春茶), 산동 노산의 녹차, 황산의 모봉차(毛峯茶)가 있다. 벽라춘은 찻잎 모양이 푸른 소라 모양이라서 이 이름으로 지어졌으며 보통 차와는 달리 60도 정도의 따끈한 물에 찻잎을 넣어 마신다.

반발효차는 찻잎을 통풍이 잘 되는 곳에 펴놓고 햇볕에 쬐면서 상하로 뒤적인 후, 실내에서 한 번 더 작업한다. 향기의 형성은 햇빛에 말릴 때 거의 결정되며 녹차와는 전혀 다른 향기를 띤다. 솥에 덖을 때도 효소를 완전히 없애지 않고 덖음과 유념(비빔)을 반복하면서 발효를 진행시킨다. 그 후 다시 가열해 효소를 소멸시켜 풀 냄새를 없애고 떫은맛을 감소시킨다. 마지막 건조 작업을 통해 수분 함량을 4%이하로 낮춘다. 우롱차가 대표적이며 녹차와 홍차의 좋은 점을 취해서 만드는데, 대만의 대중, 남투, 계두, 일월담 등에서 자라는 동정우롱차(東頂烏龍茶)가 유명하다. 우롱차는 배독과 이뇨작용에 도움을 준다.

반발효차로는 무이암차(武夷岩茶)와 철관음(鐵觀音), 대만의 포종(包種) 등도 있다.[65] 오늘날 중국차의 대표 차 중 하나가 된 무이암차는 복건성에서 생산되는 무이산 암차(岩茶)를 말한다. 철관음차와 더불어 전 세계 우롱차 시장의 70%를 점하고 있다. 암차 전문가는 "무이암차는 자연적인 암벽 사이에서 자라는 것이 특징이며, 무엇보다도 암차의 진한 향기 때문에 인기가 높다"

65) 항주 용정차는 첫째 잔은 냄새를 맡고, 둘째 잔은 마시고, 셋째 잔은 관상용으로 본다. 그래서 투명한 유리잔을 사용하는 것이 특징이다. 우롱차는 카테킨 성분이 적으며 일반 찻물의 온도보다 낮은 100도 이하의 물을 사용하여 우려낸다는 점이 특징이다.

고 말한다. 해발 700미터가 넘는 무이산 지형과 차가 잘 자랄 수 있는 기후로 인해 세계 명차의 반열에 오를 수 있었던 것이다.

철관음(鐵觀音)은 복건성 안계현(安溪縣)에서 주로 생산되며 발효정도가 70- 80%로 어두운 녹색 빛을 띠고 있다. 안계현은 중국 최고의 우롱차 생산지로서 안계철관음의 발생지이자 중국 우롱차의 시발지이며 대만 동정우롱차의 고향이기도 하다. 일년 내내 기후가 순조롭고 따뜻하며 한 겨울에도 찻잎이 자라 겨울 차를 생산할 수 있는 곳이다.

철관음은 일반 우롱차보다 향기가 맑으며 청향(淸香)에 화향(花香)이 섞인 듯한 향기가 난다. 향기가 오래 동안 지속되며, 감칠맛이 많이 나고 담백하며 고소한 맛이 숭늉과 비슷해서 편하게 마실 수 있는 차이다. 우리 입맛에 맞아 우리나라에 많이 알려져 있지만 구입하기가 쉽지 않다. 대만 우롱차와 비슷하나 결구가 거칠게 말려있다.

완전발효차로는 대만 일월남의 홍차와 안휘성의 기문(祁門) 홍차, 운남성 진서와 진남의 진홍, 복건의 민홍, 강서의 영홍, 사천의 천홍, 광동성 영덕농장의 영홍차가 유명하다.

화차로는 재스민향이 나는 모리화차(茉莉花茶), 눈에 좋다는 국화차(菊花茶)가 대표적이다. 중국 광서성(廣西省) 방성항(防城港)에서 생산되는 모리화차는 재스민 꽃을 원료로 사용한다. 흰색과 녹색을 함께 띠고 있으며, 화향이 나고 담백하며 단맛이 나지만 카페인 함유량은 높은 편이다. 생산지인 방성항은 광활한 재스민 농장을 가지고 있는데, 이곳 기후가 재배에 알맞아 향이 좋고 꽃술이 예쁜 재스민이 생산된다. 재스민 차는 중국인들이 가장 많이 마시는 차로 일반인들이 숭늉처럼 마시기 때문에 가격이 저렴하며 품질도 다양하다. 화차(花茶)의 대명사로 너무 흔해서 품질을 따지지 않는 일반 대중차이기 때문에 중국식당에 가면 대부분 이 차가 나온다. 향이 짙어서 향편차(香片茶)라고도 부른다.

긴압차는 홍차나 녹차의 찻잎을 찐 후 눌러서 벽돌처럼 단단한 상태로 만든 후 발효시키는 차로서 운남성의 보이차(普洱茶)가 유명하다. 변비와 다이어트, 혈액순환과 피를 맑게 하는 데 효용이 있다. 중국에서보다 한국에서 더 인기 있는 보이차는 기호음료로서보다는 "기름기를 제거하고 장을 이롭게 씻어내며, 숙취와 소화불량 및 목의 통증을 다스린다"고 하는 약리적인 특성 때문에 더 알려져 있다. 대엽종 찻잎으로 만들며 보통 녹차와는 달리 빈대떡이나 벽돌 모양의 검은 덩어리 차이다. 1960년대 초 강진 월남사지와 화순 운주사 주변에서 생산된 돈차와 모양이 비슷하다. 그 차 덩어리를 부셔서 다기에 담은 후 물에 우려내 마신다.

기능성차로는 복건성 동북부의 정화현에서 생산되는 차로서 은빛이 나고 형태가 곧아 마치 바늘과 같으며, 눈을 밝게 하고 열을 내리는 효과가 있어 '대화병'을 치료할 수 있다고 하는 백호은침(白毫銀針)과 백모란(白牧丹)이 있는데 모두 잎이 하얀 백차(白茶)이다. 이밖에 노인들의 폐를 보양한다는 자보차(滋補茶), 숙취에 효용이 있는 차, 살을 빼 주는 감비차(減肥茶), 궁중 차였던 팔보차(八寶茶), 혈압과 정력에 좋다는 해남도의 고정차(苦丁茶) 즉 씀바귀의 긴 잎을 말아 건조한 일엽차, 기관지에 좋다는 고김로차, 냉증에 효과가 있다는 동방미인차 등 이루 다 열거할 수 없을 정도로 그 수가 많다.

차는 중국인들의 일상생활에서 필수품으로 자리 잡은 지 이미 오래기 때문에 슈퍼나 백화점을 가도 쉽게 구입할 수 있고, 어느 동네를 가더라도 찻집을 운영하면서 찻잎을 파는 곳이 있다. 찻잎은 선물용으로 포장하여 파는 경우도 있고, 손님들이 직접 향을 맡아보고 선택할 수 있도록 종류별로 큰 소쿠리에 담아놓고 무게를 달아서 파는 경우도 있다. 파는 방법은 근당 계산하는데, 가격은 한 근에 우리 돈 몇 백 원부터 몇 십 만 원까지 차이가 난다.

좋은 찻잎을 구별하는 방법은 먼저 향을 맡아보고, 다음으로 입안에서 얼마나 향이 오래 머무는지, 그리고 몇 번까지 우려내어 먹을 수 있는지를 보고, 마지막으로 잎의 모양과 탄력성을 보아 그 좋고 나쁨을 알 수 있다.

다기로는 강소성 의흥(宜興)에서 생산되는 자사도기(紫砂陶器)가 유명하다. 의흥 다기는 바닥에 의흥에서 만들었다는 마크가 새겨져 있고, 품명과 등급, 제작자와 제작시기가 사진과 함께 기록되어 있는 보증서도 발급한다. 좋은 다기는 뚜껑 소리가 낭랑하다. 한편 찻집에 가 보면 다기들이 때가 낀 것처럼 누리끼리하여 지저분한 것이 아닌가 하는 느낌이 들 정도다. 하지만 다기에 낀 때는 일반 때라기보다는 찻물에 색이 배인 것이며, 중국 사람들은 일부러 다기가 오래 되었음을 나타내기 위해 다기에 낀 찻물 때를 지우지 않고 살짝 헹구어 다시 사용한다.

(2) 차 문화

중국에는 차 마시는 법도인 다도가 있고, 고급 찻집에 가면 정식으로 차를 마시는 코스를 즐길 수 있다. 하지만 일반 사람들은 다도나 다례(茶禮)에 얽매이지 않고 일상 속에서 편하고 자유롭게 마신다. 차의 종류와 지역에 따라 차를 마시는 풍습은 다양하다. 중국인들이 기름진 요리를 부담 없이 먹을 수 있는 것도 차 덕택이라고 한다. 다기세트를 보면 다관과 조그마한 찻잔이 받침그릇 안에 함께 들어있다. 찻잔은 오른손으로 감싸 쥐고 왼손으로는 차의 밑 부분을 받쳐 들고 맛을 음미하며 향을 음미하고 조용히 마신다.

맛있는 차를 우리려면 다관과 찻잔에 뜨거운 물을 부어 데운 후 물을 버리고 다관에 찻잎을 넣고 뜨거운 물을 부어 2-3분 기다린다. 다관 위로도 뜨거운 물을 계속 부어 다관이 식지 않도록 한다. 이때 부은 물이 받침그릇 안에 모이게 한다. 찻잔에 넣었던 물을 받침그릇에 붓고 찻잔에 차를 나누어 부어 마신다. 중국에서는 어디를 가나 식사 때마다 어김없이 차가 빠지지 않는다.

그리고 귀한 손님이 오면 철관음을 대접한다. 철관음은 발효를 시켰기 때문에 찻물 온도는 90-100℃ 정도가 적당하다. 온도가 높으면 향기가 더 맑아진다. 한잔 분량은 3-5g 정도가 적당하고 차가 많으면 맛이 쓰고 떫게 된다. 성질이 따뜻해서 오래 마시면 속이 따뜻해지고 편해지며 정신도 맑아진다. 또한 울적할 때는 재스민차, 개운한 맛을 원할 때는 용정차나 옥로차를 많이 마신다.

일반적으로 차를 마실 때 먼저 끓는 물로 찻잎을 우려내어 버린 후 두 번째 잔부터 마신다. 이삼 분 후 찻물이 우러나오면 찻잔에 따라 마시고 이후 여러 번 우려내어 마신다. 첫 번째 우려낸 물을 버리는 이유는 첫 잔에는 찻잎에 섞인 먼지가 있을 수 있고, 잔도 데울 필요가 있으며, 첫 잔 보다는 두세 번째 잔이 훨씬 더 깊은 맛을 내기 때문이다.

차는 식사 전후에 마시지만, 출근할 때도 뚜껑 달린 병에 차를 넣어가지고 다니면서 뜨거운 물을 계속 부어가며 마신다. 그래서 기차나 시외버스 그리고 호텔에는 뜨거운 물이 항상 공급된다. 찻집에서 차를 마실 때는 호박씨나 땅콩 또는 달콤한 과자

등과 곁들여 마신다.

중국인들이 일상생활 속에서 차를 즐기는 까닭은 다도 속에 담긴 정신을 중요시하기 때문이다. 즉 차는 중국의 전통적인 유불선의 화해와 화합처럼 화(和)가 담겨있고, 수양을 통해 심신의 정화를 느끼게 하는 정(靜)도 담겨있다. 또한 차향과 차 맛에서 희열과 즐거움을 느끼는 이(怡)가 담겨있다고 한다. 마음이 한적할 때, 기분이 어수선할 때, 깊은 밤 누구와 함께 이야기할 때, 손님을 정성스레 대접할 때, 연인과 정답게 이야기 나눌 때, 날씨가 맑고 바람이 온화할 때 마시는 차는 어느 음료보다 사람들에게 깊은 정취를 느끼게 한다.

중국차는 종류별로 효용이 다르지만 일반적으로 정신을 맑게 하고, 기름진 음식을 소화시키는 데 도움을 주며, 숙취에도 좋고, 피부 미용과 다이어트에도 좋다고 알려져 있다. 다만 위장에는 자극을 줄 수 있으므로 빈속에 마시는 것은 삼가하고 식어버린 차는 몸에 도움이 되지 않으므로 따라버리고 뜨거운 물로 다시 우려내어 마시는 것이 좋다. 중국차의 장점은 다음과 같다.

중국차는 역사가 유구하고 품질이 특출 나서 사해에 이름 날린다.
中國茶葉, 歷史悠久. 品質超群, 名揚四海.
침이 생기고 갈증이 해소되며 정신이 맑아 생각이 자유로워진다.
生津解渴, 提神益思.
음식을 소화시키고 느끼함을 제거하며 건강하게 살을 빼 준다.
消食除膩, 健美減肥.
해를 거듭할수록 장수하며 건강을 증진시킨다.
延年益壽, 增進健康.

중국인들은 여름에는 국화차와 같이 담백한 차를 마시고, 북쪽에서는 녹차, 남쪽에서는 홍차를 즐겨 마시는 편이다.

11) 의복문화

중국의 전통적인 의복은 엄격한 신분사회에서 사회적 지위에 따라 달리 입었다. 면복(冕服)은 왕족이나 귀족계층이 예복으로서 주로 입었고, 변복(弁服)은 정사를 볼 때 입었으며, 원단(元端)은 편한 복장으로 입었다. 이에 비해 서민들은 노란색이나 붉은색의 옷을 입지 못하고 주로 연한 색의 옷만 입을 수 있었다.

원대에 이어 명이 건국되면서부터는 호복(胡服) 착용을 금하고 의관은 모두당나라 제도를 따르게 하였다. 이후 청에 들어오면서는 만주족이 통치하면서, 한족 고유의 옷 대신 만주족 복장을 입게 되었다. 남성들은 변발에 장포(長袍), 여성들은 치파오(旗袍)를 입었다.

그러다가 신해혁명으로 청의 왕정체제가 무너지고 민주체제가 확립되면서 남성들은 머리를 짧게 자르고 손중산(孫中山)의 이름을 따서 중산복이라는 대중적인 옷을 입고, 여성들은 하얀 저고리에 활동하기 좋은 모양의 검정색 치마를 입었다. 이후 문혁 이후 개혁개방이 되면서 현재는 다양한 색상과 디자인의 옷을 자유롭게 입고 다니게 되었다.

중국인들은 옷에 대한 개념도 달라서 잠옷을 입고 집 근처 거리를 돌아다니기도 한다. 잠옷이 한때는 부의 상징이기도 했고, 잠옷을 입고 다니는 것은 개인의 자유이기 때문에 눈치를 보거나 눈치를 주는 일도 없다. 속옷 역시 그저 옷의 일종이기 때문에, 기차 내에서 내의만 입기도 하고, 밖에 여성용 속옷 빨래도 거리낌 없이 편안하게 걸어놓기도 한다. 자전거를 타고 가며 속옷이 비추어도 개의치 않는 편이다.

9. 기타 생활문화

1) 아침문화

'일일지계(一日之計)는 재어신(在於晨)'이라는 말처럼 하루의 생동감과 활기는 아침에서부터 시작된다. 중국의 독특한 아침풍경은 우선 공원마다 사람들이 모여 태극권(太極拳), 외단공(外段功), 우슈(武術), 그리고 부채춤 체조와 사교댄스를 익히는 장면이다. 예를 들면 상해의 홍구공원(虹口公園) 또는 북경의 천단공원, 남경의 부자묘, 청도의 54광장 등 사람이 모일 수 있는 곳에는 어김없이 모여서 전통 운동을 즐기며 체력을 단련한다. 동작은 몸에 무리를 주지 않으면서 부드럽고도 유연하다. 또한 몸 단련과 더불어 남녀가 한데 모여 녹음기를 틀어놓고 음악에 맞춰 자유롭게 사교춤을 추는 모습도 특이하다. 야밤에 클럽에서 추는 춤들이 건전한 아침운동으로 활용되고 있다.

중국의 또 다른 아침풍경은 시민들이 한 손에 새장을 들고 산보하는 모습이다. 검은 천으로 덮인 새장을 가져와 한쪽에 자리를 잡고는 천을 열어 새들에게 맑은 공기도 마시게 하고 동호인들끼리 새에 관한 정보도 교환하며 새소리를 감상하는데, 아침을 여는 그들의 이러한 모습은 여유롭기까지 하다.

중국의 아침풍경 중 빼놓을 수 없는 것은 다양하고 푸짐한 아침음식 물결이다. 13억 인구를 가지고 있으면서도 굶어죽는 사람이 없다고 할 정도로 중국에는 값싸면서도 다양한 음식들로 넘쳐난다. 도시 전체가 식당일 정도로 아침 먹을거리인 샤오츠(小吃)라는 간식도 풍성하다. 전쟁과도 같은 출근의 긴박감과 복잡한 교통이 다른 나라의 일상적인 아침 모습이라면, 중국의 아침은 풍성한 먹거리와 그 향기로 시작된다. 집에서 아침을 차려 먹고 출근하는 경우보다는 밖에서 아침을 해결하는 경우가 많다. 부모가 아이를 학교에 바래다주면서 식당에 들러 함께 아침 식사를 하고 등교를 시키는 것이 일상적인 모습이다.

식당들은 고기 찐만두, 야채 찐만두, 군만두, 호빵과 호떡, 빵 종류, 면 종류, 계란부침, 전, 그리고 콩국에 설탕을 넣어 달콤한 두유 맛이 나는 두장(豆漿), 각종 죽, 찻잎과 간장을 섞어 삶은 차엽단(茶葉蛋) 등 다양한 먹을거리를 만들어 놓고 손님들을 기다린다. 어떤 사람은 그 자리에서 먹고 가고, 어떤 사람은 비닐에 넣어 가고, 어떤 사람은 먹으면서 출근하는데, 처음에는 비위생적인 것 같아서 망설이게 되지만 한번 먹어 보면 다시 찾게 될 정도로 맛이 좋다. 아침을 준비하는 번거로움이 없어 주부생활은 편하기 그지없다.

아침음식 중 두장(豆漿)은 대표적이고 대중적인 아침음식으로서 더운 여름에는 차게 만들어 팔고 겨울에는 따뜻하게 데워서 파는데, 콩으로 만든 음식이라 몸에도 좋고 위의 부담도 적으며 근기도 있다. 주로 유조(油條)라는 밀가루 튀김막대와 함께 먹는다. 죽은 우리가 만들어 먹는 죽보다 훨씬 묽은 편인데 밥알이 희소하다고 하여 희반(稀飯)이라고 부른다. 쌀로 만들지만 옥수수나 기장과 같은 잡곡을 섞어 만들기도 하며 주로 짭짤한 반찬과 함께 먹는다.

죽의 고장은 역시 홍콩과 광동 지역으로, 우리가 아침에 해장국을 많이 찾듯이 여기서는 아침을 죽으로 시작하는 사람들이 많아 죽집은 그야말로 아침부터 문전성시다. 광동죽(廣東粥)이라고 부르는 이 죽 안에는 생선, 새우, 소라 등 해산물이나 쇠고기 등 육류가 가득 들어있어서 말이 죽이지 내용물은 영양 풍부한 한 그릇의 영양죽이다.

음식으로 아침을 열기 때문에 곳곳이 전쟁터 화염과 같은 연기로 자욱하다. 석탄을 주 연료로 사용하기 때문에 식사 때마다 연기가 자욱하다. 야외촬영장에서 대식구 식사를 준비하기 위해 불을 때고 음식을 만드는 그런 장면을 연상케 한다. 큰 식당에서는 손님들이 값싸게 여러 음식을 즐길 수 있도록 아침부터 뷔페 코너를 열기도 하는데, 12억 중국 인구가 굶지 않고 살아가는 원동력은 이처럼 중국인의 음식에 대한 중시, 푸짐하면서도 값싼 음식 때문일 것이다. 저녁문화 특히 음주문화가 아침의 해장문화로 이어지는 것이 우리의 문화라면, 중국은 아침문화와 야시장문화가 공존하는 음식문화가 주도한다고 말할 수 있다.

중국의 아침풍경 하면 교통문화도 빼놓을 수 없는데, 우리의 아침이 자가용과 버스의 물결이고, 미국이 사이클과 차량의 공존이라면, 중국의 아침은 자전거와 차량의 공존 물결이고, 대만의 아침은 오토바이와 차량의 공존 물결이라고 표현할 수 있다.

중국의 공식적인 아침 업무가 다른 나라에 비해 좀 더 빨리 시작한다. 학교에서는 아침 7시가 되면 종을 치고 7시 30분이면 첫 수업을 시작한다. 일반 관공서나 사무실도 우리가 보통 9시에 시작하는 것과는 달리 8시나 8시 반이면 업무를 시작해서 11시 반이면 오전 업무가 끝나기 때문에 아침에 서두르지 않으면 일을 오후로 미루어야 할 정도로 아침 출발이 빠르다. 시장도 아침 일찍 열고 그 대신 일찍 파한다.

매일 아침 천안문 광장에는 국기 게양식이 열리며 그 의식을 보기 위해 아침마다 많은 관광객들이 몰려든다. 아침 해 뜨는 시각이면 어김없이 단정한 차림의 의장대 군인들이 중국 국가 반주에 맞추어 절도 있는 동작으로 오성홍기를 힘차게 들어 올리는 의식을 거행한다. 참여하는 군인들도 구경하는 중국인들도 잠시 동안 엄숙한 분위기 속에서 잔잔한 감동을 함께 하는 것 같다.

2) 폭죽문화

폭죽 없는 중국은 생각할 수 없을 정도로 폭죽은 일상생활에서 중요한 몫을 차지한다. 연말연시나 음력설과 추석 등 각종 절기에는 어김없이 굉음의 폭죽을 터뜨린다. 특히 설날부터 원소절인 1월 15일까지의 보름동안은 폭죽이 마치 전쟁터 속에 있는 듯 착각이 들 정도로 매일 울려 퍼진다. 각종 명절, 결혼식과 개업식 또는 집들이와 같은 길일(吉日)에도 폭죽소리는 어김없이 들린다.

폭죽의 소음이 귀신이나 도깨비를 쫓고 길상을 불러온다는 축귀초복(逐鬼招福)의 믿음이 관습으로 전해져왔기 때문이다. 폭죽은 연달아 화약이 터지는 연환포(連環砲), 바닥에서 튀어 오르듯 터지는 폭죽, 그리고 하늘을 향해 날아가며 굉음과 함께 터지는 폭죽 등 종류도 다양하다. 폭죽의 이름도 편포(鞭炮), 포죽(炮竹), 폭죽(爆竹), 화포(火炮) 등으로 다양하다.

최근에는 폭죽으로 인한 화재와 부상 등 심각한 문제가 야기되어 도시지역에서는 폭죽을 금지하는 곳이 늘어나고 있고 위반 시에는 벌금을 물리기도 한다. 얼마 전에도 하남성 고속도로에서 춘절에 사용할 폭죽을 실은 화물차가 폭발하면서 사상자가 발생했다. 대도시 스모그 현상도 폭죽으로 인한 연기가 그 원인 중 하나라는 분석도 나왔다. 하지만 중국인의 관습을 바꾸기도 힘들고 깡그리 무시할 수만도 없어서 농촌지역과 도시의 지정된 장소에서는 지정된 시간 내에서는 폭죽을 터뜨리는 것을 허용하고 있다.

귀신이 싫어하는 시끄러운 소리를 들려주어 악귀의 재앙을 쫓는다는 생각을 갖고 있는 중국인들에게 시끄러운 소리를 이상하게 여기지 않고 도리어 기분 좋게 받아들이는 편이다. 그래서 여가를 즐길 때도 시끌시끌하다. 중국인들은 좋아하는 마작과 포커를 하면서 패를 흔드는 소리에 담소하는 소리를 더해 시끌벅적한 소리를 연출해낸다. 중국어 자체도 성조가 있어서 제1성은 솔→도, 제2성은 레→도→파, 제3성은 미→솔, 제4성은 솔→도로 글자마다 음계의 변화를 주어야만 의미전달이 이루어지기 때문에 발성 소리가 자연히 커지게 된다. 그래서 중국인들이 이야기할 때 시끄럽게 느껴지는 것이다.

3) 입시와 대학문화

중국의 입시경쟁은 입시시옥이라 부를 만큼 한바탕 전쟁을 치르는 분위기다. 우리와는 달리 중국은 가을학기부터 신 학년이 시작되기 때문에, 한여름인 7월 7일부터 사흘 동안 총칼이 아닌 연필과 지우개로 입시전쟁을 치른다. 우리는 입시한파로 수험생과 학부모들이 고생하지만, 중국은 40도가 넘는 입시폭염 속에서 고생하는 점이 다르다. 수험생들은 더위에 땀을 흘리며 시험에 몰두하고 학부모들은 밖에서 시험 종료를 기다리며 연신 부채질을 하는 모습이 연례행사가 되었다. 그래서 중국에서는 입시를 '7.7사변'이라고 부른다. 이래저래 입시 기간은 어느 나라나 수험생과 학부모에게는 지옥임에 틀림없다.

그래서 입시시즌이 다가오면 신문에서는 아이들이 공부하다가 기절하거나 집단으로 졸도를 했다는 기사가 실리고, 부모들도 수면장애로 작업능률이 현저히 떨어지고 신경도 날카로워져 사소한 일에도 시비가 붙는다는 기사도 어렵지 않게 볼 수 있다.

실제로 중국에서의 대학 진학은 우리보다 더 치열하다. 중국 최고의 명문 북경대학이나 청화대학의 실질적인 경쟁률은 2만 대 1일 정도로 명문대학 입학은 하늘의 별 따기만큼 어렵다. 우리의 경우 60여 만 명 정원에 70여 만 명의 학생이 지원하는 반면, 중국에서는 모집인원에 비해 지원자 수는 엄청나게 많기 때문에 중국의 대학 입학생들의 학력 수준은 전반적으로 높은 편이다. 특히 북경이나 상해 소재 4년제 일반대학들의 신입생 입학성적은 타 지역에 비해 월등히 높은 편이다.

이렇게 치열한 경쟁을 치루는 대학 입시는 연쇄반응을 일으키면서 초등학교나 중고등학교의 학업 부담도 상대적으로 커진다. 초등학교 1학년의 경우, 방과 후 3-4시간은 숙제를 해야 완성될 정도로 일과 중 학습 시간이 차지하는 비율이 매우 높다고 한다.

중국의 대학은 거의 다 국립이므로 대학입시는 국가교육위원회가 주관하며 '전국통일입학시험[高考]'을 치르게 된다. 중국은 이 시험을 통해 대학정원을 선발하고 그 성적순에 따라 희망하는 학교를 배정하는 입시전형제도를 시행하고 있다. 우선 전국통일입학시험을 치르고 그 결과를 참고하여 지망대학 몇 곳을 선택하면, 대학 쪽에서는 기준에 맞는 학생을 선발하여 최종 합격여부를 결정한다.

문과계 시험 과목은 정치, 국어, 수학, 역사, 지리, 외국어이고, 이공계 시험과목은 정치, 국어, 수학, 물리, 화학, 생물, 외국어다. 수험생이 우선 자신의 점수를 고려하여 지망대학을 몇 군데 선택하면, 그 다음 '초생위원회(招生委員會)'와 대학의 학생모집 담당직원이 공동으로 학생을 선발한다. 이때 성적 외에도 지덕

체를 참고로 하기 때문에 성적만 좋다고 다 합격하는 것은 아니다. 건강한지 또는 사상 문제는 없는지, 고등학교에서 어떤 사회활동을 했는지 하는 점을 보게 되는데 이것이 당락에 큰 영향을 미친다.

각 대학의 합격자 수는 성, 직할시, 자치구별로 미리 정해놓는다. 북경이나 상해 같은 대도시 거주 수험생이 대학의 대다수를 차지하지 않도록 하는데, 이는 한어를 모어로 하지 않는 소수민족이 대학에 입학할 수 있도록 하기 위한 배려에서다. 이 제도 덕분에 중앙과 지방의 격차가 크게 벌어지지 않고 지방의 우수한 인재에게도 질 좋은 교육의 기회가 제공되고 있다.

중국의 치맛바람도 대단하다. 자녀의 명문대 입학을 위해 부인이 남편과 헤어져 아이와 함께 학군 좋은 곳의 초대소 등에 머물면서 고액의 숙비를 지불하며 생활하는 경우도 있고, 입시난을 피해 싱가포르 등에 엄마와 아이가 체류하며 지내고 남편은 중국에 남아 기러기 아빠로 생활하는 경우도 많다. 최근에는 기러기 아빠가 자살하고, 해외에 있는 부인이 생활비 충당을 위해 매춘생활을 하였다는 충격적인 기사가 보도될 정도로 중국의 교육열이 과열현상을 보이고 있다.

일단 어려운 대입 관문을 뚫고 입학을 하고 나면, 이제는 취업과의 전쟁이 시작되기 때문에 대학에서의 수업도 고등학교처럼 긴박하게 이루어진다. 입시 지옥을 뚫고 나오자마자 지옥 공부가 시작되는 것이다. 우리나라 대학들도 학생들이 취업난 극복을 위해 입학 후부터 나름대로의 스팩을 쌓아가는 등 자기개발 학습 분위기로 바뀌고는 있지만, 중국은 전반적으로 수업 자체가 철저하고 빡빡하게 진행된다.

중국에는 교수들이 휴강하는 경우도 없고, 학생들도 결석하거나 MT나 체육대회 등 행사를 핑계로 단체휴강을 하는 경우도 찾아보기 힘들 정도로 수업은 성실하게 진행된다. 교칙상 세 번 무단결석을 하면 그 과목의 학점이 나오지 않고, 개인적인 사정으로 결석하는 경우에도 반드시 결석사유서를 제출해야 한다. 이 경우에도 기준 시수를 초과하는 경우 퇴학 등 불이익을 당할 수 있다. 또한 지각 시간이 5분을 초과하면 결석으로 간주되고, 5분 이내에 왔어도 두 차례 지각이나 조퇴를 하면 결석 한번으로 계산한다. 수업 시간에는 반드시 이름을 호명하고 출석부에 체크를 한다.

수업 시간은 아침 8시부터 1교시가 시작되기 때문에 중국 학생들은 일찍 자고 일찍 일어나는 습관이 몸에 배어있다. 일반적으로 유학생 기숙사는 소등 제한이 없지만 중국학생 기숙사는 소등 시간이 있어서 일찍 자야만 한다. 그래서 캠퍼스 분위기는 항상 조용하고 무언가를 골똘히 외우고 공부하는 학생들로 가득하며, 밤늦게까지 낭만을 즐기며 음주가무를 즐기는 모습은 거의 찾아보기 힘들다.

중국 학생들은 우리 학생들과 비교할 때 사치스럽지 않고 검소하며, 학생답게 정말 열심히 공부하는 편이다. 학습 방법에 있어서는 어학이건 수학이건 무조건 소리 내어 암송하는 방식을 선호한다. 축제나 술판 대신 캠퍼스 안에서 남녀 구분 없이 배구, 농구 또는 테니스를 즐기는 등 생활체육이 보편화되어 있다. 교내에서는 자전거를 이용하고 대부분 기숙사생활을 하기 때문에 등하교 때문에 시간을 허비하는 일도 별로 없다. 또한 학교 내에서도 학생들이 자발적으로 자기 구역을 설정해놓고 청소를 하는 등 애교심도 높고 봉사활동의 보람도 만끽한다.

이렇게 검소하고 건실하게 학습에 전념하는 중국학생의 모습은 우리가 좀 더 적극적으로 배워야 할 부분이다. 우리나라에 교환교수로 온 어느 중국인 교수는 한국에서 생활하면서 느낀 점을 이야기하면서, 중국학생은 어려운 상황에서도 잘 극복하면서 학습에 열중하는 장점이 있고, 한국 학생은 독립적이고 자주적이며 활달하다는 장점이 있다고 말한 적이 있다. 우리의 자유롭고 독립적이며 진취적인 기상과 중국학생들의 검소함 속에 끝까지 진지하게 노력하는 점이 결합된다면 더욱 훌륭한 모습의 대학생 형상이 구현될 수 있다고 본다.

4) 교통문화

(1) 기차와 택시

중국의 대표적인 교통수단은 기차이다. 드넓은 대륙 곳곳에서 수많은 인파를 태우고 수송하는 데 기차만큼 효율적이고 편리하며 안전한 수단은 없기 때문이다. 특히 중국여행은 기차여행이라고 말할 수 있을 정도로 기차를 이용하여 여행하는 시간이 많다. 다만 기차표는 평상시에도 여행객이 많아 구입하기가 쉽지 않고 성수기에는 더욱 구하기 어렵기 때문에 기차역이나 시내 매표소 또는 여행사에서 사전 예매하는 것이 필수적이다.

기차의 좌석은 중국의 서민들이 주로 이용하는 경좌(硬座)와 여유 있는 계층이 주로 이용하는 연좌(軟座) 두 종류가 있다. 가격 차이가 나지만 여러 면에서 연좌가 편리하다. 노선에 따라 이층열차도 있고 침대차도 있다. 침대차의 경우 값이 싼 경와와 비싼 연와가 있는데, 연와 내에서도 4인1실과 가격이 비싼 2인1실이 있다. 표 구입은 주로 여행사를 통해서 하는데 복무비(服務費)라고 하는 서비스 요금이 가산된다. 각 기차역에 가면 열차번호와 시간, 운행노선, 거리, 가격 등이 상세히 적힌 전국철로여객열차시각표를 구입해 이용할 수 있다.

기차 여행은 중국대륙의 광활함과 그들의 생활상을 체험할 수 있는 기회가 되기도 한다. 동남쪽 상해에서 서부 내륙 우루무치까지 기차로 삼사일 가다보면 하루 종일 평야만 볼 때도 있다. 남경-서안, 서안-북경, 북경-상해 등 대도시 간 거리도 기차로 반나절에서 하루 정도 걸린다. 그래서 침대차가 발달하였고, 10시면 자동으로 소등되어 잠을 청하기에도 좋다. 식당차도 있고 도시락, 과일, 따뜻한 차 등 먹을 것도 풍성하다. 또한 관리, 영화감독, 사업가 등 다양한 계층의 중국인과 접촉함으로써 그들의 생활모습을 여러모로 발견할 수 있는 장점이 있다.

기차표 가격은 보통 어른표와 어린이표로 구분하지 않고, 전표(全票)와 반표(半票)로 구분한다. 전표는 어른표에 해당하고, 반표는 일반표 또는 어른표의 반 정도를 받는 어린이표에 해당하지만, 표는 나이로 구분 짓는 것이 아니라 키로 구분 짓는다. 그 기준은 대략 120센티미터 또는 130센티미터가 된다. 그래서 매표소나 기차 칸에는 줄자가 그려져 있고, 120센티미터 또는 130센티미터 정도 높이에 빨간 줄로 표시해 놓아 어른표와 어린이표의 기준으로 삼는다.

중국의 택시는 종류가 많고 지역에 따라 기본요금과 주행요금이 다르다. 빨간 색의 소형택시에서부터 중형과 대형 택시까지 종류가 다양하다. 중국 택시의 내부 운전석 주위에는 투명한 플라스틱으로 둘러싸여 있다. 강절도를 방지하기 위해서 대부분의 택시 내부는 이렇게 플라스틱 보호막이 설치되어 있다. 그래서 차비를 낼 때는 중간의 틈으로 주고 잔돈도 그 틈으로 받아야 한다. 중국에서는 택시 잡기가 쉬운 편이고, 골목골목을 지나더라도 목적지까지 꼭 태워주고 기다려 주기도 해서 승차감은 좀 떨어지지만 택시 이용은 편리한 편이다. 다만 기사들이 양보를 잘 하지 않고 경보기를 눌러 대는 것이 일상화되어 있어 다소 시끄러운 점과 내부가 다소 불결한 점이 단점이다. 그리고 조수석에서 안전벨트를 매려고 하면 매지 않아도 된다고 말하는 경우도 많다. 택시 안에서는 금연인데 운전기사가 차안에서 담배를 피우는 경우도 많다.

최근에는 당국의 캠페인으로 나아지긴 했지만 역이나 터미널, 관광지 등에서는 택시기사가 미터기를 사용하지 않고 가격을 정한 후 손님을 태우는 경우가 빈번하다. 미터기를 사용하도록 하는 것이 바가지를 안 쓰는 방법이다. 기본 요금은 도시와 차의 크기에 따라서 다르다. 보통 7원부터 10원 정도이며, 4킬로미터 후에는 1킬로미터 당 1.2원 정도씩 올라간다. 우리나라보다는 좀 싼 편이지만 차 상태가 좋은 편이 아니며, 상해나 북경의 택시요금은 우리와 비슷하다.

얼마 전까지만 해도 천진, 제녕 등 도시에 따라서는 면포차(面包車)라고 부르는 식빵 모양의 노란색 택시가 있는 곳도 있었는데, 저렴하고 많은 인원이 탈 수 있지만 노후하여 사라지는 추세에 있다. 소형 오토바이를 개조해서 뒷좌석을 만들고 천으로 뚜껑을 만든 영업용 삼륜차도 있는데 그런대로 탈 만하며 목적지에 따라 가격이 다른데, 미리 가격을 흥정하고 탄다.

(2) 자전거와 버스

중국의 전통적인 교통수단은 바로 자전거다. 자전거는 중국인들의 생활의 일부이기 때문에 자전거는 바로 중국문화의 일부라고 해도 과언이 아니다. 중국인들은 한 살 때부터 자전거 위에서 큰다고 할 정도로 자전거가 그들의 손과 발이 되고 있다. 출퇴근 때에 끊임없이 쏟아져 나오는 자전거 물결은 도로의 주인이 자전거라는 것을 확인시켜 주는데, 중국에는 자전거 전용 도로가 있고 일반 도로에서도 자전거 수량이 많아 자전거 이용이 안전한 편이다.

우리와 다른 점은 중국에서 자전거를 구입할 때는 돈을 내고 자전거 면허증을 발부 받고 번호판을 달아야 하며 이를 어길 때는 규정상 벌금을 물게 되어 있다. 오토바이 역시 면허증이 있어야 하며 면허증 없이 운전하다 걸리면 오토바이는 몰수당하고 벌금도 물게 된다. 중국에는 또한 영업용으로 쓰이는 자전거도 있다. 대개 뒷자리에 두 사람 정도 탈 수 있는 좌석을 설치하고 그 위에 덮개를 씌운 형태인데, 기준 요금이 없어 도착지를 말하고 값을 흥정한 후 승차한다.

최근에는 중국인들끼리 만나면 자가용 이야기를 할 정도로 풍속도가 많이 변하고 있다. 운전학원이 증가추세에 있고, 학교 내에도 기존의 자전거 주차장이 자가용 주차장으로 변하고 있다. 거리의 교통도 자가용이 넘치면서 정체현상을 빚기도 한다. 향후 주차장과 교통문제가 중국의 골칫거리로 떠오를 전망이다. 음주운전도 심각한 수준이었으나 최근에는 단속이 엄격해지면서 음주운전이 사라지는 추세다.

도로의 경우 대도시 시내는 정비가 잘 되어있어서 불편함을 느끼지 못한다. 하지만 시 외곽으로 나가면 도로상황이 열악하고 교통편도 불편하다. 도로 중간에 웅덩이도 있고 중앙선 표시가 애매한 곳도 있다. 택시, 버스, 승용차, 트럭 할 것 없이 보통 중앙선을 넘어 반대 차도를 이용하여 추월하기 때문에 처음 중국을 여행하는 사람들은 좀 아찔한 느낌을 받는다. 또한 일방통행이라 하더라도 거꾸로 차가 오는 경우도 있고, 횡단보도를 건널 때도 앞쪽에서 좌회전 해오고, 옆에서 우회전 해오고 하기 때문에 보행 시 주의해야 한다. 보행자들도 교통질서를 무시하고 무단 횡단하는 경우가 다반사이다.

반면 고속도로는 전국적으로 잘 뚫려있고, 직선으로 주로 이루어져 있으며 교통량이 적어 상당히 쾌적한 편이다. 고속도로 중 북경에서 우루무치까지 연결되어 있는 고속도로는 길이가 거의 4000킬로미터 정도로 길다.

공공 교통수단인 버스는 그 종류가 다양하다. 중국의 버스는 택시와 마찬가지로 크기에 따라 소형 버스인 소파(小巴), 중형 버스인 중파(中巴), 대형 버스인 대파(大巴)가 있으며, 버스와 버스를 연결한 이중 버스, 이층으로 된 이층 버스, 전차, 그리고 위에는 전선으로 연결되고 아래는 철로가 아닌 버스 바퀴로 굴러가는 무궤전차(無軌電車) 등이 있다.

지역에 따라 아직도 차장이 동승하여 차내에서 바쁘게 손놀림하며 새로 올라오는 승객들에게 목적지에 따라 돈을 받고 표를 주는 버스도 있고, 자율버스처럼 승객이 승차하면서 돈을 기계에 넣는 버스도 있다. 일반적으로 버스요금은 1위안 즉 우리돈 180원 정도이고 시설이 좋은 좌석버스는 2위안 즉 360원 정도로 저렴한 편이다. 북경에는 버스택시도 있는데 단체로 이용하기에 편리하며 요금도 상상 밖으로 싼 편이다.

5) 한의[中醫]

중국에서는 한의원을 중의원(中醫院), 한의사를 중의(中醫), 한약을 중약(中藥)이라고 한다. 중국의 한의원은 대부분 한의과대학부설 또는 일반대학부설로 운영되고 있는데, 중국 정부에서 상당한 지원을 하고 있어서 수준이 높은 편이라 일반인들이 많이 이용하고 있다.

중국 한의 역사는 신농(神農)과 황제(黃帝) 시대부터 시작되었으며, 『황제내경(黃帝內經)』이 전해지고 있지만 이는 전설에 가깝고, 역사적으로는 편작(扁鵲)과 화타(華陀)와 까지 거슬러 올라간다. 편작은 특히 진단방법을 시진, 청진, 문진, 진맥의 사진법으로 체계화하였다. 화타는 동한 시기의 사람으로 신의(神醫)라고 불릴 정도로 의술이 뛰어났으며, 특히 복강종양수술 등이 외과수술을 시행했고, 서양보다 천여 년 앞서 마비산(痲痺散)이라는 전신마취제도 발명하였다. 진(晉)나라 때는 왕숙화가 혈맥의 원리를 서술한 『맥경(脈經)』을 저술하였고, 남조 시대에는 도홍(陶弘)이 본초학을 집대성한 『본초경집주(本草經集注)』를 편찬했다.

송나라 때는 침술학과 법의학이 발달하였고, 이후 명나라 때는 이시진이 『본초강목(本草綱目)』을 편찬하는 등 한의학은 더욱 발전한다. 이 책은 1,892종의 한약 재료와 11,096가지의 약 처방이 기술된 190여 만자의 약학서로 중국 의학 발전에 획기적인 역할을 하였다. 이처럼 중국 한의는 역사와 전통이 깊다.

한의원 진료과목은 내과, 외과, 암 등 수십 가지로 세분화되어 있고 각 과별로 한의대 교수들이 전문적인 진료를 하며, 침과 안마[推拿] 요법으로 열을 내리기도 하고, 디스크나 맹장염도 수술 없이 치료하며, 질병 예방을 하기도 하는 등 그 치료법이 다양하다. 최근에는 한의와 양의를 결합한 치료도 시행되고 있다.

한의원에서는 우선 몸 상태에 대한 환자의 말을 경청한 후 여러 가지를 질문하면서, 혀의 상태를 관찰하고 맥을 짚는다. 한의원의 처방은 우리처럼 보름치 이상 보약을 지어주는 방식이 아니라 양의처럼 이삼일 분을 지어주고 진행과정을 지켜보면서 다시 진료를 통해 약을 추가하거나 빼면서 조절한다. 즉 철저하게 음양오행에 의거하여 진행한다. 木(肝), 火(心), 土(脾), 金(肺), 水(腎)의 오행과 상생(相生)과 상극(相剋) 원리에 입각하여 진맥 후 약을 처방하고 그 후 몸 상태의 변화에 맞추어 약재를 바꾸어가며 치료한다.

중국에서는 한의사가 환자에게 처방전을 주면 환자는 처방전을 들고 약재상으로 향한다. 건 약재만 살 수도 있고 탕약이나 환으로 만들어 가져갈 수도 있는데, 처방전이 환자의 손에 들어있어서 어떤 약재들이 얼마큼 처방되었는지 모두 공개된다. 약재상은 처방전에 의거하여 조제를 하는데, 약재를 종이에 담는 과정에서 약재 이름과 양을 상세하게 적어 넣어준다. 예를 들면 甘草(甘 平)(補脾益氣 調和諸藥), 桂枝(辛 甘 温)(發汗解肌, 助陽化氣), 枸杞子(甘 平)(補腎益精, 養肝明目), 金銀花(甘 寒)(清熱解表, 凉血止痢), 黨参(甘 平)(補中益氣, 健脾益肺) 등과 같이 약재 명칭과 약재의 효능을 기록한 작은 종이를 넣어서 손님들이 약재 성분을 쉽게 알 수 있도록 도와준다. 중국에서의 한약재 한 첩 분량은 우리보다 두세 배 정도 많은 점도 특이하다.

무슨 약이 얼마나 들어갔는지 알 수 없는 우리와 달리 중국은 환자의 알 권리가 보장되어있는 셈이다. 약재 가격 역시 우리의 1/10정도로 저렴하고 약을 구입하는 데 바가지 쓰는 일은 거의 없다. 우리나라에 수입되는 중국 약재는 질이 떨어진다고 하는데, 이는 이익을 많이 내기 위해 수입상들이 값싼 약재 위주로 수입하기 때문이고, 실제로 중국 현지에서 구입하는 약재는 가격에 따라 질이 천차만별이며 질 좋은 약재도 얼마든지 구할 수 있다.

한약을 성약으로 만들어 파는 대표적인 곳으로는 북경 동인당(同仁堂)을 들 수 있다. 북경 자금성 근처에 본점이 있는데, 이곳은 특히 우황청심환이나 기국지황환, 신장과 간에 효과가 있는 육미지황환 등의 성약이 유명하다. 또 중국에서는 녹용을 주로 가루로 만들어 복용한다는 점이 우리와 다르다. 성인은 3그램, 어린이는 1그램 정도 복용하는데, 동북지방의 꽃사슴 즉 매화록(梅花鹿)의 새순을 고급상품으로 쳐주고 있다.

중국에서도 최근에는 점점 많은 환자들이 양의를 찾는 경향이 있다고 한다. 신체 부위별 '치료(cure)'의 개념이 강한 양의와 정신과 육체를 하나의 유기체로 보고 '돌본다(care)'는 개념이 강한 한의가 서로 접목이 되는 시도가 많아질수록 의술은 좀 더 좋은 방향으로 진보하리라고 본다.

6) 붉은색 문화

천안문광장에 휘날리는 오성기(五星旗)는 바탕이 붉기 때문에 홍기(紅旗)라고도 한다. 이 홍기는 바로 중국의 붉은색 문화를 상징적으로 보여준다. 중국에서 가장 큰 지폐인 100위안짜리 지폐도 온통 붉은색 바탕이다. 지나치다고 느껴질 정도로 붉은색은 중국인들의 생활 속 깊숙이 침투해 있다.

붉은색은 희소식이나 경사가 있을 때 어김없이 등장한다. 예를 들어 결혼식 때는 모든 것이 붉은색으로 장식된다. 신부의 빨간 옷과 신랑이 맨 붉은 리본, 붉은색으로 가득한 식장 내부장식, 붉은 북과 붉은 사자, 경사를 알리는 붉은 색의 '희(囍)'자 글씨와 잔치의 흥을 돋우는 붉은색의 폭죽이 물결친다. 결혼식을 알리는 청첩장도 붉은색이지만 하객들의 축의금이 담긴 봉투인 '홍바오(紅包)'도 붉은색이다. 흰색봉투는 중국에서는 조의금을 전달할 때만 사용하기 때문에 결혼식에서는 붉은색 봉투를 사용하는 점이 우리 관습과 다르다. 봄이 오면 중국에서는 붉은 종이에 '춘(春)'자를 써서 거꾸로 붙인다. 흰 종이에 붓으로 입춘대길(立春大吉)이라고 쓰는 우리의 풍속과 다르다.

부동산을 매매하거나 월세를 놓으려는 경우에는 벽이나 전봇대에 '홍바오(紅報)'라고 하는 붉은색 전단지를 붙여 놓는다. 개인에 따라서는 붉은색 종이로 명함을 만들어 사용하는 경우도 많다. 붉은색 선호는 유흥업소에도 반영되어 붉은빛으로 실내를 꾸미기 때문에 홍등가(紅燈街)라는 명칭이 붙기도 한다. 중국의 고량주 술병 역시 병 바깥에 붉은색으로 '주(酒)'라고 쓰인 종이가 붙어있는 경우가 많다.

백화점이나 사무실, 공장이나 회사의 개업식에도 역시 붉은색으로 장식한다. 개업식 때는 입구를 붉은색으로 장식하고, 도우미 아가씨들은 붉은 치파오를 입고 있으며, 참석자들은 붉은 띠를 두르고 붉은 색으로 장식된 폭죽의 굉음을 들으며 붉은색 테이프를 사르는 테이프 커팅 의식을 거행한다. 학교에서도 희소식이 있을 때 붉은색 바탕의 종이에 공고문을 붙여놓는다.

중국인들이 붉은 색을 이토록 애용하는 이유는 다름 아니라 붉은색이 악귀를 쫓고 복을 가져다준다는 믿음 때문이다. 재와 부를 상징하는 붉은색은 길조를 의미하게 때문에 중국인은 더더욱 붉은색을 사랑한다. 그래서 중국음식을 보아도 탕수육 같은 붉은색 요리가 의외로 많다.

길거리를 지나치는 유치원생이나 초등학생 옷차림을 보면 공통적인 특징이 바로 붉은색 머플러를 착용한다는 점이다. 어린이들이 빨간 머플러를 두르는 것은 공산주의와 혁명을 상징하는 것으로 보인다.

몇 년 전 양자강(楊子江) 홍수 범람으로 많은 이재민이 발생했을 때 정부당국과 사회단체에서 성금과 구호품을 전달하는 모습을 TV에서 방영하였는데 각기 커다란 붉은 색종이에 단체명과 액수를 적어 이재민들에게 전하는 장면이 나왔다. 실직자들이나 소년소녀가장, 그 밖에 돈이 없어 치료를 못하는 불우이웃들에게 전하는 성금 역시 붉은 색으로 포장되어 있다. 기쁨도 붉은 색, 고통도 붉은 색으로 같이 나누는 모습에서 붉은 색이 그들의 생활에서 차지하는 무게의 깊이를 느낄 수 있다.

7) 중국의 4대 발명품

종이, 인쇄술, 화약, 나침반 등 일상생활에서 요긴하게 사용되는 물품의 발명은 중국 과학기술의 성과로서 이것들을 중국의 4대 발명품이라고 칭한다.

약 2,000년 전 한 무제 시절 삼을 원료로 하여 식물섬유종이가 만들어졌는데 이것이 종이의 시초다. 이후 동한 시기 채륜(蔡倫)이 나무의 줄기나 삼, 또는 헝겊자투리 등을 이용하여 물에 담갔다가 빻은 후 끓여서 얇은 종이를 만들었다. 후에 실크로드를 통해 중국의 제지술이 서역으로 그리고 서방세계로 전해졌다.

감숙성 돈황의 천불동에서 금강경 인쇄품이 발견되었는데, 이를 통해 중국의 인쇄술이 대략 수와 당 시절인 6세기에서 7세기경에 발명된 것으로 추정할 수 있다. 인쇄술은 목판 인쇄로 시작하였는데, 이후 송나라 때는 필승(畢昇)이라는 사람에 의해 활자 인쇄가 발명되었다. 처음에는 흙 활자였고, 원나라 때는 나무 활자, 명나라 때는 동과 석 활자가 만들어졌다.

화약은 연단가들이 불사약 즉 선단(仙丹)을 만드는 과정에서 부산물로 탄생하였다. 선단은 초석, 유황, 그리고 목탄을 일정

비율로 배합하여 화로에 넣어 태워서 만드는데, 이 과정에서 화약이 만들어진 것이다. 이후 당나라 이후 화약은 군사용으로 사용되기 시작하였고, 몽골과의 전쟁 이후 아랍세계와 서방세계로 전해졌다.

나침반 역시 처음에는 자침이 제작되었다가 후에 북송 시기에 나침반으로 만들어졌다. 나무나 구리로 만든 원판에 방위를 나타내는 눈금을 새기고, 판이 한복판에 잘 돌 수 있게 자침을 설치한 후 자침이 움직이지 않을 때 가리키는 곳을 남쪽으로 삼았다. 후에는 유럽에 전파되어 선박들이 항해하는 데 널리 활용되었다.

8) 화장실 문화

중국의 화장실은 그 유형이 다양하다. 일류호텔의 라운지처럼 꾸며놓은 화장실이 있는가 하면, 표현하기 힘들 정도로 비위생적인 화장실도 있다. 특히 화장실 중에는 문이 없거나, 배변통로가 서로 연결되어 있는 경우도 많다. 그래서 외국 관광객들이 이러한 불편을 지적하였고, 중국 여행당국[旅遊局]에서도 관광산업의 진흥을 위해 화장실 개선사업을 시행하여 과거에 비해 많이 개선되었다. 하지만 조금 외진 곳에 있는 관광명소나 공원 화장실은 여전히 관리가 허술한 실정이다. 중국에서는 아직도 화장실은 그저 용변을 보는 곳이라는 생각이 강하다.

한편 생리 현상을 해결하는 데 있어서도 중국 남성들은 화장실에서 소변을 볼 때 허리띠를 완전히 풀고 바지를 내린 후 일을 본다. 우리나라 사람들이 주로 지퍼만 내리고 일을 보는 것과는 조금 다르다. 화장실 문을 열어두고 신문을 보면서 용무를 보기도 한다. 아예 화장실에 문이 없는 경우도 허다하다. 중국인들에게는 생리적 현상은 그다지 숨길 일이 아니라는 사고가 강한 듯하다.

9) 중국의 시장문화

중국의 재래시장은 아침 일찍 열고 일찍 파한다. 값싼 물건들로 즐비하며 음식 재료들이 싼 편이라 늘 많은 사람들로 북적거린다. 특이한 점은 시장을 보는 남자들이 노소를 막론하고 상당히 많다는 점이다. 중국에서는 대부분 맞벌이 부부라 남자들이 퇴근하면서 찬거리를 산 후 도보로 또는 자전거를 타고 귀가하는 모습은 극히 자연스런 풍경이다. 중국에는 직장과 학교, 숙소, 시장이 하나의 권역으로 형성되어 있어서 귀가하면서 시장 보는 일이 편리하게 되어 있다.

중국 시장에서는 물건을 대부분 낱개로 팔지 않고 근 단위로 판다. 계란, 과일, 고기, 쌀, 채소, 심지어 군고구마까지도 저울로 달아서 팔기 때문에, 예를 들어 3위안이라고 가격을 표시해 놓았다면 이 가격은 한 근에 3위안이라는 말이다. 저울은 추가 달린 옛날식 막대저울과 전자저울을 함께 사용하고 있는데, 눈금을 속이는 경우가 많아 당국에서 지속적인 계도를 하고 있다.

중국인들은 대부분 음식을 날로 먹지 않지만 신선한 재료를 추구하기 때문에 시장 안 생선 가게에는 활어가 항상 있다. 흥미로운 점은 살아있는 물고기들이 양철로 만든 네모 통 안에 들어 있는데 물이 거의 없어서 물고기들이 모두 옆으로 누워 겨우 숨을 쉬고 있다는 것이다. 팔려나갈 때까지는 쓸데없이 물고기를 움직이게 해서 살을 뺄 필요가 없다는 그들의 실용적인 생각 때문이다.

중국에서는 돼지고기와 쇠고기 값의 차이가 거의 없다. 이는 돼지고기가 요리 재료로 많이 쓰이기도 하지만 쇠고기 맛이 도리어 돼지고기만 못하기 때문이다. 참고로 우리가 즐겨 먹는 삼겹살은 중국어로 우화러우(五花肉)라고 한다.

그리고 재래시장에서 물건을 살 때는 값을 흥정하는 것이 필수적이며, 값이 싸기 때문에 잔돈을 항상 준비해 두는 것이 필요하다. 시장 내에는 노점식당들도 많아서 값싸게 각종 음식을 맛볼 수 있는데 위생상 주의를 요한다. 최근에는 대만이나 외국 자본과 합자하여 까르프[家樂富]나 이마트[易買得]와 같은 대형 할인마트, 백화점 내 슈퍼, 회원제 마켓 등이 도시 곳곳에 생겨나면서 품질로서 경쟁력을 갖추어가고 있는데, 이러한 현대식 시장도 이용하기 편리하게 운영되고 있다.

10) 기타

책을 독송할 때 중국인들은 머리를 시계방향이나 그 반대방향으로 돌리면서 책을 읽는다. 우리가 몸을 앞뒤로 살짝 움직이면서 고개를 숙였다 들었다하는 모습과는 좀 다르다. 세수를 할 때 중국인들은 세숫대야에 수건을 넣어 적신 후 그 젖은 수건으로 얼굴을 닦는다. 얼굴을 닦을 때도 동그라미 원을 그리듯이 손을 움직이며 세안을 한다. 우리나라 거주 화교들이 씻는 모습을 보아도 마찬가지다. 우리가 손으로 물을 떠서 얼굴을 위아래로 씻는 모습과 다르다. 길을 걸을 때 보면 우리나라 남성들은 대부분 주머니에 손을 넣고 다니는 데 비해, 중국인들은 주머니에 손을 넣고 다니지 않는 편이다.

그리고 중국에서는 편지를 쓸 때 편지봉투 중간 하단에 보내는 사람 주소, 좌측 상단에는 받는 사람 주소를 적는다. 우리와 정반대라서 잘못 표기하여 간혹 편지 배달 착오가 생기기도 한다. 시험 답안지가 정답일 때는 우리는 동그라미를 치는데, 중국에서는 체크(√) 표시로 정답임을 표기하는 것도 다른 점이다.

제 2 장 중국지역문화

중국문화는 지역별로 그 문화적 특색이 다르게 나타난다. 주류문화와 함께 지역별로 특색을 지닌 지역문화가 공존하고 있다. 특히 한족 중심의 문화 외에 자치주 등 지역에 거주하는 소수민족에 의해 형성된 문화도 전해져오고 있다. 따라서 중국문화를 전반적으로 이해하고자 하면 중국의 지역별 문화를 탐색해보아야만 한다. 여기서는 실크로드를 중심으로 한 문화, 서장자치구와 티베트문화, 내몽고자치구와 몽골유목문화, 운남과 귀주의 소수민족 문화를 중심으로 중국의 지역문화를 소개하고, 아울러 중국지형을 크게 강남과 강북으로 나누어 강남문화와 북방문화를 간략히 설명하고자 한다.

1. 실크로드와 문화교류

1) 실크로드[絲綢之路]

중국은 양잠업의 발원지이자, 세계 최초로 견직업을 시작한 나라이다. 1958년 절강성 오흥(吳興)의 전산(錢山) 신석기유적지에서 발굴된 탄화된 비로드와 비단조각을 측정해본 결과 약

4,750년 전의 것으로 밝혀졌다. 또한 은허에서 발굴된 갑골문에 '상(桑)'자가 존재하는 것을 통해 3,300년 전 은나라 때 이미 뽕나무를 심고 누에를 치는 것이 벌써 보편화되었다는 것을 확인할 수 있다. 은대의 여러 청동기 표면에도 견직물의 흔적이 남아있다.

『시경』에 나오는 양잠, 물레질, 염색 등의 기록은 주대에 견방직업이 한층 발달했음을 보여준다. 『시경 · 위풍』의 첫 두 구절에 나타난 "氓之蚩蚩, 抱布貿絲"를 풀이하면 "그 사내 얼굴 가득 웃음 띠고, 천을 안고 견사를 바꾸러오네"이다. 견직물이 이미 중요한 상품으로 자리했음을 보여준다. 춘추전국시대에는 견방직업이 매우 발달하여 제나라는 '문채포백(文采布帛)'으로 세상에 이름을 날렸고, 초나라의 무덤에서는 마름모무늬의 비단조각과 '봉(鳳)'이 수놓인 견직물이 발견되기도 하였다.

한대에 이르러 견방직은 가장 중요한 수공업으로 자리 잡으면서 규모가 커지고 품종이 다양해졌다. 산동의 임치(臨淄), 수도인 장안(長安)은 전국 방직업의 중심지로 이름을 얻었고, 각각 천 명 이상의 공인들이 전문적으로 고품질의 견직물을 생산하여 황실의 수요를 담당하였으며, 동시에 중아시아와 로마제국에도 팔려나갔다.

1972년 장사의 한대 마왕퇴(馬王堆) 무덤에서 모두 백여 가지의 '견(絹)', '라(羅)', '사(紗)', '금(錦)', '기(綺)' 등 다양한 견직물이 대량으로 발견되었다. 색상은 차색, 진홍색, 회색, 붉은색, 짙은 갈색, 연황색, 청색, 녹색과 흰색이며, 짜기, 수놓기, 그리기 등의 방법으로 도안을 만들었고, 동물무늬, 구름무늬, 풀 무늬 등으로 이루어져 있었다. 그 가운데 '사(紗)'로 만들어진 홑옷은 길이가 128센티미터, 소매 길이가 190센티미터인데 비해 무게는 겨우 49그램에 지나지 않아 실로 '박여선익, 경약연무

(薄如蟬翼, 輕若烟霧)'라 일컬을 만했다. 이는 한대의 비단제조 기술이 놀랄만한 경지에 이르렀음을 설명하는 것이다.

일찍이 전국시대에 중국 비단은 머나먼 그리스에까지 팔려, 그리스는 중국을 사이리스라고 불렀다. 그리스의 사학자 사니아스는 "사이리스인들은 명주실을 짜서 사용한다. 이것은 식물에서 나온 것이 아니다. 그 나라에는 벌레가 있는데 사이리스인들은 겨울과 여름 두 계절 동안 많은 우리를 지어 그것을 기른다. 벌레가 토하는 실은 가는 실과 같아서 여러 번 감으면 충분히 사용할 수 있다"고 말했다.

한 무제에 이르러서는 흉노의 침범을 격퇴하고 서한에서 서역으로 통하는 길을 열었다.66) 한 무제는 두 차례에 걸쳐 장건을 서역으로 파견하여 중국과 중앙아시아 및 서아시아의 관계를 강화하면서 실크로드를 개척한다. 서한 시기 장건은 실크로드의 진정한 개척자라고 할 수 있다. 실크로드는 장안에서 시작하여 하서주랑(河西走廊)을 통과하여 돈황을 지난 후 남북 두 갈래로 나뉜다. 곤륜산 북쪽 기슭을 따라 사차(莎車)를 지나서 피미르고원을 넘은 후 대월지국과 이란에 이르는 길을 남로라 부르고, 천산 남쪽을 따라 구자(龜茲), 소륵(疏勒) 서쪽으로 파미르고원을 넘어서 대원(大宛)과 강거(康居) 남부를 지나 서쪽으로 가는 길을 북로라 칭했다.

두 길은 말리에서 만나 카스피해 동남부와 바그다드 남쪽을 지나 서쪽으로 지중해에 이른 후 다시 로마제국 각지로 전달되었다. 한대 이후 천여 년 동안 대량의 중국비단제품이 이 길을 지나 서역으로 운반되었기 때문에 실크로드라는 명칭이 생긴

66) 서역이란 감숙성 돈황 서남쪽 양관과 서북쪽 옥문관의 서쪽 지역을 일컫는데, 광의의 서역은 중앙아시아, 서남아시아, 인도, 유럽 동부와 아프리카 북부까지를 포함한다.

것이다.

실크로드는 약 7,000킬로미터에 이른다. 기원전 2세기부터 15세기까지 약 1,700년간 존재하였다. 실크로드가 최초로 기록된 문헌으로 후한 반고의 『한서(漢書)、서역전(西域傳)』이 있고, 그리스 프토레미(Ptolemy)의 『지리지』가 있다. 실크로드는 19세기말 독일의 지리학자 리히드포 펜이 처음으로 부르기 시작했다.

실크로드 개척 이후, 중국과 다른 나라의 경제 및 문화 교류가 크게 촉진되었다. 실크로드를 통해 무리를 지은 대상들과 우호 사절이 끊임없이 서로 왕래하였다. 중국의 비단이 중서아시아와 로마 등으로부터 진귀한 물품으로 간주된 것 이외에도 주철과 착정기술 또한 서방으로 전해졌다.

그리고 서역의 포도, 호두, 석류, 개자리, 잠두콩, 참깨, 오이 등의 식물이 끊임없이 동쪽으로 옮겨 심어졌다. 서역의 좋은 말과 낙타, 그리고 기이한 금수들과 진귀한 모직품 또한 내륙으로 전해졌다. 장건이 두 번째 서역사절을 마치고 돌아올 때 대원국 사자가 데려온 로마 마술사는 "칼을 삼키고 불을 토하며, 씨앗과 나무를 심고 사람과 말을 죽일 수 있었다"고 한다. 중앙아시아의 여러 악기, 악곡, 춤, 조각, 회화 등 예술도 계속해서 중국으로 전해졌다. 예를 들면 비파는 이라크에서, 태평소는 터키에서, 호금은 중동에서 들어와 중국문화예술 발전을 촉진시켰다.

실크로드는 아시아, 유럽, 아프리카 여러 나라의 우호왕래의 길이었으며, 중국, 갠지스, 그리스 문화와 페르시아문화를 연결하는 중요한 길이었다. 실크로드 지역에서 출토된 문서와 책은 십여 종의 문자로 이루어져 있는데, 한자와 투루판, 돌궐, 몽고, 서하 문자들 외에도 그리스, 페르시아, 아랍, 시리아 문자도 있다. 계림(季林)이 『희간신강석굴벽화전람(喜看新疆石窟壁畫展覽)』에서 "고대세계의 여러 큰 문명들이 모두 여기에 다 모였네"라고 한 말과 같다.

2) 섬서성 서안(西安)

서안은 북으로 내몽고, 서로 감숙성, 동으로 산서성, 남으로 사천성과 접해있는 교통의 요지이며, 실크로드의 출발지이자 귀착지가 되는 중심도시이다. 서안은 주 무왕이 도읍을 정할 때는 호경(鎬京), 진시황이 도읍을 정할 때는 함양(咸陽)이라고 불리었고, 후에는 줄곧 평안하다는 뜻의 장안(長安)이라 불리며 서주, 진, 서한, 서위, 북주, 수, 당 왕조 등 10여 개 왕조가 1,100년을 다스린 수도로서 오랜 역사와 문물을 자랑하는 도시다. 실크로드가 개척될 당시인 주 왕조와 한 왕조 시절에, 그리고 실크로드를 통한 서역과의 무역과 문화교류가 가장 활발했던 시기인 당 왕조 시절에 이곳 서안은 바로 수도로서 그 중심 문화권에 있었다.

11만점의 문물을 보관하고 있는 서안의 섬서성박물관에는 당 왕조 시절 서역과의 교류 속에서 만든 화려한 색깔의 당삼채(唐三彩) 물품들이 진열되어있다. 당시 당 왕조의 혈통은 북방계열 선비족의 혈통이 섞여있기 때문에 개방적이고 진취적인 마인드를 가지고 외부와의 교류에 적극적이었으며 외부문화를 수용하려는 자세도 확고했다. 따라서 당 왕조 시절에 서안의 분위기는 자유롭고 활기찼으며, 중국 역대 왕조 중 가장 화려하면서도 번화했다. 당 시기의 복장이나 당시 장안성의 구조, 그리고 문학작품에 표현된 당시의 사회상을 보면 역동적인 도시였음을 알 수 있다. 현재도 서안 시내에는 이란 등 중동국가에서 이주해온 회족들이 흰 모자를 쓰고 생활하고 있다. 그들의 양고기구이와 양고기를 재료로 만든 양육포막(羊肉泡馍) 등은 특산 요리로 유명하다.

서안에는 당 왕조 시절 실크로드를 따라 서역으로 불경을 구하러 간 현장법사에 관한 유적이 남아있다. 당시 서역을 거쳐 인도, 즉 천축국의 뇌음사에서 불경을 구하고 서안으로 돌아온 현장법사는 중국 4대기서 중 하나인 소설 『서유기(西遊記)』에서 삼장법사로 묘사되고 있다. 서안으로 돌아온 현장은 자은사에 머물며 657부의 범문불경과 불상을 보존하기 위해 사원 내에 대안탑(大雁塔)을 세웠다. 지금도 탑이 보존되어 있으며 현장의 발지문도 남아있다. 현장은 후에 법상종을 개창하기도 한다. 이와 함께 자은사에는 신라에서 온 원측의 위패가 세워져있는데, 그는 현장의 제자로서 경전 번역 사업에 매진했던 인물로 알려져 있다. 『서유기』에 등장하는 손오공이 바로 원측을 묘사한 것이라는 이야기도 있다.

당 왕조의 혈통은 북방 선비족과 흉노족 계열의 피가 섞여있다. 이러한 유목민의 개방적이고 호방한 유전인자가 실크로드를 활짝 열었던 것이다. 그들의 개방적 기질은 화려한 당 나라의 옷[唐裝]에서 나타나고 역사적으로도 양귀비와 측천무후 등 왕족 가문의 결합에서도 나타난다.

서안의 화청지(華清池)는 당명황 즉 당현종과 양귀비가 목욕을 하고 사랑을 나누던 별장이었다. 양귀비가 목욕하고 옷을 말리던 곳이 보존되어 있으며 아직도 목욕을 할 수 있는 온천수가 나온다. 며느리였던 양귀비를 현종은 자신의 후궁으로 삼는다. 북방 혈통의 호방한 기질을 지닌 왕족인지라 며느리를 아내로 맞는 등 개방적인 시기였다. 초기 나라를 잘 보살폈던 현종도 양귀비와 사랑에 빠져 지내면서 점치 국정을 소홀히 한다. 이

틈을 타고 사촌인 양국충이 국정을 농단하고 이에 양귀비의 양아들이었던 안록산의 난이 일어나면서 현종과 양귀비는 궁궐을 떠나 피난길에 오른다. 하지만 백성들의 원성은 높아만 가고 더 이상의 방법이 없었던 현종은 눈물을 머금고 마외라는 곳에서 양귀비를 사형에 처한다. 현종과 양귀비의 비극적인 연애고사는 훗날 백거이의 시 『장한가(長恨歌)』와 진홍의 소설 『장한가전(長恨歌傳)』 등 여러 작품의 소재가 되었다.

무측천(武則天)으로 불리는 측천무후는 14세의 어린 나이에 태종의 후궁이 되었지만 태종이 죽은 후 비구니가 된다. 고종이 등극하면서 아버지 후궁이었던 그녀를 궁궐에 다시 불러들였는데, 이후 그녀는 황후와 소숙비를 제거하고 황후 자리에 오른다. 자신의 권력 유지를 위해 4명의 친자식 중 두 아들을 죽이고 나머지 두 아들은 폐위시키면서 대권을 장악한 후 스스로 황제에 올라 국호를 주(周)라 칭하고 낙양으로 도읍을 옮기는 무주혁명을 일으킨다. 중국역사상 최초의 여황제이자 67세의 최고령 황제등극자가 되었다.

이후 유폐했던 셋째 아들 중종을 다시 황제로 앉히고 50여 년간 권력을 휘둘렀던 그녀는 82세의 일기로 세상을 마친다. 그녀에 대한 평가는 엇갈리고 있다. 정적들을 무자비하게 숙청하고 아들들까지 죽이며 권력을 유지했고 남성편력이 있었다는 점에서 부정적 평가가 내려지기도 하고, 과거제를 실시하여 인재를 골고루 등용하였고 고구려를 멸망시키고 국력 신장을 꾀하였으며 곡물 저장을 통해 민생에 힘썼다는 점에서 긍정적 평가가 내려지기도 한다.

더 이전으로 거슬러 올라가 진나라 때 진시황의 지하무덤이었던 병마용갱에서 출토된 병용의 얼굴을 보면 서역인 등 이방인의 모습들이 많이 눈에 띈다. 당시 실물에 입각하여 병용을 표현했다는 사실에 비추어 볼 때 다시 서역 등 국가들과의 교류가 상당히 빈번했음을 알 수 있다.

3) 감숙성 란주(蘭州)와 돈황(敦煌)

서안에서 다시 황하를 따라 서북쪽으로 황하 중상류지역으로 가면 감숙성의 성도인 란주가 나타난다. 감숙성 지형 자체가 산지와 고원으로 이루어져 있어서 교통이 다소 불편하지만, 란주는 실크로드의 경유지였고, 황하가 시내를 가로지르고 있는 지형적 조건 때문에 물산이 풍부한 편이다.

실크로드 길목에 위치한 란주는 당 왕조 때 황금시기를 맞는다. 안사의 난과 함께 서서히 서역과의 교류가 뜸해지면서 란주는 옛날만큼의 명성을 줄었지만 그래도 꾸준히 서역을 오가는 내방객들로 붐볐다. 란주 시내에 위치한 100년 역사를 지닌 감숙성 중점대학인 란주대학은 지역 수재들이 모여 공부하는 곳이다. 캠퍼스는 활기차고 외국인 유학생이 유난히 많다. 옛 실크로드의 전통이 아직도 교육 현장에서 살아 숨 쉬고 있다.

실크로드의 길목답게 란주의 감숙성박물관에서는 종이가 발명되기 이전에 사용했던 죽간 서신, 로마에서 제작되었다는 은접시, 고대 이란 동전, 그리고 청동기로 제작한 말의 형상인 마도비연상(馬跳飛燕像) 등 당시 실크로드의 교류사를 직접 목도할 수 있다. 이란과 로마까지 교역을 이루어냈던 당시 사람들의 흔적을 통해 실코로드가 세계 문화교류의 가교로서 얼마나 중요한 역할을 했는지 알 수 있다. 길거리에는 지금은 신강위구르자치구가 된 옛 서역에서 건너온 건포도 등 견과류들이 넘쳐나고 소고기탕라면[牛肉麵]이 한집 걸러 하나씩 있을 정도로 많다. 이러한 모습은 실크로드를 따라 돈황, 투루판, 신강 우루무치까지 수천 리 이어진다.

시내를 가로지르는 황하 강변 산책로를 따라 앉아있는 사람들은 대부분 회족들이다. 둥그런 흰 모자나 검은 모자를 쓴 이들의 선조는 이란 등 아랍권에서 중국으로 이주해왔다. 실제로 란주 시민 중 30%가 회족이며 이들 대부분 무슬림 즉 이슬람교를 믿는 사람들이다. 길거리 음식을 맛보면 이슬람적이면서 향신료가 강하다. 현장법사와 손오공의 서역 여행 모습을 담은 조각상이 놓여있는데, 이 조각상은 실크로드를 따라 어디서든 발견된다.

란주에는 규모가 큰 이슬람사원이 눈에 많이 띈다. 물론 백운관(白雲觀) 같은 도교 사원도 있기는 하지만, 도시 전체가 이슬람 향기로 가득하다. 황하케이블카[黃河索道]를 타고 황하를 가로질러 백탑산을 올라가면서 내려다보면 초생날 모양의 이슬람을 상징하는 문양이 걸린 사원들이 여기저기 세워져있다. 길거리에서도 정해진 시간이 되면 두세 명씩 작은 돗자리를 깔아놓고 예배를 본다. 해발 1,700미터의 백탑산에 오르면 이번에는 인도식과 중국식이 혼합된 형태의 백탑이 서있다. 자신을 방문하러 온 티베트 승려를 위로하기 위해 칭기스칸이 지었다고 하는데, 실크로드의 거점 지역들은 이처럼 다문화가 조화를 이루며 새로운 형태의 도시문화를 창조해내고 있다.

란주에서 서쪽으로 돈황으로 가는 중간 길목에는 가욕관[嘉峪關]이 있다. 이 관문은 만리장성의 서쪽 제일 끝에 세워진 관문으로서 '천하제일웅관(天下第一雄關)'이라는 현판에 걸맞게 733미터의 둘레에 11미터의 높이로 위용을 자랑하며 고비사막 하서주랑(河西走廊) 한 가운데 서있다. 장성의 동쪽 끝인 천하제일관 산해관과는 6천 킬로미터나 떨어져있다. 당시 한족들이 서북방 오랑캐라고 여기는 민족의 침입을 막고 자신들의 영토를 지키기 위해 건설된 만리장성의 서쪽 끝자락의 마지막 관문이니, 여기서부터는 중원에서 가장 멀리 떨어진 변방 중의 변방이 된다.

돈황(敦煌)은 감숙성 하서주랑의 서쪽에 있으며 해발 1,100미터의 지역에 인구 18만 명의 작은 도시이다. 이곳에는 한족과 회족, 장족, 카자흐족과 만주족 등 8개 민족이 함께 거주하고 있다. 한무제 때 돈황군이 설치되었는데 '돈(敦)'은 '크다'는 의미이고, '황(煌)'은 '무성하다'는 의미로서, 이 둘을 합치면 '성대하고 휘황찬란하다'는 의미가 된다. 그만큼 실크로드의 목 줄기로서 중국과 서역의 교통 요도이자 화융(華戎) 교류의 대도시였던 것이다.

돈황으로 가는 길은 과거의 변방지역답게 황량한 들판에 포도밭과 목화밭의 연속이다. 당시 동서를 가로질렀던 순례자, 행인, 여행객, 상인들은 거친 황야를 말과 낙타에 기대어 걷고 또 걸었을 것이다. 걷다가 물을 만나면 그곳은 바로 쉼터가 되었고 그곳을 중심으로 작은 시장이 열렸을 것이다. 바로 돈황의 사막 명사산(鳴沙山)과 사막산에 둘러싸여 샘물을 머금은 사막의 눈과 같은 월아천(月牙泉)은 나그네들이 달콤한 휴식을 취하며 작은 교류를 했던 쉼터이자 사랑방 역할을 했을 것이다. 초생달 모양의 사정(沙井)인 월아천은 사막제일천답게 지금도 남북 길이 100미터, 동서 길이 25미터 규모의 샘의 모양을 간직하고 있다.

돈황은 실크로드를 따라 인도에서 서역을 거쳐 불경과 불상 및 불교예술 등 불교문화가 싹을 내려 꽃을 피운 곳이다. 특히 불교석굴예술의 보고인 돈황 막고굴(莫高窟)은 대동의 운강석굴(雲岡石窟), 낙양의 용문석굴(龍門石窟)과 더불어 중국 3대 석굴에 해당하는데, 유물 중에는 불경들과 문학적 가치가 높은 돈황 변문(變文), 그리고 벽에 그려진 화려한 벽화 등이 있다. 이들에 대한 연구인 돈황학도 현재 활발하게 진행되고 있다.

막고굴은 돈황 시내에서 동남쪽에 위치한 명사산 자락에 위치하며 석각 위주의 운강석굴이나 용문석굴과 달리 벽화와 소상(塑像)을 특징으로 한다. 막고굴은 매 동굴마다 벽면에 천 개의 부처가 그려져 있기 때문에 천불동(千佛洞)이라고도 부른다. 위진남북조 시대인 366년 전진(前秦)의 승려에 의해 처음 만들어지기 시작한 이래 천 여 년 동안 각양각색의 동굴 735개와 벽화 45,000평방미터, 채색 조소 3,000여 개가 만들어지고 보존되어왔다.

막고굴은 오랫동안 잊혀져오다가 1900년 경 굴을 관리하던 사람이 청소를 하던 중 16굴 틈새로 17굴 장경동(藏經洞)을 발견하였는데 3-4만 권의 불경을 위시한 문서들과 불기구, 불상 등 어마어마한 보물을 찾아내면서 당시 베일에 가려진 불교문화와 문물교류 상황이 세상에 알려졌다. 신라시대 혜초의 『왕오천축국전』도 발견되었으니 당시 실크로드를 통한 문화 교류가 얼마나 광범위했는지 알 수 있다. 그중 340석굴의 벽화에는 반바지에 투명치마를 입은 채 가방을 든 모습의 그림이 있다. 현재 유행하는 패션과 흡사할 만큼 당시의 문화적 수준이 상당히 높았음을 알 수 있다. 막고굴의 불교예술문화는 그야말로 휘황찬란하며, 당시 천 년간에 걸친 벽화를 통해 과거의 의복, 음악, 악기, 생활습관, 건축양식, 미술기법, 조소 등의 특징과 변천사를 파악할 수 있다.

서남쪽으로 20킬로미터 정도 가면 서천불동(Western cave of thousand Buddhas)이 있는데, 내부 유물들은 진열되지 않았지만 외부의 동굴 구조 형태는 막고굴과 유사하다.

다시 서쪽으로 40킬로미터 정도 가면 양관(陽關)이 있다. 양관 가는 길은 사막화되어가고 있는 평야이며 태양빛은 강렬하여 과거 변방의 황량함이 그대로 묻어있다. 양관 부근에 이르면 초목이 보이기 시작하고 동네 어귀에는 포도밭이 반긴다. 지하 샘물을 끌어올려 관개농업을 하고 있는데, 그 옛날에도 고원과 황야 사막을 건너 변방의 마지막 관문에 이른 여행객들이 잠시나마 휴식을 취하며 여행에 피곤했던 몸과 마음을 달랬던 오아시스였을 것이다.

지금은 양관 서쪽 지역도 중국에 편입되어 있었지만, 당시 양관은 양관 동북쪽에 위치한 옥문관(玉門關)과 함께 중국의 서쪽 실크로드의 중국 측 마지막 관문으로 이 너머 서쪽 지역은 바로 서역 땅이 된다. 양관은 서한 시기(기원전 121년)에 당시 군사력이 막강했던 흉노족이 변방에서 소요를 일으키는 것을 막고 서역을 관리하기 위해 이 지역에 옥문관과 함께 건설하였다.

당시 많은 이들이 이 관문을 넘어가면서 가족들과 이별의 아픔을 겪었던 곳이기도 하다. 양관은 성당시인 왕유(王維)의 「안서로 떠나는 원이를 송별하며(送元二使安西)」라는 시에 그 이름이 등장하면서 더욱 유명해졌다.

위성 땅, 아침 비가 흙먼지를 적시니
여관집 둘레 푸른 버들 빛 더욱 산뜻해라
그대에 권하노니 다시 한 잔의 술을 들라
서쪽으로 양관 땅에 나가면 벗이 없으리라

친구 원이(元二)를 떠나보내는 아쉬움을 양관에 비유하여 지은 시로서, 「양관산첩(陽關三疊)」이라고도 부른다.

이곳에는 당시 관리들이 일종의 비자업무를 담당하던 사무실도 있고, 떠나는 자와 보내는 자들이 석별의 정을 나누며 가무와 음주를 즐기고 공연도 함께 즐겼던 자취도 남아있다. 실크로드는 돈황을 나오면서 북쪽 길과 남쪽 길로 나뉘는데, 옥문관은 서역의 북쪽 길로 진입하는 관문이고, 양관은 실크로드를 따라 서역 남쪽 길로 진입하는 관문이다. 그리고 이 길로 나가면 선선, 우전, 사거 등과 같은 국가와 통하였다.

옥문관 주위에는 한 장성(漢 長城)과 하창성(河倉城)이 있다. 한 장성은 거대한 용이 누워있는 형상으로서 서한 시기에 중원 왕조가 흉노족 침입을 막고 변방 관리를 강화하며 백성을 안정시키고 실크로드의 통행을 원활하게 하기 위해 하서주랑의 금탑, 가욕관, 옥문, 안서, 돈황 지역에 쌓은 장성이다. 옥문관 동쪽 15킬로미터에 위치한 하창성은 한 이후 군인들이나 실크로드를 따라 동서로 왕래하는 여행객들을 위한 군수보급 창고이자 공급기지다. 2천년의 세월이 지닌 지금까지도 성내 연못은 완벽하게 보존되어 있다.

돈황 시내에서 동쪽으로 가다보면 서진(西晉) 시대의 벽화가 그려진 무덤들이 무리지어 있는 서진벽화묘 유적지가 있다. 무덤의 구조는 쌍실로서 천장은 바가지를 덮어놓은 돔 형태이고 중앙에는 연꽃그림이 그려진 벽돌이 놓여 있다. 무덤 내부의 벽돌을 쌓을 때 지지대나 접착제를 사용하지 않고, 특히 벽돌로 둥근 형태를 이루며 쌓아올렸다는 점에서 신비롭기까지 하다.

손전등을 들고 묘 입구 계단을 통해 13미터 밑으로 내려가면 벽 위의 벽돌마다 신수와 신화 인물이 그려져 있다. 무덤의 주인은 부부인데, 이들은 무덤 안에 합장된 채로 누워있다. 우측에는 부인의 관이, 좌측에는 남편의 관이 놓여있고 남녀의 생존 시

모습이 벽돌에 그려져 있다. 남자의 얼굴과 복장으로 한족임을 알 수 있고 여자는 머리를 튼 모양새로 보아 소수민족이었음을 알 수 있다. 다문화가족인 셈이다.

돈황 시내를 살펴보아도 곳곳에 청진사 즉 이슬람사원이 많다. 회족이 많은 탓인데, 사원의 지붕위로는 동일하게 탑이 솟아있고, 그 꼭대기에는 이슬람을 상징하는 초생달 모양[月牙]의 무늬장식이 있다. 돈황의 지형은 신강위구르자치구 투루판과 같은 분지 형태이고, 투루판의 건축양식이나 포도재배 또는 면화재배 같은 농업형태가 이곳 돈황에서도 유사하여 예로부터 돈황을 작은 투루판 즉 소투루판이라고도 불러왔다.

돈황 지역의 특산 요리도 중원지역의 음식에 서역음식이 가미되었다. 사막과 황량한 평야, 그리고 황토고원으로 이루어진 이곳에서는 당나귀나 낙타가 운송수단이 되는 동시에 먹을거리로도 활용되었다. 그래서 돈황의 음식 중에는 이들을 재료로 해서 만든 음식이 많다. 당나귀고기 요리로는 당나귀 고기완자, 당나귀 고기볶음, 당나귀고기볶음면[紅燒驢肉] 등이 있다. 당나귀고기는 칠면조고기와 돼지고기 그리고 소고기 맛을 합쳐놓은 듯 부드러우면서도 쫄깃한 질감이 있다. 낙타발요리[駝掌]는 낙타 발 중 힘줄 부분을 잘게 썬 후 여러 가지 재료와 함께 볶아 묽은 소스를 얹고 주변을 흰색으로 장식을 한 요리이다.

돈황 시내 극장에서는 매일 저녁 대형무대극인 〈돈황신녀(敦煌神女)〉를 공연한다. 돈황 벽화에 그려진 불교관련 고사를 소재로 하여 뮤지컬, 무용, 연기, 노래, 기예 등을 펼치는 버라이어티 공연극으로서 다양한 문화가 융화되어 돈황문화로서 꽃을 피웠던 점이 연출을 통해 잘 표현되고 있어서, 돈황문화를 이해하는데 도움을 준다. 비천, 정연, 마난, 심구 등 막마다 짜임새가 있고 돈황의 문화적 특색이 듬뿍 배인 무대를 보여주는데, 특히 절묘한 서커스와 동작 연기, 화려한 당복[唐裝]과 서역 각 민족들의 전통복장, 그리고 돈황 막고굴 벽화 속 이야기들이 시종 긴장감과 예술미를 더해준다.

돈황의 실크로드 문화를 엿볼 수 있는 곳으로는 돈황시에서 운영하는 돈황박물관이 있다. 투루판 건축양식을 본뜬 박물관 안으로 들어가면 당시의 실크로드의 상황과, 고대로부터 현재까지의 돈황의 역사가 유물과 함께 섹션별로 펼쳐진다. 돈황은 남북조시기에 중원과는 달리 평화지역으로 남으면서 발전을 거듭하였고, 11세기에서 12세기까지는 당항족인 서하국의 지배를 받았으며, 원나라와 명나라 시절에는 방치되어 역사도시로서의 빛을 잃어갔다가, 최근에 다시 세계적인 명소로 부각되는 등 영욕의 세월을 한 몸에 품고 있다.

4) 신강위구르자치구 투루판과 우루무치

돈황에서 기차로 10여 시간 서쪽으로 달려 감숙성 경계를 넘어가면 신강위구르자치구의 투루판에 이른다. 투루판은 과거 지도로 보면 중국의 경계를 넘어 서역의 땅이 된다. 돈황과는 달리 지형이 마이너스 해발(-154미터)이라 사실상 바다보다 낮은 지형이다. 황량한 검은 들판과 날리는 모래먼지와 흙먼지에 구두는 항상 먼지로 뒤범벅되기 일쑤다. 여름에도 비가 거의 오지 않고 겨울에도 눈이 거의 내리지 않는 건조한 날씨 때문이다. 특히 6월부터 9월까지는 낮에 40도를 오르내리고 더울 때는 50도까지 오르며, 겨울에는 반대로 영하 15도까지 내려간다. 그야말로 사람 살기에는 최악의 조건이다.

20만 명의 인구가 사는 작은 시골도시 투루판에는 위구르인이 다수를 이루고 그밖에 한족과 카자흐족이 거주한다. 이들 중 위구르족은 선조가 터키인이라 얼굴 모습이 완전히 이국적이고, 남자나 여자 모두 인물이 출중한 편이다. 이슬람 사원인 청진사도 곳곳에 보인다.

인공 지하 샘물길인 카레스는 지하로 수십 킬로의 물길을 만들어 식수와 농업용으로 사용하도록 고안한 위구르족 전통 농업방식이다. 건조하고 뜨거운 기후 환경 속에서 지하수 물길을 만들고 지형이 높은 곳에서 점차 낮은 곳으로 이어가며 물의 증발을 억제토록 한 고안은 대단한 지혜이다. 그리고 주변에는 통풍이 잘 되도록 벽면 구멍이 뚫린 흙집들이 있는데, 이 건물들은 포도를 말리는 창고로 활용된다. 투루판은 길가 어디서나 포도밭이 있을 정도로 농민 대부분이 포도농사로 생계를 이어가고 있고, 다음으로는 하미과[哈密瓜] 즉 멜론농사도 많이 한다. 하미과는 우루무치와 투루판에 특히 많은데, 과일 명칭은 투루판 옆 하밀[哈密]이라는 도시에서 딴 것이다.

길가에 지나가는 여인들 중에는 검은 히잡(두건)을 두르기도 하고, 색깔 있는 히잡을 두르기도 하고 천을 두르기도 한다. 개인의 취향에 따라 여러 색깔의 히잡을 두르는데, 그중 흰색 히잡은 집에 상을 당했을 때 입는다고 한다.

투루판시 서쪽 10킬로미터쯤에는 교하고성(交河故城)이 있다. 교하고성은 세계에서 가장 크고 가장 오래된 흙으로 축조된 도시이다. 기원전 2세기경 차사국 시절에 지어졌다가 14세기에 전화로 훼손된 역사를 가지고 있다. 교하고성은 건조한 지역에 축조된 토성이라서 어느 정도 윤곽을 보존하고 있는데, 성곽 모습이 서역 분위기를 물씬 풍기면서 마치 요르단이나 이집트의 유적지를 연상케 한다. 고성 안에는 200기의 영아고묘가 있는데 고창국 시기의 유물로 추정되며, 정부 관공서 지역에 어떤 연유에서 사망한 영아들이 안장되어있는지 아직까지 수수께끼로 남아있다.

낮이 되면 거리에는 사람들이 뜸하다. 9시에 출근하여 1시 반에 귀가한 후 3시나 3시 반에 다시 출근하여 7시까지 근무하고 퇴근하기 때문이다. 투루판에도 우루무치와 마찬가지로 이슬람 사원이 많고 이슬람신자가 대부분이라서 하루에 6시, 9시, 12시, 오후 3시, 그리고 저녁 9시에 기도를 한다. 금요일은 '쭈어마'라고 하여 공휴일이 된다. 상점 같은 곳에서는 여자가 먼저 기도를 하고난 후 남자가 하며, 경우에 따라서는 잠시 상점 문을 걸어 잠그고 기도를 하기도 한다.

투루판 동쪽 편에 위치한 화염산은 손오공과 현장법사가 주인공으로 등장하는 『대당삼장취경시화』와 그 후의 소설작품인 『서유기』에 등장하면서 유명해졌다. 손오공이 파초선으로 불길을 잡고 나찰녀나 우마왕과 싸움을 벌였다고 하는 이야기의 배경이 된 화염산은 돌과 모래로 이루어진 산으로 용광로처럼 뜨거운 열기를 잴 수 있는 세계 최대의 온도계가 세워져있고, 모래언덕을 손쉽게 오르내리도록 하기 위해 긴 밧줄로 나무를 연결한 계단이 설치되어 있다. 당시 50도를 오르내리는 이 실크로드의 길을 여행객들이 고통을 무릅쓰고 지나갔을 것을 생각하면 인간의 의지력은 무한하다는 것을 실감할 수 있다.

투루판 거주 위구르인의 결혼식 장면은 참으로 이국적이고도 독특하다. 보통 새신랑은 20살 전후이고 새신부는 18살 전후에 결혼한다. 투루판에서도 결혼 시에는 남자들의 부담이 커서 약혼이 이루어지면 신랑 측에서 양이나 염소를 신부 측에게 보낸 후 집을 장만하고 신부 측에게 지참금을 주어야 한다. 결혼 비용은 2-3만 위안 정도 든다고 하는데, 농촌에서 이러한 돈을 마련하는 것이 쉬운 일은 아닐 것이다.

신랑의 집 앞에는 신랑 친지들의 차들이 행렬을 이루고, 맨 앞에는 사진기사와 함께 흥을 북돋우는 밴드부대가 앞장선다. 위구르족은 대가족제도를 유지하고 있어서 결혼식과 같은 경조사에는 언제나 북적거린다. 차량 행렬은 신랑 집에서 출발하여 신부 집으로 이동한다. 신부 집 앞에서 하객들은 주인과 포옹 인사를 하고 주인이 따라주는 주전자 물로 손을 씻는다.

앞마당에는 각종 요리 재료들로 수북하고, 커다란 솥에서는 음식이 만들어진다. 한쪽에는 신부에게 주는 축하선물들이 싸여있는데, 결혼 한 달 전에 미리 보낸 축하선물들이다. 선물 중에는 오토바이도 있고 가전제품 등 생활용품도 있다.

실내로 들어서면 신부 대기방이 있고, 한쪽에는 여자 손님들, 다른 한쪽에는 남자손님들이 모인다. 이슬람사회라서 결혼식에서도 남녀 분별이 뚜렷하다. 방 내부의 높이 솟은 구들장 아랫목에는 이불이 깔려있고, 그 중간에 테이블보를 깔고 동그란 모양의 구운 빵인 난(nan, 중국어 발음으로는 낭(馕))과 꽈배기 모양의 튀김인 창, 그리고 과자와 사탕을 놓고 손님을 맞는다. 밖에서 파는 난은 얇게 만들지만, 집에서는 두텁게 빚어 만든다. 난은 밀가루나 옥수수가루로 만드는데, 크기나 두께는 자유자재로 만들 수 있고 겉에는 깨나 양파, 고기를 올리고 화덕에 넣어 굽는다. 첨가물을 넣지 않아도 보존이 용이하고 며칠을 두어도 변하지 않는다.

귀한 손님은 아랫목 가운데 앉아서 음식을 즐긴다. 매콤하면서 우리 입맛에 맞는 물기가 촉촉한 짬뽕 색깔의 고기야채볶음이 나오면 난을 여기에 적셔 먹는다. 그리고 소고기 수육이 나오고 기름진 볶음밥이 나온다. 면발이 굵은 잔치국수도 나온다. 볶음밥인 폴로(polo, 중국어로는 抓飯)는 마당에서 남자들이 요리한다. 이 볶음밥은 쌀이 주재료이며 그 외에 양고기, 당근, 양파, 식용유 등을 첨가하여 만든다. 큰 솥에 한 가득 만들어진 볶음밥은 기름이 흥건한 점이 우리와는 조금 다르며 손님맞이나 각종 잔치 때 준비하는 음식이다. 큰 솥에 붙은 누룽지도 함께 먹는다. 이들은 연신 "약심수스(안녕하세요)", "라흐만(감사합니다)", "하이라후오시(안녕히 계세요)"를 외치며 예의를 다해 접객을 한다. 이들은 손님맞이를 좋아하고 매우 개방적이면서 열정적인 편이다.

투루판에서 동남쪽으로 약 40킬로미터 떨어진 고창고성은 신강위구르자치구 내 현존하는 최대 고성 유적지로서, 기원전 1세기에 처음 건설되었으며 서기 5세기 중엽에는 투루판 분지의 정치, 경제, 문화의 중심이 되었다. 4세기부터 9세기까지는 티베트의 토번국이 지배를 하였고, 640년에 당의 군대가 고창에 진입하여 서주도위근을 설치한 적이 있다. 그 후 9세기에는 고창 회골(回鶻)왕국 즉 위구르족이 건설한 왕국의 수도로서 서역 최대의 국제도시이자 종교 중심이고 아시아 최대의 인쇄중심지로서 옛 실크로드의 교통 중추역할을 하였다.

여러 민족이 번갈아가며 지배하였기 때문에 다양한 종교와 문화가 꽃을 피웠다. 불교, 유교, 도교, 마니교, 조로아스터교, 기독교 문화가 유산으로 남아있다. 불교와 도교의 결합구조로 보이는 석종도 보이고, 마니교 신봉자였던 위구르족들이 불교를 수용한 흔적도 보인다. 서로 다른 민족들의 문화풍습 자취들이 벽화나 조형물 등에 고스란히 남아있다.

현존하는 성곽의 주위 길이는 5.4킬로미터로서 사방형이고 외성과 내성, 그리고 궁성의 세 부분으로 나뉜다. 그밖에 옹성,

각루, 불탑, 사원 등의 유적들이 남아있다. 내부에는 현장법사가 불경을 설하던 강경탑(講經塔)이 보존되어 있다. 붉은 흙으로 둘러싸인 유적지를 모래먼지 날리며 움직이는 나귀수레 모습은 마치 팔레스타인의 한 마을 풍경을 연상케한다.

고창고성과 약 2킬로미터 떨어진 곳에는 아스타나고묘(阿斯塔那古墓)가 있는데, 아스타나는 위구르어로 수도라는 의미이다. 진나라와 당나라 시절 고창성 각 민족들의 공동묘지가 여기에 있다. 묘들의 군락지인 이곳은 지하역사박물관으로서 종이문서, 진흙조형물, 목각 조형물, 모직제품, 식품 등 대량의 문물이 출토되기도 하였다. 서진(273년)과 당(778년) 사이의 500여 년 동안에 만들어진 계약문서, 정부문서, 호적문서, 그리고 개인편지들이 이곳에서 발굴되었는데, 당시 정치, 경제, 군사, 문화, 그리고 사상 관련 내용들이 적혀있고 역사사건들과 역사인물들의 활동도 기록되어 있어서 중요한 역사적 자료로서 활용되고 있다. 특히 진귀한 중국 미라가 이곳에서 발견되었다. 이 미라는 당나라 시절 남녀 미라로서 이집트 미라처럼 온전한 모습으로 보존되어 있다.

주말 거리에는 결혼식 거리 피로연 파티로 또 하나의 볼거리를 선사한다. 신혼부부와 친구들이 유적지 앞에 차를 세우고 경적을 울리며 음악을 틀고 다 같이 춤을 춘다. 주변에서는 신랑신부의 친구들이 물방울을 뿌리고 종이폭죽을 터뜨리며 분위기를 한껏 고무시킨다.

투루판에도 천불동이 있다. 바로 베즈크릭천불동(Bekilik thousand Buddha caves)인데, 동굴 벽면마다 천 개의 부처상이 그려져 있기 때문에 천불동이라 불린다. 입구에는 손오공과 저팔계, 사오정이 현장법사와 함께 화염산을 지나는 모습을 그린 동상이 안치되어 있고, 주변에는 작은 사막이 펼쳐져있다. 일찍이 고창왕국의 왕가사원이었던 고창석굴은 필화가 많이 남아있어서 고창불교문화예술의 보고로 평가받고 있다. 한편 1777년 투루판 왕이 지었다고 하는 소공탑은 투루판의 또 다른 모습을 보여준다. 불교식 탑과는 달리 이슬람식 양식으로 지어졌기 때문이다.

투루판 음식은 면식이 많다. 반면(拌麵)과 탕면, 그리고 면을 한 줄로 길게 만들어 또아리를 튼 뱀의 모양으로 돌려놓은 후 면발이 끊어지지 않게 끓는 물에 넣어 삶은 일근면(一根面), 우육라면, 그리고 난 등 면요리가 주식이다. 감숙성과 신강위구르자치구를 포함하여 중국 북쪽지방은 밀이나 옥수수 등이 많이 재배되어 자연스럽게 밀가루 음식이 발달하였다. 산서 지방에는 칼로 반죽을 잘라 만든 국수인 도삭면(刀削面) 등 국수요리가 유명하고, 하남성에도 빵, 만두, 라면이 유명하며, 산동지방은 물만두와 찐빵 모양의 포자(包子)만두, 그리고 전병을 즐겨 먹는다. 섬서(陝西) 지역 역시 만두와 국수를 주식으로 한다. 반면 남쪽지방은 양지강의 풍부한 수량과 따뜻한 기후 탓에 쌀농사가 발달하여 쌀밥을 주식으로 애용하고, 국수도 쌀국수를 즐겨먹는다.

투루판에서 우루무치 가는 길에는 끝없는 설산산맥, 황량한 평원과 검은 흙, 돌부리와 흙집, 풀을 뜯는 양떼들의 풍경뿐이다. 바람도 거세서 버스를 타고가면 전복되는 경우도 있다.

서안을 기점으로 하여 감숙성 경내 란주와 돈황, 그리고 서쪽 산들과 사막 사이의 좁고 긴 지대를 지나 신강 위구르자치구내 투루판에 들어선 후 기차로 다시 약 2시간 여 더 달리면 우루무치에 도착한다. 그리고는 이 길은 타클라마칸 사막에서 두 갈래 길로 나뉘어가다가 파미르고원에서 합쳐져 중앙아시아, 서아시아를 지나 곧바로 지중해 동쪽 해안으로 열린다. 7천여 리의 길고도 험난한 옛길은 중서 문화교류의 가교 역할을 하였고,

동서양 경제교류의 대동맥 구실을 하였다.

신강위구르자치구는 49개 민족이 함께 살며 1,600여 만 명의 인구가 거주하고 있다. 한 무제 때 흉노족을 물리치면서 중국 영토에 편입된 후 우여곡절을 거치다가 신중국이 수립되면서 실질적인 중국령으로 들어가게 되었지만 현재까지도 이웃 아프가니스탄이나 중앙아시아 민족과 혈연관계가 깊을 정도로 민족과 문화가 다르고 서쪽 외지에 속해 독립 욕구도 끊임없이 일어나고 있다.

이곳 위구르인들은 남녀 모두 인물이 준수하다. 터키(투르크) 혈통이라서 대부분 동서양의 미를 조화롭게 결합한 아름답고 멋진 외모를 지녔다. 위구르 독립운동가 단체가 표방하는 국가 이름이 동투르키스탄이라고 하는 것을 보아도 그들의 혈통이 어디인지 알 수 있다. 언어 역시 위구르어와 터키어가 같은 족원으로서 거의 흡사하다.

성도인 우루무치는 자치구 중에서 최대의 면적과 인구(600만 명)를 보유하고 있다. 천산 산맥 북쪽 해발 924미터에 위치하며 예로부터 실크로드를 여행 온 사람이면 여기에서 일단 걸음을 멈추었다고 한다. 우루무치는 위구르어로는 '아름다운 목장'을 뜻하는데, 위구르족이 가장 많고 다음으로 카자흐족, 키르기스족, 오로스족 등 다민족이 거주하는 다문화 지역이다. 버스를 타도 위구르족, 카자흐족(哈薩克族), 회족(回族), 한족들이 각각 자기들끼리 자기들 말로 대화를 한다. 우루무치의 대형서점에는 소수민족 거주지답게 소수민족 관련 서적이 많다. 특히 몽골어, 위구르어, 카자흐어, 서하어, 러시아어 서적코너 등 우루무치 지역 내 각 소수민족들을 위한 전문코너가 마련되어 있다.

우루무치 역사(驛舍)에 들어서면 중국어와 위구르어로 각각 안

내방송을 한다. 안내표지도 한자와 함께 위구르어가 병기되어 있다. 그리고 두건을 쓴 여인들과 모자를 쓴 남자들로 붐비면서 중동국가에 온 듯한 느낌을 준다. 하루에 5회 기도와 예배를 한다는 이들은 기도 시간이 되면 대합실 이층 한 구석에 작은 휴대용 양탄자를 깔고 신발을 벗고 올라가 기도를 하거나 손을 모으고 약식 기도를 한다.

우루무치 어디를 가도 두 언어가 동시에 사용되고 있으며, 버스를 타도 중국어와 위구르어가 함께 방송된다. 바다에서 2,250킬로미터 떨어진 깊숙한 내륙도시이자 중국 최대의 사막인 타클라마칸 사막이 있는 이곳에서 고속도로변 안내판에 쓰인 '3630'이라는 숫자, 즉 우루무치에서 동남쪽 상해까지 3630킬로미터 떨어졌음을 표시하는 숫자를 보게 되면 이곳이 서쪽 멀리에 있는 별도의 나라라는 생각을 지우기 힘들다.

위구르족 전통시장을 방문하면 중국적인 모습은 찾아볼 수 없고 오로지 위구르족들민의 전통 생활모습을 느낄 수 있다. 급행수송버스인 비알티(BRT)를 타고 남문(南門)에서 내려 조금 걷다보면 위구르 전통 먹자골목이 나온다. 상인 머리에는 전통 모자가 올려져있고, 고깃간에는 양고기가 통째로 걸려있다. 좁은 길목을 들어가면 양고기와 내장으로 만든 꼬치를 구워 팔기도 하고, 커다란 대야에 양의 각 부위를 꼬치에 꽂아 커다란 솥에 넣어 끓인 후 1위안 정도씩 받고 팔기도 하는데, 한족이 애용하는 전양탕(全羊湯) 맛과 흡사하다.

이 지역은 농산물과 과일이 풍부하여 노란색과 초록색의 하미과, 수박, 포도 등 각종 과일이 즐비하고, 건포도와 땅콩 등 견과류도 풍부하다. 시장 한 구석에서는 사람들이 쭈그리고 앉아 양고기를 팔고 남은 뼈에 붙어있는 고기를 뜯어먹는다. 그만큼 이들은 양고기를 좋아한다. 아울러 전통방식을 이어온 대장간에서는 칼과 농기구를 제작한다. 검은색 히잡을 두른 여인, 흰색이나 칼라 히잡을 두른 여인, 얼굴 전체를 감싼 여인, 현대식 복장을 한 여인 등 다양한 소수민족들이 거리를 지나간다. 두건 색깔에 따라 민족이 다르다고 하지만 구분하기는 쉽지 않다.

먹자골목을 지나가면 이도교(二道橋)국제무역시장이 활기차다. 이란이나 러시아 등 중동과 유럽에서 온 무역상들이 이곳을 다니며 물건을 사고판다. 길거리에는 이슬람 교회당이 자주 보이는데, 터키에서 보던 정통 모스크 모양의 건축도 있고, 중국화된 중국식 교회당도 보인다. 아라비아식 건물에 케이에프씨(KFC)가 영업하고 있는 점도 이채롭다.

이도교시장 옆에는 커다란 신장국제대바자르[新疆國際大巴札]가 위치하고 있다. 커다란 모스크와 낙타 모형 사이로 보이는 전통시장인 아치형 바자르 입구로 들어가면 위구르족 특산품인 크고 작은 장식용 칼과 금은세공, 전통 옷과 머플러 등을 파는 상점들로 즐비하다. 각종 문양이 새겨진 정교한 칼집에 들어있는 잉지사소도(英佶沙小刀)라는 칼, 카스(喀什)의 카펫과 호탄(和田)의 옥 조각 공예품, 카자흐족 자수, 아름다운 무늬가 조각된 가구 등 화려한 물건들로 가득하다.

그리고 구기자, 이란콩[開心果], 흰건포도, 적건포도, 개구봉자(開口棒子), 기다란 모양의 호두, 큰 대추, 말린 대추, 둥근 호두, 무화과 등 각종 견과류와 말린 과일 편, 그리고 신선한 과일들도 풍성하다. 건포도는 품질에 따라 1킬로그램에 40위안에서 80위안 정도까지 다양하다. 신강 지역의 과일 재배는 2천년의 긴 역사가 있다. 이 지역은 햇빛이 강렬하고 건조하며 주야간 온도차가 커서 열매나 과일의 당분과 단백질 함량이 높다. 투루판의 포도, 하미의 달콤한 멜론, 예청(葉城)의 석류, 쿠처(庫車)의 살구, 이리(伊犁)의 사과, 아투스(阿圖什)의 무화과, 쿠얼러(庫爾勒)의 단배, 호탄(和田)의 복숭아와 껍질이 얇은 호도, 그리고 바단무(巴旦木) 등이 대표 과일이다.

저녁이 되면 우루무치의 야시장은 활기를 띤다. 한족 야시장, 위구르족 야시장, 혼합 야시장 등 형태도 다양하다. 노동가(勞動街)에 위치한 위구르족 야시장에 가면 양 한 마리 통째로 구운 바비큐, 통닭, 양 내장, 양 꼬치, 양 족발 등 구이 요리로 가득하다. 고전양(烤全羊)이라고 부르는 이 통 바비큐는 황금색을 띨 때까지 구워서 겉은 바삭하고 안은 부드럽다. 양 족발은 돼지 족발보다 부드러우면서 고소하다. 이밖에 말고기를 훈제한 훈마육(熏馬肉)과 말의 내장을 요리한 말 곱창, 그리고 군만두와 피가 얇은 만두도 판다. 혼합야시장인 남호성광야시(南湖星光夜市)에 가면 판매 품목이 좀 더 다양하다.

우루무치에서도 면 요리를 많이 먹는다. 대중적인 토속음식으로는 반면(拌面)이라고 하는 일종의 비빔면이 있는데, 육반면(肉拌面), 총유육반면(蔥油肉拌面) 등 그 종류가 다양하다. 굵은 수타면 위에 소스가 얹어 나오는데 양이 상당히 많다. 밀 생산지답게 면발이 고소하면서 감칠맛 나고 또 쫄깃하면서 질감이 좋다. 먹으면 먹을수록 은근히 중독된다. 또 다른 토속음식으로 신강대반계(新疆大盤鷄)가 있다. 안동찜닭과 비슷하게 감자가 들어가고 간장으로 간을 맞추어 볶은 닭요리인데, 잡채 대신 국수가 들어가는 것이 특징이다. 회족을 포함하여 이슬람 음식점은 청진(清眞)이라는 글자가 표기되어 있다. 돼지고기를 넣지 않고 소고기나 양고기를 재료로 하여 이슬람식으로 음식을 만들기 때문에 무슬림들이 애용한다.

남산목장은 우루무치 특유의 분위기를 보여준다. 소, 양, 염소, 당나귀, 그리고 말을 키우며 목축업에 종사하는 이곳 사람들은 대부분 카자흐족이다. 그들의 주택양식인 파오(包) 즉 겔이 눈에 띄게 많은데, 이곳 파오에는 사슴 문양이 들어있고 카자흐 고유의 상징부호가 외관을 장식하고 있는 점이 몽골식 겔과 다른 점이다.

자치구에는 우루무치 외에도 옥으로 유명한 호탄(和田), 이곳에 가지 않고는 신강을 둘러보았다고 할 수 없다고 할 정도로 유명한 카스(客什), 그리고 과거에 구자국(龜玆國)으로 불리었으며 4세기에 범어로 된 법화경을 위시하여 300여 권의 불경을 한역하는 데 지대한 공헌을 한 구마라습(鳩摩羅什)의 고향이기도 한 쿠처(庫車) 등 이국적인 도시들로 가득하다.

2. 내몽고자치구와 몽골유목문화

내몽고자치구(內蒙古自治區), 일명 내몽골(Inner Mongolia)로 잘 알려져 있는 이곳은 중국대륙의 북부와 동부에 걸쳐 길게 자리하고 있다. 중국 최초의 자치구로서 신강과 서장(西藏)에 이어 세 번째로 넓고 해발 1,800미터의 고원으로서 초원과 고비사막으로 이루어져 있다. 몽골족이 유목생활을 하던 터전이었지만 청나라 강희제 때부터 내몽골을 확보하기 위한 강력한 정주정책으로 현재의 내몽고자치구 형태가 갖추어지면서 지금은 2,360만 명의 인구 중 몽골족은 400만 명 정도에 불과하다. 하지만 몽골의 유목문화와 생활방식은 여전히 남아있다.

후스(呼市)로 약칭되는 성도 후허하오터는 푸른 도시라는 의미로 청성(青城)이라고도 불린다. 230만 명의 주민 중 몽골인은 30

만 정도이고 회족과 만주족 등 47개 민족이 함께 거주하고 있다. 보통 북경에서 저녁 무렵에 출발하는 기차에 오르면 다음날 아침 동틀 때쯤 후허하오터에 도착한다.

후허하오터는 어디를 가나 몽골어와 중국어가 함께 사용된다. 길거리 간판에도 몽골어와 중국어가 함께 쓰여 있고, 내몽골 방송국에서 진행하는 프로그램을 보아도 몽골족과 한족 아나운서가 함께 출연하여 두 언어를 함께 사용하고 자막 역시 두 언어를 병행하여 사용한다. 다민족 국가의 전형적인 단면을 보여주는 대목이다.

이 지역의 민족사와 민족 상황은 내몽골박물관을 참관해보면 일목요연하게 알 수 있다. 내몽골박물관에는 과거 이곳을 호령했던 주요 민족들의 유물과 풍속을 잘 보여준다. 특히 흉노족, 동호족, 선비족, 거란족, 여진족, 그리고 어원커족(鄂溫克族)과 어룬춘족(鄂倫春族) 등 여러 민족의 유물들이 보존되어 있다. 몽골족의 형성은 동쪽의 동호가 서쪽으로 이주해가면서 틀을 삽고 이후 이들을 이어 선비과 오환, 실위와 달단, 그리고 거란을 거처 몽올(蒙兀) 즉 몽골족으로 형성된다. 동시에 과거 흉노와 혈연적 관계가 깊으며, 현재 중국 내 소수민족인 어원커족이나 어룬춘족과도 친연성이 깊다.

후허하오터에는 티베트 불교인 라마교 사찰이 많다. 학식 있는 스승을 의미하는 라마를 따온 라마교는 티베트 전통 샤머니즘에 불교가 결합된 형태의 종교로서 '옴마니반메훔'이라는 진언을 외우고 진언이 쓰인 법륜 또는 전륜을 돌리면서 수행을 한다. 제 4대 달라이라마가 칭기스칸의 후예인 몽골인일 정도로 티베트 불교는 몽골인과도 밀접한 관계를 유지해왔다.

대표적인 사찰로는 대소사(大召寺)가 있다. 대소사는 내몽골의

라마교 종파 중 황교를 신앙한다. 대소사의 절 왼쪽에는 라마 고승이 앉고 오른쪽에는 신참이 앉으며 경내에는 오채깃발이 나부끼고, 흰 코끼리 모양과 푸른색 소가 놓여있다. 오채 중 녹색은 풀, 백색은 우유, 적색은 제물, 황색은 땅, 청색은 하늘을 가리킨다. 그리고 흰 코끼리는 마야부인의 태몽을 반영하고 푸른색 소는 석가모니가 그 우유를 먹은 데서 비롯되었다.

주변에는 초원이 펼쳐지는데, 그중 시라무런(锡拉穆仁) 초원이 유명하다. 5월에도 파카를 입을 정도고 쌀쌀하지만 맑은 공기와 함께 초롱초롱한 하늘의 별과 달은 가슴을 확 트이게 한다. 말을 타고 초원을 달리면서 몽골족들의 기상을 체험할 수 있다. 내몽골은 초원과 함께 사막도 유명하다. 그중 동승(东胜)과 포두(包頭) 중간에 위치한 향사만(响沙湾)은 모래바람 소리로 유명하다.

몽고인들이 거주하는 집은 몽고포(蒙古包)라고 하는데, 안에는 이들이 숭앙하는 칭기스칸 사진이 정 가운데 걸려있고, 좌우로 남녀가 자리한다. 몽고포 한 채를 30분 만에 만든다고 하는데, 천장은 개폐식으로 열고 닫을 수 있으며 실내에는 석탄과 소똥을 연료로 온기를 채워주는 난로[爐子]가 있다.

내몽골에는 성황당에 쌓아놓은 돌산 모양의 '어보', 즉 중국어로 '아오바오', 우리말로는 '오보'라는 돌 더미들이 많다. 몽골어로 '쌓는다'를 의미하는 어보는 마을을 지키는 신성한 수호신 역할도 하고 마을의 경계 역할도 하기 때문에 경계지역이나 마을을 굽어 살필 수 있는 언덕이나 수원(水源) 지역에 세운다. 그리고 어보의 신목으로는 버드나무나 자작나무 또는 백양나무를 사용한다. 이곳 사람들은 어보 주변을 세 바퀴 돌고 돌을 얹으면서 소원을 빌고 다시 거꾸로 돌며 소원을 비는 풍습이 있다. 과거에는 어보에 말 머리를 바쳤는데 티베트 불교가 전래된 후에는 그러한 풍습이 사라졌다고 한다.

손님이 오면 우유나 마유로 만든 내차(奶茶), 내두부(奶豆腐), 황유(黄乳), 내피(奶皮) 등을 접대한다. 손님을 맞을 때는 노래를 부르며 환영과 정감의 표시로 하닥(중국어로는 哈達)이라고 하는 흰 비단 천을 손에 두르고 왼손바닥 위에 잔을 올려놓고 술을 부은 후 우리의 고수레와 흡사하게 오른손 넷째 손가락과 엄지로 세 번 튀기며 하늘과 땅과 인간에 대한 예를 표한다. 그리고 손님에게 천을 둘러준다.

평소 양고기로 만든 쇄양육(涮羊肉), 양등뼈찜[羊脊骨], 양 껍질, 감자요리, 유면(莜面), 낙타 발[驼掌] 등 전통음식을 즐겨먹는데, 이들 음식들은 우리 입맛에도 맞는 편이다. 내몽골에는 당나귀고기로 유명한 산서성 사람들이 많이 이주해 와서 집집마다 당나귀를 키우고 당나귀고기도 즐겨 먹는다.

아침에는 빵과 치즈 및 좁쌀을 곁들인 우유로 간단히 식사를 한다. 우유와 양고기는 몽골족의 일상 음식이기 때문에 여자는 우유를 잘 끓여야 시집을 잘 가고, 남자는 양 뼈다귀에 붙은 살을 살 발라야 장가를 잘 간다는 말이 있을 정도다. 그리고 칼은 보호용이자 살을 바르기 위해 필요한 도구이기에 몽골족이 칼을 지니는 것은 문화 존중의 차원에서 허용하고 있다. 소수민족인 어원커족(에벵키족)이 수렵생활을 하기 때문에 총을 소지하는 것을 허용하는 것도 같은 이유에서다.

몽골의 전통 옷을 보면 과학적인 면모를 볼 수 있다. 우선 허리에 띠를 두르는 것은 위하수체를 방지하고 보온 효과를 주기 위함이고, 장화 같은 신발을 신는 것은 뱀에게 물리는 것을 방지하기 위함이며, 헐렁한 옷을 입는 것은 벌레에 물리지 않도록 하기 위함이고, 머리에 띠를 두르는 것은 기압으로 인한 두통을 방지하기 위해서이다.

몽골인들은 7세 전후부터 말을 타기 때문에 어린아이들도 모두 말을 잘 탄다. 이동수단인 말은 밭을 가는 데도 이용하기 때문에 몽골인들의 생활에서 떼어낼 수 없는 필수불가결한 존재이다. 그래서인지 음주운전으로 사고가 나는 경우보다 음주 후 말을 타고 가다가 떨어지는 낙마사고가 많다고 한다.

몽골인들은 기질적으로 싸움을 좋아하고 싸운 후에는 아무 일 없었다는 듯 지낼 정도로 선하면서도 야성이 있다. 그래서 이들은 씨름을 잘하고 전국 격투기 대회에서도 우승은 대부분 이들 차지가 된다. 몽골의 전통 결혼은 힘을 과시하는 노략혼으로서 신부를 몰래 납치하여 데리고 오는 이러한 전통이 한동안 이어져왔다. 한편 몽골어는 자신들의 문자가 없고 티베트나 위구르 등에서 차용하여 썼는데 이를 소염부문자라고 부른다. 몽골어는 위에서 아래로 쓰고, 티베트어는 횡으로 쓰는 점이 다르다.

내몽골에는 왕소군(王昭君)의 묘지가 있는데, 그녀에 관한 고사를 통해 당시 한 나라와 흉노국의 교류사를 볼 수 있다.

왕소군은 서한 말 원제(元帝)의 궁녀로서 흉노와의 친화정책을 위해 호한야선우(呼韓邪單于)에게 시집갔고, 그가 죽자 그의 아들에게 재가하여 그곳에서 생을 마쳤다. 『서경잡기(西京雜記)』에 보면 원제에게 후궁이 너무 많아 일일이 천자가 그녀들을 볼 수가 없었다고 한다. 그래서 화공에게 일러 그녀들의 초상을 그리게 하였다. 이에 후궁들은 뇌물을 바치게 되었는데 유독 왕소군만은 뇌물을 바치지 않았다. 그리는 사람에게 밉게 보인 덕에 자연히 초상도 실물보다 터무니없이 못나게 그려지니 천자 곁에 가볼 수가 없었다. 그럴 즈음 세력이 커지기 시작한 흉노가 입조하여 한의 미인을 구하고자 하였다. 원제는 화공이 올린 초상화를 보고 그녀가 제일 못생긴 줄로만 알고 그녀의 초상화에 점을 찍어 흉노족에게 시집보내기로 하였다. 그런데 그녀가 수레에 실려 가는 때에 이르러서야 그녀의 미모를 보게 된 원제는 놀라움을 금치 못하고 말았다. 그녀가 후궁 중에서 제일가는 미녀였기 때문이다. 땅을 치며 후회하였지만 이미 결정된 일인지라 번복할 수가 없었다. 책임을 물어 그녀를 훨씬 못 미치게 그린 화공을 죽이고 재산 또한 몰수하였지만 이미 때는 늦었다. 실로 중국인으로서는 애석하게 생각하는 미녀이다. 왕소군의 이 드라마틱한 슬픈 이야기는 중국이 오랑캐들을 달래기 위한 화친정책 때문에 생긴 비극이라 할 수 있다. 이백은 「왕소군」이라는 시에는 다음과 같이 노래하고 있다.

한나라 진 땅의 달이
漢家秦地月
달그림자 뿌리며 명비를 보내네.
流影送明妃
한 번 옥문관을 나서더니
一上玉關道
하늘 끝에 가 다시는 오지 않네.
天涯去不歸
한나라의 달은 여전히 동해에 뜨건만
漢月還從東海出
명비는 서쪽 땅으로 가더니 돌아오지 않네.
明妃西嫁無來日
연지산은 늘 추워 눈꽃을 만들고
燕支長寒雪作花
미인은 초췌해져 오랑캐 땅에 묻히네.

峨眉憔悴沒胡沙
살아선 황금이 없어 초상화를 잘못 그리게 하더니
生乏黃金枉圖畵
죽어선 청총을 남겨 탄식케 한다.
死留青塚使人嗟

왕소군은 힘을 다해 양국의 화친을 위해 애썼다고 한다. 당시 흉노 세력의 막강함을 알 수 있는 대목이다.

한편 내몽골의 민속음악을 살펴보면, 대표적인 악기로는 마두금(馬頭琴)이 있고 노래로는 민요격인 오르팅도[長歌]와 몽골 특유의 창법으로 부르는 호메, 그리고 우리의 판소리와 유사한 영웅서사시 강창공연인 게세르와 장가르 및 벤슨울게르가 있다. 오르팅도 등은 현재 세계문화유산에 등재되어 있다.

반주악기인 말머리 모양의 현이 두 개인 마두금과 현이 네 개인 사호(四胡)는 중국인들이 경극이나 기타 반주, 독주에 사용하는 이호(二胡)나 우리의 해금(奚琴)과 모양이 유사하다. 다만 중국이나 우리나라의 이호나 해금과는 달리 마두금은 활을 현 사이에 끼우지 않고 연주한다.

호메는 한 사람이 두 가지 이상의 목소리를 동시에 내는 창법으로 총 12가지의 발성법이 있다. 일반적으로 호메 창법으로 부르는 노래로는 황제에 대한 노래인「만도르한」, 애정고사인 「다나발」, 칭기스칸을 노래한 「성주(聖主) 칭기스칸」 등이 있다. 한편 민요인 오르팅도로는 「광활한 초원[遼闊着草原]」, 「소황마[小黃馬]」 등이 있다.

영웅서사시 장가르는 한자로 강격이(江格爾)이며, 15세기에 형성되었다. 장가르를 노래하는 장가르치(江格爾奇)는 책을 암기하고 스승으로부터 교정을 받는 식으로 훈련받은 전문인으로서, 그들의 공연시간은 70장을 전부 설창할 경우 최장 5일이나 된다. 장가르 내용은 영웅 장가르의 탄생부터 성장과정, 전투와 혼인 등이고, 설창 시 운율은 4/4박자이며 악기로 반주를 넣는다.

흥미로운 점은 장가르 내용과 우리의 신화 내용이 모티프 면에서 유사한 점이 많다는 것이다. 전체 고사를 보면 말 아란찰(阿蘭扎)은 장가르(江格爾)의 조력자 역할을 하는데, 마치 주몽이 말과 함께 생활하면서 도움 받는 모습과 흡사하다. 또 중간 구절에 백두산, 성지, 단수(檀樹), 43가한, 태양, 궁전 등이 나오는데, 단군 신화의 태백산, 신시, 신단수, 하백, 우사, 운사 같은 화소들과 상당히 흡사하다. 은인 홍고이(洪古爾)가 지하에 갇히자 그를 찾아 나서고 부활시키는 내용은 탐색(quest) 모티프와 샤머니즘을 배경으로 한다는 점에서 바리공주 고사와 동일하다. 장가르가 은인을 찾아 나서는 장면과 바리공주가 자신을 버렸지만 생부모를 은인으로 생각하고 그들을 찾아 떠나는 장면은 탐색 모티프의 전형이며, 장가르가 나뭇잎으로 홍고이의 살을 붙이는 장면과 바리공주가 꽃잎과 나뭇가지로 부모의 뼈에 살을 붙여 살리는 장면은 샤머니즘의 재생 모티프로서 거의 일치되는 구조다.

고구려와 관련지어 주목할 부분은 후허하오터에서 한 시간 가량 떨어진 허린거얼(和林歌爾)에서 발견된 동한 시대의 벽화이다. 이 벽화에는 조우관을 쓴 고구려 사신들이 내몽골에서 영하회족자치구를 거쳐 저 멀리 사마르칸트까지 다녀가는 모습이 그려져 있다. 서기 460년에서 520년 사이 고구려 사신 53명이 실제로 다녀갔던 사실이 이를 입증한다. 고구려가 당시 빠르게 서역문물을 받아들임으로써 강성국가가 되었다는 사실을 알 수 있다.

이 벽화는 당시 중국과는 관계가 없다. 즉 벽화가 있는 무덤의 주인은 오환(烏桓)의 소수민족 지역 관장 부대장[校尉]이었는데, 당시 오환은 소수민족으로서 선비족과 관계가 깊고 후에는 몽골족에 편입된 민족이다. 선비나 오환은 내몽고 허린거얼, 그리고 이후에 산서성 대동과 하남성 낙양으로 이주하여 남북조시기에 북조의 북위(탁발위)를 건설한 민족이다.

몽골족의 상징물을 보면, 위쪽은 산(山)모양인데 이는 성화를 가리키고, 중간은 해 모양, 아래는 달 모양으로서 해 뜨는 곳인 아사달 조선(朝鮮)과 연관성이 깊다. 또한 고구려 벽화에 등장하는 검은색 삼족오가 내몽골 지역에서 태양조로서 전해져오고 있는 점도 우리와의 친연성을 말해준다.

한편 과거에는 동승시로 불렸던 얼두어쓰(鄂爾多斯, Ordos)에는 칭기스칸의 능[成陵]이 있다. 이곳은 그의 사당이자 그를 제사지내던 곳으로, 그가 쓰던 유품들이 보존되어 있지만 그의 시신은 이곳에 묻혀있지 않다. 그가 묻힌 장소는 아직도 베일에 싸여있다. 과거 몽골제국과 몽골족의 찬란했던 문화는 베일에 싸인 그의 시신과 함께 잊혀져가고 있다.

3. 운남(雲南), 귀주(貴州) 소수민족 문화

1) 곤명(昆明)과 대리(大理) 소수민족 문화

운남성은 중국 최서남단에 위치하며 베트남과 태국, 그리고 미얀마와 접경지대에 있다. 구름이 아름다워 운남이라는 명칭을 얻고 있는 이곳은 연 평균 20도 전후로 따뜻한 기후가 특징이지만 겨울에는 다소 습하면서 추워서 몸의 습기와 한기를 제어하기 위해 음식도 얼얼하게 맵고[酸辣] 짭짤한 편이다. 벼 생산이 풍부한 운남의 특색 음식으로는 구어챠오미센(過橋米線)이라는 선이 굵은 쌀국수가락에 고기 고명이 얹혀있는 국수가 있다.

곤명은 운남성 성도로서 인구 400만 명의 대도시다. 해발 2,000미터의 고원지대라서 민감한 여행객들은 숨이 한번 씩 벅참을 느낀다. 곤명에는 27개 민족이 함께 살고 있는데 그중 이족(彝族)이 많이 거주하고 있다. 곤명의 볼거리로는 세계자연문화유산에 등재된 석림(石林)과 구향(九鄕) 동굴이 있는데, 이들 지역은 이족들의 터전이라 그들의 생활 모습을 자세히 들여다볼 수 있다. 예를 들어 이족의 전통 혼례에서 긴 의자 위에 신랑과 신부가 서서 자리를 바꾸는 의식은 이채롭고 특이하다.

특히 길거리에 보이는 이족 여인들의 머리를 보면 빳빳하면서 길게 앞으로 솟아오르게 하면서 틀어 올린 독특한 모습이다. 곤명에서 서쪽으로 300킬로미터 정도 떨어진 대리(大理)에는 백족(白族)이 집단으로 거주하고 있다. 백족은 흰옷을 기본으로 하면서 화려한 원색의 모자와 장식을 둘러서 산뜻하면서도 화려하다. 대리석으로 유명한 대리는 인구가 약 17만 명 정도로 작은 도시이지만, 역사적으로 백족의 대리국이 존재했을 만큼 세력이 강했고 그 문화적 영향도 크다.

대리에 원형 그대로 남아있는 대리고성(大理古城)은 1,300여 년 전 당 왕조 시절 이곳 대리의 백족들이 남소국(南昭國)과 대리국(大理國)을 건설하여 상당한 기간 동안 그 영향력을 끼쳤던 곳이다. 경주에 가면 과거 신라시대의 삶속으로 들어가는 듯한 느낌을 받듯이, 대리고성에 진입하면 당시 백족들의 삶 속으로 들어가는 착각이 들 정도로 건축양식이나 도시 윤곽이 옛날 모습 그대로 보존되어 있다.

정중앙을 관통하여 남북으로 주도로가 뻗어있고 주도로와 평행으로 박애로(博愛路), 옥이로(玉洱路) 등 작은 거리들이 직선으로 펼쳐져있다. 거리 바닥은 전부 대리석으로 깔려있고 건축물들이 이삼층의 낮은 가옥 형태로 지어져있어서 아늑한 느낌을 준다. 남북으로 늘어선 길 끝으로 남문과 북문이 든든하게 자리하고 있고 그 문을 통해 사람들과 차들이 왕래를 한다. 백족 농가들은 하얀 벽에 기와지붕으로 일관되어 있어서 운치가 있다. 백의민족인 우리와도 친연성이 있어 보인다.

바둑판처럼 펼쳐진 길을 걷다보면 양인가(洋人街)가 나온다. 이 길은 이곳 고성의 매력에 빠진 서양인들이 정주하면서 생겨난 명소로서 오랜 역사문화를 가진 바이족 거주지답게 은 세공장인들의 작업 모습과 그들이 만든 은 장식품들이 운치를 더해준다.

백족 토속음식으로는 황간계라고 하는 닭요리와 미꾸라지를 갈지 않고 통째로 삶아 만든 추어탕이 있다. 작고 동그스름한 중국 화초(花椒) 열매와 박하 같은 식물이 들어가 얼얼하면서도 매콤한 맛을 낸다. 특별음식으로는 잠자리 유충 튀김이 있다. 우리는 메뚜기튀김은 먹어도 잠자리 튀김은 먹지 않는데 이곳사람들은 얼하이호수에서 잡아 올린 날개가 아직 자라지 않은 잠자리 유충을 산채로 저장하였다가 그 자리에서 볶아서 내놓는다. 쌀국수인 미셴(米線)과 양 꼬치도 소금과 고추 및 후추가 많이 가미되어 매콤하면서도 짭짤한 편이다. 귤과 유자, 망고, 용안(龍眼), 수박, 사과, 배 등 과일도 풍부하다.

또 한 가지 특이한 음식으로 운남식 짜장면이 있다. 이곳 짜장면은 작은 탕 그릇에 면이 굵은 국수와 국물이 담겨있고 그 위에 고기와 함께 볶은 짜장 소가 얹혀져있다. 물국수와 짜장이 혼합된 독특한 짜장면이다.

대리의 명소로는 숭성사삼탑(崇聖寺三塔)을 꼽을 수 있다. 얼하이호수 남쪽에 위치한 숭성사는 청나라 황실전용사원으로서 그 내부 규모는 놀라움을 자아낼 정도로 크다. 특이한 점은 당 왕조 시절인 서기 700년에서 900년 사이 남소국과 대리국 시절에 건립된 삼탑과 청대 황실에서 건립한 숭성사 사찰이 시간을 초월하여 함께 공존하고 있는 점이다. 천년 가까운 세월을 거치면서 완성된 이 사찰은 티베트 장족의 옴마니반메훔으로 표현되는 독특한 라마교 영향을 받아서 거대한 황금색 전경통이 진열되어 있다.

2) 여강(麗江) 납서족(納西族)과 동파(東巴)문화

대리에서 서북쪽으로 200킬로미터 떨어진 곳에 위치한 여강에는 인구가 30만 정도 살고 있는데, 그중 납서족이 70% 정도로 가장 많고 그밖에 한족과 소수민족인 마사족, 이족, 백족이 거주하고 있다. 여강 시내에는 납서족이, 그리고 좀 더 올라가면 납서족 일파인 마사족(摩梭族)이 모세사회를 이루며 살아가고 있다. 해발 2,436미터의의 고원에 위치한 여강은 차마고도(茶馬古道)의 시발점으로서 설산과 고성, 그리고 아름다운 라스하이호수로도 유명하다.

이곳의 특산 음식으로는 리장바바라고 하는 호떡 비슷한 전병, 십팔괴(十八怪)라고 불리는 과자, 그리고 간단하면서 저렴한 먹거리 얼콰이(餌塊)가 있다. 이곳은 쌀이 많이 생산되어 쌀로 만든 음식이 많은데, 그중 얼콰이는 우리나라 수제비와 유사하면서 모양은 네모지고 야채와 고추를 섞어 기름에 볶고 간장에 조린 음식으로서, 수제비 볶음이라는 표현이 적절할 것 같다. 농촌으로 들어가면 자연산 붕어탕과 닭눈콩이라 불리는 콩을 주재료로 만든 계두량분(鷄豆凉粉)이라는 묵, 그리고 호수 밑에서 채취한 풀로 만든 요리 등 지극히 친자연적이고도 담백한 요리가 많다.

그중에서도 가장 특색 있는 요리는 야생균(野生菌) 요리다. 이곳 사람들은 버섯 종류를 균이라고 통칭하는데, 특히 송이버섯을 위시하여 수많은 야생 약버섯들이 많이 생산되어 이들을 재료로 한 요리가 많다. 송이버섯 요리는 샤부샤브식으로 여러 야채들과 함께 탕에 데친 후 각종 소스에 발라서 먹는데 송이의 양이 솥에 가득할 정도로 많이 준다. 송이는 땅속에 묻혀서 보이지 않게 때문에 돼지를 풀어 그 코 감각으로 찾아낸다고 한다. 송이 외에 홍우간(紅牛肝) 버섯과 같이 기이한 버섯들이 많다. 흑송이는 1그램에 80만원에 팔릴 정도로 귀하다.

이곳 납서족 사람들의 미인기준은 특이하다. 우선 얼굴이 검어야 하고 뚱뚱하면서 엉덩이가 커야 하며 체격은 건장해야 한다. 바깥에서 일을 잘하고 아이를 잘 낳는 것이 미인기준이 되는 것이다. 여자들도 체격이 크고 건장한 남성을 선호한다. 그러면서도 납서족 사회는 모계사회의 흔적이 남아있다. 천 여 년 전 이들 납서족 남자들이 차마고도를 통해 장기간의 장사를 하기 위해 집을 비우게 되면서, 여자들이 집안의 가장 역할을 하였고 이에 자연스럽게 모계사회가 정착되었다.

그래서 아직도 외할머니와 엄마가 가족의 중심이 되어 아이들을 키우고 아버지가 없기 때문에 당연히 결혼식도 없다. 남자는 저녁에 집에 들렀다가 아침에 돌아가곤 한다. 여자가 몇 번 만나다가 싫증이 나서 남자에게 간접적으로 표시를 주면 남자는 발길을 끊는다고 한다. 특히 루구호수에 거주하는 마사족 사회에는 모계사회 모습이 더욱 선명하게 남아있다.

납서족 언어는 한족 언어와는 완전히 다르다. 예를 들면 '밥먹다'의 '츠판'을 '한즈', '안녕'의 '니하오'는 '넌도니표', '멋진 오빠'의 '수와이거'는 '판팅거', 버섯인 '구'는 '무'로 발음한다. 특히 납서족의 언어는 우리와 유사하게 그 어순이 알타이어계와 흡사하여 <주어+목적어+동사>의 순이다. 위에서 언급한 '밥을 먹다'의 '한즈'에서 '한'은 목적어 '밥'이고 '즈'는 동사 '먹다'의 뜻이다. 중국어의 <주어+동사+목적어> 구조와 다르다.

납서족 문자를 동파문(東巴文)이라고 부른다. 납서족의 종교리더이자 샤먼이기도 한 동파들이 사용한 문자이기 때문이다. 그리고 동파들의 활동과 동파문을 총괄하여 동파문화라고 부른다. 상형문자인 납서족의 동파문은 아름다운 형상미를 자랑한다. 여강 시내 길가의 벽, 상점 간판, 화장실 알리는 표지, 음식메뉴 할 것 없이 곳곳에는 한자와 함께 동파문이 쓰여 있어서 이국적이고 이색적이다.

동파문화를 좀 더 살펴보려면 여강의 여강동파박물관(麗江東巴博物館)을 참관하면 된다. 박물관은 납서족 전통가옥, 즉 이층집에 정사각형 마당을 중심으로 사면이 둘러싼 사합원 형태를 그대로 보존하고 있고, 바닥 돌에는 봉황 등 상서로운 동물 문양이 새겨져 있다. 정문 쪽 한 면에는 흰 벽이 세워져있고 여기에는 복을 비는 글이 쓰여 있다. 그리고 나머지 삼면에는 방과 거실 그리고 주방이 마련되어 있는데, 여섯 조각의 문으로 이루어진 겉 창문에는 매란국죽이 아름답게 조각되어 있다. 한쪽 편 작은 문을 나서면 뒤뜰이 있고 여기에는 가족들이 먹을 채소를 심는다.

동파문화박물관에는 동파문화를 깊이 연구한 서양학자 조셉 록(Joseph F Rock)과 중국학자들이 소개되어 있고, 납서족 역사와 문화풍습, 그리고 제사장 동파들의 모습과 역할, 동파문 원본과

각 상형문자에 대한 발음 및 의미 해석과 갑골문을 비롯한 한자와 고대 바빌론문자와의 비교 등 동파문화를 알기 쉽게 정리해 놓은 코너가 있다. 동파들의 제문격인 『동파경』 속 동파문자를 그려넣기 위한 전통종이와 동파문화 관련 서적들도 있다. 동파문은 상형문자이기 때문에 아이들 그림처럼 단순하면서도 색채가 아름다워 추상화를 보는 듯 하며, 좁고 기다란 종이 위에 상징 의미가 담겨있어서 마치 판타지세계로 들어온 듯한 착각이 들 정도로 독특하다.

동파경도 제사 방식에 따라 여러 유형이 존재한다. 화재 등 재앙을 쫓기 위한 제사에 사용되는 경서와 귀신을 쫓는 경서, 그리고 혼인 관련 경서가 따로 있다. 또한 동파마다 글자체가 다르기 때문에 글자의 형태 역시 일률적이지 않고 다양하다. 그리고 제사장이자 샤먼인 동파제사장은 비와 생식 번영을 상징하는 개구리를 토템으로 삼고 있다. 은나라 왕실의 개구리 숭배 및 우리나라 부여신화에 등장하는 해부루의 아들 금와(金蛙)라고 하는 황금개구리와 연관 지어 볼 때 흥미로운 대목이다.

여강의 옛 모습을 거의 그대로 간직한 여강고성(麗江古城)과 속하고진(束河古鎭)은 현재 세계문화유산으로 등록되어 있다. 대리고성보다 규모가 크고 고성 내부에는 오일가(五一街), 칠일가(七一街) 등으로 불리는 길들이 미로처럼 얽혀있어서 자칫 길을 잃기 쉽다. 중심에는 사방으로 길이 뚫린 사방가(四方街)라는 큰 광장이 나타난다. 예전에 차마고도의 시발점이었던 이곳에서 마방들이 말에 짐을 싣고 좁은 길을 지났던 그곳이다. 소수민족 기념품 가게 골목에서는 모우육(牦牛肉)을 파는 상점들이 많다. 모우는 버팔로처럼 뿔이 길고 털이 많으며 긴 꼬리를 가진 티베트산 들소인 야크로서, 그 고기를 잘 말려서 부위별로 파는 것이다. 차마고도를 통해 티베트 장족과 교류가 많아지면서 그 영향으로 모우육을 애용하게 된 것이다.

여강고성에서 약 30분 정도 가면 속하고진이 나온다. 여강고성보다는 좀 작지만 역시 전통적인 건축양식을 원형 그대로 보존하고 있다. 이곳은 운남에서 생산된 차와 소금 등 교역물품들이 모두 모이는 집하장으로서 마방들과 외지인들을 위한 숙소와 음식 및 말과 관련된 물건들을 파는 상점들이 생기면서 자연스럽게 형성된 마을이다. 속하고진에서 마방들은 물건들을 다시 정리하여 말에 싣고 산적들의 노략에 대비해서 귀중품은 깊숙한 곳에 숨겨놓고 휴식을 취하면서 차마고도 행군을 준비한다. 마방들은 이곳에서부터 출발하여 라스하이(拉市海)의 차마고도를 거쳐 샹그리라[中甸], 티베트, 네팔, 그리고 인도까지 왕래하였다. 중간에 말들이 추락사하거나 죽기 때문에 출발 시 함께 했던 말들이 돌아올 때는 절반으로 줄어든다.

라스하이에서는 말을 타고 차마고도를 체험할 수 있다. 이곳 말들은 온순하고 많은 양의 짐을 실어도 거뜬하여 물건을 옮길 때 많이 활용된다. 말을 리드하는 납서족 여인의 노래 소리는 자연 속에서 터득한 발성이라서 그런지 자연과 공명하며 잔잔한 감동을 전해준다. 말을 타고 가파르고 좁은 산길을 가다보면 아찔할 정도로 위험하다. 머나먼 여정 속에 죽음을 무릅쓰고 낭떠러지 옆 좁은 길을 오가던 마방들의 심정을 조금이나마 느낄 수 있다. 그리고 라스하이를 넘어 샹그리라부터는 티베트 장족이 많이 거주하기 때문에 천장 또는 조장이라고 하는 장례문화가 남아있다.

여강에서 빼놓을 수 없는 경관은 바로 만년 빙설로 덮인 옥룡설산(玉龍雪山)이다. 옥룡설산은 여러 설산 중 여강에서 가까운 곳에 있는 해발 5,500미터의 산으로서 히말라야산맥 끝자락에 위치한다. 설산 깊은 협곡 중에는 순정곡(殉情谷)이라는 협곡이 있다. 자유연애를 관습처럼 여겨왔던 납서족문화 대신 집안 간 결혼이라는 한족문화가 성행하면서 사랑을 이루지 못한 남녀가 생겨났고, 이들 연인들이 음식을 싸가지고 와서 먹고 마시고 취한 후 못다 이룬 사랑을 이루기 위해 투신하여 자살하는 곳이라고 한다. 지금도 여전히 그러한 자살이 이어지고 있는데, 때로는 친구들도 동행하여 함께 마시고 놀다가 연인들이 떨어져 죽고 나면 친구들이 죽은 친구의 집으로 찾아가 시신이 어디에 있을 거라고 말하여 가족들이 시신을 찾아 장례를 치루는 경우도 있다고 한다.

여강에서 다시 북쪽으로 올라가면 루구후(瀘沽湖)라는 호수가 나온다. 이곳 호수는 경관이 아름다우면서도 물속 20미터까지도 뚜렷하게 보일 정도로 맑고 깨끗하다. 그래서 이 호수를 조물주의 눈물이라고도 한다. 이 지역에는 납서족 일파인 마사족(摩梭族)이 거주한다. 긴 머리를 감아서 틀어 올린 후 머리띠를 두르고 붉은 바탕에 각종 형형색색으로 꾸민 전통복장을 입고 있는 여인들의 모습이 인상적이다. 모계사회 관습을 유지하고 있어서 전통가옥 내부 구조를 보면 할머니와 어머니 방이 중심에 있고 남자들 방은 따로 구석에 놓여있다. 저녁에는 마사족의 구화(篝火) 놀이파티를 참관할 수 있다. 저조선(猪槽船)이라 불리는 돼지먹이통 모양의 배를 타고 호수를 감상하면서 이무비도(里霧比島), 찰미라마사원(扎美喇嘛寺), 고원온천도 참관할 수 있다.

운남성 남쪽 끝자락으로 가면 사쌍반나(西双版納)가 나오는데, 태국과 접경지대라서 태국적인 색채가 많이 남아있다. 이곳에는 물 축제인 발수절(潑水節)이 매년 4월이면 거행된다. 길을 가다보면 물세례를 맞고, 맞은 사람은 또 숙소에서 아래로 지나가는 행인에게 물을 뿌리며 즐기는 축제이다. 운남성은 이렇게 많은 소수민족들의 문화가 이색적인 향기를 품으며 조화롭게 공존하고 있는 지역이다.

3) 귀주성 개리(凱里) 묘족문화

귀주성는 1970년대 초 당시 닉슨 미국대통령과 마오쩌둥 주석, 저우언라이 수상이 핑퐁외교라는 화해무드 속에서 마셨다는 마오타이주(茅台酒) 생산지로 유명하다. 궁리 주연의 영화「귀주이야기」로도 그 이름이 널리 알려졌다.

그렇지만 귀주는 중국에서 경제적으로 낙후되고 생활수준이 떨어지는 성들 중 하나다. 남쪽 내륙 깊숙이 위치하며 산과 구릉으로 이루어진 귀주 지역은 교통도 불편하고 별다른 산업기반이 없기 때문에 농업에 의존할 수밖에 없어서 경제가 발달하기 어려운 상황이다. 평지 논밭이 부족하여 대부분 산언덕을 개간하여 계단식 밭을 일구고 이곳에 수수나 귀리 등을 재배한다. 최근에 몇몇 지역을 개방하면서 세계에서 네 번째로 크다는 안순(安順) 황과수폭포(黃果樹瀑布), 만봉림과 마링허협곡, 동족마을 등 여러 곳이 관광지로 새롭게 떠오르고는 있지만 여전히 농촌 생활환경은 낙후하다. 어쩌면 그렇기 때문에 사람의 때가 덜 묻고, 그 안에 터를 잡고 생활해온 동족, 묘족 요족 등 소수민족의 삶과 문화도 온전히 간직되고 있는지도 모른다.

귀주에는 소수민족이 많이 거주하는데, 특히 묘족 자치구역이 많다. 그중에서도 중국어로 카이리로 발음되는 개리(凱里)의 묘족동족자치주(苗族侗族自治州)에 있는 서강(西江)의 천호묘채(千

戶苗寨)는 독특한 묘족의 생활풍속이 그대로 남아있다. 개리는 검동남(黔东南)이라고도 불리며 묘족 80%, 동족 10%, 한족 10%와 기타 요족 등 소수민족들이 거주하고 있는 지역이다. 이곳에 가려면 운남 곤명에서 곤명발 양양(襄陽)행 열차를 타고 홍과(紅果), 육지(六枝), 안순, 그리고 귀주성의 성도인 귀양(貴陽)을 거치는데 약 15시간 소요된다. 개리에서 다시 택시를 잡아타고 첩첩 산중으로 한참을 들어가야 천호묘채를 만날 수 있다.

천호묘채는 천 채의 묘족 가옥이 붙어있는 마을이다. 그 옛날 묘족들이 적을 피해 이곳까지 피난 와서 농사를 짓고 정착하면서 형성한 요새 마을이다. 산언덕 위에는 묘족 전통가옥들이 옹기종기 붙어있어서 멀리서 보면 타원형의 타조 알 모양을 띄고 있고, 앞쪽에는 시내가 흐르고 하늘 위로는 맑디맑은 하늘이 펼쳐진 무릉도원이다.

이 마을은 밤이 되어도 여기저기서 노랫소리가 흘러나온다. 예로부터 묘족은 음주가무를 즐겨온 민족이다. 음주가무를 즐기는 우리 민족과 흡사하다. 아이를 등에 업은 엄마의 모습도 우리의 일상 모습과 비슷하다. 묘족들의 외모를 보면 우리보다 키가 작고 우리와 연관성이 별로 없어 보이지만, 자세히 들여다보면 19세기나 20세기 초에 찍은 사진 속 우리나라 사람들의 모습과 비슷하다.

특히 묘족박물관에는 묘족의 짚신과 탈곡기, 그리고 디딜방아와 지게들이 진열되어 있는데, 얼마 전 우리의 시골에서 손쉽게 볼 수 있었던 그런 물품들이다. 또한 치우천왕을 숭앙하고 동네에 치우천왕부락(蚩尤天王部落)이라는 표지도 있는데, 이 역시 우리와 치우와의 관계와 연결시켜 볼 때 의미 있는 대목이다. 역사적으로 삼묘(三苗), 묘만(苗蠻), 묘족(苗族)이라는 명칭으로 이어지면서 큰 범주에서는 동이계 문화의 영향을 받은 묘만계이면서, 고구려 유민의 후예라는 학설을 참조해보면 우리와의 친연성이 깊음을 알 수 있다.

묘족 가옥은 이층 목조건물로서 통풍이 잘 되도록 틈이 많이 있으며, 집안 아래쪽에 축사를 짓고 가축을 키운다. 산비탈을 따라 집이 들어서고 산지를 깎아 논밭을 일구었기에 넓은 공간은 찾아보기 힘들고, 천여 채나 되는 집들은 대부분 좁은 오르막길과 계단을 지나야 들어갈 수 있다. 동네 한 바퀴를 돌기 위해서는 구석구석 실처럼 이어진 고갯길과 갈림길을 따라 오르내려야 하기 때문에 길 잃기가 십상이다.

산위에 올라보면 마을전경이 한눈에 펼쳐지는데, 검은색 기와에 붉은색 목조 벽으로 만들어진 가옥들이 운치를 더해준다. 기와 중앙에는 독특한 문양이 들어가 있는데 이는 묘족의 상징이기도 하다. 산중턱에는 커다란 집이 하나 있는데, 이 집이 고장두(鼓藏頭) 집이다. 고장두는 이곳말로 마을의 최고 리더이다. 고장두는 마을의 모든 일을 총괄하고 마을의 치안과 도덕을 관장하기도 한다. 고장두는 민주적으로 선출하는 것이 아니라 당씨 가문이 세습하며, 제를 지낼 때는 고장두 집안에서 새벽에 돼지를 잡고 난 후 일반 가정에서 돼지를 잡는다. 그리고 고장두 집안 아가씨가 먼저 노래를 부르고 생황을 불며 춤을 추면 나머지 사람들이 이어서 가무를 즐길 정도로 위계질서가 엄격하다.

마을 아래 중심부에는 서강묘채(西江苗寨), 즉 서강 지역에 모여 사는 묘족 마을이라는 뜻을 지닌 광장이 있다. 여기는 마을 주민들이 모여서 회의도 하고 행사도 했던 마을회관 겸 운동장인데, 현재는 공연을 하고 특산품을 파는 장터로 활용되고 있다. 마을 중간에는 공안이라고 써 붙인 경찰서가 있다. 경찰서 건물

형태도 묘족 전통가옥 형태다. 전통마을 형태를 보존하고 유지하기 위해 새로 건축을 할 때도 전통가옥 형태밖에 지을 수 없도록 법으로 정해져 있다. 고갯길을 지나다보면 가족박물관도 보인다. 일반 가정집 내부를 그대로 볼 수 있는데, 5위안을 내면 안쪽 방에 소장하고 있는 묘족의 전통의상과 액세서리 그리고 생활용품들을 볼 수 있다.

다시 걸음을 옮기다보면 일반 가정집이면서 약초 등을 파는 곳이 나타난다. 홀에서는 할머니가 전통술을 빚는 과정을 보여준다. 탁자 위에는 각종 뱀술과 약초들이 놓여있다. 이곳에는 독사나 안경뱀[眼鏡蛇] 같은 뱀이 많고 야생약초가 풍부하여 이들을 재료로 하여 약재를 만드는 집이 많다. 묘족의 민간의술은 예로부터 뛰어났다. 예를 들어 관절이나 허리와 경추 통증에 좋다고 하는 물약을 어깨와 목에 바르면 곧바로 그 부위에서 열이 60도 정도 오르며 뜨거워지다가 파스를 바른 듯한 시원한 느낌이 지속된다. 그리고 시간이 지나면 감쪽같이 통증은 사라진다. 내용물은 주로 뱀의 독과 각종 약초를 섞어 만든다. 또한 숙취에 좋다고 하는 약재가루도 많이 개발되어있다. 묘족들이 전통적으로 음주를 즐기고 지금도 과음하기 때문에 이러한 숙취해소 약재도 발달하였다. 음주와 해장문화 면에서 우리 민족과 흡사하다.

묘족 여인들은 검은색 바탕의 옷에 장식이 들어간 줄무늬 천을 덧입고, 머리에는 빨간 장미꽃 모양의 장식을 꽂는다. 필요할 때는 은장식 목걸이나 모자를 두르고 다닌다. 묘족 마을에서만 볼 수 있는 장면들이다. 특히 묘족 여인들은 생활력이 강해서 좁고 가파른 언덕길을 말에 짐을 싣고 다니기도 하고 긴 대나무를 어깨에 걸고 양쪽에 물동이를 얹어 나르기도 한다.

묘족의 음식은 독특하다. 아침에는 쌀로 만든 국수와 인절미 형태의 쫄깃쫄깃한 찹쌀떡, 그리고 콩국을 먹는다. 묘족 전통음식 중에는 산탕어(酸湯魚)라는 생선탕국이 있다. 살아있는 잉어를 재료로 하여 만든 일종의 매운탕이다. 거기에 시큼한 맛의 산채(酸菜)와 산초와 유사한 얼얼하면서 매콤한 맛을 내는 화초와 고추가 들어가서 매콤하면서 새콤하다. 시큼한 맛의 산체는 생선의 비린내를 잡아주고, 생선은 또 시큼하지만 뒷심이 부족한 부분을 채워주기에 서로 조화를 이룬다. 새콤한 탕 맛은 산채에 덧붙여 토마토로 우려낸다. 탕이 끓고 나면 배추와 각종 야채를 넣어 밥과 함께 먹는데 새콤하지만 뒷맛이 개운하여 색다른 느낌을 준다.

4. 서장자치구와 티베트문화

중국의 서쪽 끝에 위치한 서장자치구는 티베트인 즉 장족(藏族)의 자치구이다. 성도 라싸(拉薩)는 해발 3,600미터에 위치하고 있는데, 햇빛이 강해 일광성(日光城)이라고 불린다. 라싸는 '신이 사는 성스러운 땅'이라는 뜻으로 티베트에서 가장 발달한 도시이자 티베트불교의 성지이기도 하다. 주민 대다수가 티베트족이고 라마교를 신봉하는데, 그들에게 있어 종교는 생활의 일부가 아니라 생활의 전부라고 할 만큼 신앙심이 대단하다.

7세기 티베트 왕 송첸캄포에 의해 건설된 이 도시에는 당시 불교가 네팔을 거쳐 유입되면서 본이라는 독자적 종교와 결합되어 라마교라는 종교가 탄생된다. 정교일치의 체제는 17세기 정치와 종교를 한 손에 쥐고 있던 통치자 달라이라마 5세 때부터 시작되었다. 현재는 내란과 전쟁의 소용돌이 속에서 달라이라마가 인도로 망명을 갔고, 티베트는 1965년에 중국의 한 자치구로 성립되었다. 티베트 동쪽은 달라이라마가 다스리고 서쪽은 판첸라마(벤첸라마)가 다스린다.

도시 내 포탈라궁(布達拉宮)은 라싸의 상징이라 할 수 있는 건물로 높이 117미터에 13층이며 동서 길이는 360미터에 달한다. 티베트 최초로 통일왕조를 이룩한 송첸캄포왕이 당나라 문성공주(文成公主)를 위해 창건했다. 그 뒤 전쟁에 의해 파괴되었으나 17세기 달라이라마 5세에 의해 현재의 포탈라궁이 재건되면서 약 300여 년의 역사를 이어오고 있다. 궁은 크게 달라이라마의 거실과 사무실 등 정부의 행정기능을 담당하던 백궁(白宮)과 달라이라마 5세의 사당, 그리고 많은 영탑(靈塔, 유해를 미라로 봉납하고 여러 가지 장식을 해놓은 것)들이 있는 홍궁(紅宮)으로 나뉜다. 외국인이 많이 찾는 관계로 유창한 영어로 설명해주는 라마승들도 많다.

포탈라궁 앞은 원래 호수였다. 하지만 중국 당국이 이곳을 메우고 광장으로 만들어버리면서, 광장 중앙에는 중국 국기인 '홍기'만이 펄럭인다. 거리에는 허리를 꾸부정하게 숙이고 경을 외우고 다니는 사람, 경을 외며 구걸하는 사람, 온 몸을 던져 오체투지(五體投地) 중인 사람, 분주히 어딘가 걸어가는 라마승, 배낭 메고 돌아다니는 외국 여행객, 그리고 손에 핸드폰을 들고 뛰어 다니는 중국인 모습 등으로 가득하다. 파란 하늘을 머리에 이고 있는 포탈라궁은 신비함 속에 침묵으로 서있고, 그 아래에는 과거와 현재가 신비롭게 공존하고 있는 듯하다.

라싸는 포탈라궁과 함께 대소사(大召寺)도 유명하다. 라싸의 상징은 포탈라궁이라고 할 수 있지만 자세히 보면 라싸가 대소사를 중심으로 구성된 도시라는 것을 알 수 있다. 대소사는 티베트불교의 중심사원으로 순례를 오는 사람들로 항상 북적인다.

대소사 주위를 도는 길은 팔각가(八角街) 또는 바르코르(Barkhor)라고 부르는데, 티베트족들은 이 길을 손으로는 전경통(轉經桶), 즉 안에 경전이 두루마기처럼 말려있는 마니차를 돌리며 입으로는 '옴마니반메훔'이라는 육자진언(六字眞言)을 외우고 오체투지를 하며 시계 방향으로 돈다. 라마교는 큰소리로 경을 외는 것을 수양의 한 방법으로 삼는 진언종 계열로서 이러한 장면은 대소사에서도 볼 수 있다.

전하는 바에 의하면 7세기 중엽 대소사가 지어지고 당의 문성공주와 네팔의 적존공주가 가지고 온 불상을 여기에 보관한 뒤부터 대소사에는 더 많은 사람들이 몰리기 시작했다고 한다. 7세기말에는 대소사 주위로 먼 곳에서 온 사람들이 쉴 만한 여관 같은 것들이 많이 들어서게 되었는데, 이렇게 형성된 것이 팔각가다. 현재 이곳은 갖가지 일상용품으로부터 티베트의 민속용품을 파는 노점상들로 가득찬 라싸 쇼핑의 메카라 할 수 있다. 티베트불교의 3대 사원인 철방사(哲蚌寺), 색랍사(色拉寺), 감단사(甘丹寺), 그리고 달라이라마의 여름별궁이었던 노르부링카(Norbu Linka)도 볼만하다.

티베트문화의 특징 중 하나는 독특한 장례문화다. 전통적으로 천장 즉 조장(鳥葬)을 하는데, 천장은 제사장과 같은 전문인이 사체 해부를 담당한다. 비용이 들기 때문에 돈이 없는 사람들은 수장을 하고, 악인들은 토장을 한다.

라싸 가는 길은 항공편과 열차편, 그리고 버스편이 있다. 버스편을 이용할 경우 라싸 들어가기 위해서는 길목인 청해성 거얼무 여행국 허가증을 받아야 하는데 수속비와 교통비가 수십만

원이 든다. 거얼무에서는 정치적으로 민감한 지역인 티베트로 여행하려는 외국인에 대한 감시가 삼엄해서, 외국인이 거얼무에 도착하면 바로 동태를 감시한다. 열차편은 최근 청장열차가 개통된 이후 많이 이용하고 있다.

5. 북방문화

1) 산동과 제로문화(齊魯文化)

산동성은 서해 바다를 사이에 두고 우리나라와 가장 가까이에 위치한 성이다. 금광 등 지하자원과 농산물이 풍부하여 사람들의 생활이 풍족한 편이며, 춘추전국시대에는 제나라와 노나라가 위치하며 제로문화를 꽃피운 곳이다. 산동의 태산을 중심으로 하여 동쪽은 제나라, 서남쪽은 노나라였다. 제나라는 농수산업이 발달하고 경제력이 강하며 개방적인 편이었고, 임치(臨淄) 등은 전국시대 당시 한단 등과 함께 상업의 중시지가 될 정도였고, 공자의 고향이었던 노나라는 보수적이면서 제나라에 비해 상대적으로 세력이 약했던 나라였다. 이들 양대 문화를 합쳐지면서 제로문화가 탄생된다.

교육자이자 사상가인 공자의 고향 곡부는 2,500년 전에 노나라 중심지역이었다. 이곳은 현재 세계문화유산에 등록되어 있으며, 공자를 기리는 사당인 공묘(孔廟), 공자 및 자손들의 묘가 있는 공림(空林), 그리고 공씨 가문이 공부하고 생활하던 공부(孔府)를 참관할 수 있다.

공묘에는 중국 3대 궁중건축물 중 하나인 대성전이 있다. 고대 황제들만이 사용했던 황금색으로 칠해져 있는데, 이는 공자에 대한 존경의 표현이다. 곡부에서는 매년 9월 20일이면 공장의 탄신을 기념하여 국제적인 공자문화페스티벌[中國曲阜國際孔子文化節]을 개최하며 제공의식을 거행한다. 대성전 앞에는 공자가 제자들을 가르쳤던 행단(杏亶)이 있는데 당시 있었던 나무가 살구나무인지 아니면 은행나무인지 아직 의론이 뷰분하다. 공묘 입구에 쓰여진 옥(玉)자의 점이 특이하게 중간에 칠해져 있는데, 이는 가운데 소리가 가장 좋기 때문이라고 하며, 공묘 내 건륭제 흔적이 담긴 커다란 비석들은 겨울에 운하를 통해 이동한 후에 바닥에 물을 얼려 운반했다고 전해진다.

공림은 세계에서 가장 규모가 큰 가족묘지로서 자전거를 타고 이동해도 한 시간 이상 걸릴 정도로 넓다. 공자의 묘지도 관람할 수 있다. 그리고 공림 입구에서 약 500미터 정도 쭉 뻗은 길은 당시 공자가 사색을 하여 걸으면서 모든 문제들을 해결했다는 전설이 전해지는 곳이다.

공부에서는 우물과 유적 등 당시 공자 시대의 생활을 엿볼 수 있는데, 방이 몇 백 칸이나 되기 때문에 자칫 길을 잃기 쉽다. 이곳에서 만나는 중국인들에게 이름을 물어보면 대부분 공씨이며 공자의 몇 대 손이라고 말들을 한다. 곡부의 관람료와 관광수입은 이들 공씨 가문의 수입으로 들어가 생활비로 쓰인다.

곡부를 관람하다 보면 문화대혁명의 당시 광적인 사회분위기와 비이성적 행위들의 잔재가 곳곳에 남아있음을 목격하게 된다. 1966년부터 10년간에 걸쳐 진행된 문혁은 마우쩌둥이 당시 정치적 위기를 극복하기 위한 방안으로 지식인과 반대 세력을 희생양으로 삼고 젊은 홍위병을 앞세워 전통을 부수고 지식인들을 시골로 하방(下放)시킨 운동이었다. 역시 공자와 유가사상은 타도되어야 할 봉건전통으로 여겨졌고, 그 발원지인 곡부로 북경의 대학생들이 열차를 타고 내려와 유적들을 마구 손상시켰다. 유적들을 쇠로 박아놓기도 하고, 신성시되던 공묘의 벽을 부수고 마구 길을 뚫어 놓았다. 비석이나 동상 등 무거워서 넘길 수 없는 유물들은 칠을 해버리기도 했다. 문에 장식된 9개의 동그라미 중 파괴된 부분도 쉽게 발견할 수 있다. 후에 문혁을 주도한 4인방의 축출되고 나서 공묘는 주변에 벽을 다시 치고 나무도 새로 심는 등 원형보존에 힘썼지만 파괴된 부분 일부는 파괴된 채로 놔두어 문화혁명의 역사로서 남겨두고 있다.

중국 대륙은 지역이 광활하고 다양한 민족과 문화가 꽃을 피우고 있는 만큼, 지역별 기질 또한 다양하다. 양자강 이북 북방인, 특히 산동인들은 대체로 호방하고 의리와 우정을 중시하며 체면과 명예를 중시하는 그야말로 대륙적 기질을 지니고 있다. 이곳 사람들에게는 멋있는 기질과 전통이 내려오고 있는데, 바로 불의에 굴하지 않는 정의감과 강한 근성, 정직과 평등, 호방한 기개와 인내 정신이다. 산동인들은 위협을 슬기롭게 극복하고 다양한 문화를 조화롭게 수용하며, 어려움을 명예로 삼는 인내와 고행정신 속에서 불의에는 몸을 사리지 않는 강인한 투쟁정신의 전통을 이어왔다.

이러한 전통은 산동 출신인 공자와 맹자의 인본주의와 심성을 중요시한 제로문화(齊魯文化)에 뿌리를 두고 있다. 아울러 지형구조상 외부로부터 침입을 받을 수밖에 없는 환경으로 인해 수많은 수탈의 역사를 겪어왔기 때문이기도 하다.

우리에게 잘 알려진 『수호전』은 산동 양산박을 배경으로 하여 산동 출신의 의협심 강한 송강이 108명의 의적을 거느리고 불평등과 부조리에 항거한 혁명을 내용으로 삼고 있다. 이러한 전통을 이어 산동 제남 경찰은 전국 최고로 평가받기도 하였다. 산동 사람들은 손님을 맞는 것을 좋아하고[好客] 순박하며, 우직함과 충성심도 남달라 중국군인 중 산동 출신이 많은 편이다.

소설이 아니라 실제로도 병법가인 손자, 애국투사 제갈공명, 그리고 수많은 장수들이 산동 출신이다. 금나라에 항거한 송나라 문인 신기질도 산동인이다. 전쟁과 조국의 패망이라는 혼돈 속에서 그는 홀로 언론전을 통해 조정과 간신배들의 불의에 대해 소리쳤고, 주화파의 나약한 타협에 대해 맹공을 퍼부으며 일생을 조국과 전쟁이라는 주제에서 벗어남 없이 정의의 필치를 관철한 위인이다. 역사적으로도 산동 출신 인물이 많이 배출되었다.[山東出好漢] 철학자인 공자와 맹자, 서예가 왕희지, 문인 이청조, 단성식, 포송령, 영화배우 공리 등이 있다.

주요도시로는 성도인 제남, 동부 연해도시인 청도, 연대, 위해, 문등, 일조, 치박, 청주, 유방, 태안과 태산, 공자의 고향 곡부, 하택, 가상, 맹자의 고향 추성, 제갈량의 고향 임기, 손자의 고향 빈주, 양산, 덕주, 제녕 등이 있다.

성도 제남은 제수라는 강 이름에서 따왔으며, 표돌천이나 흑호천 등 천(泉)이 많아 천성(泉城)이라도 불린다. 시 중심에 있는 천성광장의 분수와 제남 출신 인물들의 동상이 볼만하며, 자연호수인 대명호에는 마오쩌둥의 글씨와 함께 옛날 이백과 두보가 시를 지었던 장소가 있어서 흥미를 끈다. 제남에서 북쪽으로 올라가면 황하를 볼 수도 있다.

청주(青州)는 제남에서 동쪽으로 약 2시간 정도 걸리는 작고 아늑한 도시로 만주족과 회족이 적지 않게 거주하고 있다. 이곳의 운문산(雲門山) 중턱에는 암벽에 새겨진 '壽(수)'자가 있는데, 세계에서 가장 큰 글자로서 8미터 높이에 아래 '寸'자만 해도

2미터가 넘어 사람이 섰을 때 왜소해 보일 정도다. 여류시인 이청조가 이곳에서 10여 년 간 생활한 흔적이 남아있고, 음식으로는 개고기가 유명하다. 다만 수육의 경우 우리와 달리 고기를 차게 해서 간장에 찍어 먹는다는 점이 다르다. 청주박물관에는 청주의 역사가 고스란히 담겨 있는데, 특히 남북조 시대에 북조의 거점으로서 당시 선비족 등 북방민족의 역사가 많이 남아있다. 특히 주목을 끄는 것은 이정기라는 고구려인이 730년-80년대까지 이곳에서 지배자로서 통치하던 시절의 유물과 기록이 남아있다는 점이다.

치박(淄博)은 제남과 청주 사이에 있는 도시로, 고대 제나라의 수도였던 곳이다. 이 지역 사람들의 방언은 특히 심하며, 도자기가 유명하다. 이곳의 고차박물관(古車博物館)에는 전국시대에 말과 사람들을 순장했던 순마갱이 그대로 발굴 보존되어 있고, 마차의 역사도 볼 수 있다.

이밖에 유방은 전통 연 만들기가 유명하며, 무도 맛이 좋아 과일처럼 깎아먹기도 한다. 제남 서남쪽의 제녕 역시 오래된 도시로서, 이곳의 가상현 무씨석실은 단군신화와도 관계가 있다는 화상석이 보존되어 있다. 서쪽 끝에는 하택(河澤)이 있는데 이곳은 모란으로 유명하다.

산동성 태안(泰安)에는 태산이 있다. 오악 중 동악에 속하는데, 동은 나무[木]에 속하며 만물이 소생하는 힘을 지니고 있어서 역대 황제들이 이곳에서 즉위의식인 봉선의식을 행하였다. 황제들은 제남에서 서남쪽으로 약 2시간 거리에 있는 태안 대묘(岱廟)에서 몸을 깨끗이 한 뒤 제를 올리고 걸어서 태산에 올라 하늘에 제를 올렸다. 평지 무릉도원부터 시작하여 서너 시간 걸어 올라가면서 둘러보면 마치 살아있는 역사박물관처럼 여기저기 비석과 비문 및 유적들이 산재해 있다. 매년 가을에는 태산등반 축제가 거행되기도 하는데, 올라가면서 유적을 보고 정상에 올라 여관이나 여인숙에서 밤을 지새우고 일출을 보고 내려온다.

우리에게도 "태산이 높다 하되…"의 시조를 통해 잘 알려져 있는 영산이지만 해발 1,542미터로 그다지 높지는 않다. 평지에 우뚝 솟아서 더욱 높아 보이고 공자의 고향 주변이라 성산으로 유명해졌는지도 모른다. 정상에는 도교 사원이 있으며, 옥황상제와 태산낭낭(泰山娘娘)을 모시고 있는데, 일부에서는 태산낭낭이 곤륜산의 서왕모라는 주장을 제기하기도 한다. 태산은 현재 세계문화유산에 등록되어 있으며, 중천문이나 남천문에서 케이블카로 정상에 오를 수 있다. 정상에는 호텔과 여인숙이 있지만 시설은 보통 수준이고, 겨울에 눈이 많이 내리면 등산을 못하는 경우도 있다. 태산의 명물인 배추와 두부로 만든 요리는 독특한 맛이 있으며, 태산에서 나오는 석감당(石敢當)이라는 돌도 기념품으로 유명하다.

음식문화 면에서 산동 사람들은 쌀밥보다는 만두와 면을 좋아하며, 산동요리는 중국 4대 요리 중 하나로서 북경요리에 상당한 영향을 주었다.

2) 산동과 동이문화

산동성은 지리적으로 황해를 끼고 우리나라와 가장 가까운 곳에 위치한 이웃이자 고대로부터 상호 문화교류가 활발했던 지역이다. 청 말에는 이 지역 동쪽 교동인들이 우리나라로 이주하여 지금까지 화교로서 우리와 함께 살고 있기에 더욱 친근한 곳이다. 1992년 한중 국교수립 후에는 우리와 지리적으로 인접한 청도나 연대, 위해, 제남 등지에 한국 기업들이 물밀듯이 진출하면서 코리아 타운을 형성할 정도로 이제는 경제적으로나 문화적으로 깊은 관계를 맺고 있다. 그들의 화끈하고 호방한 성격과 정이 많고 손님 맞기를 좋아하는 기질이 우리와 흡사하여 더욱 교류가 각별한지도 모른다.

거슬러 올라가 산동 지역은 선사시대에는 동이(東夷)문화, 특히 대문구(大汶口)문화와 용산(龍山)문화가 찬란히 꽃 피운 지역으로서, 우리와 친연성이 깊다. 산동성 성도인 제남에서 남쪽 방향으로 태산과 태안을 지나 공자의 고향 곡부로 가는 길목에서 약 30km 떨어진 곳에 위치한 넝양 대문구유지는 동이민족이 지금으로부터 약 4천 년에서 6천 년 전에 거주하고 활동했던 지역이다. 전형적인 시골 모습을 간직한 이곳에는 산이 보이지 않는 평야의 연속이고, 그 한가운데로 황하 지류가 흐르고 있다. 개발이 되지 않아 약간은 황량한 느낌을 주기는 하지만 고대에는 동이민족이 광야를 누비며 활동했다.

제남에서 동북쪽에 위치한 장구 용산진(龍山鎭)이라고 불리는 지역은 약 4천 년에서 4천 5백여 년 전 용산문화가 꽃피었던 지역이다. 이 곳 문화의 특징 중 하나는 검은 도자기 즉 흑도의 출현이다. 특히 이 지역에서 동이민족의 찬란했던 역사를 직접 접할 수 있는 곳은 중국 주요문물 보호구로 지정되어 있는 성자애유지(城子崖遺址) 박물관이다. 박물관 정문에 간판에는 "중국문명시대 초기의 중요 도읍지이며, 동이족이 건립한 상당히 강성한 고국 중심이었다"라고 하는 문구가 쓰여 있다. 중국정부가 쓴 이 문구는 동이민족의 역사를 좀더 공식적으로 확인해주는 대목이다.

한편 산동성 제남의 도로 명칭 중에는 동이민족의 선조이자

상나라 제준, 제곡과도 동일인물로 여겨지고 있는 순임금의 이름을 따서 명명한 순경로(舜耕路), 순정가(舜井街), 그리고 호텔 순경반점(舜耕飯店) 등이 있다. 또한 제남 근처에는 상하(商河)라는 동네 명칭이 있고, 은 왕조의 터였던 하남성 안양현 역시 산동성과 바로 인접해 있으며, 하남성에는 상구(商丘)라는 지명도 있다. 2,000년 전 산동 지역 사람의 치아와 우리 민족의 치아가 유사하고, '구르다' 등 언어 면에서도 유사성이 있으며, 호객과 술을 좋아하는 성격 등에서도 산동 지역과 한민족과의 친연성을 느낄 수 있다.

결국 동이민족은 산동반도와 그 주변 지역을 중심으로 거주하면서 서하문화에서 용산문화 시기, 그리고 상 왕조에 걸쳐 주도적 위치에서 위대한 동이문화 왕국을 세우며 중원을 이끌어 왔다.

얼마 전 국학원이 주최하고 동북아역사재단이 후원한 '동북아 상고사 문화원류'를 주제로 한 한중국제학술대회가 성황리에 개최되었다. 여기에서 동이 문화사상, 치우 관련 고찰, 홍산문화 옥기와 우리문화의 관계성 연구 등 다양한 동이 관련 문화와 역사가 다루어졌다. 특히 중국 최초의 한자인 갑골문자보다 1000년 이상 앞서 산동지역에서 출토된 골각문(骨刻文)에 대한 발표는 중국문명이 동이족 문화에서 비롯되었음을 여실히 밝혀주고 있다. 중국 역사와 문화는 우리의 그것과 공통점이 많다.

3) 하남성과 중원문화

고대부터 예(豫)라고도 불렸던 하남성 지역은 수많은 민족과 왕조들이 번갈아 지배하며 중원문화를 형성해왔다. 그리고 그 문화권은 주변 산서, 산동, 하북으로 영향을 미쳤다. 하남성 지역에서도 안양(安陽), 낙양(洛陽), 개봉(開封)은 역대 왕조들이 수도로 낙점을 찍은 곳으로 과거에는 매우 번성했던 곳이다. 안양은 하남성과 산동성의 경계에 위치한 도시이자 고대 은나라 터전이었던 은허로서 갑골문 등 당시 은나라 유적과 유물들이 발견되었다.

개봉은 과거에 변경(卞京)으로 불리었으며, 전국시대 위나라의 도읍지였고, 오대(五代) 시기와 북송 시기에도 수도였으며 송 왕조의 궁궐과 당시 행정부였던 개봉부 등 송 왕조 시절의 유적과 유물들이 남아있다. 칠조고도(七朝古都)라는 호칭답게 유적이 많다. 송도어가(宋都御街), 청명상하원(清明上河園), 포공사(包公祠) 등이 볼 만하다.

그리고 현재 하남성 성도인 낙양(洛陽)은 동주, 동한, 위, 진, 북위, 당 측천무후시기 때 도읍지였던 곳이다. 낙양은 100여명의 황제가 등극한 지역으로서 과거에 동도(東都)로 불리었던 고도답게 어디에서나 유물과 유적지를 볼 수 있다. 특히 이들 유물과 유적지들은 중국의 다른 지역과는 달리 주로 지하에 묻혀있다는 점이 특징이다.

낙양시는 그 중심을 흐르는 낙수로 남북이 갈리고, 북쪽에는 "죽어서 북망산 간다"로 잘 알려진 북망산이 자리하고 있다. "낙양성 십리 하에"와 더불어 이 지역 관련 단어들이 우리에게 익숙한 것은 그만큼 과거에 낙양의 역사지리적 위치가 컸었기 때문이다. 낙양 성벽의 형태는 둥그렇지만 그 안쪽으로는 사각형 블록으로 길게 뻗어있고, 여경문 등 성문들이 남아있다. 시내에는 주나라 황궁의 후원이었던 왕성 터가 지금은 왕성공원(王城公

園)으로 남아있다.

시내에서 남쪽으로 10여 킬로 가면 중국 3대 석굴 중 하나인 용문석굴이 이수 양쪽으로 웅장한 자태로 뻗어있다. 그중 봉선사(奉先寺)의 노사나불은 측천무후를 본 뜬 상으로 유명하다. 용문석굴이 위치한 향산(香山)은 당나라 시절 최고의 시인이었던 백낙천 즉 백거이가 말년을 보낸 곳이다. 그래서 백거이는 후에 향산거사라는 별칭이 주어지기도 하였다. 민중의 언어로 민중들의 고뇌와 애환을 노래한 당시의 진정한 민중시인이자 낙천주의자였던 백거이는 후세에 귀감이 되는 주옥같은 시들을 많이 남겼다. 향산에는 그의 묘가 있는데, 그 주변에는 그를 기리기 위해 세운 시비가 즐비하다. 우리나라의 백거이연구회에서도 그를 기리는 비석을 세워놓았다. 그의 시의 세계는 인간의 본성을 자극하며 심금을 울리기 때문에 국경을 초월하여 숭앙받고 있다.

용문석굴에서 시내 쪽으로 올라오다 보면 관림(關林)이 나타난다. 관림은 우리에게 친숙한 『삼국지연의』에 등장하는 관우가 오나라 여몽에게 살해당했는데 후에 조조가 예의를 다해 그의 잘린 머리를 묻은 곳이다. 관우의 머리만 안치되었는데도 그 봉분은 놀라울 정도로 크다. 산동 곡부의 공자 고향에는 공부, 공묘, 공림 즉 공자의 집, 사당, 무덤이 따로 존재하는데, 관림은 묘와 사당이 함께 위치한다는 점에서 주목을 끈다.

시내에서 동쪽 소림사 쪽으로 10여 킬로 정도 가면 백마사(白馬寺)가 나타난다. 중국 최초의 불교 사원이다. 안쪽에는 흰말의 상이 있고, 최초의 사원답게 고즈넉하다. 낙양에 용문석굴이나 사찰 등 불교 유적이 많이 있는 이유는 남북조시대에 중원을 장악한 북위, 북제, 북주의 선비족이 불교를 적극적으로 받아들였기 때문이다.

시내에서 북쪽에 위치한 북교공항으로 가는 길에는 옛날 묘들을 전시하는 고묘박물관이 있다. 내부에는 시대별로 모아놓은 묘와 벽화들로 가득하다. 관의 양식을 보면 한 나라 때는 도관, 당 나라 때는 석관, 북송 때는 도관이 주를 이루고 있다. 서한시대의 화상석에 새겨진 사슴 그림과 나무 모양은 고구려 벽화와도 흡사하다. 이곳에는 황제가 얼굴을 씻는 데 사용했던 세숫대야도 보관되어 있는데, 오른쪽을 문지르면 저음, 왼쪽으로 문지르면 고음이 들리고 음이 나올 때마다 대야 속 물이 그 진동에 의해 분수처럼 올라온다. 그리고 '낙양모란갑천하(洛陽牧丹甲天下)'라는 말이 나올 정도로 낙양의 모란은 매년 모란축제가 거행될 정도로 유명하다.

낙양 근처 정주는 현재 하남성 성도로서 동서남북으로 전국 어디와도 연결되는 교통의 중추역할을 하는 도시이다. 3,500년 전 상 왕조의 도읍지였기 때문에 상성유적지(商城遺址), 대하촌유적지(大河村遺址) 등 역사유적지가 많이 남아있다.

한편 낙양에서 동쪽으로 70킬로미터 정도 가면 유네스코 세계유산에 등재된 숭산이 있다. 오악 중 하나인 숭산은 숭양서원(嵩陽書院)과 소림사(少林寺)로 유명하다. 중국 4대 서원 중 하나인 숭양서원은 소위 당시의 고등교육기관으로서 현재의 북경대학에 버금간다. 원래 불교사원이었으나 후에 서원으로 변모하였고, 이곳에서 『자치통감』을 편찬한 사마광, 유학자 정호, 정이 그리고 주자 등 많은 인재들이 배출되었다. 서원 내에 반지교(泮池橋)라는 다리가 있는데, 이곳을 세 번 돌면 자녀가 청화대학에 갈 수 있다는 이야기가 돌 정도로 이 서원은 공부와 깊은 관련이 있다.

소림사로 가는 길목에는 중국 법상종의 효시인 현장법사의 어릴 적 생가가 나온다. 내부에는 현장법사가 태어난 장소를 볼 수 있고, 그의 상도 전시되어 있다. 그의 출가 전 이름은 진의(陳褘)였다고 한다. 흥미로운 점은 현장법사 우측에 신라에서 온 고승 원측(圓測)이 나란히 앉아있다. 그는 현장법사의 제자이자 현장법사에 이은 당대 고승으로 널리 숭앙받은 인물이다.

소림사는 6세기에 중국 선종(禪宗)을 창시한 승려 달마(達磨)대사가 참선을 하던 곳이었으며, 후에는 선종의 총본산이 되었다. 측천무후가 낙양에 머물 때 소림사를 여덟 차례나 방문하여 하늘에 제를 올렸다는 기록도 있다. 소림사의 무술을 참관하고 나면, 소림사 경내를 관람한 후 근처에 있는 탑림(塔林)을 구경한다. 탑림은 시기에 따라 그 모양이 달라서 중국 탑의 역사를 전체적으로 조망할 수 있다.

4) 기타 북방문화

(1) 산서성(山西省)과 불교문화

산서성은 태행산(太行山) 서쪽에 있기 때문에 산의 서쪽이라 하여 지어진 이름으로, 북쪽 황하유역 중심부에 위치하고 있다. 하남성, 하북성, 섬서성 및 내몽골과 경계를 이루고 있으며, 해발 1,000미터 이상의 산지와 고원지대로 이루어져 있다.

안휘성 휘상(徽商)과 함께 산서성 진상(晋商)은 예로부터 중국의 대표적인 빅2 상인그룹으로 세상에 이름을 날렸다. 특히 진상은 최초의 은행인 표호를 세우고 막강한 경제력을 바탕으로 전국적인 거상 그룹으로 뿌리내렸다. 기현(祁县)에 남아있는 호화 대저택 교가대원(喬家大院) 등은 당시 진상의 세력을 짐작케 한다. 하지만 산시성은 현재 경제적인 측면에서 다른 지역에 비해 낙후된 실정이고, 곳곳에 흙으로 지어진 흙집은 이곳 생활의 궁핍함을 대변한다.

그 옛날 춘추시대의 진(晋)나라와 남북조시대의 북위, 북제, 북주의 중심지였던 관계로 당시에 홍성했던 불교문화가 상당부분 남아있다. 지역 특산으로는 분하와 분양 지역의 분주(汾酒)와 행화촌의 죽엽청주가 유명하다. 우선 이 지역에서 눈여겨볼만한 곳으로는 산서성의 성도인 태원(太原)의 진사(晋祠), 중국 불교 4대 명산 중 하나로 꼽히는 오대산(五臺山), 오악 중 하나인 항산(恒山)의 현공사(懸空寺), 돈황 막고굴 및 낙양 용문석굴과 더불어 중국 3대 석굴로 꼽히는 대동(大同) 운강석굴(雲岡石窟)을 꼽을 수 있다.

항산은 오악 중 북악에 해당하며, 최고봉은 2,017미터에 이른다. 예로부터 도교의 성지였기 때문에 아직도 곳곳에서 도교사원과 유적을 볼 수 있다. 특히 항산 금용협(金龍峽) 내 깎아지른 듯한 절벽 한 가운데에 현공사가 자리하고 있다. 이름 그대로 '하늘에 매달린 절'이란 뜻을 가진 이 사찰은 북위시대에 세워진 후 현재까지 약 1,400여년의 역사를 자랑하고 있는데, 내부 장식을 보면 유불선이 함께 결합되어 있는 점이 특징이다. 가파른 절벽에 껌처럼 붙어있는 이 사찰은 직접 보고 있으면서도 그 존재가 믿기지 않을 정도로 신비스럽고, 그 예술적 건축미에 감탄이 절로 새어나온다. 또한 잔교(棧橋)와 잔도(棧道)를 이용해 세운 기둥들이 모두 나무로만 만들어졌다는 점에서 또 다른 감탄을 자아내게 한다.

중국국가중점문물보호단위로 지정되어 있는 대동(大同)의 운강석굴은 대동시에 남쪽으로 약 16킬러미터 떨어진 지점에 위치하고 있다. 불교가 흥성하던 북위시대에 건립되어 현재 약 1,500년의 역사를 자랑하는 이 석굴에는 현재 53개의 주요동굴이 있고 약 5만 1천기의 불상이 모셔져 있다. 자연 그대로의 바위벽 위에 하나하나 불상을 새겨 만든 이 석굴은 그 웅장함만으로도 여행객들을 놀라게 한다. 흥미로운 점은 석굴 한쪽에 새겨져있는 넥타이를 맨 불상의 모습이다. 그동안 넥타이는 서양에서 기원하였다고 하는 관념은 잘못되었으며, 오히려 서역에서 중국으로 넥타이가 최초로 전래되었다고 하는 새로운 이론을 뒷받침하는 물증인 셈이다.

이 지역의 특징은 특히 집집마다 당나귀나 노새를 키운다는 것이다. 그래서 당나귀 고기를 주재료로 한 음식이 많고, 이 점이 이곳 음식문화의 특징이 되었다. 실제로 당나귀 고기는 '하늘에는 용고기, 땅에는 당나귀고기(上有龍肉, 下有驢肉)'라는 말처럼 그 맛이 일품이다. 또 다른 산서성 음식의 특징은 국수 요리가 다양하다는 점이다. 실크로드를 타고 중국으로 전해진 국수는 산서성에서 그 극치를 달린다. 도삭면, 젓가락면, 일근면, 벌집면 등이 바로 산서성의 대표적인 국수 요리이다.

(2) 하북성과 황제 치우 간 전쟁고사

하북성은 화북평원 북부에 위치하며 수도 북경과 상업도시 천진을 품에 안고 있는 형세이다. 주변에는 요녕성, 내몽골, 산서성, 하남성, 산동성이 인접해 있으며 성도는 석가장(石家莊)이다. 고대 중화민족의 발상지 중 하나로서 역대로 북방의 정치, 경제, 문화의 중심지였다. 『서경.우공편』의 기주(冀州)에 해당하기 때문에 기성(冀省)이라고도 칭하며, 하북성 소속 차량번호판에는 이 명칭을 따서 기(冀)라고 적혀있다.

이 지역은 중원을 차지하려는 민족 간의 치열한 전쟁이 치러진 곳이기도 하다. 대표적 전쟁으로 서쪽 화하계 황제와 동쪽

동이게 치우의 전쟁 기록이 『산해경』에 다음과 같이 묘사되어 있다. "치우가 무기를 만들어 황제를 치자 황제가 응룡으로 하여금 기주의 들에서 그를 공격하게 하였다. 응룡이 물을 모아둔 것을 치우가 풍백, 우사에게 부탁하여 폭풍우로 거침없이 쏟아지게 했다. 황제가 이에 천녀인 발을 보내니 비가 그쳤고 마침내 치우를 죽였다." 이후 치우는 반항적 비극영웅으로 묘사되는 안타까운 현실을 맞게 된다.

하북성에는 청나라 황제들의 피서별장이었으며 유네스코의 세계문화유산에 등록된 승덕(承德)의 피서산장(避暑山莊)과 웅대한 금빛 사원들로 이루어진 외팔묘(外八廟), 만리장성이 시작되는 동쪽의 산해관(山海關)이 있다. 이밖에 인생무상을 주제로 쓴 당대소설 『침중기』의 배경으로 등장하는 한단(邯鄲)이 있는데, 그다지 볼만한 것은 없지만 한단지몽(邯鄲之夢)이라는 전고로 유명한 도시다.

(3) 천진(天津)과 음식문화

천진은 북경, 상해, 중경과 함께 중국 4대 직할시 중 하나다. 중국인들이 숭앙하는 저우언라이(周恩来) 전 총리가 이곳에서 공부하고 활약하였기 때문에 천진이 급발전하면서 더욱 유명해졌다. 600년의 역사를 이어오고 있는 이곳은 처음에는 안휘성 사람들이 많이 이주해 와서 살았기 때문에 안휘성 방언과 풍습이 농후하게 남아있기도 하다.

천진 시내에는 남시식품가(南市食品街)라는 거리가 있다. 이곳에서는 중국 전역의 요리를 맛볼 수 있어서 음식박물관이나 마찬가지다. 천진 특산품 십팔가마화(十八街麻花)라는 꽈리과자 모양의 천진 토속음식을 체험할 수 있다. 이 외에 천진의 대표적인 별미인 구불리포자(狗不理包子)라는 납작한 만두를 맛 볼 수 있다. 일반 만두와는 달리 밀가루 발효법이 특이해서 담백하면서도 특색 있는 맛이 난다. 구불리 식당은 원래 주인이 고(高)씨인데, 손님들이 와도 쳐다보지도 않고 만두 빚는 일에만 몰두하자, 손님들이 주인 이름을 고(高) 발음과 비슷한 구(狗)로 바꾸고 손님을 거들떠보지도 않는다는 뜻인 '불리(不理)'를 붙여 구불리라고 부르기 시작하면서 식당 이름이 구불리가 되었다. 이 모욕적인 이름에도 불구하고 구불리 만두식당은 항상 문전성시를 이루고 있다.

(4) 청도와 맥주문화

약 100년 전 근대화시기에 독일 함대가 입항하고 독일인들이 거주하면서 그 영향으로 청도시에는 청도역을 위시하여 독일식 건물들이 도처에 남아있다. 청도맥주도 독일의 맥주 기술을 선수 받아 만들어진 것으로서, 이보다 먼저 만들어진 하얼빈맥주와 함께 대표적인 중국 맥주로 손꼽히고 있다. 청도에는 맥주마을[啤酒城]이 있는데, 매년 7-8월 국제맥주페스티벌[国际啤酒節]을 성대하게 거행한다. 청도에서 직접 만든 맥주는 근처 노산의 맑은 물을 사용하기 때문에 기타 지역에서 만든 청도 맥주와 술맛 차이가 난다.

(5) 북경과 정치문화

북경은 1949년 중화인민공화국 수립과 함께 중국의 수도가 되었지만, 과거 역대 왕조들의 수도이기도 하였다. 전국시대 연국(燕國), 요(遼), 금(金), 원(元), 명(明), 청(淸) 왕조의 도읍지였던 이곳은 연경(燕京), 중도(中都), 대도(大都), 북평(北平) 등 여러 이름으로 불리었으며 그동안 정치행정 중심지로서의 기능을 수행해왔다. 그래서 북경 곳곳에는 궁궐과 왕릉 등 정치적 유물들이 많이 남아있고, 유적마다 굴곡의 역사가 아로새겨져있다.

북경의 심장인 천안문은 1616년 지어진 것으로 약 500년의 역사를 담고 있다. 북쪽으로는 명대 이후 궁으로 쓰였던 고궁(故宮)이 펼쳐진다. 72만 평방미터의 대지 위에 하늘의 임금이 산다는 만 칸의 궁궐보다 하나 적은 9999칸의 궁궐로서 동서 대칭과 음양오행에 맞추어 건립된 건축물이다. 산동 곡부에 있는 공묘의 대성전과 태안의 대묘와 더불어 중국 3대 궁중 건축물 중 하나다.

천안문 광장은 약 200만 명이 수용된다고 하는데 광장 남쪽의 마오주석기념관, 서쪽의 국회의사당격인 인민대회당, 동쪽의 역사박물관, 중앙의 인민영웅기념비 등 현대 중국의 정치현장들이 관공서들과 함께 밀집되어 있다. 경제수도 상해가 세련되고 화려한 모습을 보여준다면, 정치수도인 북경은 웅장하면서도 역사적인 면모를 보여준다.

천안문 광장에서 고궁을 지나 그 끝까지 가면 명나라 말기 숭정이 이자성의 난을 피해 올라가 목을 매고 자결한 인공 산인 경산공원이 보인다. 다시 북서쪽으로 올라가면 이화원과 만리장성으로 이어진다. 천안문 광장 아래로는 하늘에 제사지냈던 천단(天壇), 동북쪽으로는 명나라 왕들의 묘가 있는 명십삼릉(明十三陵)이 있다.

이화원은 항주 서호를 본떠서 만든 인공호수 곤명호가 있는 청말 최고 권력자 서태후의 별장이자 근대 격변기 속에서 청 왕조의 정치가 이루어졌던 현장이다. 당시 서태후가 아들인 광서제를 감금했던 건물도 이 이화원과 북해공원에 있다. 명십삼릉은 명나라 초기 주원장이 남경에 도읍을 정했다가 후에 영락제가 북경으로 천도하면서 이후 명나라 왕들이 묻힌 곳이다. 청나라 시절 문화거리로서 역할을 했던 유리창, 북경의 옛 거리인 왕부정도 원형을 유지한 채 여행객을 맞고 있다.

만리장성은 1987년 세계문화유산에 등록된 중국 고대의 최고 방어건축물로서, 기원전 7세기부터 건축이 시작되어 명대에 이르기까지 계속되어 만들어진 거작이다. 중국을 통일한 진시황이 자연지형을 이용하여 기존 장성을 연결하여 서쪽 감숙성에서 동쪽 요녕성 산해관까지의 만여 리의 장성을 건설하면서 만리장성이라는 명칭이 나왔다.

이후 한나라 때는 흉노족의 침략을 막기 위해 신강에서 흑룡강성까지의 방어선을 구축하였고, 명나라 건국 후에는 여진족의 침입을 막고자 장성을 보수하고 증축하여 동쪽으로 압록강에서 서쪽으로 감숙성 가욕관까지의 12,700리의 장성을 만들었다. 10리마다 봉화대를 설치하여 연락을 취하였고, 성벽에는 사격을 위한 구멍이 뚫어놓았으며, 10명의 병사 또는 다섯 마리의 마차가 함께 달릴 수 있을 정도로 넓은 길을 만들었다.

북경에서 볼 수 있는 벽돌로 쌓은 장성은 명나라 때 건축된 것으로서, 그중 팔달령 장성이 가장 잘 보존되어있고 경관이 좋아서 관광객의 발길이 끊이지 않는다. 하지만 감숙성 돈황 근처의 한 장성이나 하북성 고북구(古北口) 사마대 장성이 보잘 것 없어 보이는 토성이지만 최초의 원형 모습에 가깝다. 진시황 당시 장성을 쌓는 데 20만 명의 죄수가 동원되었고, 그 와중에 수많은 사람들이 희생되었다고 한다. 최초로 중국을 통일하고 많은 유적을 남겼다는 긍정적 측면과 함께 폭정이라는 부정적 측면이 그에게서 동시에 느껴진다.

(6) 동북3성

동북3성은 중국 동북지역의 흑룡강성(黑龍江省), 길림성(吉林省), 요녕성(遼宁省)을 가리킨다. 최근 중국이 고구려를 그들의 지방 정권으로 왜곡한 동북공정 프로젝트의 근원지이다. 다수의 조선족이 거주하는 이곳 만주벌판은 한국 근현대사의 곡절이 얽힌 지역이기도 하다.

흑룡강성은 러시아 몽골과 국경이 접해있는 북동단에 위치하며, 인구는 3,700만 명이고 성도는 만주어로 그물을 말리는 곳이라는 뜻의 하얼빈(哈爾賓)이다. 한족 외에 조선족을 비롯하여 만주족, 회족, 몽골족, 어룬춘족 등 소수민족이 많이 거주한다. 겨울에 열리는 하얼빈의 빙등축제가 유명하며, 모래섬인 태양도, 얼음조각전을 볼 수 있는 조린공원, 1909년 안중근 의사가 이토 히로부미를 저격한 하얼빈역, 교통 요지인 목단강 등이 둘러볼 만하다.

길림성은 러시아 및 북한과 국경이 접해있고 성도는 장춘(長春)이다. 인구는 약 2,500만 명이며, 한족 외에 조선족, 만주족, 몽고족 등이 거주하고 있다. 역사적으로는 옛날 숙신족의 거처였고, 한대에는 부여, 당대에는 발해, 명대에는 여진족의 중심지였다. 이후 청나라 말에는 길림성으로 명명되었다. 그리고 1931년에는 일본제국주의에 의해 장춘에 만주국이 성립되기도 하였다. 장춘에는 중국 제일의 산타나(Santana) 자동차공장, 부의가 살던 만주국황궁, 영화제작소인 장춘전영궁 등이 있다.

길림성 연변에 있는 조선족자치주의 주도는 연길로서, 조선족의 60%가 이곳에 거주하고 있다. 백두산, 두만강 도문, 윤동주 묘소와 혜란강, 용정 등이 있다. 특히 고구려의 옛 수도인 국내성(광개토대왕비, 장군총, 국내성터, 환도산성, 고구려무덤군)이 있는 집안도 위치하고 있다.

요녕성은 동북지역 남단에 위치하고, 인구는 4,200만 명이다. 성도 심양(沈陽)은 중국에서 5번째로 큰 도시로서 최대 중공업도시인데, 과거 만주족이 청나라를 건설하여 북경으로 천도하기 전까지 수도 역할을 하였다. 요녕성박물관, 고궁, 중산광장이 볼만하다. 압록강을 경계로 신의주와 마주하고 있는 국경도시 단동(丹東)과 인구 20만의 조그마한 군사항 여순(旅順)도 있다. 요녕성 하면 대련(大連)을 빼놓을 수 없다. 대련은 요녕성 최남단 요녕반도에 위치하며 발해만을 끼고 있는 해양성 기후의 항구도시이자 대외무역항이다. 중국에서 손꼽는 대도시 중 하나임을 증명이라도 하듯이 대련의 관문인 대련주수자(大連周水子) 공항은 그 규모가 상당히 크다. 시가지로 들어서는 길목에도 대련조선 등 조선소가 해안을 끼고 늘어서있다.

대련은 과거와 현재가 조화를 이루어 100년이 넘는 건물들과 최신 고층빌딩들이 조화롭게 공존하고 있다. 아주 오래된 전차가 시내 한복판을 천천히 오가는 동시에 고속 지상철이 한쪽에서 빠르게 질주한다. 과거와 현재의 공존은 간선도로인 중산로에 있는 중산광장의 십거리로터리를 보면 알 수 있다. 로터리로 향한 길이 10개나 된다. 과거에 만들어진 옛 건물들을 그대로 보존하면서 그 뒤로 현대식 건물을 지었기 때문에 과거 그대로 열 개의 길이 보존되어 있다. 서울 테헤란로 같은 길도 있고, 오래된 러시아나 일본식 건물들로 빼곡한 거리도 있다. 과거에 일본이 점령한 후 러시아가 뒤를 이어 점령하였고 그 후에는 일본이 재점령한 역사적 배경을 생각하면 이해할 수 있는 모습이다.

6. 강남문화

1) 소주(蘇州), 항주(杭州)와 강남문화

강남문화를 대표하는 지역은 중국 강소성 소주와 절강성 항주라고 해도 무방할 정도로 양 도시는 강남의 전통문화와 색채가 잘 보존되어 있다. "하늘에는 천당이 있고, 땅에는 소주와 항주가 있다[上有天堂, 下有蘇杭]"는 말처럼 소항(蘇杭)으로 병칭되는 소주와 항주는 예로부터 곡창지대여서 물산이 풍부하고 문화가 발달하였으며 도시와 농촌 모두 생활수준이 높고 주민들의 소양이 깊은 곳이다. 기후 좋고 산물이 풍부하여 '지상천국'으로 불려오면서 강남문화의 표본이 되었다.

양 지역 모두 호수와 강이 많고 운하가 도시를 관통하는 등 물이 풍부하여 물의 도시라고 불렸고 동양의 베네치아라고도 불렀다. 지표면이 낮아 운하를 파면서 나온 흙을 이용하여 둑을 쌓고 마을을 조성시켰으며, 운하를 이용한 수상교통을 열어 일석이조의 효과를 얻었다. 물 위로는 아름다운 다리를 많이 건설하고 아담하면서도 진취적인 곡선미를 살린 건축물과 아름다운 정원을 만들면서 평온한 강남문화의 색채를 더해갔다.

소주는 춘추시대와 삼국시대에 오(吳)나라의 중심지였고, 항주는 춘추시대에는 월(越)나라의 중심지이자 남송의 수도였기에 유서 깊은 역사문화가 곳곳에 산재해있다. 특히 춘추시대에 소주와 항주는 서로 경쟁을 하면서 오월동주(吳越同舟)라든가 오월춘추(吳越春秋), 와신상담(臥薪嘗膽)과 같은 역사고사와 성어들을 만들어냈다.

(1) 소주

오왕 합려와 부차, 그리고 월왕 구천의 싸움으로 유명한 와신상담이라는 성어는 소주 외곽에 자리한 호구(虎邱)에서 그 자취를 찾을 수 있다. 송대 문인 소동파(蘇東坡)가 "소주에 와서 호구에서 노닐지 않으면 유감[到蘇州而不遊虎邱,乃是憾事]"이라고 말했을 정도로 경치가 빼어난 이곳에는 호랑이 모양의 넓은 바위로 된 언덕이 있고 그 주위에 시검석(試劍石), 즉 오왕 합려가 천하의 명검을 시험해보기 위해 잘랐다는 갈라진 돌과 그의 무덤인 검지(劍池)가 있다. 또한 천인석(千人石)이라는 평평한 바위가 있는데 이곳에서는 1,000명이 앉아서 승려의 설법을 들었다고 한다.

소주와 항주에 미인이 많다는 말 그대로 춘추시대에도 월나라의 미인 서시(西施)를 두고 벌어진 이야기가 지금도 전해지고 있다. 서시는 양귀비, 왕소군, 초선과 함께 중국 4대 미녀로 꼽힌다. 그녀는 월(越)나라에서 땔나무 장수의 딸로 태어났다. 오나라 부자에게 패한 월나라 구천의 충신 범려는 보복을 위해 그녀에게 예능을 가르쳐서 호색가인 부차에게 바쳤고, 부차는 서시의 미모에 사로잡혀 정치를 돌보지 않아 마침내 월나라에 패망하였다. 이백의 「오서곡(烏棲曲)」에 이르길.

고소대 위에 까마귀 깃들이려 할 적
姑蘇臺上烏棲時
부차는 궁중에서 서시에 흠뻑 취했었네.
吳王宮裏醉西施
오가 초무의 환락 끝나지 않았는데

吳歌楚舞歡未畢
푸른 산은 어느 덧 지는 해를 반쯤 삼켰었네.
青山猶銜半邊日
은 바늘 세운 금 항아리에선 물 많이 새었고
銀箭金壺漏水多
일어나 바라보면 가을 달 물결 속에 빠져 있었네.
起看秋月墜江波
동녘 어느새 밝았으니 못 다한 즐거움 어이 했을까.
東方漸高奈樂何

소주는 문화고도이기 때문에 어디를 가도 편안하면서 아늑한 느낌을 주는 전통가옥과 정원을 볼 수 있다. 소주 사람들 역시 문화를 사랑하고 조용하며 싸움을 싫어하는 온순한 기질을 가지고 있다. 그래서 소주에서는 싸우는 소리를 거의 들을 수 없으며, 서로 싸워도 싸우는 것 같지 않게 조용하게 대화하듯이 싸운다. 심성이 온화하여 문혁 당시 마오쩌둥도 이곳 소주는 건드리지 않았을 정도였다. 그리고 자전거를 타고 가면서 전통 노래를 부르는 소주사람들을 많이 볼 수 있다.

소주의 졸정원(拙政園)과 유원은 북경의 이화원, 하북성 승덕의 이궁과 함께 중국 4대정원에 속할 정도로 그 건축미와 예술미를 높이 인정받고 있다. 세계문화유산에 등재된 졸정원은 원래 당나라 시인 육귀몽의 집이었다가 원대에 대굉사로 바뀌었던 것을 명나라 때 왕헌신이 중앙에서 뜻을 이루지 못하고 고향에 돌아와 칩거하면서 개축한 것이다. 졸정원이란 이름은 진나라의 반악이 쓴 글 가운데 '채소밭에 물을 주고 채소를 가꾸는 것도 보잘 것 없는 사람들의 위정이다'라는 글귀에서 따온 것이다. 영어로는 졸정원을 'Humble Administrator's Garden (미천한 행정가의 정원)'이라고 번역한다. 졸정원은 동, 중, 서 세 부분으로 나뉘는데, 그 핵심은 중원에 집중되어 있다. 중원에는 원향당, 향주, 독특한 모양의 견산루와 파산랑, 해당, 파초가 빼곡히 들어선 비파원 등 건축물이 적절히 배치되어 있다. 졸정원은 중국 정원의 특색을 한눈에 살펴 볼 수 있을 정도로 뛰어난 정원이다.

중국의 정원은 자연 경치를 집안에서 조성해 놓고 감상할 수 있게 하는데 주안점을 두고 있다. 곳곳에 연못을 파고 주변에 기암괴석으로 풍취를 돋우고, 나무를 심고 이를 감상할 수 있게 정자를 세워놓은 것이 특징이다. 연못의 연꽃, 정자와 정자를 이어주는 통로와 다리, 연못 주변 수목들의 배치가 정원의 골격을 이루고 있다. 정자 지붕 끝이 제비꼬리처럼 치켜 올라간 것이 특징이며 안쪽에는 탁자와 의자가 있어서 여기에 앉아 술과 차를 마시며 시와 음악을 즐길 수 있게 설계되어있다. 특히 사면에는 창을 내어 사방의 경치를 볼 수 있도록 하였다. 앞쪽으로 멀리 호수와 산의 모습을 바라보고, 서쪽으로 연못의 연꽃은, 동쪽에는 소나무와 대나무의 정취를, 뒤쪽에는 기암괴석과 난초를 볼 수 있게 조성해 놓았다. 또한 경치를 보는 곳을 달리 하여 연못의 달을 감상할 수 있는 곳, 설경을 바라보는 곳 등 사철 정취를 잘 느낄 수 있는 곳에 정자를 세워 두었다.

명대에 건축된 유원은 규모는 작고 아담하지만 구조가 짜임새가 있으며 다양한 나무들로 아름다움을 더한다. 그리고 사자림(獅子林)은 원나라 1350년에 만들어진 정원으로 호수의 석가산으로 이름이 알려졌기 때문에 '가산왕국'이라고도 한다. 전체면적 1만 ㎡ 가운데 태호에서 가져온 태호석이 절반을 차지하고 있다. '사자림'이라는 이름은 이곳의 기묘한 바위들이 각기 사자의 모양을 닮았다고 해서 붙여진 것이다. 신선이 이곳에 100

마리의 사자를 숨겨 놓았는데, 왕이 99마리밖에 찾아 내지 못해 아쉬워했다는 전설도 있다. 사자림 내부의 동굴은 미로처럼 이어져 있기 때문에 관광객들이 서로 빤히 바라볼 수 있는 위치에 있는데도 상대방에게 가는 길을 찾지 못하는 경우도 있다. 총 21개의 동굴이 있다.

강과 다리가 어우러진 소주의 전형적인 경관을 보여주는 곳으로서 한산사(寒山寺)가 있다. 한산사는 양(梁)나라 519년에 세워진 고찰로 처음에는 묘리보명탑원(妙利普明塔院)으로 불리었다. 당나라의 고승 한산(寒山)이 머문 뒤부터 한산사라는 이름이 붙은 이 절은 다섯 차례나 화재가 발생하여 소실되었다가 1907년에 재건되었다.

한산사는 당나라 장계(張繼)의 「풍교야박(楓橋夜泊)」이라는 시에 등장하면서 더욱 유명해졌다. 장안으로 과거시험을 보러갔다가 고배를 마시고 고향으로 돌아오던 장계는 그가 탄 배가 풍교와 강촌교(江村橋) 사이에 머물렀을 때 한산사의 종소리를 듣게 된다. 수심에 차 있던 장계는 "달은 지고 까마귀 우니 서리만 하늘에 가득한데, 강가의 고기잡이배의 불빛에 근심에 차 잠 못 이루네. 오랜 소주성 밖 한산사, 한밤중 종소리가 나그네 뱃전까지 이르네[月落烏啼霜滿天, 江楓漁火對愁眠, 姑蘇城外寒山寺, 夜半鐘聲到客船]"라고 노래하며 이곳의 경치에 빗대어 자신의 낙담한 마음을 표현하였다. 종은 2층의 종루(鐘樓)에 보관되어 있는데, 종을 한 번 치면 10년이 젊어지고 행운이 온다는 전설이 내려온다. 한산사 입구에는 오랜 역사를 가진 강촌교(江村橋)가, 한산사 오른쪽으로 약 100미터 떨어져 있는 철령관 밖에는 장계의 시에 나오는 풍교(楓橋)가 놓여 있다. 철령관은 수로의 폭이 넓어 각종 물자를 실은 화물 선박이 오가는 모습이 보인다.

소주는 실크로 유명하다. '비단장사 왕서방'의 비단은 바로 소주 근교인 오강(吳江)에서 만들어진 비단이다. 소주에는 비단박물관이 있어서 비단의 역사와 생산 과정 및 제품 판매까지 다 갖추고 있다. 실크 넥타이나 실크 옷, 실크 블라우스 등은 질이 좋은 편이라 선물로도 적당하다.

소주의 번화가는 관전가(觀前街)라는 곳인데, 우선 삼만창이라고 하는 찻집이 유명하다. 소주의 특산 녹차로는 벽라춘이 있다. 이곳은 쇼핑하기 좋고 연어를 다람쥐 모양으로 요리한 송서계어(松鼠桂魚)라고 하는 소주 명물 요리가 나오는 식당이 있다. 송서계어와 함께 소주에서 가장 큰 호수이자 오 문화의 발상지인 태호(太湖)에서 잡힌다는 멸치 모양의 속이 투명하게 비치는 은어(銀魚)와 민물새우도 소주의 명물 요리이다. 소주 주민들은 하루에 한 끼씩은 민물고기가 상에 오를 정도로 생선은 그들의 일상의 식문화의 한 부분이 되어있다. 소주의 명물로 계두두(鷄頭豆)라는 음식도 있다.

소주 바로 옆에는 무석(無錫)이라는 도시가 있다. 무석은 고대 한 왕조의 주요 무기 생산지였다. 예전에는 주석이 많이 나는 곳이었으나, 지금은 주석이 나지 않아 무석이라 명명하였다고 하는데, 강소성의 중심 역할을 하며 2,300년의 역사를 지니고 있다. 무석은 태호에 둘러싸여 있고, 주위로 매원(梅圓) 등 강남의 정원이 볼만하며, 중국 CCTV에서 방영되는 『삼국연의』의 주무대인 삼국성(三國城)과 당성(唐城), 구주성(歐洲城)이 있다. 이 삼국성과 당성을 통해 중국의 옛 역사와 문화를 관람할 수 있다. 삼국성은 이름 그대로 위촉오 삼국시대 당시의 성과 사회모습을 재현해 놓은 곳이다. 입구의 거대한 성문과 성벽이 압도적이고, 웅장한 성과 누각, 그 성 주위로 끝이 보이지 않는 태호는 거대한 장관이다. 여기에는 오 왕조, 위 왕조, 촉 왕조 등 삼국시대의 왕궁이 그대로 재현되어 있다. 당성은 중국 당대(唐代)의 성을 재현해놓은 곳으로서, 입구에 들어서면서 화려한 문물과 단청무늬 등이 주목을 끈다.

소주에는 고염무와 범중엄 등 대학자와 문인들이 많이 배출되었고, 장원과 원사들도 많았다. 문화예술 방면에서는 공연예술이자 후대 경극에 영향을 준 곤곡이 탄생된 지역이기도 하다.

(2) 항주

16세기에 항주를 방문한 마르코 폴로는 이곳을 가리켜 '세계에서 가장 아름다운 도시'라고 칭찬하였고, "아침에도 좋고 저녁에도 좋고 비 오는 날에도 또한 좋다"라고 하여 항주를 미화하는 시도 있다. 북경에서 항주를 잇는 경항운하(京杭運河)와 호수 서호가 도시의 아름다움을 더한다. 항주의 역사는 기원전 221년 진나라 때 전당현이라는 이름으로 역사에 처음 등장하였으며, 항주라는 이름은 수나라 때부터 불려졌다. 남송 시절 도읍을 이곳 항주로 정하였기 때문에 항주에는 당시 유적들이 많이 남아있다. 현재는 송성(宋城)이 재현되어 당시의 도시 형태와 모습을 살펴볼 수 있다. 남송 시절 여진족의 금나라에 빼앗긴 옛 송나라의 터전인 중원을 회복하기 위해 필사의 노력을 한 애국명장 악비를 기리는 악비묘가 있고, 불교의 유적인 영은사(靈隱寺)와 육화탑(六和塔)도 있다.

326년에 창건된 영은사는 석굴 조각상 예술의 극치를 보여주는데, 특히 그 으뜸인 비래봉에는 72개의 환상적인 동굴과 330개가 넘는 조각상이 각기 다른 표정으로 관람객을 맞는다. 길목

양측 벽에 갖가지 형상으로 새겨진 불상 사이로 배가 나오고 웃음을 띤 낙천적인 모습의 포대화상(布袋和尚)은 인기가 높다.

국보로 지정되어 있는 육화탑은 970년 항주시 남쪽을 흐르는 전당강가 월륜산에 세워졌다. 밖에서 보면 13층이지만 실제로 안에서 올라가면 7층인 이 탑은 안쪽으로 나선형의 계단이 있어서 꼭대기 층까지 오를 수 있다. 여기서는 전당강의 모습을 한눈에 볼 수 있는데 길이 1,500미터의 전당대교가 눈에 들어온다. 이 대교는 중국에서 최초로 세워진 대교로서 역사적 의미가 크다. 매년 음력 8월 18일을 전후해 바닷물의 역류가 이루어지기 때문에 전당강의 대 역류를 막아달라는 기원으로 이 탑을 세웠다고 한다. 탑에는 104개의 풍경이 각 층마다 달려 있어 바람이 불면 풍경소리가 은은히 들려온다.

전당강과 육화탑을 소재로 한 소설작품 『유의전(柳毅傳)』이 있다. 동정호와 전당을 다스리는 수신인 용왕의 가족이 동정군과 전당군 등으로 의인화하여 인간세계와 서리낌 없이 교류하고, 인간 우의 역시 후에 신선이 되는 등 수궁과 인간계라는 두 개의 서로 다른 세계를 통합적으로 넘나들며 인간과 신선으로서의 삶을 영위하는 모습이 흥미를 끄는 작품이다.

또한 만리장성이나 계림 등과 함께 중국 10대 경관에 속하며 후에 청나라 서태후의 아들이 모친에게 선사한 이화원의 모델이 될 정도로 자연경관이 뛰어난 서호는 관광지로 각광을 받고 있다. 서호의 뇌봉탑은 「서호삼탑기」라는 민간고사의 소재로서 후에 중국의 4대 민간고사인 「백사전」의 소재가 되기도 한다. 또한 서호의 범람을 막기 위해 당나라 때 백낙천이 쌓은 제방 백제(白堤)와 송나라 때의 소동파가 쌓은 제방 소제(蘇堤)가 있다. 특히 소동파가 즐겨먹었다는 돼지고기 삼겹살 간장조림요리인 동파육(東坡肉)은 항주의 특산음식으로 유명하다. 항주의 특산으로는 이밖에 녹차인 용정차(龍井茶)가 유명하다. 용정은 우물에서 용이 보였다고 해서 붙여진 지명이다.

서호는 계절마다 독특한 아름다움을 지니고 있고, 아침과 저녁의 느낌이 다르며, 안개 낀 날과 맑은 날의 느낌이 다르다. 서호에서 볼 수 있는 열 가지 절경인 서호10경은 참으로 아름답다. 서호의 다른 이름은 서자호(西子湖)라고도 하는데, 이는 시인 소동파가 서호를 서시에 비유한 데서 나온 이름이다.

서호10경은 겨울에 눈이 녹으면서 마치 다리가 끊어진 것 같은 착각을 불러일으키는 단교잔설(斷橋殘雪), 백제 서쪽 끝에 호수 면과 거의 같게 만든 조망대인 평호추월(平湖秋月), 서북쪽 비정을 중심으로 펼쳐지는 연꽃 향기 그윽한 곡원풍하(曲院風荷), 소동파가 만든 제방인 소제춘효(蘇堤春曉), 5백여 그루의 모란뿐 아니라 15,000그루의 꽃에 둘러싸인 홍어지(紅魚池)에서 노는 잉어를 바라보는 즐거움에 연유해 붙어진 화항관어(花港觀魚), 서호 동남쪽 버드나무 가지 사이로 들리는 꾀꼬리 소리가 고운 곳인 유랑문앵(柳浪聞鶯), 호수 서남쪽에 있는 남고봉(南高峰)과 서북쪽에 있는 북고봉(北高峰)이 산수화처럼 운치가 있는 쌍봉운(雙峰雲), 서호 안에 만든 인공 섬으로 섬 남쪽에 있는 높이 2미터의 구멍으로 바라보는 달이 아름다운 삼담인월(三潭印月), 지금은 종이 없어서 들을 수 없지만 정자사(淨慈寺)와 영은사(靈隱寺)에서 울려오는 종소리가 운치를 돋우는 남병만종(南屛晩鐘), 뇌봉산(雷峰山) 꼭대기에 있던 뇌봉탑(雷峰塔)에서 비치는 석양이 분위기가 있는 뇌봉석조(雷峰夕照) 등이다.

청대의 시인 위원(魏源)은 서호의 아름다움을 다음과 같이 노래했다. "맑은 호수는 비 내리는 호수보다 못하고, 비 내리는 호수는 달빛 호수만 못하고, 달빛 호수는 눈 내리는 호수만 못하다.” 서호의 비경에 걸맞게 최근에는 <인상서호(印象西湖)>라는 서호를 소재로 한 종합 예술공연이 열리고 있다.

와신상담(臥薪嘗膽)으로 널리 알려진 오(吳)와 월(越)의 전쟁 속에서 경국지색의 미모로 역사를 왕조의 흥망을 결정지었던 서시의 고향인 소흥(紹興)이 바로 항주 근처에 위치한다. 서시가 강에서 빨래를 하는데 그 미모가 너무 아름다워서 강물 속에서 헤엄을 치던 고기들이 넋을 잃고 바라보다가 강바닥으로 가라앉았다는 고사 서시완사(西施浣紗)로 유명한 소흥은 노신의 고향으로도 알려져있다. 그래서 노신의 소설 작품 속에 소흥을 배경으로 한 장면이 많이 나온다. 움막을 뜻하는 발과 손으로 저어가는 배인 오봉선(烏縫船), 발효 두부를 취수에 한 시간 담근 후 튀긴 후 고추장에 찍어먹거나 바삭바삭한 야채와 함께 먹는 취두부[生臭熟香] 등 문학 속 장면들이 현장에서 그대로 살아 숨 쉬고 있다.

2) 대만 민남(閩南)문화

또 하나의 중국 대만은 대만해협을 끼고 중국의 복건성(福健省)과 마주 대하고 있는 대만(臺灣)섬과 팽호(澎湖)열도 등으로 이루어져 있으며, 국토면적은 3만 6천 평방 킬로미터로 우리나라 경상남북도의 크기에 해당한다. 면적은 좁지만 작은 체구에 근육이 단단한 체형의 소유자처럼 없는 것이 없기 때문에 대만인들은 스스로 대만을 보도(寶島)라고 부른다. 사면이 바다로 둘러싸인 작은 섬이지만 우리의 백두산보다 높은 4천 미터 높이의 옥산(玉山)과 합환산(合歡山)과 같은 고산이 많고, 아름다운 호수와 강, 그리고 풍부한 자원이 산재해 있어서 중국 본토와는 또 다른 독특한 분위기를 연출한다.

인구는 2,300만 명으로, 인종은 원래부터 이곳에서 터전을 잡고 살던 원주민인 고산족(高山族)과 후에 이주해 온 한족(漢族)으로 구성되어 있다. 고산족은 피부가 검은 편이고 체구가 당당하며 눈이 크고 눈동자가 까만 특징을 갖고 있는데, 하와이, 사모아, 미크로네시아 등 태평양 폴리네시아군도의 원주민, 또는 필리핀이나 인도네시아 원주민과 외모적으로 흡사하다.

현재 대만 인구 중 약 2%에 해당하는 50만 명의 원주민[67]이 산악지대를 중심으로 거주하고 있다. 이들은 핏줄이나 언어, 거주 지역의 문화 차이에 따라 그 종족 명칭이 다른데, 1954년 3월 대만 국민당정부는 이들 원주민을 아미족(阿美族, Ami 혹은 Amis),[68] 태아족(泰雅族, Ataya),[69] 포농족(布農族, Bunun),[70] 추족(鄒族, Tsou), 노개족(魯凱族, Rukai) 배만족(排灣族, Paiwan), 비남족(卑南族,

---

67) '원주민'은 주로 고산에 거주하는 소수민족을 총칭하는 말이다. 한대 문헌에 대만과 복건성 산지족을 산이(山夷)로 기술한 바 있고, 일본이 청일전쟁 후 대만을 통치할 때 이곳이 일본 다키아코(高砂)지역과 흡사하다 하여 고산족을 '고사(高砂)'족으로 부르기도 했다. 이후 중국이 1945년 대만을 수복하면서 이들을 고산족으로 부르기 시작하였다. 1997년부터는 원주민으로 부르기 시작하였고, 2001년에는 원주민신분법이 제정되었다. 원주민 언어는 남도어계 인도네시아어족 언어이며 10여 종의 방언이 있다. 성조가 없고 다음절의 교착어이며 문자는 따로 없다. 정령숭배와 자연숭배를 하며, 조상제, 곡신제, 산신제, 사냥신제, 결혼제 등의 제사가 있다. 그리고 모든 종족에게 수확제(收穫祭)가 있는 것이 공통점이다.

68) '아미(阿美)'는 '북방'이라는 뜻이다. 아미족 거주지는 대만 동부 계곡과 해안선 일대에 위치한 화련(花蓮), 대동(臺東)이며 인구는 130,000명이다. 신화 유형으로 볼 때 아미족은 대륙 동남지역, 알타이산, 흑룡강 일대 민족과 공통의 문화를 가지고 있다고도 한다.

69) '태아(泰雅 tayan)'는 사람을 의미한다. 현재 약 85,000명이 120여 개의 마을을 이루며 거주하고 있다. 원래 대만 서부 평원에 살았으나 환경이 어려워짐에 따라 산지로 이동하였다. 주요 분포지역은 북부 대북현(臺北縣), 도원현(桃原縣), 신죽현(新竹縣), 대중현(臺中縣), 화련현(花蓮縣), 등이다. 태아(泰雅)와 새덕극(賽德克) 두 언어를 가지고 있다.

70) '포농(布農)'은 사람을 뜻한다. 약 40,000명이 60여개 마을에 거주하는데, 원 거주지는 옥산의 북쪽이다.

Puyuma), 아미족(雅美族, Yami) 또는 달오족(達悟族, Tao), 새하족(賽夏族, Saisiat) 등 9개 종족으로 분류하였다. 이후 소족(邵族, Thao), 태로각족(泰魯閣族, Truku) 및 갈마란족(噶瑪蘭族, Kavalan)을 추가하여 12개 종족으로 분류하였고, 2007년도 이후 원주민으로 인정받은 살기래아족(撒奇萊雅族)과 새덕극족(賽德克族)을 포함하여 총 14개 종족으로 분류하고 있다.[71]

이들은 5천년 이상 대만에 거주하면서 다양한 언어문화와 풍속 및 관습을 형성해왔는데, 특히 그들의 신화고사는 내용이 풍부하고 아름답다. 주제별로는 창세와 인류기원, 홍수, 남매혼, 석두(石頭), 변형, 교혼(交婚), 영웅사일(英雄射日), 선악, 머리 베기, 재생, 무속, 창조, 난생, 감응(感應), 금기, 왜소인(矮小人) 모티프 등 다양한 유형으로 존재한다.

17세기 무렵인 명나라 말에는 남방 복건성 민남(閩南)지방 특히 천주(泉州)와 장주(漳州), 그리고 광동의 매현(梅縣)과 조주(潮州)에서 주민들이 이주해온다. 특히 청나라에 대항하던 명조 부흥운동의 최대세력인 정성공(鄭成功)이 1661년 40여 년간 대만을 통치한 네덜란드 군을 물리치고 들어오면서 상당수 사람들이 따라 내려왔고, 이때부터 대만은 남방 거주 한족들에 의해 중국화되기 시작하였다. 주민들이 이주해오면서 대만의 원주민문화에 중국 남방문화가 결합하여 독특한 대만문화를 형성한다. 이때

---

71) 13개 종족 외에 남투현(南投縣) 일월담(日月潭) 일대에 살며, 추족(鄒族), 포농족(布農族), 혹은 평포족(平埔族)으로 여겨지는 소족(邵族 Thao)은 언어, 풍속 등이 독특하여 독립 족속으로 분류하기도 한다. 또한 고산이 아닌 평원에 거주하며 한족과 융화된 평포족(平埔族 Pinpu 또는 Pepe)이 서랍아족(西拉雅族 Saisyat), 홍안아족(洪安雅族 Hoanya), 파포아족(巴布薩族 Bobuza), 파칙해족(巴則海族 Pazehe), 박폭랍족(拍瀑拉族 Papora), 도잡사족(道卡斯族 Taokas), 개달격란족(凱達格蘭族 Ketagalan), 갈마란족(噶瑪蘭族 Kavalan), 뇌랑(雷朗 Luilang) 등 9개 종족으로 나뉘어있는데, 2010년 초 대만성박물관에서 평포족 문화 특별전시회를 개최할 정도로 독립 종족으로 인정받고 있다. 아미족, 태아족, 포농족, 배만족 이외의 종족은 인구가 만 명 이하이고 살기래아족(撒奇萊雅族)은 300명에 불과하다.

내려와서 정착한 사람들은 복건성의 남쪽 지역 즉 민남(閔南) 지역에서 왔다고 하여 스스로를 민남인(閔南人), 또는 대만인(臺灣人)이라고 불렀다. 이들의 언어는 남방 방언인 민남어를 사용한다. 대만의 지하철을 타면 북경어와 함께 민남어, 객가어가 함께 방송된다. 민남어는 동남아시아 언어처럼 억양이 다양하고 권설음이 거의 없어서 흘려서 발음하는 경우가 별로 없고 맺고 끊는 발음이 많다.

민남인들은 그들이 숭배하던 마조신앙을 가져와 마조를 모시기 시작하였기 때문에, 곳곳에 남방 특유의 사원인 마조묘와 행천궁 등이 산재해 있는 등 남방의 민간신앙과 종교색채가 그대로 이어져오고 있다. 있다. 수도 대북 즉 타이베이에는 가장 오래된 사원인 용산사가 있는데, 이곳은 불상을 모셔놓고 있지만 도교적 색채와 척교와 점이라는 미신적 색채가 가미되어 대만 특유의 민간신앙을 유지하고 있다. 여기서 척교는 공양물을 놓고 절을 하면서 자신의 소원을 기도한 후 바나나 모양의 막대기를 던져서 자신의 운을 점치는 행위이다. 또한 지남궁이라고 하는 도교사원 역시 옥황상제와 관운장, 잡신이나 미신 숭배 등 민간신앙의 색채가 강하다. 그래서 대만에서는 불교, 도교, 조상신 숭배, 음양오행, 점 등 다양한 종교 색채가 혼합된 상태를 공식적으로 민간신앙이라고 부른다. 사원이나 묘 또는 길거리 곳곳에서는 멀리 떠난 조상신들에게 돈을 전해 주기 위해서 종이돈을 태우고 향을 피우며 간단하게 제를 지내는 모습을 자주 볼 수 있을 정도로, 대만 사람들은 상당히 종교적인 민족임을 알 수 있다.

한편 1894년 청일전쟁 패전 후 시모노세키조약을 맺으면서 대만과 그 부속도서가 일본에 할양되어 1945년까지 일본에 지배를 당하면서 대만은 50여 년간 일본문화의 영향을 받는다. 청와대 격인 총통부는 일본식 건물인데 지금도 그대로 사용하고 있으며 도심 곳곳에는 일본식 가옥들이 그대로 남아있다. 목조건물에 내부는 다다미로 꾸며졌으며 현관 쪽 공간이 협소하고 집 뒤에 조그마한 정원이 있는 일본의 전통가옥 구조가 그대로 남아있다. 특히 대만대학 부근에 '공관(公館)'이라고 부르는 일본식 가옥 밀집지역이 있는데, 일본 관리들이 이곳에 많이 살기 때문에 동네 명칭도 공관으로 불리고 있다.

대북시 북쪽으로 올라가면 북투(北投)라는 동네가 나오는데, 이곳에 오면 마치 일본에 온 듯한 착각이 들 정도로 가옥들 대부분이 일본식이다. 애초에 온천욕을 좋아하는 일본인들이 이곳을 개발하여 온천마을로 만들었고 후에는 관광명소가 되었는데, 지금도 이곳에는 일본문화의 흔적이 강하게 배어있다.

대만에서는 '와사비', '비르', '다꽝' 등 일본어를 사용해도 알아듣는다. 또한 대북의 구 중심지인 시먼딩(西門町)에는 일본식 문신을 하는 상점이 즐비하고 일본식 화장을 한 여성들도 많이 눈에 띄며, 거리에는 일본 자동차로 즐비하다. 그만큼 대만에서는 일본문화가 자연스럽게 받아들여지고 있다.

그리고 1949년 공산당에 패한 국민당의 장제스가 대만으로 피난 올 때, 50만 명의 대륙 각지의 군인들과 민간인들이 함께 내려오면서 제2차 한족 이주가 이루어진다. 당시 사천성 성도에서 국민당을 따라 내려온 대륙인이 200만 명이었고 대만 현지인은 400만 명 정도였다. 이들 대륙인들이 대륙문화를 가져와 대만 고유문화에 색을 입힘으로써 정통 중국문화와 함께 민남문화와 원주민문화가 공존하는 양상을 띠게 된다.

음식의 경우에도 사천요리 등 중국 정통요리와 함께 대만 특산요리와 원주민 요리가 합쳐져 다양한 음식문화를 꽃피우게 된다. 대만의 음식 중 상당 부분은 민남 요리라서 대륙에서도 맛보기 힘든 요리들이 많다. 특히 공환(貢丸), 단자면(擔仔麵), 대만어로 '토싸(土虱)'라고 하는 메기 탕, 돼지갈비가 들어간 면인 배골면(排骨麵), 닭다리를 얹은 밥인 계퇴반(鷄腿飯), 맑은 국수인 양춘면(陽春麵), 닭 내장으로 만든 홍장(紅腸), 돼지귀[猪耳朵], 오리발, 쌀국수인 미선(米線), 잡채가 들어간 두부요리인 아게이(阿給), 굴전인 아자전(阿仔煎), 대만식 소시지 구이인 대만향장(臺灣香腸) 등 대만 토속음식은 대만에서만 즐길 수 있는 음식들이다. 대륙음식과 대만 토속음식을 함께 파니까 그야말로 대만의 음식 종류는 풍성해질 수밖에 없다. 다만 더운 지방의 남방요리인 만큼 향신료가 강하다는 특징이 있다. 그리고 대만에서는 씁쓸하지만 뒷맛이 진한 우룽차(烏龍茶)를 즐겨 마신다.

마이크로네시아에서는 비틀넛이라고 부르는 빈낭(檳榔)은 천상의 열매라고도 부르며 아열대 기후인 대만에서 대량 생산되고 있다. 빈낭이라는 나무 열매는 푸르스름한 색을 띠고 도토리만한 크기부터 대추만한 크기까지 다양하다. 열매 자체의 맛은 떨떠름한데, 칼로 가운데에 흠을 내고 그 사이로 겨자 색깔에 고약같이 진득진득한 석회가 들어간 내용물을 넣어 팔기도 하고 겉에 잎을 싸서 팔기도 한다. 대만에서는 담배 팔듯이 길가의 조그마한 노점에 '빈낭(檳榔)'이라는 표시를 해 놓고 봉투에 몇 개씩 담아 판다. 현재는 중국 난주, 상해, 호남 등에서도 대만에서 수입한 빈낭을 판매하고 있다.

빈낭을 씹게 되면 혈압이 약간 오르고 흥분과 각성작용이 일어나 마치 달리기를 한 후 독주 한 잔을 마시고 담배를 한 모금 피는 듯한 느낌이다. 그래서인지 피로를 쫓으려는 택시기사들이 주로 많이 씹으며 화련 같이 원주민이 많이 거주하는 시골 농촌에서도 많이 소비된다.

대만은 과일왕국이라고 할 만큼 과일도 풍부하고 종류도 많다. 특히 과일의 왕인 망궈(芒果), 양귀비가 좋아하여 당명황이 부하를 시켜 며칠을 달려가 산지에서 얻어 왔다는 리즈(荔枝), 별 모양에 물맛이 상큼한 양타오(楊桃, star fruit), 석가모니 부처의 머리를 닮았다고 하여 지어진 스자(釋迦), 용의 눈을 닮은 룽옌(龍眼), 무등산 수박을 닮은 시과(西瓜), 멜론인 하미과, 시큼달콤하며 향기로운 바이샹궈(白香果), 더위를 식혀 주는 둥과(冬瓜), 봉황 모양을 닮았다고 해서 펑리(鳳梨)로 불리는 파인애플, 담백한 맛의 바러(巴樂, Guava), 아삭하면서 담백한 맛의 겉은 빨갛고 속은 하얀 롄우, 사탕수수, 무과(木瓜, Papaya) 등 사시사철 아열대 기후에서 자란 과일들로 가득하다. 그래서 생과일을 갈아서 우유와 섞은 후 얼음을 넣은 시원한 과일주스와 과일로 만든 아이스크림, 과일로 만든 과자나 과일을 말린 간식이 발달하였다.

과일은 우리처럼 낱개로 가격을 매겨 팔지 않고 근 단위로 계산하여 팔며, 과일을 한 조각씩 썰어서 봉지에 담아 팔기도 한다. 겨울에는 대나무처럼 긴 사탕수수를 마디마다 토막을 내고 껍질을 깎은 후 열을 가해 태우면서 압축기로 따끈한 즙을 내어 파는 장사도 성행한다. 사탕수수 즙을 마시면 몸의 미생물들을 균형 있게 조절해 주기 때문에 감기 예방에도 좋다고 하여 대만인들은 이를 즐겨 마신다.

대만은 아열대 기후의 특성상 여름에는 낮에도 덥고 밤에도 열대야현상이 자주 발생하며 겨울에도 따뜻하여 야시장문화가 발달했다. 밤이 되면 더위를 피해 밖으로 나온 사람들이 야시장을 찾아 야참과 함께 술도 한잔 하면서 더위를 식히는 것이 일상

생활화 되어 있기 때문에 야시장은 항상 새벽까지 북적거린다. 스린(士林)야시장, 징메이(景美)야시장, 회시제(華西街)야시장 등은 대표적인 대북의 야시장으로, 여기에는 없는 음식이 없을 정도로 야참이 다양하다 대만문화는 야시장문화라고 해도 과언이 아닐 정도로 야시장이 활성화되어 있고 새벽까지 불이 꺼지지 않는다.

한편 대만의 국립고궁박물원은 중국문화의 전모를 살펴볼 수 있는 유일무이한 박물관이다. 1949년 당시 장제스가 대만으로 내려오면서 중국 전역에 산재한 각종 보물들과 유물들을 가져와 현재 대북시 북쪽 양명산 자락에 세워진 이곳 박물원에 보관하였다. 그래서 중국문화의 진면목을 보기 위해서는 이곳을 참관하지 않으면 안 된다. 중국대륙은 외관상으로는 유적을 보유하고 있지만 내부의 귀중한 유물 중 상당부분은 대만에 넘겨주고 말았다. 은대(殷代) 갑골문을 비롯한 온갖 보물과 역사유물들이 박물관에 전시되어 있는데, 그 유물의 양이 엄청나게 많아서 그 큰 박물관에서도 한 번에 다 전시하지 못하고 달마다 유물을 바꾸어 가며 전시를 한다. 그중에서도 국보급 문화재인 '청명상하도'와 배추 모양의 옥 조각예술품, 청자 등 도자기와 귀중한 고서적과 미술품들은 귀중한 자료로 평가받고 있다.

문자에 있어서는 대륙과는 달리 아직도 번체자 즉 정자를 그대로 사용하기 때문에 거리의 간판은 모두 정자체 한자를 사용한다. 간체자를 사용하기 전의 과거중국을 보는 듯하다. 발음부호도 한어병음이 아닌 주음부호를 사용하고 있다.

대만의 교통문화의 특징 중 하나는 오토바이문화이다. 출퇴근 시간에는 도로는 온통 굉음의 오토바이 물결로 장관을 이루는데, 도로가 막히면 거대한 오토바이 부대가 인도를 점령할 정도로 대만은 오토바이 천국이다.

대만의 공연문화 중 하나는 우리의 창극에 해당하는 '가자희(歌仔戲)'이다. 경극(京劇)은 북경에서 발달되어 지금까지 중국인의 사랑을 받고 있는데, 이 경극이라는 창을 통해 대륙의 중국문화를 접할 수 있다. 이에 반해 가자희는 대만을 중심으로 하는 남방 창극으로서 악기와 곡조 등에서 남방적인 요소가 담겨있기 때문에 독특한 중국의 남방문화를 느낄 수 있다.

3) 홍콩과 광동문화

홍콩은 영국의 조차지로서 오랜 기간 지배 받으면서 홍콩 특유의 문화를 형성한다. 1842년 남경조약을 통해 중국이 홍콩을 영국에 넘긴 후 1997년 반환받기까지 150여 년간 영국의 식민지하에 놓인다. 또한 홍콩은 역사적으로 자유무역항이었고, 홍콩사회가 주로 광동에서 이민 온 사람들로 구성되면서 홍콩은 다양한 요소가 혼합된 문화를 형성하였다. 중국적 가치와 영국적 사고, 자유 번영과 일국양제 속 정치외교적 제한이라는 여러 상황들도 독특한 홍콩문화를 만들어갔다. '식민지 홍콩'은 어둠 속에 사라지고 '홍콩차이나'가 새 아침을 맞았지만 홍콩인의 정체성은 여전히 혼란스럽기도 하다.

하지만 홍콩은 현재의 기본방침 아래 국제적인 비즈니스 중심지와 세계적인 관광대국으로서의 기존의 명성을 그대로 유지하며 지속적인 발전을 도모하고 있다. 언어는 영어가 공식어로 그대로 유지되며, 거리와 간판 및 관광지의 영어표기도 그대로 통용되고 있다. 홍콩은 크게 대륙의 끝자락인 구룡(九龍) 반도와 홍콩 섬, 그밖에 몇 개의 섬으로 이루어져 있으며, 도시 전체가 쇼핑문화거리이다.

홍콩은 실제로 광동인들이 주로 거주하는 광동지역권에 속한다. 그래서 홍콩요리는 마카오 요리와 함께 광동 요리에 속한다. 대표 요리로는 불도장이라는 보양식이 있다. 재료로는 자라옆구리 살, 상어지느러미, 상어의 부레, 사슴의 종아리 인대, 해삼, 전복, 은행, 청경채 등의 재료와 7일간 숙성한 소스 국물을 사용하는데 맛과 영양이 그만이다. 폐에 좋으면서 담백한 백합요리도 유명하다. 식사 전에 마작을 즐기는 것도 홍콩인들의 습관이다. 죽 문화도 발달했고, 얌차(飮茶)와 딤섬(點心)도 특색 있는 음식문화이다.

광동성의 광주(廣州)는 광동성 성도로서 주강 하류에 인접하며, 북경, 상해와 함께 중국의 3대 도시에 속한다. 한족(漢族) 외에 소수민족인 이족(彝族), 묘족(苗族), 그리고 기타 소수민족들이 자치구와 자치주를 구성하고 있다. 광동성은 또한 많은 화교들이 배출된 성이기도 하다. 한족 중 전란을 피해 남하한 객가인(客家人)들도 많이 거주한다. 과거에 하남성 지역에 거주하다가 전쟁을 피해서 5차례 남하하여 광동과 복건 지역에 정착하였는데, 이들 중 수십만 명은 광주 동쪽인 월동(粵東)에 집단거주하고 있다. 그래서 이 지역에는 객가인의 전통 주거지 등 객가문화가 남아있다.

광주는 열대와 아열대 기후에 속하여 예로부터 식물의 왕국이라 불릴 만큼 꽃과 풀이 풍성하다. 화남식물원(華南植物園), 운태화원(雲台花園), 유화호수공원(流花湖公園) 등은 이러한 남국의 조경 특색을 잘 살린 공원들이다. 광주 교외에는 온천풍경구나 국가삼림공원이 있어 아름다운 자연을 충분히 느낄 수 있다. 또한 다른 도시와는 달리 자전거보다는 오토바이를 주요 교통수단으로 이용하는 시민이 눈에 많이 띈다.

광주와 함께 중국경제의 선두인 심천(深圳)은 광동성 남부 해안가에 위치해 있으며, 홍콩과 광주의 가교 역할을 하는 도시이다. 특히 심천시는 중국의 주요 대외무역 중심도시이자, 가장 일찍 개혁과 개방이 실시된 경제특구로 지정되어 개방개혁과 경제도시의 이미지가 강하다. 심천은 실제로 역사도 깊은 도시로써 진나라와 수나라의 고묘, 당대의 해광사와 영도사, 남당의 환도사, 송대의 적만천후묘, 명청 시대의 신안팔경 등 고대문물과 명소들이 도시 곳곳에 자리하고 있다.

여기까지 중국의 지역문화를 살펴보았다. 중국문화를 좀 더 깊이 있게 파악하려면 중국의 지역문화에 대한 이해를 높여야 하며, 이를 위해서는 각 지역의 생활모습이나 사회구조를 몸소 체험하고 우리 문화와의 비교를 통해 장점과 단점, 도입해야 할 점과 버려야 할 점 등을 직접 느껴봐야 한다. 아울러 긍정적이고 적극적인 자세로 사물을 보려고 노력하는 자세가 필요하다.

중국이라는 나라는 지역이 광활하여 짧은 시간에 사세히 이곳저곳을 살펴보기는 힘들다. 그래서 미리 가볼 지역을 선정한 후, 그 지역에 대한 역사문화 유적 관련 자료를 찾아보는 것이 중요하다. 그리고 음식이나 문화 또는 역사 등 한 가지 테마를 정해서 준비하는 것도 좋다. 최근에는 서적과 인터넷 매체를 통해 중국답사 관련 정보들을 쉽게 얻을 수 있다. 귀중한 해외체험의 시간을 허비하고 유적지나 유물을 보아도 "별거 아니네"라는 식으로 사진 몇 커트 찍고 휙 지나가는 자세는 지양하는 것이 좋다.

제 3 장 중국문화의 현재와 미래

1. 중국문화의 전통과 현재

근대화 이후 국제기준은 온통 서구의 관습과 규범이 잣대가 되었고, 동양이나 아시아적 관습 또는 가치는 홀시되어왔다. 이러한 현상의 이면에는 서구 문명과 문화의 힘의 논리가 작용하고 있다. 영국과 프랑스 등을 중심으로 한 서구 열강들이 동양보다 먼저 농경문화에서 19세기 산업혁명을 통한 산업화(industrialization)와 근대화(modernization)로 전환하면서 재빠르게 기술 문명의 힘을 키웠고, 정신과 제도 측면에서는 자유와 민주화의 기틀을 마련함으로써 한 스텝 빠르게 동양을 식민지화하면서 세력을 확대해왔기 때문이다.

미래학자 엘빈 토플러 박사의 '문명의 충돌' 관점에서 보면, 역사의 흥망성쇠는 각 문명 간 대결 속에서 약한 문명은 파괴 또는 흡수되고 강한 문명이 중심에 서는 적자생존의 과정이 반복되면서 이루어진다. 그렇다면 향후 중국을 포함한 동양이나 아시아의 문명과 가치가 세계질서 형성에 주도적 역할을 할 수 있을 것인가? 세계적인 역사학자 아놀드 토인비(Arnold Toynbee)

박사는 그의 저서 『역사연구(Study of History)』에서 세계역사의 흥망성쇠를 연구한 결과 앞으로의 세기는 동양의 고등 불교와 같은 고등정신문명이 세계를 이끌어갈 것이라고 단언한 바 있다.

앞으로의 세기는 과거의 물질적 힘의 대결(Hard Power)이 아닌 정신적 그리고 생명적 힘의 대결(Soft Power)이 되고 평화의 항구적 정착 속에 대결이 아닌 대화, 반목이 아닌 타협과 공존 속에서 선의의 경쟁을 한다고 내다봤을 때, 자연과의 조화라든가 인간성 회복에 초점을 맞추는 동양의 정신문명을 계발해 간다면 중국을 포함한 동양문명은 그 중심축으로서 역할을 충분히 할 것으로 예측된다.

이러한 관점을 염두에 두면서 중국의 전통적 가치와 근대화 그리고 현재문화의 본질을 다시금 살펴보고, 향후 미래를 전망해보고자 한다.

1) 중국문화의 전통

동아시아 특히 그 핵심국인 중국에 있어서의 전통이나 전통적 가치는 무엇보다도 먼저 사상이나 종교 등 정신적 측면에서 찾아볼 수 있다. 중국의 대표적인 사상으로는 우선 유가사상을 꼽을 수 있다. 춘추시대 노(魯)나라에서 공자가 출현하여 인(仁)의 교육사상을 펼치며 유가사상을 창시하였고, 그 후 3,000명의 제자 특히 맹자와 순자 등으로 이어가면서 유가사상(Confucianism)을 발전시켰다. 한 대에는 경학(經學)이라는 학문으로 집대성되었고, 송 대에 이르러서는 주자(朱子)를 중심으로 한 성리학, 즉 신유학(新儒學(Neo-Confucianism)으로 발전하였으며, 명청 시기에는 양명학으로 이어지면서 유가사상은 중국인의 정통사상으로 확립된다. 유가사상은 당 대에 한국과 일본으로 전파되면서 동아시아 전체는 유학사상과 유교를 근본 가르침으로 삼는다.

『논어』에 집약된 공자의 핵심사상인 인(仁)은 서로가 사랑해야 한다는 가르침으로서, 누구나 차별 없이 교육을 받아야한다는 교육이념도 낳았고, 동시에 인의예지신(仁義禮智信)이라는 인간의 도덕규범을 탄생시키기도 했으며, 수신제가치국평천하라는 통치원리도 제시하였다. 그를 이은 맹자는 후일 어진 정치인 인정(仁政)의 실시를 통한 천하 통일을 주창하였다. 대성지성문성왕선사(大成至聖文聖王先師)로 추앙받는 공자와 그의 제자 맹자의 인의예지와 효의 사상, 자연과 조화를 이루는 천인합일설(天人合一說), 현실주의와 평등교육관 등은 오랜 기간 민중들의 마음속에서 이어져왔다.

하지만 서양문물이 침투하고 근대화 과정을 거치는 동안, 자본주의와 물질만능, 과학지상주의와 개인주의사상이 팽배해지면서 전통적 유가 가치는 퇴색된다. 1949년 마오쩌둥의 신중국 이후 유가사상은 공산주의 사상에 의해 급속도로 붕괴되면서 한국과 일본에서 그 명맥이 유지되고 있다. 현재로서는 유가의 예와 제례 등 형식적인 유산이 많이 남아 있지만, 외풍(外風)을 막을 수 있는 사상으로서의 힘이 있는가에 대한 논쟁은 대륙을 중심으로 활발히 벌어지고 있다. 앞으로의 세기에 유가사상이 자리할 수 있는 가능성 여부는 여전히 탐색단계이다.

유가사상에 맞선 정신 유산으로는 도가(道家)사상과 도교(道教, Taoism), 불교(Buddhism), 그리고 샤머니즘(Shamanism) 즉 무속신앙을 들 수 있다. 도가사상과 도교는 춘추시대 노자(老子)와 전국시대 장자(莊子)의 사상이 시발점이 된다. 노자의 『도덕경』과 장자의 『장자』에는 도가 우주만물의 근원이자 불변이며, 그 작용은 무위(無爲)이기 때문에 자연에 그대로 순응해야 하며[顺其自然], 통치 역시 무위가 곧 다스리는 것이라는 주장이 들어있다. 황제를 노자와 함께 숭앙하여 황노도(黃老道)라고도 한다.

좀 더 근원으로 올라가면 도교는 불사약 즉 선단을 제조하여 불로장생의 신선이 되고 강복을 비는 것이 목표가 되었다. 도교의 교리 원형은 바로 불로장생의 연단약을 만들어 신선이 되는 방술이며, 음양오행설과도 결합하여 사상의 틀이 마련된다.

문헌상에 나타난 도교의 역사는 후한 2세기경에 태평교와 오두미교에서 시작된다. 하지만 그 후에는 유가와 법가 사상의 대조류에 밀려나다가 당송 시기에 다시 심화 발전되지만 이단으로 몰리면서 청대 이후에는 민중 속에서 잠복하며 명맥을 이어오고 있다. 무위자연설(無爲自然說)과 태극설(太極說), 음양이론 등 자연과의 조화에 초점을 맞추고 있는 도가사상은 중국에서는 각 지역의 도교 성지와 그곳에서 수련하는 도사들을 중심으로 이어져오고 있다. 예를 들면 중국 산동성 청도에 위치한 노산(崂山)의 청진사는 도교 중심지로서 많은 도인들이 수련 중이며, 산서성 항산에는 현공사가 있고, 태산 산 정상에도 도교 성지가 있다. 강소성 소주의 현묘관, 739년 창건된 도관인 북경의 백운관(白雲觀), 감숙성 난주의 백운관도 규모가 큰 도교 사원이다. 화산, 청성산, 무당산 등도 도교의 명산으로 손꼽힌다. 도교 사원은 궁(宮)이나 관(觀)이라는 글자가 붙는다. 그리고 현재 전해지고 있는 기공이나 무술(武術) 그리고 태극권 등은 모두 도교의 양생지도나 도인지술에서 비롯될 정도로 도교의 영향은 크다.

전국시대에는 도가사상과 함께 중국의 전통사상으로서 법치를 주장한 한비(韓非)의 법가사상, 타인과 자신을 동등하게 대하는 겸애설을 주장한 묵자(墨子)의 묵가사상도 적지 않은 영향을 끼쳤다.

한편 불교는 한 대에 중국에 전래되었지만, 위진남북조시대 특히 북조의 북위, 북제, 북주 시대에 왕가의 전폭적인 지원 아래 불경과 불상 및 석굴을 위시한 불교문화가 꽃을 피우며 생활 속에 파고들었다. 이 당시 구마라습과 같은 번역가들의 각고의 노력 끝에 산스크리트[梵語] 경전들이 한역(漢譯)되었고, 당 대에는 현장법사 등 순례자들이 인도에서 경전을 받아와서 번역을 하고 설법을 함으로써 불교를 진흥시키는 데 한몫을 했다. 당시 실크로드 경유지인 감숙성 돈황, 산서성, 그리고 하남성 등에는 불교성지가 생기면서 발전을 거듭한다. 하지만 송 이후에는 신유학 영향으로 쇠퇴기를 맞는다.

중국 불교는 현재 삼론종, 삼계종, 천태종, 화엄종, 현장의 법상종, 율종, 정토종, 밀종, 선종 등 여러 종파로 나뉘어 있고, 불교 4대 명산으로 산서성 오대산, 사천성 아미산, 안휘성 구화산, 그리고 보타산이 꼽히며, 3대 불교석굴로는 산서성 대동의 운강석굴, 하남성 낙양의 용문석굴, 그리고 감숙성 돈황의 막고굴이 꼽힌다. 불교의 근본 교리는 한 생명에 초점을 맞춘 생명철학이라고 볼 수 있으며, 생명의 영원성, 인과(因果)의 법칙, 그리고 불계(佛界, Buddhahood)의 용현을 통한 숙명 극복이 그 중심 철학으로서 민중들의 삶에 깊은 영향을 미치고 있지만, 기복신앙으로 흐르는 경향도 없지 않아 있다.

샤머니즘 즉 무속신앙은 시베리아를 통해 중국, 한국, 일본에 전파된 신앙이다. 전국시대 『산해경(山海經)』이나 『초사(楚辭)』 작품 속에 무(巫)와 관련된 자료들이 많이 보존되어 있는 것으로 볼 때, 중국에서는 동쪽 해안지방과 중남부 초(楚)지방에 많이 유행하였음을 알 수 있다. 천지를 왕래하는 천계와 인계의 중개

자인 샤먼을 통해 엑스터시(Ecstasy) 즉 황홀경을 거치면서 기원을 이루어 가는 형태로 전해지고 있다. 토테미즘의 제 2차적 변형이라고도 하는 이 샤머니즘은 특히 영혼분리사상에 기초한 조상숭배(Ancestor Worship) 개념이 중심사상으로서 조상의 형벌과 축복을 중시하는 경향이 있어서 굿을 통해 여러 문제들을 해결하려고 한다.

이밖에 민간에서는 관공 즉 관우를 신격화하여 전쟁과 재물, 그리고 보호자로서의 신격을 가졌다고 여기면서 숭배의 대상으로 삼고 있다. 중국 남부 복건성 지역과 대만 등지에서는 마조(媽祖)신앙이 보편화되어 있다. 마조는 복건성 미주도에서 태어난 임씨 성을 가진 실존 여성인물이었는데 바다 기상을 잘 예측하여 많은 어민들을 보호하고 구해주었기 때문에 그녀의 사후 그녀를 신격화하여 해신으로서 숭배하고 있다. 현재도 미주도와 대만에서는 수백 곳의 마조를 모시는 사당과 종묘사원이 있어서 많은 이들이 찾아와 제를 지내고 있다. 이상의 여러 중국의 전통사상은 근대화 과정 중에 서구적 가치에 의해 잠복되고 퇴색되어 갔다. 하지만 현재를 살고 있는 사람들 마음속에 여전히 남아있다.

2) 근대화

동아시아의 근대화 과정은 전통적 가치를 파괴하거나 잠복시키는 동시에 물질문명과 과학문명의 풍요를 가져오기도 했다. 하지만 정신적 가치의 혼란과 수동적 개방과 수용으로 인해 전통과 근대의 단절된 갭을 극복 못하는 한계도 낳게 된다. 특히 현 시점에 있어서의 인류 공동의 이슈인 환경오염문제, 생명경

시문제 등등 풀어야 할 과제를 남겼다. 서양세력의 진출과 중국의 근대화 과정 및 그 본질을 간단히 살펴보면 다음과 같다.

중국의 근대화의 출발점에 대해서는 몇 가지 견해가 있다. 하나는 1840년에 영국이 청조에 대해 일으킨 역사상 가장 부도덕한 아편전쟁이 중국의 구질서를 파괴하고 새로운 질서를 만드는 데 크게 기여하였으므로 이때부터 중국 근대화가 시작된다고 보는 견해이다. 다른 견해는 '서양의 충격'을 강조하는 것은 중국의 자체발전과정을 무시하고 외적 요인을 지나치게 부각시키는 것이기에 아편전쟁은 그 이전부터 있어 온 변화를 가속화시킨 계기에 불과하고 그 이전부터 자체적인 근대화 노력이 있다는 주장이다.

후자의 주장은 중국의 근대화는 기존 전통사회에서 자체적으로도 발전해왔으며, 아편전쟁을 계기로 급격하게 일기 시작한 중국 인민들의 아래로부터의 변혁요구가 힘을 불어넣었고, 국가에 의해 일련의 자강운동이 더해 중국의 근대화가 진행되었다는 것이다.[72]

먼저 아편전쟁 이후의 역사를 이해하기 위해서는 그 이전에 있던 중국과 서양의 관계에 대한 설명이 필요하다. 서양의 중국 진출은 매우 오래 되었지만, 무역을 통해 긴밀한 관계를 수립한 것은 청 중엽의 일이었다. 특히 서양 제국 중에서 중국과 교역을 희망하였던 국가는 네덜란드, 영국, 프랑스 등이었고, 신흥국 미국도 이에 적극적이었다. 이 유럽 국가들은 이미 동남아시아에 진출하여 그곳을 식민지화하였으며, 이를 바탕으로 동아시아에도 진출하였다. 이들의 진출 목적은 일차적으로 중국과의 무역

72) 한편 중국의 현대화는 5.4운동(May Fourth Movement)부터 시작되었다고 보는 것이 통설이다.

이었다. 청조도 대체로 17세기 말에 이르면, 내부의 정치적 혼란이 극복되었기 때문에 외국에 대해서도 비교적 개방적인 태도를 취하였지만, 그렇다고 해서 모든 항구에 무역을 허용한 것은 아니었다. 청 왕조도 대외무역의 필요성은 인정하고 있었으나 국방을 고려해야만 하였다. 그리고 외국과의 무역도 청의 황제가 베푼다는 형식이었다. 최종적으로 1757년 광동의 성도였던 광주가 서양과 무역을 할 수 있는 항구로 지정되었다.

이렇게 하여 출발한 광동무역체제는 국가로부터 특허를 받은 13명의 특허상인, 즉 13공행들이 외국과의 무역뿐만 아니라 외교업무까지 관장하게 되었다. 중국과 무역을 하려는 서양 상인들은 청조에서 정한 각종 규정들, 예컨대 광주(廣州)에서 겨울을 지낼 수 없고, 광주 시내를 마음대로 다닐 수 없으며, 관료를 만날 수도 없고, 중국인 출신 고용인을 제한하는 등의 규정들을 지켜야만 했다. 그러나 중국에서 생산되는 차와 생사(生絲)는 매우 이익이 많은 상품이었기 때문에, 청조와 서양과의 무역량은 날이 갈수록 증가하였다. 특히 대 중국 무역에 적극적이던 국가는 영국이었기 때문에, 18세기 말에 이르러 영국은 다른 서양 국가들을 제치고 중국무역을 주도할 수 있었다. 예컨대 1790년에 광주에 기항한 영국의 선박 수는 46척, 톤수는 2만 9천여 톤인데 비해, 다음 순위였던 미국은 각각 6척과 1,970톤에 불과할 정도로 광주무역에서 영국이 차지하는 비중은 높았다. 광주를 통한 대외무역의 번성은 청조의 재정과 국내 경제에도 매우 유리한 조건을 제공하였기 때문에, 그 책임자인 월해관 감독은 황제의 측근으로 임명되었다.

그러나 무역의 확대에는 다음과 같은 중요한 문제가 뒤따랐다. 하나는 당시의 영국무역을 담당했던 인도 주재 영국 동인도 회사의 수입초과였다. 이 회사는 유럽인들이 매우 좋아했던 중국의 차와 생사, 면포 등을 수입한 반면 아열대 기후 속에서 생활하는 광동인들이 필요로 하지 않은 모직물과 사치품을 수출하였다. 그 결과 동인도 회사는 중국에 결제수단으로서 막대한 양의 은을 지불하지 않을 수 없었다. 무역량이 증대하면서 광동무역체제는 자유무역에 장애가 된다는 사실을 깨달았다.

18세기 말에 이르면 동인도 회사 뿐만 아니라, 이와는 독립적인 지방 상인이나 개인 상인들이 중국무역에 뛰어 들었고 결국 본국 상인의 활동을 자유롭게 하려는 영국은 무역제한 철폐를 요구하기 시작하였다. 영국은 1792년 매카트니(G. MaCartney) 사절의 파견을 시작으로 몇 차례에 걸쳐 중국에 무역개방을 요구하였다. 동인도 회사와 지방 상인들은 무역적자를 메우기 위해 대체상품을 개발하는데 골몰하였다. 그 결과 인도에서 생산되는 아편이 유력한 상품으로 결정된다.

중국인들이 아편을 피운 것은 이미 청대 이전에도 있었던 일이고, 특히 아열대기후에 속한 지방에서는 말라리아 같은 질병 지료제로 아편이 일부 이용되기도 하였다. 그러나 중국인의 아편흡연이 본격적으로 문제가 된 것은 영국 상인의 아편 수출이 성공한 19세기에 들어서면서부터였다. 예를 들면 1801년에 약 4천 상자가 중국에 수출되었는데, 1823년 무렵에 이르면 갑자가 1만 상자를 초과하고 그 10년 뒤에는 2만 상자를 넘어설 정도로 급증하였다. 이는 중국내 흡연자가 급속하게 증가하였음을 의미하지만, 다른 한편으로는 아편 대금인 은이 오히려 중국에서 빠져나간다는 것을 의미하는 것이다.

아편 유입의 증대와 은의 대량 유출은 경기침체와 정체(政體)의 위기를 가져왔기 때문에, 청조 정부로 하여금 과감한 조치를 취하기 시작하였다. 이미 청 정부는 몇 차례의 금지령을 내렸으나 영국 상인들의 이익 추구 욕구와 중국 측 협력자들 때문에 효력이 없었다. 최종적으로 1839년에 당시의 도광제(道光帝)는 임칙서(林則徐)라는 엄격한 도덕주의자를 광동에 내려 보내 아편단속에 임하도록 명령하였다. 광동에 도착한 그는 중국 측 아편밀수업자들을 단속 처벌하는 한편, 영국의 무역 감독관으로 하여금 영국 상인 소유의 아편을 가져오게 하여 이를 몰수하여 태워버렸고 아편상인 덴트(Dent)를 감금하는 등 강경책을 실시하였다. 그러나 이 일을 처리하는 과정에서 영국정부의 감독관인 엘리어트가 개입하게 됨으로써, 영국은 조공무역의 불평등과 부당함에 맞설 수 있는 명분을 확보하게 되었다.

청 정부를 응징하기 위해 영국은 전쟁을 선포하였고(1839), 최신 장비를 갖춘 함대를 파견하였다. 이에 광주 부근의 삼원리(三元里)라는 향촌에서는 신사와 촌민들이 평영단(平英團)을 조직하여 영국군과 교전하였고, 다른 지역에서도 지역민들이 자발적으로 침략군에 맞섰다. 하지만 전력의 열세는 피할 수 없었고 결국 패배한 청조는 일방적으로 영국의 요구를 들어줄 수밖에 없었다. 아편전쟁의 결과는 남경조약(1842)으로 귀결되었다. 조약에는 광동의 공행무역을 폐지하고, 광주, 복주, 하문, 영파, 상해 등 5개 항구를 개항하고, 홍콩 섬을 영국에 할양하며, 수출입 물품에 적정관세를 부가하고, 아편대금이 포함된 전비를 보상한다는 것이 들어 있었다.

다음해에는 호문추가조약이 체결되어 영사재판권을 인정하고 최혜국대우를 약속하였다. 남경조약은 외견상 청국이 외국과 맺은 근대조약처럼 보였으나, 실제로는 불평등조약이었다. 영국인들은 개항장에서 치외법권을 가진 채 자유롭게 활동할 수 있었으나, 청국은 문제가 되었던 아편무역조차 제한할 수 없는 처지에서 관세 자주권까지 상실하였던 것이다. 이 조약내용들은 1844년에 맺은 프랑스와의 황포조약과 미국과의 망하조약에서 그대로 반복되었다. 또 무력을 동원한 영국정부의 요구 방식은 이후 서구열강의 대 중국 기본정책이 되었다.

그러나 남경조약은 청조 측이나 영국 측 모두에게 불만스런 것이었다. 청은 아편무역의 증대, 전통질서를 위협하는 기독교 포교 등에 불만을 갖고 현 상태를 유지하려 하였다. 반면 영국은 생각한 것처럼 자국의 상품수출이 증대되지도 않았고, 북경에 외교공관을 개설할 수 없는데다 선교활동의 자유도 확보하지 못하였다. 그렇기 때문에 영국은 조약 개정의 필요성과 기회를 찾고 있었는데, 홍콩에 등록된 중국인 소유의 애로우호에 게양된 영국기가 그 빌미를 만들어 주었다. 이 배가 아편과 해적을 은신하고 있다는 혐의를 잡은 중국관헌이 영국 국기를 모욕했다는 것을 영국은 전쟁 명분으로 삼아, 1856년 프랑스와 연합하여 광주를 공격하였다. 제2차 중영전쟁은 종래보다 격심하였고 영국은 결국 천진을 공격하여 이를 점령하였다. 그리고는 중국과 외국과의 평등외교 실현, 기독교 포교 자유, 북부의 항구 개항 등이 담겨있는 천진조약을 체결하였다.

이 조약의 비준과정이 여의치 않자, 영국과 프랑스는 다시 청 황제가 주재하는 북경을 공격하여 1860년에 천진조약의 비준과 더불어 천진개항, 중국 노동자의 출국, 구룡반도 할양 등을 담은 북경조약을 체결하였다. 계속해서 남하하던 러시아도 이 조약의 혜택을 입어 영국이나 프랑스와 동일한 권한을 얻는 동시에 흑룡강 이북 영토와 연해주 지방을 청조로부터 할양받았다.

결국 서구 열강의 무역 확대 욕구가 군사력에 의해 해결되고, 중국 측에 일방적으로 불평등한 조약을 맺도록 하면서 영토의

할양까지 강요한 것이었기 때문에, 1-2차 중영전쟁은 무역 확대와 개방 요구를 기본요건으로 삼아 정치 군사적 침략으로까지 확대된 침략전쟁이었다고 할 수 있다. 그리고 중국에게 있어 이 전쟁은 종래의 전통적인 국제질서를 유지할 수 없도록 만들었으며, 따라서 청조는 외교 면에서나 국내 지배 등에서 새로운 방식으로 대처할 수밖에 없게 된다.

이상과 같이 서구의 침략과 중국의 근대화과정 속에서 중국의 전통과 전통적 사고방식, 그리고 전통문화는 위축되고 쇠퇴의 일로를 걷는다. 물론 나름대로 전통문화 속에서 새로운 길을 모색하기 위한 운동이 일어났었고, 아편전쟁 이후 내부에서의 각성 속에 계몽운동과 양무운동, 변법자강과 의화단사건 등 근대화 과정 중 주체자로서의 사회변혁을 꾀하려는 노력도 있었다. 하지만 너무나도 막강한 서구문명세력의 진입으로 중국의 전통은 깨지고 무방비 상태에서 수동적으로 근대화 흐름을 받아들이면서 서구문화를 그대로 흡수하는 시기를 맞은 것이다. 이는 바로 서양문명의 전근대적 동양문명에 대한 충격과 이에 대한 동양의 반응과 수용, 그리고 근대화라는 도식에 의해 중국은 흘러갔던 것이다. 하지만 유구한 역사적 힘을 지닌 중국의 전통문화는 자생적 연결보다는 전통의 단절과 서구문명의 도입이라는 패러다임에 갇히기는 했지만, 5.4운동 등을 통해 전통을 재 발굴하고 전통문화를 근대화 및 현대화 운동과 연결을 시도함으로써 새로운 문화를 창조하는 데 주력했다.

3) 중국의 현대화와 현재문화

중국의 현대화는 1919년 5.4운동을 전후로 해서 시작된다. 중국의 전통문화는 이 시기를 계기로 현대문화의 길을 걷게 된다. 외세의 침입에 대한 정부의 무능력을 비판하고 정치사회 및 전

분야의 개혁을 촉구한 청년들과 지식인들의 운동은 전통사회와 전통문화를 현대사회와 현대문화로 전환하는 데 큰 역할을 한다. 중국 국민이 주체가 되어 자발적이고 능동적인 민중의 문화운동을 통해 현대화를 이루어간 것이다. 비록 전통문화는 타격을 받게 되지만 전통문화의 기초 위에서 계승할 점은 계승하고 부정적인 부분은 새롭게 바꾸어나갔다는 점에서 근대화 과정과는 차이가 있다.

현대화 과정에서 또 하나의 중요한 역할을 한 사상은 쑨원의 삼민주의(三民主義)다. 1911년 신해혁명으로 왕정체제를 종식하고 국민당을 창당하여 민주공화체제를 확립한 쑨원은 새로운 중국을 건설하기 위한 사상으로 민족, 민권, 민생의 삼민주의를 주창한다. 제국주의 세력에서 벗어나 중화민족의 자유를 쟁취해야 한다는 민족주의, 5권 분립으로 민중의 권리를 회복해야 한다는 민권주의, 특정 계급이 아닌 전체 민중의 생활을 보호해야 한다는 민생주의는 당시 민중들의 지지를 받는다.

하지만 1949년 신중국 건립 후 '죽의 장막'이라는 문화정체의 시기와 1966년부터 10년간 이루어진 광란의 문화대혁명을 겪으며 중국의 전통은 고스란히 파괴되고 단절되었으며, 중국의 문화기반도 크게 흔들렸다. 그러다가 1970년대 말 덩샤오핑의 개혁개방 이후 사회가 개방되고 문화가 재건되면서 현재의 중국문화가 형성되었다.

고대로부터 중국 대륙은 갈등과 조화, 분열과 통합, 전쟁과 연맹의 반복을 거치면서 다민족의 복잡하고 다양한 다원화 문화를 만들어왔다. 고대 중국의 사회문화 체계 내지 본질이 다원화 구조였다는 특징은 오늘날의 중국문화에서도 동일하게 적용된다. 시공을 초월해 다원적 문화체계를 유지해온 점은 흥미로운 대목이다.

현재의 중국은 다원문화의 공존형태에 속한다. 대만과 홍콩은 자본주의문화, 유가문화, 불교와 도교문화가 공존하고 대륙은 사회주의문화, 자본주의문화, 유가문화, 불교, 도교, 이슬람교문화의 공존이라고 말할 수 있다. 그런데 다원문화의 공존은 필연적으로 문화충돌을 수반하게 되기 때문에 최근 수십 년 간 이미 부르주아 계급의 자유화 반대, 정신오염 청산, 6.4 사건, 라마교도 시위, 이슬람교도 시위, 달라이라마의 망명, 파룬궁(法輪功) 사건 등 수많은 충돌을 겪은 바 있다. 특히 소수민족 독립투쟁 과정에서 5만 명의 희생자를 낸 서장(西藏)과 신강(新疆) 위구르자치구 문제는 문화적 갈등과 충돌의 현주소이다. 공존 속에서 갈등을 어우르며 공생의 조정기로 들어설지 여부가 주목된다.

2. 중국문화의 미래와 역할

1) 중국문화의 미래

중국을 현재까지 지탱시켜 온 배경에는 바로 유가와 도가 사상, 그리고 수입 전래된 불교사상의 상호 견제와 공존이라는 커다란 정신유산이 있다. 근대화 과정을 거치면서 전통과 서구사상의 갈등 속에서 일정 기간 혼돈 상태도 있었고, 그로 인한 국가적 손실도 막대했지만 이러한 정신문화유산의 계승이 그들의 현실주의와 실용주의 감각과 접목되면서 개방화 이후 저력 있는 강국으로 입지를 굳히고 있는 것이다.

현재의 중국문화의 본질적인 현상은 언급한 바대로 시공을 초월한 다원문화(plural culture) 체제이다. 수평적 시각이나 수직적 시각에서 보더라도 이러한 본질은 쉽게 찾아볼 수 있다. 상고 시대의 중국 문명은 황하 문명이라는 단일 문명에서 출발한 것이 아니라 여러 민족들이 여러 지역에서 다양하게 문명을 꽃피웠었고 현재도 한족이 중심이 되어 55개 소수민족을 아우르면서 다양한 문화 속에서 체제를 유지시켜가고 있다.

이러한 문화 구조를 지탱할 수 있는 배경에는 갈등과 곡절을 거치면서도 대동(大同) 사상이라는 유가적 원동력이 있다. 수백 년 간 한족과는 문화적으로 이질적이었던 만청(滿淸)의 통치기간이 있었음에도 현재 만청 문화가 한족 문화에 완전히 용해되어 사라진 사실만을 보아도 알 수 있다.

다양하고 다원적인 사회구조를 수천 년 간의 시행을 통해 성공적으로 유지시켜온 대륙의 저력은 공교롭게도 다원성 포용의 필요성이 요구되는 신세기를 맞아 그 힘을 발휘할 기회를 목전에 두고 있다. 다원화 속에서의 공존 능력은 이미 중국의 노하우로 축적되어 있기 때문이다.

그러므로 만일 다문화 체제라는 틀 속에서 특히 전통과 현대, 중국문화와 세계문화, 주도문화와 아류문화, 상층문화와 대중문화 간의 문제점과 민족주의와 중화사상 그리고 정치 사회적 변화와 궤를 같이 하는 소수민족 문제가 원만히 해결된다면 21세기의 중국문화는 결국 다원적 공존문화에서 다원적 균형문화로 무리 없이 전환해 갈 것으로 판단된다.

만일 정치 사회적으로 문제가 복잡하게 얽힌다면 갈등의 시간은 길어지고 더 많은 대가와 혼란을 초래하겠지만 그래도 결국은 다원적 균형문화의 방향으로 갈 것으로 보인다. 또 중국 내부의 분열이라는 극한 상황이 온다면 중국의 영토는 줄고 통치세력은 약화되겠지만 축소된 상황에서도 여전히 그러한 형태로 나아갈 것으로 예측된다.

이제는 기원전 3세기 진나라의 문자통일 등을 통한 일원적 문화형태나 마오쩌둥 시절 문화대혁명과 같은 획일적 문화형태는 다원적 사회에서는 재출현하기 어렵고 현대화의 요구에도 부합하지 않을 것이다. 또한 역사적으로도 당송 시기에 중국문화는 다원적 균형 상태를 성공적으로 이룩한 바 있고 이것이 이후 청나라 말까지 지속되었던 경험이 있기 때문에 향후 다원적 균형형태로 갈 것이라는 예측은 무리가 없어 보인다.

한편 중국이 향후 세계의 평화와 공존 그리고 융합이라는 대명제를 수행하기 위해서는 내부적인 이슈들을 우선적으로 해결해야 한다고 본다. 간단히 정리해보면, 즉 문화적 측면에서는 전통의 보수와 현대의 개방이라는 이원화 속에서의 충돌 완화 문제, 중국 문화와 세계 문화의 갈등과 혼합 문제, 주도문화와 아류문화 그리고 반문화의 갈등과 혼합 문제, 상층문화와 대중문화의 충돌과 혼합이라는 문제 등이다. 현실적 측면에서는 정치민주화, 경제와 실업, 사회개혁, 소수민족과의 융화 문제 등이다.

이러한 문제들이 원만히 해결된다면 내부적으로는 다원적 공존문화에서 다원적 균형문화로 연착륙하면서, 그 안정적인 힘과 우수한 전통 사상을 기반으로 글로벌화 되고 있는 세계문화 속으로 뻗어 갈 수 있는 호기를 잡을 수 있을 것이다. 하지만 그렇지 못할 경우 혼란과 국력 약화라는 결과를 초래하면서 세계 문화의 중심축에 서서 리드해 가는 데 실기(失機)할 수도 있다.

2) 향후 역할

향후 세계평화와 공영에 이바지할 수 있는 중국문화의 역할이라면 우선 제한적이나마 유가 전통 중에서 양호한 부분들을 계승 발전시키는 일일 것이다. 역사적으로도 17, 18세기의 계몽주의자들이 인간과 이성을 존중하는 유가 사상에서 그 영감을 얻은 바 있으며, 근자에 들어서는 많은 학자들이 중국 전통 문화에 대해 긍정적 평가를 내리고도 있다.

그 중에서도 인본주의(人本主義)와 인간 간의 조화 사상은 대표적인 예라고 할 수 있다. 사람은 서로 의지하고 지탱해야만 유지가 된다는 의미가 내포된 '인(人)', 사람과 사람 사이라는 '인간(人間)', 두 사람이 공존하는 '인(仁)', 세상은 세 사람이 어깨동무를 하는 모습인 '세(世)' 등에는 인간 간의 조화와 공존을 우선시하는 사고가 내포되어 있다.

아울러 유가의 천인합일설, 도가의 무위자연설은 인간과 자연과 우주를 합일체로 보는 세계관, 우주관으로서 이러한 사상은 고대인들의 사고의 결집체인 신화 속에 나오는 우주관과도 상통하고 있다. 인간을 근본 지향점으로 하면서도 인간 간, 그리고 인간과 자연의 유기적인 관계로 설정하는 것은 고등 불교인 대승불교에서 설하는 연기론(緣起論) 사상과도 일맥상통한다. 즉 인간과 인간, 인간과 우주는 서로 연계됨으로써 존재한다는 공생의 철학인 것이다. 또한 인간을 소우주로 보기 때문에 대우주와 동일한 법칙이 적용되며 그러므로 인간의 생명이 대우주의 생명과 맞먹는다고 하는 불법의 생명존엄사상과도 다름 아니다.

전 지구적인 환경오염과 수억 명의 빈민국 사람들이 가난과 기아라는 차별 속에서 생활하고 있는 상황 역시 지속적인 현실 문제로 떠오르고 있다. 전자는 인간과 자연을 이원적 개념으로 보고 개척정신이라는 미명 하에 자연과 주변 환경을 정복 대상으로 설정하고 마음대로 개발하고 무너뜨린 서구의 기독교적 발상과 과학기술 만능주의에 기인한바 크다. 후자 또한 강대국의 집단이기주의에서 비롯되었음은 주지의 사실이다. 땅에서는 1달러가 없어서 기아로 죽어가고 있는 동안 그들 위로는 수천 달러의 포탄이 날아다니고 있다. 그 결과는 개발국에게 현실적 고통으로 다가오고 선진강대국에게도 부메랑 효과로 결국은 자신들의 부담으로 돌아오게 된다.

환경 문제에 관해서도 인간과 자연을 이분화하지 않는 중국의 전통사상은 해결책을 모색하는 데 있어서 시사하는 바가 크다. 이 또한 불법에서 설하는 인간과 주변의 자연 환경이 둘이 아니라는 의정불이(依正不二) 사상과도 맥을 같이 한다.

민족과 국가, 사상과 종교를 초월하여 공생과 평화의 조류로 나아가고 있는 시점이 지금이고 또 미래로 이어질 것이다. 미래학자의 견해를 종합해보면 미래는 국제화의 시대, 생명의 세기, 인격의 세기라고 요약할 수 있다. 생명과 인권이 중시되고 다양성이 존중되는 속에서 평화와 공존으로 나아가야 하는 것이 시대적 사명이고 향후 문화가 추구해야 할 근본 지향점이다.

현 세계에서 일어나는 분쟁의 원인은 거의 모두 민족 간, 국가 간의 이기주의 사상과 종교 간의 우월주의에 기인한다. 그리고 그 근저에는 서양의 물질문명과 개인주의, 예스와 노, 종과 속 그리고 주체와 객체의 엄격한 이원분리 사상 경향이 자리하고 있다.

새롭게 대두되고 있는 문제들을 해결하는 방법은 우선 다시 한 인간에 초점을 둔 인간주의에 입각한 정신문명과 인본주의 철학사상, 그리고 인간과 자연, 우주를 아우르는 세계관과 우주관의 재정립과 실천에 맡길 수밖에 없다. 서양 철학의 한계를 동양의 정신문명과 사상을 통해 보완하고 나아가 동서양 문명의 조화만이 해결의 실마리를 찾을 수 있다는 말이다. 내 것만을 주장함으로써 다원성을 인정하지 않고 상호 존중하지 않음으로써 발생한 현실문제들은 지구촌 모든 사람들이 서로의 차이를 인정하고 다원성을 인정하는 관용 사상이 정착될 때 문제해결의 희망이 보인다고 말할 수 있다.

다만 중국의 동화사상이라는 얼굴의 이면에는 한족 중심의 국수주의와 중화사상이라는 염려스러운 면들이 접목되어 중화패권주의라는 예기치 않은 결과를 낳을 수 있다는 점을 유의해야 하며, 이웃인 우리들도 이 점을 항상 간과해서는 안 될 것이다. 개방화 이후 진행되어 온 국가 경쟁력 강화를 통한 강한 중국이 실현되었을 경우 국가 자존과 이기주의가 강력한 드라이브를 걸고 주변 국가를 힘으로 통치할 수 있다는 최악의 시나리오도 염두에 두어야 한다. 이러한 기우를 참고하여 중국은 우량한 전통사상으로 진정한 세계평화 질서를 리드해 나가야 한다.

중국과 이웃하고 있는 우리는 그들과 친구이자 경쟁자이다. 그 동안 우리는 중국의 영향을 좋든 싫든 받아 왔고, 현재 그리고 향후에는 엄연한 대국으로서 상호 영향을 주고받을 수밖에 없다는 전제 하에서 볼 때 중국과 중국인의 특성과 문화에 대해 있는 그대로의 정확한 인식이 필요할 때이다. 특히 다민족의 다원체제가 유지될 수 있는 배경에는 동화의 원리가 적용되고 있기 때문이다. 실용, 검소, 여유로움 등 그들이 갖고 있는 장점은 배우고 과장, 의심, 무질서, 뭉뚱그림 등 단점은 단점으로서 잘 파악해 두어야 할 것이다.

<참고자료>

이장우, 노장시, 『중국문화통론』, 대구: 중문출판사, 1993.

동아일보사 편, 『中國百科』, 서울: 동아일보사, 1993.

張秀平 주편, 『影響中國的100』, 廣西: 廣西人民出版社, 1998.

송봉규 외 공저, 『중국학개론』, 서울: 동양문고, 1998.

이인택, 『차이나 신드롬 속의 진짜 중국』, 서울: 해냄, 2000.

윤순희, 『중국문화입문』, 서울: 동양문고, 2000.

공상철 외 공저, 『중국 중국인 그리고 중국문화』, 서울: 다락원, 2001.

이인택, 『신화, 문화 그리고 사상』, 울산: UUP, 2005.

이인택 외, 『중국기행10년』, 서울: 도서출판 한우리, 2005.

蘆一萍, 『雲南天堂』, 北京: 中國青年出版社, 2006.

이인택, 『큰 중국 작은 중국인-현대중국해부-』, 울산: UUP, 2006.

정목일, 『실크로드』, 서울: 문학관, 2007.

任浩之, 『中國歷史全知道』, 北京: 世界出版社, 2008.

이인택. 『차이나로드-중국해독』, 울산: UUP, 2011.